Le grand livre du bouddhisme

Chez le même éditeur :

- *Comprendre l'hindouisme*, Alexandre Astier
- *Les maîtres spirituels de l'hindouisme*, Alexandre Astier
- *Les religions*, Patrick Banon
- *Le Coran*, Ghaled Bencheikh
- *Comprendre le catholicisme*, Jean-Yves Calvez, Philippe Lécrivain
- *Comprendre l'ésotérisme*, Jean-Marc Font
- *Religions du monde entier*, Vladimir Grigorieff
- *La Torah*, Philippe Haddad
- *Comprendre l'islam*, Quentin Ludwig
- *Comprendre le judaïsme*, Quentin Ludwig
- *Comprendre la kabbale*, Quentin Ludwig
- *La religion*, Carine Morand
- *La bible dans l'art*, Francesca Taddei
- *Comprendre le protestantisme*, Geoffroy de Turckheim

Quentin Ludwig

Le grand livre du bouddhisme

Deuxième édition

EYROLLES

Éditions Eyrolles
61, Bld Saint-Germain
75240 Paris Cedex 05
www.editions-eyrolles.com

Direction de la collection : gheorghi@grigorieff.com
Maquette intérieure et mise en pages : M2M
Illustrations à l'exception des gravures des XVIIIe et XIXe siècles (pages 38, 51, 53, 77, 117, 162, 165, 175, 209, 233, 269) : Arnaud Bastien.

Remerciements

Sans l'aide de Martine Evraud, bibliothécaire, il m'aurait été impossible d'accéder à de nombreux ouvrages anciens jalousement gardés par les bibliothèques universitaires. Qu'elle trouve, ici, l'expression de mes remerciements les plus sincères. Découvrir, certains matins, dans mon courrier les ouvrages de Burnouf, Lamotte et bien d'autres a été une joie au-delà des mots.

Sommaire

Introduction

Quelques règles de base pour la prononciation du sanscrit ou du pâli

Le *c* se prononce comme en italien *tch* (ainsi cakra doit se prononcer tchakra).

Le *j* se prononce *dj* (ainsi jina se prononce djina).

Le *g* est toujours à prononcer comme *gué* (ainsi guru se prononce gourou).

Le *u* est toujours à prononcer *ou* (ainsi gupta se prononce goupta).

Conventions

▶ Les numéros renvoient aux notes en fin de volume.

▶ Le symbole suivant ❋ indique qu'un article spécifique est consacré au concept.

▶ La présence de crochets dans une citation indique qu'il s'agit d'un commentaire de l'auteur.

▶ Pour permettre au lecteur de prolonger sa lecture et d'obtenir des informations plus complètes concernant un sujet qui l'intéresse, nous n'hésiterons pas à proposer, au cours du texte, la lecture de certains ouvrages qui nous paraissent particulièrement éclairant sur un sujet donné. Il s'agit toujours d'ouvrages facilement accessibles. Le lecteur ne peut cependant ignorer que de nombreux ouvrages fondamentaux, publiés dans les années 1930-1970, ne sont plus accessibles que dans les bibliothèques universitaires.

Ce dessin chinois, représente un moine en prière exécutant un geste symbolique avec ses mains (ce qu'on appelle un mudrâ). Cependant, on ne voit pas ses mains car elles sont cachées sous les plis de sa tunique. Ce secret s'explique par la portée réputée magique de certains mudrâs ésotériques qui ne sont, dès lors, exécutés qu'en cachette sous la robe monastique. Le symbolisme de la position des mains est très important à connaître si on veut identifier les différents bouddhas, bodhisattvas et divinités diverses.

« Le bouddhisme est la seule religion importante, non seulement dans l'Inde mais dans le
monde, qui nie énergiquement l'existence d'un élément éternel dans l'homme. »[1]

Il sera ici question des bouddhismes et non du bouddhisme. En effet, comme le fait très
justement remarquer Paul Magnin, « parler du bouddhisme en général, c'est parler d'une
abstraction dénuée de toute réalité ».[1b] Il n'y a pas un bouddhisme mais des bouddhismes.
Un bouddhiste chinois, par exemple, éprouverait, en effet, bien du mal à se reconnaître
dans les ouvrages traitant du bouddhisme tibétain et les moines de Ceylan (qui pratiquent
encore le bouddhisme premier) auraient également quelques difficultés à croire que les
nombreux dieux du panthéon bouddhiste japonais appartiennent à leur vision de l'univers.
Cependant, par facilité de langage, nous parlerons le plus souvent du bouddhisme (au
singulier) ou de la religion bouddhique. Le lecteur sait maintenant déjà que cette terminologie est fausse : les bouddhismes sont très différents entre eux. Si certains courants
bouddhistes actuels peuvent être qualifiés de religion, d'autres méritent plus exactement
l'appellation de philosophie, de sagesse ou, mieux encore de sapience. Nous discuterons en
détail de ces points dans le paragraphe « Le bouddhisme est-il une religion ? » et dans l'article « Le Véhicule ».

Il n'en reste pas moins vrai que les différentes écoles bouddhiques se rattachent indiscutablement au même personnage, le Bouddha historique❋ dont elles conservent — parfois
après des adaptations, il est vrai — la doctrine de base : il n'existe pas de soi ; la vie est souffrance ; pour quitter le cycle des renaissances et atteindre le seul état permanent, le
nirvâna, il est nécessaire d'adopter dans ses actes un comportement moral. C'est à cela que
se résume, en gros l'enseignement du Bouddha. Cependant, nous le découvrirons au fil du
texte, des millions de pages, rédigées sur 2500 ans, par des milliers d'érudits se sont gref-
fées sur ce discours. Plusieurs vies ne suffiraient donc pas pour lire tous les textes
bouddhiques, d'autant plus que leur lecture, du fait de la subtilité des concepts, est certainement parmi les exercices intellectuels les plus difficiles.

La chaîne des bouddhas

Le Bouddha naissait quelque 500 ans avant l'ère commune. À cette époque, les Juifs reve-
naient de leur Éxil à Babylone et mettaient en route la rédaction du Talmud. Le Christ
n'était pas encore né et plus de mille ans encore allaient s'écouler avant que Mahomet ne
prophétise. Le bouddhisme a donc bien de l'avance sur le christianisme et sur l'islam, d'autant plus que la naissance du Bouddha, appelé aussi l'Éveillé ou l'Illuminé, avait été en
quelque sorte programmée et annoncée par d'autres Bouddhas. En effet, le Bouddha que
nous connaissons tous, le Bouddha « historique » est la dernière transmigration d'une série
de Bouddhas dont le premier, le Bouddha initial, avait décidé de l'endroit et de la date
exacte de sa dernière naissance (ceci dans le cadre des lois de la transmigration). Ce
Bouddha initial, qui n'est pas le créateur de l'univers, est pourtant — nous le découvrirons

dans le texte — à l'origine de pas mal d'événements. La longue lignée des Bouddhas à l'origine du Bouddha historique, se manifeste concrètement sur l'aspect physique de ce dernier par une série de 32 signes, sur lesquels nous reviendrons dans cet ouvrage car leur connaissance est importante pour qui s'intéresse à l'art bouddhique et, tout spécialement, à la statuaire. Signalons, au passage, que ce désir de remonter le plus loin possible dans le temps, n'est pas seulement typique des généalogistes mais également des religieux pour lesquels la légitimité ne s'acquiert qu'avec les siècles. Ainsi, ce désir de faire remonter la source de la religion à une époque reculée n'est pas spécifique au bouddhisme : pour les musulmans, le Coran existait de toute éternité (il est incréé) et pour les chrétiens le dessein de Dieu existait bien avant la naissance du Christ.

Le succès du bouddhisme

Le grand succès du bouddhisme (du moins dans son courant Grand Véhicule❋, actuellement le plus diffusé), non seulement en Asie mais aussi en Europe, provient de ce que religion sans dieu et sans dogme, il a toujours accepté (et même incorporé) sans aucune difficulté les croyances et les divinités des autres peuples. C'est ainsi qu'en Chine, le bouddhisme a emprunté de nombreux concepts et termes religieux au taoïsme ou au confucianisme. Au Japon, le bouddhisme a assimilé les nombreuses divinités du shintoïsme (les *kamis*) dont certaines ont même fusionné (à tous les sens du terme) avec les saints de compassion ou Bodhisattvas❋. Au Tibet, le bouddhisme tantrique doit beaucoup à la religion locale, le bön-po.

Une religion athée

Le bouddhisme, il est utile de le redire, est une religion sans dieu créateur (bien que Bouddha, malgré tout ancré dans son temps, ne refuse pas la reconnaissance des dieux du panthéon indien et que de nombreux dieux secondaires viennent, par la suite, enrichir le panthéon bouddhique) et sans dogme mais avec une profession de foi. Cette profession de foi est connue comme le Refuge dans les Trois Joyaux, le Bouddha, le Dharma❋ (la Loi) et le Sangha❋ (la Communauté). Cette absence de dieu créateur explique que certains lui dénient le statut de religion ; pour eux, il s'agit plutôt d'une philosophie ou, mieux encore, d'une « sagesse » ou « sapience ». Néanmoins, s'il en était strictement ainsi pour le bouddhisme premier, cela a quelque peu changé au cours des siècles. On peut dire que depuis le Ier siècle, le bouddhisme s'est transformé en un véritable culte autour de Bouddha, auquel participent moines, nonnes et laïcs et que tous les éléments constitutifs d'une religion y sont présents. Nous reviendrons plus tard sur cette notion importante.

Les dieux du bouddhisme

Dans le bouddhisme, la renaissance peut s'effectuer dans divers mondes, dont celui des dieux. Cependant, il faut savoir que le dieu bouddhique※ n'a rien à voir avec le dieu des religions monothéistes. En effet, le dieu bouddhique — qui n'est pas le créateur du monde — est lui aussi soumis au cycle des renaissances. Aucun dieu bouddhique n'est éternel, ni parfaitement heureux. Aucun dieu n'est omniscient, ni omnipotent. Pour quitter le cycle des renaissances (samsâra※), les dieux doivent d'abord redevenir des hommes. Cependant, nous verrons que pour certains bouddhistes, Bouddha, lui, est omniscient et éternel ; c'est, en quelque sorte, sans le dire, un « super-dieu ». C'est le cas également, et nous aurons l'occasion d'en parler, de certains êtres de compassion ou bodhisattvas※ comme, par exemple, Amida✹. Bien entendu, cette dérive à partir de l'enseignement du Bouddha n'existe pas dans le bouddhisme premier (bouddhisme du Theravâda ou Petit Véhicule✹ ; ces notions seront, bien entendu, explicitées plus loin).

Une organisation quasi mathématique

Comme tout ce qui nous vient de l'Orient, le bouddhisme est bien organisé, très structuré et admirablement hiérarchisé : on y distingue les 3 Joyaux, les 4 Vertus, l'octuple chemin, etc. (exactement comme les Chinois parlent des Cinq éléments, de la Bande des quatre, etc.). Le lecteur trouvera certaines des expressions les plus courantes dans ce ouvrage (l'octuple chemin, les cinq agrégats, les 37 points pour obtenir l'Éveil, etc.) mais cela ne représente qu'une infime partie de la nomenclature bouddhiste.

Le mode de pensée oriental n'est pas toujours limpide pour un occidental, d'autant plus que les bouddhistes usent de termes propres dont la complexité phonétique est réelle pour une oreille occidentale (qui peut prononcer d'une traite le mot prajnanamamulamamadhyamakkarika ?). Pour clarifier les choses et donner une assise à notre exposé, il nous a donc paru nécessaire de faire précéder ce petit guide des concepts de base du bouddhisme par une brève histoire du bouddhisme ainsi que par quelques tableaux des éléments clés utilisés par les bouddhistes. Le lecteur pourra ainsi aisément s'y reporter chaque fois que cela est nécessaire.

Le bouddhisme est une religion sans dogme

Bouddha a été très clair à ce sujet : il ne faut rien croire mais tout expérimenter. Et il a ajouté qu'il était inutile de se lancer dans des spéculations métaphysiques qui ne peuvent en rien aider pour le salut. Le texte ci-après, extrait du Canon bouddhique pâli (*Anguttara-nikaya*) est tout à fait révélateur à ce sujet :

> « Oui, Ratama, il est juste que vous soyez dans le doute et dans la perplexité, car le doute s'est élevé en une matière qui est douteuse. Maintenant, écoutez, Ratama, ne vous laissez pas guider par des rapports, par la tradition ou par ce que vous avez entendu dire. Ne vous laissez pas guider par l'autorité de textes religieux, ni par la simple logique ou l'inférence, ni par les apparences, ni par le plaisir de spéculer sur des opinions, ni par des vraisemblances possibles, ni par la pensée "il est notre Maître". Mais, Ratama, lorsque vous savez par vous-mêmes que certaines choses sont défavorables *(akusala)*, fausses et mauvaises, alors, renoncez-y... Et lorsque par vous-mêmes vous savez que certaines choses sont favorables *(kusala)* et bonnes, alors, acceptez-les et suivez-les. »[2]

Les silences du Bouddha

Le bouddhisme présente la particularité d'être un athéisme (il n'y a pas de Dieu créateur) mais avec dieux. En effet, indépendamment des divinités omniprésentes (dieux et déesses qui vivent dans divers paradis mais ne sont ni parfaitement heureux, ni créateurs, ni aptes à parvenir au nirvâna qu'ils ne peuvent atteindre que s'ils renaissent sous condition humaine), le bouddhisme évite de se prononcer sur le Dieu créateur, lequel est ineffable. Bouddha évitait de se prononcer sur Dieu, l'origine du monde, la vie après la mort, etc. Toutes les questions métaphysiques étaient bannies de ses discours et il préférait de pas s'exprimer sur ces divers sujets. C'est ce qu'on appelle les silences du Bouddha. Pour expliquer ces silences, Bouddha disait que les réponses à ces questions ne pouvaient en aucune manière aider l'homme à progresser dans la voie du salut car elles ne contribuaient ni à vaincre ses passions ni à acquérir la sagesse. Pour mieux faire comprendre son attitude, Bouddha utilisait la parabole, aujourd'hui bien connue, de l'homme empoisonné par une flèche. Conduit chez le médecin, si celui-ci refuse qu'on lui enlève la flèche avant de savoir qui est celui qui la lui a envoyée, quelle est sa famille, sa taille, la couleur de se peau, etc., il mourra avant qu'on ne puisse la lui retirer. Il en est de même, disait-il, de l'homme qui cherche à obtenir les réponses à des questions métaphysiques qui sont inutiles pour son salut.

On dit souvent que le bouddhisme est une voie spirituelle apophatique (*apophasis* signifiant le refus de la parole). Une telle voie était également connue des philosophes grecs (Philon d'Alexandrie disait que « le bien le plus grand est de comprendre que Dieu, selon son essence, est incompréhensible ») et des pères grecs de la tradition catholique, lesquels refusaient de discuter de la nature de Dieu plutôt que d'en dire des approximations. Elle se retrouve également chez les mystiques (« la nuit obscure »). Ce refus de discuter de la nature de Dieu est également de tradition dans de nombreux courants religieux des autres religions monothéistes (islam, judaïsme) même si le nom de Dieu est affublé de multiples qualificatifs. Rejoignant les « silences du Bouddha », dans son célèbre ouvrage *Le Pèlerin chérubinique*, le mystique Angelus Silesius écrivait (au XVIIe siècle) : « Si tu veux dire l'être de l'éternité, il te faut d'abord rompre avec toute parole » affirmant ainsi que la fin de toute théologie négative est le silence.

Le bouddhisme est-il une religion ?

Non, serait-on tenté de répondre si on s'intéresse uniquement au bouddhisme du Petit Véhicule. Oui, aurait-on envie de répondre si on regarde du côté du Grand véhicule. Sans Dieu créateur, sans Révélation, sans dogme, sans explication sur la création du monde, sans théorie du péché, le bouddhisme (du moins le bouddhisme premier), est assez éloigné de ce qu'on entend généralement par une religion. Aussi serait-il, sans doute, plus légitime de parler de « sagesse bouddhiste » ou de « sapience bouddhique ». Néanmoins, né dans un environnement hindou, empli de centaines de dieux, de déesses, de démons, de roi-gardiens aux pouvoirs magiques, etc., le bouddhisme n'a jamais refusé de composer avec les dieux et Brahma (la principale divinité de l'hindouisme) occupe une position importante dans son histoire.

Étant une religion sans Dieu, le bouddhisme coexiste harmonieusement avec d'autres religions car il ne génère pas de « concurrence » et n'est pas, non plus, prosélyte (bien que missionnaire). Certains chrétiens se disent bouddhistes (surtout les pratiquants du zen❋) et des juifs même orthopraxes pratiquent un syncrétisme commode (les jubus ou juifs bouddhistes).

Cependant, l'homme étant ce qu'il est, son besoin de sacré, de mystères, de rites, de personnages à adorer expliquent que la « sagesse bouddhiste » primordiale — sans rites, sans mystères, sans divinités à adorer — s'est étoffée au cours des âges d'une série de rites et de « divinisations ». Ainsi, aujourd'hui, dans son organisation externe le bouddhisme (surtout dans son rituel tibétain) ressemble étrangement à une religion : Dieu excepté (et encore, ce n'est pas toujours le cas !), il en possède toute l'organisation (rites, prières, lieux de rassemblement, symboles, « clergé », etc.).

Il faut aussi noter que, malgré une culture panthéiste (s'expliquant par son environnement natal au sein de la religion hindouiste), le bouddhisme a été tenté, à un moment de son existence, par le monothéisme. Ceci s'est produit lorsqu'il a été confronté, dans le Nord-Ouest de l'Inde, vers l'an 1000, aux forces conquérantes de l'Islam. C'est à ce moment, et à cet endroit, qu'est apparu l'Âdibouddha (aussi désigné comme Mahâvairocana ou Vajradhara) , un Bouddha-Dieu, omnipotent, seul principe vivant éternel, qui aurait donné naissance à l'univers. Aujourd'hui encore, cette conception, pourtant assez éloignée des aspirations bouddhistes — qui tendent à s'échapper du monde et non à l'expliquer —, est vivante dans quelques sectes tantriques du Népal et du Tibet. Mais, en définitive, **puisqu'il propose une voie au salut, le bouddhisme peut être qualifié de religion**, d'autant plus qu'au fil de ses 2500 ans d'existence il a évolué vers une « religiosité » certaine. Bien qu'il refuse catégoriquement et définitivement la notion d'âme (chère aux religions mono-théistes), le bouddhisme reconnaît qu'il existe un « principe » qui transmigre d'un corps à l'autre. Principe sur lequel il n'a pu encore se prononcer définitivement… mais sait-on exactement ce qu'est une âme ?

Pour conclure, pour autant que l'on puisse conclure sur un tel sujet, il convient de noter que le bouddhisme, qu'il soit une religion (ce qu'il est certainement pour les populations d'Asie) ou une sagesse (ce qu'il est, sans aucun doute, pour les occidentaux), est avant tout une **école de l'éthique** faite de défenses mais non de commandements. Dans le boud-dhisme, aucune progression spirituelle n'est possible sans une solide base morale (laquelle, notons-le, dès maintenant, concerne également le monde animal ainsi que tous les phénomènes en rapport avec la vie, donc aussi l'écologie).

À la question de savoir si le bouddhisme est une religion, on pourrait ajouter une seconde question : le bouddhisme est-il une médecine ? À cette interrogation, on pourrait répondre de manière affirmative car dans le bouddhisme il n'existe pas de séparation entre le spirituel et le corps : l'homme est une unité, une unité souffrante et le bouddhisme est d'abord une thérapeutique pour supprimer cette souffrance, sans point de vue théologique, ni doctrinal. Il n'existe pas, non plus, pour cette raison, de séparation stricte entre le sacré et le profane mais seulement — selon les auteurs d'une étude sur le bouddhisme en France aujourd'hui (Étienne et Liogier)[3] — des différences « d'attention, des différences de point de vue sur la réalité vécue ».

Pour le Dalaï-Lama actuel, le bouddhisme est une religion dans la mesure où il traite des choses cachées que nous ne pouvons pas prouver matériellement. Toutefois, si une religion implique un dieu, un créateur, alors le bouddhisme n'est pas une religion. Signalons, pour terminer, que n'ayant ni Être suprême, ni tradition sacrée, en théorie, le bouddhisme se passe fort bien de sacrifices et de sacrements.

Exotérisme/ésotérisme : les différentes vérités

Les notions d'exotérisme et d'ésotérisme apparaissent régulièrement lorsqu'il s'agit de religion, il convient d'en faire la distinction. Par exotérisme, on entend toutes les doctrines et enseignements de la religion tels qu'ils sont divulgués à l'ensemble des pratiquants. Par ésotérisme, on entend les enseignements oraux qui ne sont divulgués qu'à certains initiés. L'ésotérisme s'accompagne également de rites et de croyances magiques auxquels n'accèdent que les initiés selon leur degré de connaissance. Dans le bouddhisme premier, l'aspect ésotérique est quasi inexistant car Bouddha répugnait à la magie et aux rites (il réprimanda même l'un de ses compagnons qui en usait pour convertir les foules). Par contre, dans le bouddhisme tibétain l'aspect ésotérique est très important et se manifeste, comme il sera expliqué dans cet ouvrage, par des gestes symboliques (mûdras ❋), des paroles magiques (mantras), des diagrammes (mandalas ❋), des actions fantasmagoriques, etc.

Cette différence de traitement entre l'exotérisme (pour tous) et l'ésotérisme (pour les initiés) conduit également à distinguer deux types de vérités : la vérité conventionnelle (pour tous) et la vérité absolue (pour les initiés). Cette distinction entre les deux vérités s'est révélée nécessaire pour résoudre les problèmes posés par certains concepts particuliers qui s'opposent à la doctrine essentielle du bouddhisme. Cette double vérité explique également l'utilisation par Bouddha (et ses disciples) d'un langage intentionnel (samdhabhasya), c'est-à-dire adapté aux circonstances. La vérité relative (ou conventionnelle) convient pour tous ceux qui n'ont pas une grande connaissance de la Loi, elle convient au peuple et elle est pratique pour expliquer les faits de la vie quotidienne tandis que la vérité absolue (ou ultime) n'est accessible qu'à ceux qui ont beaucoup étudié et peuvent dépasser l'illusion des faits quotidiens. On peut également dire que la vérité relative est d'ordre exotérique, inférieur tandis que la vérité absolue est d'ordre ésotérique et n'est accessible qu'à des initiés. Pour ce qui concerne le langage intentionnel, c'est le langage allusif qu'utilisait Bouddha lorsqu'il enseignait des choses difficiles ou choquantes.

« La théorie du langage intentionnel a surtout été utilisée par les textes canoniques et traités du Grand Véhicule, pour justifier soit des enseignements qui ne figuraient pas dans la tradition ancienne, soit des choix opérés dans le foisonnement de données diverses, voire contradictoires, que présentaient les textes canoniques. » [5]

Bouddha, lui-même, refusait l'ésotérisme (tout comme la magie, les rites, etc.) comme cela apparaît clairement dans ce texte :

« Ananda, qu'attend de moi l'Ordre du Sangha ? J'ai enseigné le Dhamma (la Vérité) sans faire aucune distinction comme l'ésotérique et l'exotérique, En ce qui concerne les Vérités, le Tathâgata [c'est ainsi que se désignait le Bouddha lorsqu'il parlait de lui-même] n'a rien de semblable au "poing fermé du maître" (...). Certainement, Ananda, s'il y a quelqu'un qui pense pouvoir diriger le Sangha et que le Sangha puisse dépendre de lui, qu'il donne ses instructions. Mais le Tathâgata n'a pas de telle pensée. Pourquoi alors laisserait-il des instructions concernant le Sangha ? Ananda, je suis vieux maintenant, j'ai quatre-vingts ans, De même qu'un chariot usagé a besoin de réparations pour servir encore, de même, il me semble, le corps du Tathâgata a besoin de réparations pour servir encore. Donc Ananda, demeurez en faisant de vous-même votre île (votre soutien), faisant de vous-même, et de personne d'autre, votre refuge : faisant du Dhamma votre île (votre soutien), du Dhamma votre refuge, et de rien d'autre. » [4]

Le Bouddha historique, aussi appelé Bouddha Sâkyamuni (c'est-à-dire le sage de la lignée des Shâkya), est représenté, ici, dans le mudrâ (position des mains) de la prise à témoin de la terre (*bhûmishparshamudrâ*). Les doigts de la main droite sont tendus vers le sol, la main gauche est posée sur les cuisses (ici, elle tient un bol à aumônes). Ce mudrâ symbolise le moment où Bouddha prend la terre à témoin de son Éveil. En réponse, celle-ci se met à trembler. Le Bouddha est en position classique de lotus (*padmâsana*). On notera les diverses marques majeures d'un corps de Bouddha dont la protubérance au-dessus de la tête (usnisa). Les longues oreilles symbolisent les oreilles des princes dont le lobe s'allongeait sous le poids des boucles d'oreilles.

Préliminaires

« Qu'ai-je donc appris d'autre, en effet, des maîtres que j'ai écoutés, des philosophes que j'ai lus, des sociétés que j'ai visitées et de cette science même dont l'Occident tire son orgueil, sinon des bribes de leçons qui, mises bout à bout, reconstituent la méditation du Sage au pied de l'arbre ? »[6]

La carte ci-après qu'il serait utile de mémoriser montre l'expansion du bouddhisme tel qu'elle s'est réalisée à partir de l'Inde. Il est intéressant de noter, maintenant déjà, qu'il n'y a quasiment plus de bouddhistes en Inde ; par contre le Japon, le Tibet, la Thaïlande et le Sri-Lanka sont des pays à grande majorité bouddhique.

Sur cette carte, on peut parfaitement suivre les trois principaux courants bouddhiques :

▶ Le **bouddhisme des écoles du Sud**, qui prolonge le bouddhisme originel ou premier (« **Petit Véhicule** » ou « Petit Moyen de Progression pour arriver au Nirvâna ») ou **Hînayâna** (dont les écoles actuelles portent actuellement le nom de Theravâda ou bouddhisme des « anciens »). Ce bouddhisme est actuellement pratiqué à Ceylan, en Thaïlande et dans tous les pays du sud-est asiatique.

▶ Le **bouddhisme des écoles du Nord** (« **Grand Véhicule** » ou « Grand Moyen de Progression pour accéder au Nirvâna ») ou **Mahâyâna** qui est pratiqué en Chine, en Corée, au Japon et au Viêt-nam.

▶ Le **bouddhisme lamaïque** et **tantrique** (« **Véhicule du Diamant** ») ou **Vajrayâna** qui est pratiqué essentiellement au Népal, au Tibet et en Mongolie.

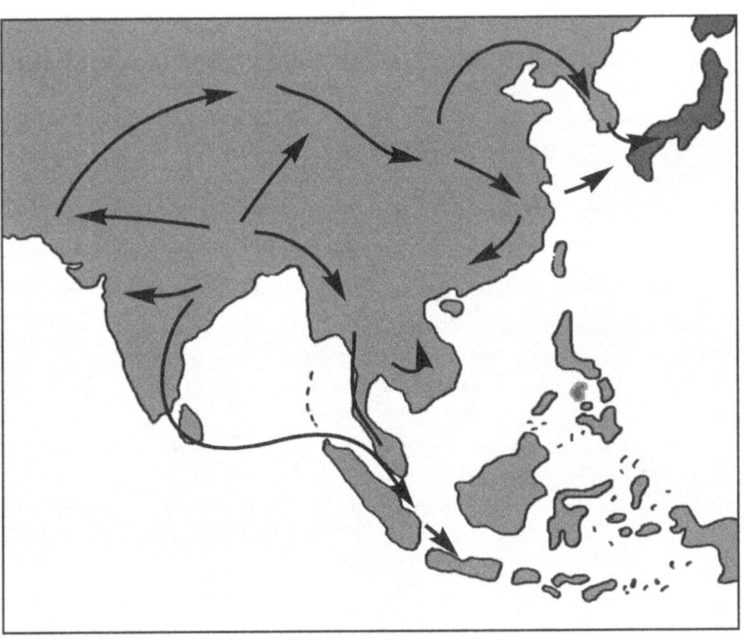

Propagation du bouddhisme

Les deux principaux courants, le Petit et le Grand Véhicule se sont propagés à partir de l'Inde. Le Petit Véhicule a diffusé (dès le IIIe siècle avant l'è.c.) vers le Sri Lanka, puis vers l'île de Sumatra et Java (Borobudur). Au Ve siècle, il s'est propagé vers la Birmanie, puis vers la Thaïlande et le Cambodge.

Le Grand Véhicule s'est propagé (dès le Ier siècle) — par la route de la soie — vers la Chine puis la Corée et le Japon.

Le Véhicule du Diamant s'est propagé de l'Inde vers le Tibet.

À ces trois grandes écoles bouddhiques — dont le seul point commun est le rattachement à la philosophie du Bouddha — il faudrait, aujourd'hui rajouter le bouddhisme occidental. Ce dernier est essentiellement d'essence lamaïque (c'est-à-dire tibétaine) mais, fait sans précédent dans la longue histoire du bouddhisme, les diverses écoles bouddhiques coexistent en Europe. Ceci n'est pas sans en modifier les concepts, d'autant plus que ce bouddhisme « occidental » se superpose aux religions dominantes (christianisme, judaïsme) dans un syncrétisme dynamique.

Notons encore que le Japon peut d'une certaine manière — selon la formule de Louis Frédéric — être considéré comme « une sorte de "conservatoire" de toutes les traditions bouddhiques aujourd'hui perdues en Chine ou ailleurs ».[7]

Propagation du bouddhisme

Né aux confins du Népal, vers 550 avant l'ère commune, le bouddhisme s'est propagé dans toute l'Asie d'abord, pour enfin parvenir en Occident. Le petit tableau ci-après, accompagné de sa carte, montre la diffusion du bouddhisme de sa naissance à aujourd'hui.

-550	Naissance de Bouddha.
-350	Le bouddhisme devient une « religion » importante du sous-continent indien.
-250	L'empereur Asoka, premier souverain bouddhique, envoie des missions dans les différentes parties de l'Inde et aussi en Asie orientale, au Sri Lanka et en Birmanie.
-100	Des moines bouddhistes arrivent en Chine.
IIIe siècle	Le bouddhisme se propage vers le nord (Corée) et vers le sud (Laos, Cambodge).
VIe siècle	Le bouddhisme passe de Birmanie en Thaïlande.
VI-VIIe siècle	Le bouddhisme se propage au Japon (en 593, il est proclamé religion d'État). Suite au renouveau de l'hindouisme et de l'irruption de l'islam, le bouddhisme disparaît définitivement de l'Inde.
VIIIe siècle	Le bouddhisme atteint le Tibet (lequel deviendra, au XVIIe siècle, une théocratie dirigée par le Dalaï-Lama).
XXe siècle	Le bouddhisme séduit les Occidentaux.

La propagation du bouddhisme s'est effectuée essentiellement via les voies maritimes et terrestres de la Route de la soie, à l'exception, bien entendu, du bouddhisme occidental lequel a principalement pour origine le déplacement des populations, conséquence d'actions militaires (fin des Colonies, invasion du Tibet) mais aussi, sans doute, la mondialisation avec ce qu'elle implique de positif (diffusion de la culture, voyages, etc.). À côté des colonisations, le bouddhisme s'est également propagé du fait de l'intérêt des moines dont certains n'hésitèrent pas, comme les pèlerins chinois Fa-Hsien (Faxian) — parti en pèlerinage aux Indes de 399 à 414 — et Hiuan-Tsang (Xuanzang) — parti aux Indes de 629 à 645 —, à explorer l'Inde pendant plus de dix ans à la recherche des sources authentiques.

Il est à noter que le bouddhisme n'est aujourd'hui quasiment plus représenté, ni en Inde ni en Chine. Malgré les nombreux syncrétismes religieux (avec le taoïsme, en Chine, le shintoïsme, au Japon, le bön-po, au Tibet, etc.), il y eut de nombreuses persécutions contre les bouddhistes. Ainsi, pour ne donner qu'un exemple, suite à la persécution de 845, on peut estimer que le bouddhisme est devenu une religion tout à fait minoritaire en Chine.

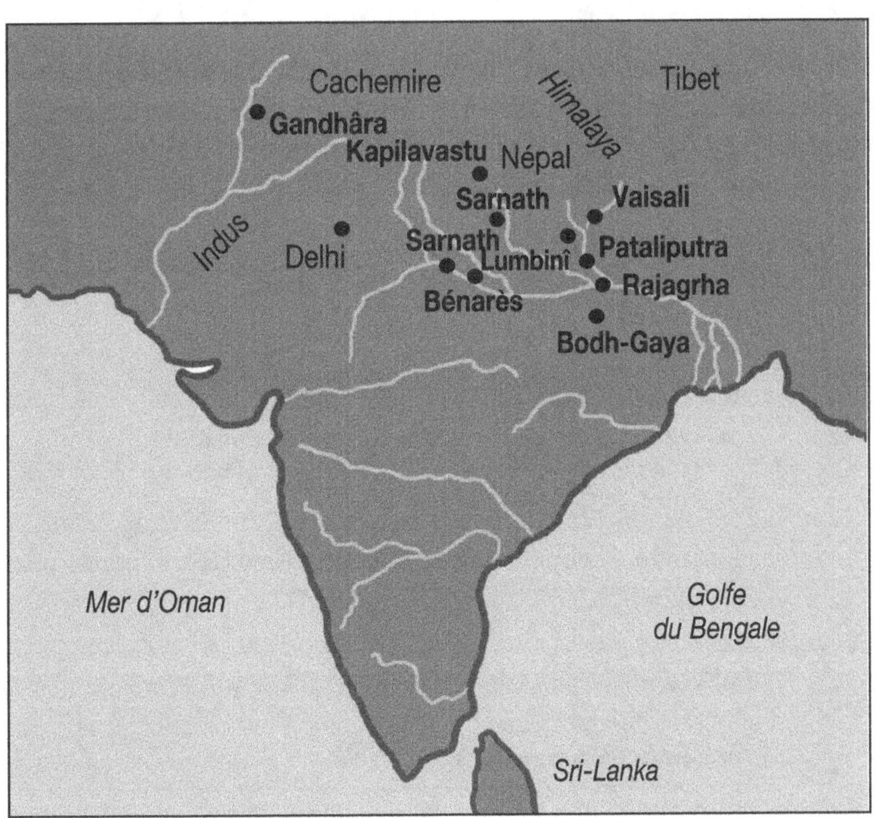

Les grands lieux du bouddhisme

Cette carte montre l'emplacement des grands lieux de la vie de Bouddha, les emplacements des premiers conciles ainsi que les endroits où se sont développés les arts gréco-bouddhiques.

Régression du bouddhisme

En 1900, il y avait autant de bouddhistes que de chrétiens dans le monde. Cent ans plus tard, l'évangélisme chrétien ayant ratissé l'Asie et le communisme supprimé la religion en Chine, le rapport est de 1 à 5 en faveur de la chrétienté. Il n'y a donc pas à annoncer l'expansion du bouddhisme, lequel a du mal à survivre en Asie et dont l'implantation en Occident (malgré le battage médiatique et l'ouverture de nombreux monastères) reste très limitée, même s'il possède de nombreux sympathisants. Signalons, tout de même, que le nombre des centres bouddhistes en France est, depuis quelques années, à peu près égal à celui des monastères catholiques masculins.

L'héritage de l'hindouisme

Le bouddhisme est apparu dans une société brahmanique (où domine la caste des brahmanes). Il rejette certaines des doctrines de l'hindouisme (Atman ou âme), en accepte d'autres et modifie le sens de certaines d'entre-elles parmi les plus importantes (samsâra, karma, nirvâna). Lorsque cela nous a paru utile, nous avons également précisé (généralement dans un encadré) le sens de certains concepts largement utilisés dans l'hindouisme mais parfois avec un sens assez différent à celui du bouddhisme.

Les trois périodes religieuses importantes de l'Inde

Inde védique	
- 2000	arrivée des Aryens venant du plateau indien
- 1500/-1000	première époque védique (Veda)
- 1000/-600	seconde époque védique (Brahmana - Upanishads)

Inde bouddhique	
- 600	naissance de Bouddha
- 300	conquêtes d'Alexandre le Grand (période gréco-bouddhique)
- 270	empire d'Asoka et envoi de missions bouddhiques dans le monde

<table>
<tr><td colspan="2">Inde hindouiste</td></tr>
<tr><td>320-500</td><td>empire Gupta</td></tr>
<tr><td>800</td><td>disparition du bouddhisme en Inde, retour de l'hindouisme</td></tr>
</table>

<table>
<tr><td colspan="2">Inde musulmane</td></tr>
<tr><td>1000</td><td>invasions musulmanes</td></tr>
<tr><td>1500/1700</td><td>empire Mongol</td></tr>
<tr><td>Aujourd'hui</td><td>du point de vue religieux, l'Inde est partagée entre les musulmans et les hindouistes. Le Bouddhisme a quasi disparu du paysage religieux et culturel.[5b]</td></tr>
</table>

Quelques considérations orthographiques

Bien que cela ne soit pas toujours facile, nous avons essayé de faire simple en abandonnant aux linguistes les divers signes diacritiques utilisés pour les nombreuses langues employées par les bouddhistes (sanscrit, pâli, chinois, japonais, coréen, tibétain, mongol, etc.). Sauf à de rares exceptions près (lorsqu'il est spécifiquement question du bouddhisme japonais, chinois ou tibétain), nous avons toujours opté pour la transcription en sanscrit, la langue la plus proche de celle parlée par le Bouddha historique et aussi la langue véhiculaire des intellectuels (il reste tout à fait possible, si on apprend le sanscrit, de lire aujourd'hui les textes âgés de plus de 2000 ans). Signalons cependant quelques petites particularités orthographiques qu'il est utile de connaître : dans l'immense majorité des cas le « u » doit se lire « ou ». En tibétain, les lettres g, d, b et m sont muettes lorsqu'elles se trouvent au début d'un phonème (ainsi Blama, se lira toujours lama, c'est ainsi d'ailleurs qu'il s'écrit toujours, sauf dans des ouvrages destinés à des érudits). En japonais, certains suffixes indiquent qu'il s'agit d'un temple bouddhique. C'est le cas pour les suffixes « -ji », « -tera » et « -dô ». S'il s'agit d'un sanctuaire shintoïste, le suffixe sera « -jinja » ou « -jingû ».

Enfin, il existe plusieurs conventions pour écrire les mots sanscrits et pâlis. Les uns utilisent un tiret entre les parties du mot (par exemple Visuddhi-Magga) ; d'autres préfèrent écrire le mot sans trait d'union (Visuddhimagga). Il semble que c'est cette dernière graphie qui se généralise dans les ouvrages récents ; c'est donc celle-ci que nous adopterons (sauf cas exceptionnels) dans cet ouvrage.

Conventions orthographiques

1. Nous avons choisi l'orthographe conventionnelle pour tous les termes même lorsqu'il s'agit de citations ou de titres d'ouvrages. Ainsi, nous écrirons toujours Tibet et non Thibet, même si ce mot figure dans le titre d'un ouvrage.

2. L'orthographe utilisée est celle du *Dictionnaire encyclopédique du Bouddhisme* (Philippe Cornu, Seuil 2001) pour les mots en sanscrit, pâli, chinois ou tibétain. Cet ouvrage encyclopédique est le plus récent en langue française ; il présente, en outre, l'intérêt de fournir pour chaque mot sanscrit ou pâli, en plus de sa traduction en langue française, l'équivalent en chinois, en japonais et, selon les besoins, en d'autres langues asiatiques (coréen, etc.). Pour les mots qui ont rejoint la langue française, nous utiliserons toujours l'orthographe préconisée par *Le Grand Robert* (édition sur cédérom) ou, si le terme est absent, par l'orthographe reprise dans *Le Grand Dictionnaire terminologique (Québec, Office de la langue française,* édition sur cédérom).

3. Sauf lorsqu'il s'agit des voyelles longues (â, î) nous avons abandonné les signes diacritiques qui ne peuvent que perturber le lecteur qui n'y est pas habitué.

4. Contrairement à un usage répandu chez les bouddhologues, nous avons choisi de marquer le pluriel des mots étrangers comme cela se pratique en français. Ainsi, nous écrirons les bouddhas, les mantras, les tülkous, etc.

L'organisation du livre

La présence de ce symbole ❁ indique que le mot fait partie d'un article spécifique.

En fin d'ouvrage, nous avons prévu un petit dictionnaire des termes essentiels du bouddhisme. Sauf exception (par exemple pour le mot japonais *zen*, très utilisé en Occident ou pour certains mots du bouddhisme tibétain, largement plébiscités en Occident, comme tülkou), nous utiliserons dans cet ouvrage les mots tels qu'ils sont employés dans les deux langues initiales du bouddhisme, le pâli et le sanscrit (voir l'article consacré aux langues du bouddhisme). Ainsi, pour désigner le « véhicule », notion très importante en bouddhisme, nous utiliserons exclusivement le mot yâna (ou sa traduction en français, bien sûr) mais sans jamais utiliser l'un des mots suivants plus rarement rencontrés theng-pa (en tibétain), sheng (en chinois), jo (en japonais).

Subdivision du bouddhisme

HÎNAYANA	Mort de Bouddha	
	100 ans après la mort de Bouddha (IVe s. avant è.c.)	2 écoles.
	400 ans après la mort de Bouddha (Ier s. avant è.c.)	18 écoles (= Bouddhisme de l'Abhidharma).
MAHÂYÂNA	Ier siècle è.c.	Naissance d'un mouvement opposé au Bouddhisme de l'Abhidharma : le Mahâyâna. Par « dérision », le bouddhisme de l'abhidharma est appelé Petit Véhicule. Les tenants de ce mouvement préfèrent, eux, se donner l'appellation de l'école des Anciens (Theravâda).
TANTRISME	IVe siècle	Le Mahâyâna donne naissance au bouddhisme tantrique (Véhicule du Diamant), lequel donne naissance au bouddhisme tibétain (lamaïsme).
CHAN /ZEN	Ve siècle	Le Mahâyâna donne naissance au chan (Chine), lequel se répand en Corée puis au Japon où il devient le zen.

Signalons que, d'une certaine manière, le mahâyânisme a fait passer le bouddhisme du statut de sagesse à celui de religion. Par la suite, le mahâyânisme s'étendant dans de nombreux pays, emprunte dans certains d'eux leurs divinités et démons ; c'est le cas principalement au Japon (qui incorpore toutes les divinités locales et crée un véritable culte à Amida, lequel possède son propre paradis) et au Tibet (où les divinités sont légions).

Différences entre le Petit et le Grand Véhicule

Pour bien comprendre le bouddhisme, il est nécessaire d'avoir constamment en mémoire la différence entre le bouddhisme originel (ou premier) dit du « Petit Véhicule » et le bouddhisme plus tardif (apparu vers le IIe siècle) appelé Grand Véhicule, lequel s'échappant des bases étroites du Petit Véhicule a connu divers courants de pensée dont les plus connus sont le zen et le bouddhisme tibétain. Les spécificités des différents véhicules sont explicitées dans les articles qui leur sont consacrés.

	PETIT VÉHICULE	GRAND VÉHICULE
Nom sanscrit	Hînayâna	Mahâyâna
Chemin pour se libérer du cycle de la vie	étroit (réservé aux moines, quasi impossible pour les laïcs)	large (ouvert à tout le monde)
Bodhisattvas	quasi absents	prépondérants
Divinités	quasi absentes	très nombreuses
Non-soi	ne concerne que les vivants	concerne tout l'univers (vacuité)
Fins dernières	elles sont sans objet : il n'en est jamais question	paradis et enfer sont au rendez-vous
Rituels	peu nombreux	extrêmement importants
Bases philosophiques	celles du Bouddha historique	très nombreuses et contradictoires
Sectes et courants	actuellement le bouddhisme Hînayâna est représenté par l'école des anciens ou Theravâda	très nombreuses sectes et divers courants : zen, tantrisme, bouddhisme tibétain, etc.
Femmes	totalement ignorées (pour parvenir au nirvâna, il faut renaître homme)	place importante sous forme de divinités, etc.
Tendance philosophique	anthropique	transcendantale
Idéal de perfection	arhat (ou saint)	bodhisattva
Nirvâna / samsâra	différenciation très nette	identité dans la vacuité

Avertissement

> « La vraie absence de pensée, c'est de penser tous les objets
> sans se laisser infecter par aucun d'eux » (Sûtra de l'Estrade).

Découvrir le bouddhisme n'est pas facile pour un Occidental car rien ne l'y a préparé et certainement pas ses connaissances linguistiques. La première fois qu'un lecteur rencontre des mots comme *surangamasûtra*, *saddharmapundarikasûtra* ou *abhidharmapitaka* il doit s'y reprendre à plusieurs fois pour les lire ; quant à les retenir — même d'une page à l'autre — c'est encore une autre histoire. Lorsqu'il a retenu le mot *dharmapada* mais qu'il découvre en librairie un ouvrage consacré au *dhammapada*, il se demande, à juste titre, s'il s'agit de la même chose. Ces quelques problèmes auxquels est confronté le néophyte, il est assez facile de les résoudre pour autant que l'auteur adopte une démarche didactique et que le lecteur accepte de se soumettre à un petit exercice de mémorisation avant de commencer sa lecture.

Le petit exercice de mémoire consistera à retenir quelques racines qui reviennent constamment dans les mots sanscrits et pâlis qui sont formés par agglomération de racines ; ainsi, le mot *abhidharmapitaka* peut être décomposé en *abhi* (qui signifie au-dessus), *dharma* (qui désigne l'enseignement du Bouddha) et *pitaka* (qui désigne une corbeille). À partir de quelques racines, il est ainsi possible de décomposer (et de recomposer) les principaux mots intervenant dans le bouddhisme. Nous en avons retenu une vingtaine et nous invitons, dès lors, le lecteur à mémoriser la liste ci-après, ce qui lui sera d'une grande aide, car il lira plus facilement les mots complexes, en devinera le sens et n'aura guère de problème à les mémoriser. Dans le bouddhisme des origines, deux langues sont utilisées : le sanscrit (dont Bouddha parlait un dialecte) et le pâli (langue proche du sanscrit). La diffusion de l'enseignement du Bouddha s'est effectuée principalement dans ces deux langues (il faudrait, bien sûr, y inclure le chinois, le japonais et le tibétain mais c'est là, déjà, affaire de spécialistes) ; dès lors, il est utile de connaître l'équivalence, lorsqu'elle existe, des principaux mots du bouddhisme en sanscrit, en pâli et en français. C'est ce que nous proposons danscet ouvrage, chaque fois que cela est utile. Parfois, cependant, cette équivalence n'existe pas en français ; ainsi, pour ne donner que deux exemples, les mot nirvâna et karma n'ont pas d'équivalent en français. Par contre, c'est ainsi que le lecteur découvrira que le dharmapada dont il a entendu parler est un mot sanscrit qui s'écrit *dhammapada* en pâli. Il s'agit donc de la même chose.

Outre la vingtaine de mots de base, ici présenté pour mémorisation, le lecteur trouvera aussi, en fin de volume, un petit dictionnaire de tous les concepts bouddhiques utilisés dans cet ouvrage.

La majorité de la littérature bouddhique a été rédigée d'abord en langue sanscrite. C'est la raison pour laquelle c'est surtout le terme sanscrit qui est utilisé aussi bien dans ce volume que dans la plupart des ouvrages consacrés au bouddhisme. Certains textes appartenant au bouddhisme premier (Petit Véhicule) ont cependant été rédigés en pâli, c'est le cas, par exemple, de tous les textes repris dans le Canon pâli. Lorsqu'il est fait référence spécifiquement à ces textes, nous utiliserons leur dénomination en langue pâlie. Sauf exceptions, il ne sera jamais fait appel aux autres langues du bouddhisme (chinois, japonais, coréen, tibétain, etc.) pour nommer des textes car cela alourdirait considérablement cet ouvrage qui se veut simple et didactique.

Certains lecteurs attentifs trouveront peut-être que l'auteur se répète trop souvent. Je tiens à préciser que ces répétitions sont volontaires, l'ouvrage n'ayant aucune vocation à devenir une œuvre littéraire, mais plutôt un ouvrage de vulgarisation, donc avant tout, un ouvrage pédagogique. Or, comme le disait un de mes professeurs d'université, « la seule pédagogie est la pédagogie de l'école primaire ». J'ai toujours souscrit à cette formule. Un bon pédagogue, un bon vulgarisateur, est une personne qui se répète, prenant pour cela d'autres exemples, d'autres mots mais, en définitive qui dit plusieurs fois la même chose, espérant ainsi inscrire son message dans les nombreux champs de la conscience. Dans le livre que vous tenez entre vos mains, cette répétition trouve une seconde justification. L'ouvrage est structuré de telle manière que personne n'est obligé de le lire en entier (bien que cela soit préférable !), ni même en commençant par la première page (bien qu'il soit vivement recommandé de lire, pour commencer, la partie introductive riche en informations indispensables). Chacun, pour autant qu'il ait la volonté d'apprendre, peut le lire selon ses préoccupations personnelles. C'est ainsi, pour ne donner qu'un exemple, que celui qui est particulièrement intéressé par l'art bouddhique pourra commencer par l'article sur l'art du Gandhâra. Il est donc important que cet article contienne toutes les informations utiles pour comprendre l'article, même si certaines d'entre-elles figurent déjà dans des articles précédents. S'étant ainsi, lui-même, affranchi de certaines critiques, l'auteur peut maintenant laisser au lecteur la libre circulation dans son ouvrage, espérant lui apporter quelques éclaircissements sur les bouddhismes et l'envie d'entreprendre d'autres lectures plus pointues. Pour ce faire, il consultera la bibliographie qui lui signale quelques ouvrages particulièrement intéressants. Celle-ci se termine par une courte liste d'articles et de revues qui nous paraissent constituer la base de la bibliothèque de l'« honnête homme » intéressé par le bouddhisme. La terminologie bouddhique étant déjà suffisamment complexe en soi, nous avons limité la bibliographie aux ouvrages en langue française.

Signalons également la présence, en fin d'ouvrage, d'un petit dictionnaire du bouddhisme reprenant l'essentiel des termes religieux, historiques ou philosophiques utilisés dans cet ouvrage. Malgré les rappels réguliers au cours du texte, nous pensons que ce petit guide sera bien utile à nos lecteurs que nous imaginons perplexes devant certains termes spécifiques au bouddhisme qu'ils rencontrent pour la première (ou la seconde) fois.

Enfin, pour terminer, dans ce type d'ouvrage l'auteur ne peut donner libre cours à sa création et, ainsi que l'exprime très justement Gérard Huet dans son lexique sanscrit français (voir bibliographie), « la voie est étroite entre le plagiat pur et simple et l'innovation suspecte d'erreur ». Nous avons donc collé de très près aux textes sacrés et aux meilleures interprétations mais l'erreur est humaine et nous serions reconnaissants aux lecteurs nous signalant toute erreur, omission ou interprétation erronée.

Les messages peuvent être envoyés à quentinludwig@hotmail.fr.

Vairochana (*Dainichi Nyorai*, en japonais), un des cinq bouddhas transcendantaux effectuant le mudrâ (symbolisme dans la position des mains) du Point de la Sagesse. Ce mudrâ est spécifique au bouddhisme ésotérique. Les cinq doigts gauches symbolisent les Cinq éléments et les cinq doigts de la main droite représentent les cinq Sagesses. Quatre doigts de la main gauche sont pliés et seul l'index (qui représente le vent, la tête, l'origine) est dressé. La main droite entoure l'index de la main gauche. Ce mudrâ signifie que la tête, la vie, est ceinte par la Sagesse. C'est le mudrâ qui anéantit l'ignorance. Vairochana est généralement représenté effectuant ce mudrâ ou encore celui de la mise en route de la roue de la Loi. On notera que pour les bouddhistes japonais, Vairochana est considéré comme le bouddha solaire. Dans les mandalas, il est situé au centre et les autres bouddhas gravitent autour de lui (voir figure page 195). La présentation de Vairochana exécutant ce mudrâ (dont le nom est *Chiken-in*, en japonais) est typique des bouddhismes japonais et coréens. Ce mudrâ ésotérique symbolise aussi l'unité de la divinité avec sa Shakti (c'est-à-dire son pendant féminin).

Très brève introduction au sanscrit

Le sanscrit est la principale langue utilisée pour les textes bouddhiques (voir aussi l'article consacré aux langues du bouddhisme). La grande majorité des termes techniques utilisés dans cet ouvrage sont en sanscrit. Au départ, le lecteur peut avoir l'impression que ces mots sont très compliqués. En réalité, il n'en est rien, à condition d'apprendre quelques racines de base (exactement comme on le fait avec les racines latines et grecques pour apprendre plus facilement les langages scientifiques). Le sanscrit, comme la plupart des langues européennes, fait partie des langues indo-européennes et descend comme elles d'une langue « proto-indo-européenne », langue mythique qui reste encore à découvrir. Le lecteur attentif, surtout s'il connaît plusieurs langues européennes, reconnaîtra dans les termes sanscrits de nombreuses racines qui lui sont familières. Ainsi, le mot *tridvara* (trois portes, c'est-à-dire les trois unités de l'être animé) peut être très facilement compris par un russophone : le mot trois est identique dans les deux langues, et porte se dit *dvièr* en russe. Un lecteur francophone, fera immédiatement le rapprochement entre le *vihâra* (lieu de vie, c'est-à-dire monastère) avec le mot viager (durée d'une vie) et s'il lit *panca*, cela lui fera songer à *penta* (cinq, comme dans pentagramme). Le seul but des quelques exemples ci-après est de vous affranchir des supposées difficultés des termes bouddhiques.

1. La négation

Comme en français, elle s'effectue au moyen du préfixe « a » ou « an ».

Ainsi, le mot *atman* signifie soi. Pour dire le non-soi (un concept majeur du bouddhisme), on utilise le mot *anâtman*. Signalons aussi l'*anagamin* (« celui qui ne revient pas »), l'*anicca* (impermanence), l'*asura* (qui n'est pas un dieu), l'*avidya* (l'inconnaissance, l'ignorance, la nescience).

2. La création des mots

Elle est réalisée par simple juxtaposition de mots ou par adjonction au mot d'un préfixe ou d'un suffixe. Ceci rend parfois le mot très long : cependant, dès qu'on a reconnu ses éléments, il n'est pas plus difficile à prononcer qu'un autre. La difficulté se limite habituellement à la décomposition du titre des ouvrages. Ainsi, citons à titre d'exemple, le *Satipatthânasutta*, un ouvrage rédigé en pâli (et non en sanscrit) et dont le titre, en français, serait *Sûtra de l'établissement de l'attention rapprochée*. On sait que l'ouvrage a été rédigé en langue pâlie car il utilise le mot pâli (*sutta*) au lieu du mot sanscrit sûtra. Un Sûtra est un discours attesté de Bouddha. Comme le texte est en langue pâlie, on sait également qu'il s'agit d'un texte émanant d'une école du Petit Véhicule (le bouddhisme premier, le plus proche de l'enseignement de Bouddha). Ainsi, en décomposant le titre d'un ouvrage, le lecteur apprend bien des choses sur son contenu.

Un autre exemple peut aussi être intéressant. On sait que Bouddha appartenait à un clan appelé Sâkya. Pour cette raison, dans de nombreux textes, il est appelé tout simplement Sâkyamuni, c'est-à-dire le Sage de Sâkya.

Enfin, un dernier exemple à découvrir d'abord par soi-même en s'aidant de la liste ci-après (pour obtenir la réponse, tournez le livre) :

Tridharmacakrasutra.

> Tri = trois
> Dharma = Loi
> Cakra = Roue
> Sutra = Sûtra (parole de Bouddha)
> Le titre du livre est : Les sûtras des trois roues du Dharma. En général, le livre est plutôt connu comme le Tridharmacakra.

3. Le féminin

Il s'indique en ajoutant le suffixe ni :
ainsi, un moine se dit *bhiksu* et une moniale est dite *bhiksuni*.

4. Les racines et mots de base utilisés dans cet ouvrage

Abhi	Supérieur (au-dessus)
	Ce préfixe intervient souvent. Signalons, l'abhidharma, l'abhidarmapitaka (la corbeille de l'abhidharma), l'abhidharmakosa (le trésor de l'abhidharma).
Anicca	**Impermanence**
Arya	**Noble**
	Le mot astaaryapudgala, signifie les huit nobles personnes (asta = huit et pudgala = personne).
Asta	**Huit**
	On retrouve assez souvent le mot huit (astra) : astalokadharma, soit les huit dharmas mondains et astaksana, les huit libertés.

Atman	**Soi**
Avidya	**Ignorance (nescience)**
Bodhi	**Éveil (ou esprit)**
	Ce mot est très utilisé pour former des noms de personnes ou de nouveaux concepts.
	Ainsi, bodhidharma (esprit du Dharma ou esprit de la Loi), bodhisattva (être d'Éveil), bodhicitta (l'esprit d'Éveil).
Bouddha	**L'Éveillé (ce n'est pas seulement le Bouddha historique).**
	Plusieurs termes sont formés à partir de bouddha (ou buddha) : pratyekabuddha (bouddha-pour-soi) ; âdibouddha (bouddha primordial), buddhacarita (carrière de bouddha). De nombreux noms de savants sont également bâtis sur cette trame (Buddhadatta, Bhudaghosa, Buddgabhadra, etc.).
Cakra	**Roue**
	Dans le bouddhisme, ce mot a généreusement servi : bhavacakra (roue de l'existence), cakrasamsâra (roue de la félicité), raksacakra (cercle de protection), cakravartin (roue du souverain), kalacakra (roue du temps), etc.
Carita	**Tempérament**
Dharma	**Loi (mais aussi 10 autres sens)**
	Au pluriel, ce mot désigne les constituants de la réalité, les phénomènes.
Dvadasa	**Douze**
	Ainsi, le dvadasadharmapravacama est une collection de 12 textes de la Loi.
	Pour désigner douze actes (karya) de Bouddha, le mot sera dvadasabuddhakarya.
Evam	**Ainsi**
	Ce mot ouvre tous les Sûtras : Evam maya srutam (ainsi ai-je entendu), voir page 254.
Hîna	**Petit**
	On en trouve de nombreux exemples, comme par exemple : hînayâna ou Petit Véhicule.
Karuna	**Compassion**

Kaya	**Corps**
	On retrouve ce terme, entre autres, dans la désignation des Trois corps de Bouddha (dharmakaya, corps absolu, etc.).
Klesa	**Passion**
	Ce qui donne upaklesa (passion secondaire).
Lama	**maître**
	Ainsi le Dalaï-Lama est le Maître Océan (de sagesse). Ce mot se retrouve également dans un autre titre : Patchen-Lama.
Loka	**Monde**
	Ainsi, lokadhata est l'univers mondain et lokaprajnapti désigne la cosmologie.
Madhyamâ	**Médian**
	On obtient ainsi le mot madhyamâpratipad (la voie médiane).
Mahâ	**Grand**
	On connaît tous le mot mahâradjah. À la fin de la lecture de cet ouvrage, vous connaîtrez aussi Mahâmudra (le grand sceau), mahânâman (le grand nom), Mahâyâna (le Grand Véhicule), mahâsiddha (le grand accompli), etc.
Mantra	**Formule sacrée**
	Ce mot se décompose ainsi : man (nom) et traya (protégé).
Marana	**Mort**
Panca	**Cinq**
	On parle des 5 agrégats (panca skandha), des 5 certitudes (panca niyata), etc.
Paramita	**Action transcendante**
Pitaka	**Corbeille**
Prajna	**Connaissance supérieure**
Pudgala	**Personne**
Rupa	**Forme**
	Ainsi, rupaskandha = agrégats des formes et nama-rupa = nom-et-forme.

Sattva	Être

Ainsi, bodhisattva est un être d'éveil.

Sunyata	Vacuité
Sûtra	Fil du discours
Sangha	Communauté monastique
Tri	Trois

Ainsi, tridhâtu ce sont les trois domaines ; tripitaka, ce sont les trois corbeilles et triksana, signifie les trois natures.

Tathatâ	Ainsité

Ce qui donne les mots suivants : Tathâgata (Celui qui est venu ainsi, le Bouddha) et Tathâgatagarbha (l'essence de Tathâgata, c'est-à-dire la bouddhéité de chacun d'entre nous).

Upak	Secondaire
Vajra	Diamant ou foudre
Vinaya	Discipline
Yâna	Véhicule

Le Grand Véhicule sera le Mahâyâna, le Petit Véhicule le Hînayâna et le Véhicule du Diamant, le Vajrayâna.

© Corel

Jeunes bonzes. Au Tibet, les enfants peuvent, dès l'âge de 7 ans, entrer comme novices dans un monastère. On y prendra soin de leur éducation. En principe, ils peuvent quitter le monastère dès qu'ils le souhaitent mais il est de tradition dans certains pays bouddhiques que le second garçon entre au monastère. On comprend, dès lors, l'énorme complicité qui existe dans ces pays bouddhiques entre les moines et les laïcs.

Chronologie du bouddhisme

Pour la clarté de notre exposé, nous avons arrondi toutes les dates, lesquelles ne sont, de toute façon, pas certaines. Nous avons également jugé utile d'inscrire dans cette chronologie les dates de naissance des trois religions monothéistes (en caractères bleus).

-3000	**Naissance du monothéisme (judaïsme)**
- 580	Naissance de Bouddha
- 523	Éveil (pleine lune de Vesakh)
- 500	Premier concile à Râjagrha
	Ananda va diriger la Communauté
- 400	Deuxième concile à Vaisâlî
- 300	Règne d'Asoka.
	Première expansion du bouddhisme (missions)
- 250	Troisième concile à Pâtaliputra
	Introduction du bouddhisme à Ceylan
- 170	Règne de Ménandre, roi grec aussi connu comme Melinda
	Rédaction du Milinda-Pañha (voir page 206)
- 80	Seconde expansion du bouddhisme
- 40	Mise par écrit du Canon pâli (à Ceylan)
0	**Naissance du christianisme**
60	Introduction du bouddhisme en Chine
100	Concile du Cachemire (n'est pas repris dans la numérotation des conciles car il est peut-être légendaire)
	Naissance du Grand Véhicule (Mahâyâna)
	Açvaghosha, docteur mahâyaniste
150	Règne de Kanishka (souverain de la dynastie des Kushana)
	Expansion du bouddhisme en Asie
	L'art du Gandhâra❋ est à son apogée
200	Nagarjuna, docteur mahâyaniste (école Mâdhyamika, voir page 185)

400	Asanga, docteur mahâyaniste (école Vijnanavada, voir page 188)
400-410	Le pèlerin chinois Fa-Hsien séjourne en Inde
450	Bodhidharma, le fondateur de l'école chan (voir pages 143 et 275)
	Naissance de Buddhaghosa (le plus grand commentateur du Canon❋ pâli)
	Vasubandhu écrit l'Abhidharmakosa (voir page 159) puis se convertit au Mahâyâna❋
	Début du culte d'Amitâbha (Amida❋)
540	Introduction du bouddhisme au Japon❋
620	**Naissance de l'islam**
630-645	Le pèlerin chinois Hiuan-Tsang séjourne en Inde
638-713	Hui Neng, sixième patriarche du Chan
670-690	Le pèlerin chinois Yi-Tsing séjourne en Inde
700	Naissance du véhicule tantrique
	Déclin du bouddhisme indien
	Première introduction du bouddhisme au Tibet
800	Quatrième concile de Lhassa
1052-1135	Milarepa, fondateur d'une des quatre écoles du bouddhisme tibétain
1100	Deuxième introduction du bouddhisme au Tibet
1193	Prise de Bihâr par le musulman Ikhtiyar-ud-din Mohammed Bakhtyar : fin du bouddhisme indien
1200-1253	Eihei Dogen, le fondateur de l'école zen Soto
	Fondation de la secte de la Terre Pure
1300	Traduction du Canon❋ tibétain en mongol
1600	Conversion des Mongols au bouddhisme tibétain
1871	Cinquième concile (Mandalay, Birmanie)
1904-1989	Kalou Rinpotché, le lama tibétain qui a introduit le bouddhisme tibétain en Occident
1914-1982	Taisen Deshimaru, le principal propagateur du zen en Occident
1935-	Tenzin Gyatso, le quatorzième, et actuel, Dalaï-lama
1954	Sixième concile (Rangoun, Birmanie)
1956 (23 mai)	Commémoration du 2500e anniversaire de Bouddha
1959	Les Chinois écrasent la révolte tibétaine. Le Dalaï-lama s'enfuit en Inde.

Les mots-clés

Il s'agit du nom japonais du Bouddha de la lumière infinie de la Terre Pure. Ce Bouddha est inconnu du bouddhisme premier (le Petit Véhicule, Hînayâna, continue d'ailleurs à l'ignorer totalement) et n'a fait son apparition qu'assez tardivement avec le Grand Véhicule. En sanscrit, ce Bouddha porte le nom d'Amitâbha mais comme son culte est surtout important au Japon (mais aussi en Chine et au Tibet), c'est sous son nom japonais qu'il est le plus connu. Signalons que le chef spirituel du Tibet (le Patchen-Lama), se présente comme une réincarnation d'Amida.

Le Bouddha de la Terre pure

Dans le Hôbôgirin[8], il est écrit qu'« Amida est aujourd'hui sans aucun doute, la divinité la plus populaire du panthéon bouddhique ; il a éclipsé le Bouddha historique❋, Sâkyamuni, dans tout le domaine de l'église chinoise et japonaise ». Il s'agit d'un roi légendaire qui renonça à son trône pour devenir moine. Selon la légende, il explora pendant des milliers d'années un nombre infini de royaumes dans l'univers et finit par créer son propre royaume, la Terre Pure (ou paradis Sukhâvati), après avoir fait plusieurs vœux, dont le 18e concerne son Paradis. Parmi les différents bouddhas promettant un futur dans un paradis (paradis de Tusita de Maitreya, paradis d'Abhirati d'Aksobhya), Amida a rencontré le plus de succès pour des raisons encore mystérieuses. Cependant, « deux faits s'imposent à l'attention dans ce problème si obscur : entre tous les bouddhas des points cardinaux, Amida seul reste immuablement attaché à une direction fixe : toujours il préside à l'Ouest. En outre, son culte va de pair avec le culte d'une autre divinité non moins mystérieuse, Avalokiteshvara »[8]. L'association Amida-Avalokiteshvara est telle que dans l'ensemble du monde bouddhique sino-japonais, toutes les images d'Avalokiteshvara portent sur la tête une petite image d'Amida.

Avec le temps, il s'est développé autour d'Amida un véritable culte, une doctrine du salut et des récits de ses vies antérieures (Jâtaka❋), comme pour le Bouddha historique. Comme pour ce dernier, on décrit pour Amida un corps d'Essence (sa nature-propre), un corps de métamorphose (son apparition comme roi-mendiant), un corps de fruition (Amida après son vœu fondamental).

Le paradis d'Amida

Amida a promis d'emmener tous les êtres qui invoquent son nom dans cette Terre Pure que l'on peut comparer au paradis des chrétiens. « Ce Paradis est un Terrain où naissent les Auditeurs et les Bouddha-pour-soi ; on y mange, on y marche, les jours et les nuits s'y succèdent, et Amida y prêche la loi du Véhicule triple »[9]. Tout n'y est que « luxe, calme et

Le paradis d'Akshobhya

Le Bouddha Aksobhya (l'Inébranlable) a pour paradis Abhirati, situé à l'est de l'univers. Son nom lui provient du vœu qu'il fit alors qu'il était encore bodhisattva de ne jamais se mettre en colère contre un être vivant. Les fidèles qui respectent, eux-aussi, ce vœu sont assurés de renaître dans son paradis et de ne plus jamais renaître dans un état inférieur. Dans l'iconographie, ce bouddha est représenté avec le haut du corps peint en bleu (ou en doré). Il a pour support un éléphant bleu et ses mains forment souvent le geste (mudrâ❋) de la prise à témoin de la terre.

Le Bouddha historique dans son attitude la plus connue : assis en position de lotus, les mains pratiquant le dhyâna-mudrâ, c'est-à-dire le mudrâ de la concentration sur le Dharma (la loi). Pour réaliser ce mudrâ, il suffit de poser les deux mains l'une sur l'autre, les doigts sont allongés et les pouces se touchent. Il se crée ainsi un petit triangle qui symbolise le feu spirituel. Cette photo a été prise à Bân Hit, au Viêt-Nam.

volupté » bien que l'amour soit absent de ce paradis interdit aux femmes (pour y pénétrer les femmes renaissent sous la condition d'homme). Ce paradis est la dernière escale avant le nirvâna car après leur renaissance sur terre les hommes entrent directement dans le nirvâna sans aucune possibilité de renaître dans une condition inférieure ; le fait de renaître dans le paradis d'Amida provoque donc une sorte de blocage karmique (il n'y a plus de rétribution automatique pour les actes bons ou mauvais).

Le nembutsu

Le Bouddha Amida a donné lieu à de nombreuses interprétations. Ainsi, pour les bouddhistes zen, ce qu'on appelle Amida, c'est la nature de bouddha innée en chaque homme. Amida, disent-ils, c'est moi-même et son Paradis, c'est mon esprit. Le but étant de réaliser le Paradis en ce monde-ci. Quoiqu'il en soit, le culte d'Amida correspond à un moment essentiel dans l'évolution du bouddhisme. L'homme peut maintenant accéder au nirvâna sans passer par de multiples états de réincarnation car la renaissance dans le paradis d'Amida (où ne vivent, rappelons-le, que des hommes, les femmes renaissant dans ce paradis sous la condition masculine) est l'ultime étape vers le nirvâna. En japonais, la formule d'invocation d'Amida est *Namu Amida Butsu* (Honneur au Bouddha Amida), ce qui donne nembutsu, le nom de la formule d'accès au paradis. La pratique de l'« école de la Terre Pure » (Jôdo-shû) consiste uniquement à répéter cette formule rituelle[11], ce qui constitue une « voie facile » (contrairement à la « voie sainte difficile » de la discipline et de l'effort) pour entrer dans le paradis d'Amida puis parvenir à l'Éveil. En effet, selon les théoriciens de l'école de la Terre Pure seule une minorité de personnes sont capables de suivre la « voie sainte » et de parvenir par leurs efforts — par leur force personnelle (*jiriki*) à l'Éveil ; la plupart, pensent-ils, ont besoin de l'aide d'une force extérieure (*tariki*), laquelle leur est apportée par Amida, le bouddha compatissant, et Avalokiteshvara, le bodhisattva de la compassion.

Dans le bouddhisme du Petit Véhicule, le personnage Bouddha était très modeste et souvent représenté seulement par un objet symbolique (trône, lotus, lion, etc.). Dans le bouddhisme du Grand Véhicule, Bouddha n'est plus seulement un homme et ses statues sont proposées à la dévotion des populations. Pour impressionner définitivement les fidèles, certaines statues atteignent ainsi des dimensions considérables.

Le Paradis de la Terre Pure

« Si un homme pense de toutes ses forces au Bouddha Amida du Paradis de l'Ouest, et que dans sa Déflexion des Bonnes racines de ses pratiques il forme le Vœu de naître dans ce monde-là, il obtiendra d'y aller naître. Il y verra sans cesse le Bouddha, et il n'y aura donc jamais pour lui de Régression. Car, s'Il inspecte le Corps d'Essence, l'Ainsité de ce Bouddha là-bas, et s'applique sans relâche aux Exercices, il obtiendra finalement de renaître dans son Paradis, et de stationner dans la Concentration Correcte. »[12]

Auditeur

Dans la terminologie bouddhique, un Auditeur est un saint, celui qui connaît la vérité grâce à l'enseignement du Bouddha ou de l'un de ses disciples. Comme figure emblématique d'Auditeur, on peut citer Ananda, le cousin et disciple de Bouddha. Accompagnant partout son maître, il en retenait toutes les paroles. C'est ainsi qu'au premier concile bouddhique, c'est Ananda qui fut chargé de réciter toutes les paroles de Bouddha, lesquelles furent consignées dans les Sûtras❋. Un Auditeur est donc celui qui atteint l'Éveil grâce à l'expérience d'un autre. L'*arhat*, le saint bouddhique par définition, qui atteint l'Éveil grâce à l'enseignement de Bouddha est lui-aussi un Auditeur. Les cinq premiers moines (et disciples) de Bouddha représentent un exemple type d'arhat : ils sont parvenus à l'Éveil (très vite d'ailleurs…) grâce à l'enseignement de Bouddha. On sait que la tradition attribue également le titre d'arhat à Bouddha lui-même, ce dont on peut s'étonner car il est parvenu à l'Éveil sans enseignement extérieur. Paul Magnin, l'auteur d'un des meilleurs ouvrages consacré au bouddhisme, explique fort bien ce paradoxe : la tradition, écrit-il « considère que le Bouddha représente l'arhat idéal bien qu'il ait vraiment parcouru le chemin de libération par lui-même et jusqu'au bout, sans avoir reçu l'enseignement d'un autre. Toutefois, la Loi qu'il enseigne s'est imposée à lui lors de l'Éveil : elle lui est donc extérieure, puisqu'il en a été instruit d'une manière intuitive et fulgurante. » [10] Pour atteindre l'état de sainteté (*arhat*), il existe quatre étapes : la première est celle de « celui qui est entré dans le courant », le second stade est « celui qui revient une fois », le troisième stade est « celui qui ne revient jamais », le quatrième est celui de l'*arhat* qui est libéré de toute souillure.

Bouddha-pour-soi (pratyekabuddha)

Le bouddha-pour-soi (ou Bouddha-par-soi ou encore « illuminé solitaire ») est un saint solitaire qui obtient l'Éveil par lui-même bien qu'il ait sans doute rencontré Bouddha ou un de ses disciples et écouté l'enseignement de la Loi dans une vie antérieure. Solitaire dans l'accès à l'Éveil, il est également solitaire dans ses contacts sociaux : il ne prêche pas et ne vit pas en communauté. Pour devenir bouddha-pour-soi, il est nécessaire d'accumuler des mérites dans ses nombreuses vies antérieures et de pénétrer le sens de la loi de coproduction conditionnée (voir page 174). Cet Éveillé solitaire a souvent été comparé à un rhinocéros. Dans la métaphore bouddhique, le bouddhisme ancien (Petit Véhicule) est comparé au chevreuil blessé qui ne s'occupe que de lui, le bouddha-pour-soi à un rhinocéros qui s'occupe encore de ses enfants et le Grand Véhicule à un éléphant qui veille sur son troupeau tout en tenant à l'œil le chasseur dangereux.

Anâtman (ou inexistence du soi) [13]

> « Du désir naît le chagrin, du désir naît la crainte. Pour celui qui est complètement délivré du désir, il n'est plus de chagrin ; d'où lui viendrait la crainte ? »
>
> (Dhammapada)

Ainsi que le signale Nyanatiloka, un savant lexicographe bouddhiste, l'Anâtman « est la doctrine fondamentale du bouddhisme, sans la compréhension de laquelle une connaissance réelle du bouddhisme est tout à fait impossible. C'est la seule doctrine vraiment spécifiquement bouddhique par laquelle la structure tout entière du bouddhisme tient ou s'écroule. Toutes les autres doctrines bouddhiques peuvent se retrouver, plus ou moins, dans d'autres systèmes, philosophies ou religions, mais la doctrine de l'anâtman a été enseignée clairement et sans réserve uniquement par le Bouddha ; c'est pourquoi le Bouddha est aussi appelé « Anattavadi » [14] ou le « Maître de la non-personnalité ». Celui qui n'a pas compris à fond cette « impersonnalité » de toute existence (...) sera incapable de comprendre le bouddhisme (...) » [15].

Fort heureusement pour nous, ce concept fondateur, cette pierre angulaire du bouddhisme figure, alphabétiquement, presque en première place de cet ouvrage ; ceci nous permet de préciser d'emblée les autres termes de ce volume auxquels il convient de se reporter pour obtenir une vue synthétique du bouddhisme. L'anâtman, le « non-soi » fait partie des trois caractéristiques de l'existence : le non-soi (*anâtman*), l'impermanence (*anitya*), la souffrance (*duhkha*).

L'inexistence du soi individuel

Pour les bouddhistes, le soi individuel n'existe pas ; la « vie » est composée de processus continuels de phénomènes qui apparaissent puis s'autodétruisent. Ces phénomènes concernent autant les productions physiques que mentales. Il n'y a donc pas de véritable soi individuel et pas d'âme non plus. Difficile dans ce cas de préciser ce qui passe d'un corps à l'autre lors des transmigrations ou des renaissances. Sans en dire davantage sur ces questions, Bouddha a clairement précisé que ce n'est pas le soi qui souffre (car il n'existe pas) ni le soi qui entre en nirvâna. Pour les bouddhistes, le soi individuel est en rapport avec les cinq agrégats✴, pour faire simple on pourrait dire qu'il est la simple collection des cinq agrégats.

Les cinq agrégats d'attachement (les cinq skandhas, les cinq khandhas)

Rien n'est permanent : tout change. Nous ne sommes pas aujourd'hui tels que nous étions hier, ni même tels que nous étions il y a quelques minutes, nous changeons continuellement et ce n'est pas la biologie qui nous dira le contraire sachant que des millions de cellules s'autodétruisent en permanence et que d'autres naissent perpétuellement

Différences entre le Petit et le Grand véhicule
pour ce qui concerne le non-soi

Dans le Petit Véhicule (Hînayâna), le non-soi (*anâtman*) est limité à la personne humaine. Dans le Grand Véhicule, ce concept est étendu à l'ensemble des éléments. Cette absence de nature propre est désignée sous le terme de **vacuité** et a donné lieu à d'innombrables textes d'une très grande complexité. Selon certains auteurs, « la doctrine du Non-Soi est plus à interpréter dans le sens d'une méthode "pédagogique" que dans celui d'une théorie philosophique » [17]

durant la vie (même après la mort physique, les poils continuent à pousser). Ce qui est vrai pour le corps, l'est également pour l'esprit (nos pensées changent continuellement) et aussi pour les sentiments (qui varient d'un instant à l'autre). L'impermanence des choses, leur vacuité✳, est à la base de la philosophie bouddhique et a d'une certaine manière été résumée de manière lapidaire par La Palisse qui disait « Un quart d'heure avant sa mort, il était encore en vie ».

Pour Bouddha, tous les phénomènes que l'homme ignorant considère comme constitutifs de son moi (soi ou personnalité) peuvent être réunis en cinq groupes d'attachements ou agrégats. Déjà dans le premier sermon qui inaugurait son enseignement, il déclarait que « les cinq agrégats d'attachement sont souffrance ». Ces cinq groupes ou agrégats sont :

1. Le groupe des formes.
2. Le groupe des sensations.
3. Le groupe des perceptions, et sentiments.
4. Le groupe des formations karmiques.
5. Le groupe de la conscience.

Ces différents groupes sont décrits, plus en détails, dans l'article consacré aux Cinq agrégats✳.

Raisonnement septuple sur l'inexistence du moi

Pour illustrer cette illusion d'un soi (ou moi), simple désignation nominale d'un ensemble d'agrégats, les bouddhistes se servent habituellement du raisonnement du célèbre moine et philosophe indien Candrakirti (VIe siècle) [16], lequel établit en sept points à l'inexistence du moi en prenant pour exemple un char.

Le raisonnement de Candrakirti figure dans son célèbre ouvrage le *Madhyamakavatara* (*Introduction à la voie médiane*[16b]). Tous les ouvrages traitant de bouddhisme reprennent sous une forme ou l'autre ce raisonnement. Pour son analyse, nous nous baserons sur le *Dictionnaire Encyclopédique du bouddhisme* de Philippe Cornu mais auparavant une citation du Samyuttanikaya s'impose :

« Quand toutes les parties constituantes sont là, la désignation "char" est employée ; de même, là ou les cinq groupes existent, nous parlons d'être vivant. »

Le raisonnement de Candrakirti

1. Le char est-il différent de ses parties ?

Non, le char ne peut être différent de ses parties. Le moi, non plus, ne peut être différent de ses parties qui sont les agrégats.

2. Le char est-il identique à ses parties ?

Non, car autrement il y aurait plusieurs chars. Le moi, non plus, ne peut être identique à chacune de ses parties, les agrégats, car autrement il y aurait plusieurs moi.

3. Le char est-il possesseur en propre de ses parties ?

Non, car il ne possède pas d'existence propre et n'est que le fruit d'un assemblage : il ne possède pas d'essence propre, différente de l'assemblage de ses parties. Le moi, non plus, ne peut être maître de ses agrégats car il n'en est que l'assemblage.

4. Le char dépend-il de ses parties ?

Non, car on peut lui changer ses parties (remplacer un essieu, une roue, etc.). Le moi, non plus, ne dépend pas de ses parties car le corps peut être mutilé ou l'esprit modifié sans que le moi semble cesser d'exister.

5. Le char est-il la base de ses parties ?

Non, car il n'y a pas une « essence du char », un fondement essentiel à son existence. Le moi, non plus, n'est pas le fondement de ses parties (les agrégrats).

6. Le char est-il la simple réunion de ses parties ?

Non, car le char a été construit selon un plan ; un simple tas des parties du char ne fait pas le char. Le « moi », non plus, n'est pas la simple réunion des agrégats.

7. Le char est-il la forme de la réunion de ses parties ?

Non, car en entrant dans la composition du char, les différentes parties ne perdent pas leur forme. Le moi, non plus, n'est pas la forme de la réunion des agrégats.

Citation du Visuddhimagga

> *Car la souffrance existe, mais personne qui souffre ;*
>
> *L'action existe, quoiqu'il n'y ait point d'acteur ;*
>
> *L'extinction existe, mais point de personne consumée ;*
>
> *Quoiqu'il y ait une Voie, il n'y a aucun passant.*
>
> (Visuddhimagga, XVI, 90)

Le Visuddhimagga ou *Chemin de la complète purification* est un ouvrage consacré à la pratique de la méditation selon l'enseignement du Bouddha. Rédigé par Buddhaghosa (au Ve siècle, à Ceylan), il s'agit d'une vaste encyclopédie de la doctrine bouddhique, qui aujourd'hui encore fait autorité.

La causalité (pratyaya)

Pour les bouddhistes, la causalité est l'élément moteur du monde. En effet, tous les phénomènes composés (en d'autres mots, les composants de notre monde) sont le résultat de causes et de conditions précises. Ainsi, tout phénomène composé est produit par la réunion temporelle de causes et de conditions précises. Ainsi, l'homme est produit par la réunion des cinq agrégats✱ et conditionné par ses actions antérieures (son karma). L'ensemble dépendant de la loi de coproduction conditionnée✱. Bien que ceci puisse paraître très compliqué, en réalité, le schéma directeur est assez simple. Pour qu'un phénomène composé (un être vivant, un produit) naisse, il faut qu'un programme soit respecté (la loi de coproduction conditionnée) et que certains éléments (les agrégats) puissent être réunis. Le phénomène composé disparaît si, dans le strict respect du programme, les agrégats se dissolvent. Le nombre d'agrégats nécessaires pour créer un produit dépend du produit ; pour la « création » de l'homme, cinq agrégats sont nécessaires. Nous verrons, par la suite, que le seul produit incomposé est le nirvanâ, vers lequel tend tout être vivant.

Pâli : *Anicca.*

L'impermanence (*anicca*) est l'une des trois caractéristiques de l'existence. Pour le bouddhiste, rien n'est permanent, tout est en constante mutation : tout disparaît puis se recompose perpétuellement, rien ne persiste jamais de la même façon, même si, à notre échelle humaine du temps certains éléments nous paraissent « permanents ». Tout « ce qui a la nature d'apparaître, a la nature de disparaître ».

Cela est vrai pour la nature, les animaux, l'homme, les univers, etc. … et aussi pour la Loi bouddhique (Dharma), ce qui explique l'apparition et la disparition de divers bouddhas. La personne humaine, par exemple, est un ensemble transitoire et en perpétuelle mutation des cinq groupes ou agrégats❋. Pour d'autres êtres vivants, le nombre d'éléments en mutation peut être inférieur, mais le résultat est identique : la recomposition perpétuelle, l'impermanence. Ce qui est vrai pour les phénomènes physiques, l'est également pour les phénomènes psychiques. Puisque tout est impermanent, il ne peut y avoir de véritable soi (voir le mot anâtman❋). C'est de l'impermanence des choses que naît aussi la souffrance, la douleur (duhkha) car les phénomènes comme la naissance et la mort, sources d'inconstance, sont à l'origine de la souffrance. Même les phénomènes agréables, dont on sait qu'ils ne ne peuvent être permanents sont également source de souffrance. La compréhension et l'acceptation de l'impermanence des êtres et des choses est fondamentale pour se libérer du cycle des renaissances (*samsâra*) et atteindre le *nirvâna* ainsi qu'il est dit dans les textes :

« Bien que rempli de foi, on prenne refuge en Bouddha, dans sa Loi, dans sa Communauté, ou que, d'un cœur loyal, l'on observe les règles de la morale, ou bien encore que l'on développe un esprit rempli de bonté toute d'amour, il est beaucoup plus méritoire de développer, ne serait-ce qu'un moment, la notion de l'impermanence » [18].

Puisque tout est impermanence, il n'y a pas de véritable soi, pas d'âme, (le bouddhisme du Grand Véhicule dit qu'il y a vacuité) et tout est également douleur (*duhkha*), ce qui nous renvoie aux Quatre Nobles Vérités❋. C'est la compréhension de l'impermanence des choses qui nous permet d'accéder au nirvâna.

Le discours de Bouddha sur l'impermanence

« Ô moines, la matière est-elle permanente ou impermanente ? » Les moines répondirent au Bouddha : « Ô Bienheureux, la matière est impermanente. » Le Bouddha dit : « Si la matière est impermanente, est-elle pénible ou agréable ? » Les moines répondirent au Bouddha : « Ô Bienheureux, la matière est pénible. » Le Bouddha dit : « Si la matière

La durée de la vie humaine

Croire que les choses sont permanentes, c'est, au sens bouddhique du terme, être ignorant et s'ancrer dans le cycle des renaissances. Par contre, comprendre l'impermanence
des choses, c'est se libérer des divers attachements à la vie terrestre et entrer dans la
voie de la connaissance, vers l'Éveil. Bouddha a très joliment exprimé cela dans une
rencontre avec un moine. Il s'agit d'un petit texte, en chinois, qui figure dans *Le livre de
Vérité en quarante-deux articles* :

Le Bouddha demande à un religieux :

« Quelle est la durée de la vie humaine ? »

Il répondit : « La durée d'un jour ! »

Le Bouddha dit : « Mon fils, tu n'es pas encore capable de suivre la Voie ! »

Il ajouta, en s'adressant à un autre religieux :

« Quelle est la durée de la vie humaine ? »

Il répondit : « Le temps de prendre sa nourriture ! »

Le Bouddha dit : « Mon fils, tu n'es pas encore capable de suivre la Voie ! »

Il ajouta, en s'adressant à un autre religieux :

« Quelle est la durée de la vie humaine ? »

Il répondit : « Le temps d'un aspir et d'un expir ! »

Le Bouddha dit : « Bien dit, mon fils ! On peut dire que tu suis la Voie ! » [19]

est impermanente et pénible, elle est donc soumise à la loi de la transformation. Pensez-vous alors ceci : « La matière, c'est moi, ou autrui ; elle appartient à autrui, ou elle m'appartient ? » Non. Il en va de même des sensations, des perceptions, des compositions mentales et de la conscience. » C'est pourquoi, ô moines, aucune matière, qu'elle soit passée, future ou présente, interne ou externe, grossière ou subtile, belle ou laide, lointaine ou proche, n'est ni moi, ni autrui, n'appartient ni à autrui, ni à moi. (...) Ainsi, ô moines, le saint disciple, après avoir compris cette considération, est dégoûté de la matière. En étant dégoûté, il ne s'y attache plus. Ne s'y attachant plus, il obtient la Délivrance. Étant déli-vré, il acquiert la connaissance de sa délivrance : « Mes naissances sont épui-sées, ma conduite pure est établie, ma tâche est accomplie, je ne recevrais plus aucune existence. » [19b]

Arhat

L'arhat est un saint bouddhique ayant atteint le plus haut niveau de connaissance. Arrivé au niveau ultime de la pensée, il n'a pas d'illusions, plus de désirs et est libéré des dix liens d'enchaînement au cycle des réincarnations. Il a acquis l'abolition définitive de toute souillure et de toute passion. Libéré du cycle des renaissances, à sa mort, il entre immédiatement dans le nirvâna.

L'arhat dans le Petit et le Grand Véhicule

Dans le bouddhisme premier (Hînayâna), l'arhat est un saint qui devient un bouddha mais il parvient seul à l'éveil. Pour devenir arhat, l'une des rares voies possibles est la vie monacale ainsi, dans le bouddhisme premier, les laïcs n'ont aucune chance de devenir arhat, ni de parvenir au nirvâna. Leur seule possibilité est d'accumuler des mérites (par exemple en aidant les moines et les monastères) pour renaître dans de meilleures conditions, lesquelles leur permettront, après quelques renaissances, d'entrer dans la vie monacale. On le voit, dans le Petit Véhicule, l'arhat est un personnage dont le principal but de l'existence est d'atteindre l'Éveil pour lui-même ; c'est donc une vie non seulement élitiste mais aussi égoïste. On notera que Bouddha n'avait pas le comportement égoïste qui, par la suite, a été reproché aux moines uniquement soucieux de leur propre sort. Pour illustrer cela, on pourrait, bien entendu, citer quelques éléments de sa vie mais on sait que ce qu'en a transmis la légende n'est guère fidèle. Par contre, personne ne contestera qu'il a enseigné pendant plus de quarante ans alors qu'il aurait pu se contenter de garder paisiblement pour lui seul ce qu'il avait découvert sous l'arbre de l'Éveil (ce fut d'ailleurs, rappelons-le, sa première intention).

Dans le bouddhisme mahâyâniste, l'arhat est un sage qui progresse vers la bouddhéité. L'arhat n'est plus le personnage principal ; il a été remplacé par le bodhisattva* lequel œuvre pour l'ensemble des hommes. On est ainsi passé de la condition élitiste et égoïste du saint à une ouverture plus grande au monde (tout le monde peut atteindre le nirvâna... et parfois très vite) et à celle du saint oblatif (la compassion est devenue la première vertu morale). Dans l'évolution du bouddhisme, la bouddhéité, c'est-à-dire la possibilité de devenir Bouddha, de parvenir à l'Éveil, est considérée comme acquise à tous les hommes. Certains maîtres chinois vont même plus loin encore et c'est ainsi que Mia-Lo écrivit : « Une plante, un arbre, un caillou, un grain de poussière, tout possède la nature innée de Bouddha ainsi que les autres causes et conditions nécessaires pour atteindre la bouddhéité. » [20] Ce texte est,

L'ignorance ou nescience (avidyâ/avijjâ)

L'ignorance est la racine de tout ce qui est malsain dans le monde. Lorsqu'un bouddhiste parle de l'ignorance, il veut parler essentiellement de l'ignorance des Quatre Nobles Vérités❋, c'est-à-dire de l'ignorance de la douleur (*duhkha*) constitutive de toute vie humaine.

L'ignorance, à l'origine du désir et de l'envie, est la raison de notre attachement à ce monde ; c'est la cause du cycle des renaissances, c'est le premier stade de la coproduction conditionnée❋ et c'est, dès lors, le dernier des Dix liens d'attachement. L'ignorance empêche de distinguer entre permanence et impermanence, entre apparence et réalité, entre réalité et illusion. Tout comme la transmigration (samsâra), elle est sans commencement mais, comme tous les facteurs de la transmigration, elle est dynamique et s'articule en faux savoirs et vues fausses.

Pour le Grand Véhicule, l'ignorance c'est aussi (outre l'ignorance de l'enseignement du Bouddha), l'ignorance de la vraie nature des choses (c'est-à-dire de la vacuité).

par ailleurs assez surprenant, car « classiquement » le règne végétal n'entre pas dans le cycle des transmigrations.

Les dix liens du samsâra

Dix liens rattachent l'homme au cycle des réincarnations (samsâra). Lorsqu'il a rompu ces dix liens, le saint, l'arhat, l'éveillé peut parvenir au nirvâna. Ces dix liens sont :

- l'ignorance ;
- l'illusion de la personnalité ;
- l'attachement aux rites et aux règles ;
- le désir des sens ;
- la rancune ;
- le désir de non-corporéité ;
- l'orgueil ;
- l'agitation ;
- le doute ;
- la rancune.

Les seize arhats

La tradition raconte qu'au moment d'entrer dans le parinirvâna (c'est-à-dire, au moment de mourir), Bouddha voyant que de nombreux arhats voulaient associer leur destin au sien, décida de confier la Loi (Dharma) à seize d'entre eux. Il leur demanda de rester dans le monde tant que cela serait nécessaire pour le salut des humains. Durant le premier concile❋ bouddhique, peu après le décès de Bouddha, les seize arhats confirmèrent leur désir de ne pas entrer dans le nirvâna tant qu'ils seraient utiles sur terre. La tradition dit aussi que lorsque plus personne ne comprendra le Dharma (la Loi), les arhats rassembleront tous les textes sacrés éparpillés sur la Terre et les placeront dans une construction commémorative (un stûpa✳). Alors seulement, pendant que le stûpa s'enfoncera dans la terre, les seize arhats entreront dans le nirvâna. Un nouveau Dharma sera proclamé par la suite par le successeur du Bouddha, le Bouddha Maitreya. De nombreuses légendes ont été construites, surtout en Chine, autour des seize arhats (dans cet ouvrage, nous consacrerons quelques lignes à deux d'entre eux : Râhula, le fils de Bouddha et Pindola Bharadvâja, un arhat médecin).

Les degrés de la sainteté

Dans le bouddhisme du Petit Véhicule, l'arhat est au sommet de la sainteté alors que dans le Grand Véhicule, il est dépassé par le bodhisattva. Nous pouvons donc dresser, ci-après, une échelle de la sainteté dans le bouddhisme mais, il faut noter, que contrairement à ce qu'on pourrait croire, les dieux et divinités ne font pas partie de cette échelle car ils ne peuvent parvenir au nirvâna sans revenir d'abord à la condition humaine. Un arhat est donc « supérieur » du point de vue sainteté à un dieu.

- première étape : l'homme qui « entre dans le courant ».
- deuxième étape : l'homme qui « ne revient qu'une fois ».
- troisième étape : l'homme qui « ne revient plus ».
- quatrième étape : le saint (l'arhat ou le bodhisattva).

Les pouvoirs de l'arhat

L'arhat (comme le bodhisattva) possède des pouvoirs surnaturels lesquels sont : l'« oreille divine » (perception des voix humaines et divines), l'« œil divin » (la connaissance du cycle du samsâra chez tous les êtres vivants), la perception de la pensée des autres êtres, le souvenir de ses existences antérieures, la prise de conscience de l'abolition de ses propres souillures et passions et le *riddhi* (c'est-à-dire le pouvoir de se multiplier, de se rendre invisible, de marcher sur l'eau, de se transformer en d'autres personnes, etc.). Il est à noter que le fait de se donner en spectacle constitue une atteinte aux règles monastiques ainsi d'ailleurs que de se prévaloir d'un pouvoir qu'on ne possède pas ; ces deux manquements aux règles justifient l'exclusion de la communauté.

Œil de la Loi

C'est la faculté de voir clairement, « avec ses propres yeux », les vérités enseignées par Bouddha. On parle aussi de « l'œil de Bouddha ».

Différences entre arhat, bodhisattva et bouddha

L'arhat (ou *arhant*) est différent du Bouddha et du Bodhisattva.

Les trois caractéristiques principales de l'état d'arhat par rapport au Bodhisattva sont les suivantes :

- ses impuretés sont détruites ;

- il sait qu'elles sont détruites ;

- il sait qu'elles ne renaîtront plus.

Par rapport au Bouddha, il a des « manques » :

- il ne peut enseigner ;

- il ne peut convertir ;

- il n'a pas atteint l'Éveil parfait.

La tradition indienne tient pour acquis que le Bouddha a chargé seize (ou dix-huit) arhats de protéger la Loi et de la garder après sa mort jusqu'à l'apparition d'un nouveau Bouddha. Ces arhats, comme les bodhisattvas, n'entrent donc pas dans le nirvâna tant que leur mission n'est pas accomplie.

L'arhat (lo-han) dans le bouddhisme chinois

Dans le bouddhisme chinois, l'arhat (ici nommé *lo-han*) devient un personnage central auquel on attribue de nombreux pouvoirs magiques. Dans les monastères chinois, on trouve des groupes de 500 statues de lo-han. Ce chiffre fait référence aux 500 arhats qui assistèrent, d'après ce que disent les textes canoniques, au premier concile bouddhique.

> « La victoire engendre la haine ; dans la douleur gît le vaincu. L'apaisé vit dans le bonheur, ayant abandonné et victoire et défaite. » (Dhammapada)

Comme beaucoup de religions, le bouddhisme doit son succès et sa diffusion à un homme d'État. L'empereur Asoka (le Constantin du bouddhisme) est monté sur le trône aux environs de l'an -268 avant l'è.c. Son empire très vaste s'étendait sur une partie de l'Inde et sur l'actuel Pakistan. Empereur très guerrier, après une de ses dernières conquêtes, qui coûta la vie à des dizaines de milliers d'hommes, il éprouva du remords et fit graver une stèle où il proclamait ses regrets d'avoir occasionné autant de souffrances.

La conversion d'Asoka au bouddhisme

C'est après cette dernière guerre meurtrière qu'Asoka, converti au bouddhisme, passa un an dans une communauté bouddhique et organisa son État en fonction des préceptes bouddhiques (organisation de la vie quotidienne, de la justice, etc.). Pour donner plus de poids encore à sa volonté d'un État modèle basé sur la morale bouddhique, il fit graver ses édits, en plusieurs langues (pâli, grec, araméen, brahmî) sur un nombre considérable de piliers, dont 14 sont encore visibles aujourd'hui. On lui doit également la construction de nombreux stûpas ✱. Cependant, c'est surtout pour sa participation active au troisième concile, dit de Pataliputra, que l'empereur Asoka ✱ doit sa gloire dans le monde bouddhique. C'est également à cette époque (vers 250 avant l'è.c.) que l'empereur expédia des missions bouddhiques dans le monde entier. L'une d'elles, dirigée par son propre fils, parti pour Ceylan avec le succès que l'on sait (ce pays fut pendant longtemps l'un des seuls états bouddhiques dans le monde ; aujourd'hui encore, Sri Lanka est l'état qui a le mieux préservé le bouddhisme premier du Petit Véhicule).

Pour les bouddhistes, Asoka est connu sous le nom de Darmashoka mais lui-même préférait s'appeler Devamampîya (« Aimé des Dieux ») ou Priyadarshin (« Soucieux du bien-être de ses sujets »).

Les édits d'Asoka

Ils furent gravés sur des colonnes en grès ou sur des rochers et cela en diverses parties de l'empire. Le lecteur lira ci-après trois édits choisis parmi ceux qui nous sont encore parvenus sur les différentes stèles. On y admirera l'éthique et la compassion du roi. Et l'on se met à rêver que de tels édits puissent être respectés aujourd'hui.

Cette gravure du XIXe siècle représente des moines bouddhistes au Sri Lanka. Pour les bouddhistes, le Sri Lanka a été très tôt une terre de mission. On dit même que l'empereur Asoka y envoya son propre fils. Aujourd'hui encore, c'est au Sri Lanka qu'est préservé le bouddhisme le plus proche de l'enseignement de Bouddha (le bouddhisme des anciens ou Theravâda ou Petit Véhicule).

- *Il est interdit de sacrifier des animaux, que ce soit pour la nourriture ou les cérémonies religieuses.*

- *Il est recommandé d'observer les lois du Dharma et de pratiquer la compassion et la charité.*

- *Le roi désire voir se réconcilier toutes les tendances religieuses.*

Les conciles bouddhiques

On désigne sous ce nom les grands rassemblements du Sangha✸ (la communauté) qui eurent lieu dès la mort de Bouddha. Seuls les deux premiers conciles sont communs au bouddhisme premier (Petit Véhicule ou Hînayâna✸) et au bouddhisme du Grand Véhicule (Mahâyâna✸). Le premier concile eut lieu un an après la mort de Bouddha (an 1 du Nirvâna), c'est le concile dit de **Rajagrha**, lequel réunit 499 saints (arhats) de manière à conserver la parole de Bouddha. Ananda (le cousin de Bouddha) récita de mémoire toutes les paroles de Bouddha et c'est ainsi que naquirent les Sûtras✸ qui forment le canon bouddhique. La récitation d'Ananda explique pourquoi tous les Sûtras commencent par la formule « Ainsi l'ai-je entendu de la bouche de Bouddha ». C'est également durant ce concile que furent fixées les règles de la discipline des moines (*vinaya*) ainsi que les commentaires de l'Abhidharma. C'est donc durant ce concile que se constituèrent (du moins oralement, la mise par écrit étant plus tardive) les Trois corbeilles ou Tripikata (Sûtra, Vinaya, Abhidharma : à ce sujet, voir le chapitre consacré aux livres canoniques). Le second concile se réunit cent dix ans après la mort de Bouddha, c'est le concile de **Vaisali**, lequel réunit 700 moines avec pour but principal de fixer les règles monastiques trop souvent transgressées. À titre d'illustration, voici deux transgressions qui furent fortement condamnées par ce concile : boire du lait baratté l'après-midi et posséder une natte neuve sans franges. Les autres huit transgressions condamnées par ce concile sont du même ordre ! Le troisième concile (Pataliputra) se réunit sous le règne de l'empereur Asoka, cent soixante ans après la mort du Bouddha. Son but était de clarifier les divergences apparues dans les divers groupes. Les Mahâyânistes, ne mentionnent pas ce troisième concile (sans doute du fait de son attachement très net au Petit Véhicule). Pour eux, le troisième concile fut celui du Cachemire qui se déroula plus tard. Dans l'un et l'autre cas, la discussion porta sur différentes questions dont les réponses divergeaient selon les écoles (comme, par exemple : les arhats sont-ils sujets à la tentation sexuelle ?, etc.). En définitive, le bouddhisme, dès le second concile, se sépara en dix-huit sectes[21]. On notera que le mot secte a ici un sens très différent de celui utilisé couramment, il s'agit plus exactement (comme dans le judaïsme, puisque dans un cas comme dans l'autre il n'existe pas d'instance hiérarchique suprême chargée de dire ce qu'il faut croire et faire) d'un courant de pensée ou d'une école de pensée. Par ailleurs les bouddhistes ont également eu très tôt une vision « claire » de la dissidence et du schisme. Dans le Vinaya, on lit qu'« il y a schisme lorsqu'un groupe, d'au moins neuf bhiksus, en possession de tous les privilèges religieux, appartenant à la même communauté et domiciliés dans le même district, professent sciemment et volontairement une proposition contraire à la Loi et à la discipline. »[21b] Si le nombre est inférieur à neuf, il y a seulement dissidence.

Les trois premiers conciles sont les plus importants du point de vue de la fixation du Canon et des règles mais il y en eu d'autres. Signalons encore le concile de Lhassa (au VIIIe siècle) dont le débat porta sur la question du subitisme : l'Éveil est-il le fruit de compréhensions successives (gradualisme) ou se produit-il en une seule fois (subitisme). On sait l'importance attachée à cette question par les adeptes du bouddhisme zen❋ pour lesquels l'Éveil peut provenir d'un simple coup de canne ou d'une éructation.

Pour en savoir plus concernant les conciles, lire l'ouvrage désormais classique de A. Barreau, *Les premiers conciles bouddhiques*, PUF, 1955.

Le subitisme en échec

Durant le concile de Lhassa, un débat concernant le subitisme fut organisé entre les deux camps. Le camp chinois qui prétendait que l'Éveil pouvait se déclencher de manière subite et le camp indien pour lequel l'Éveil ne pouvait être que progressif. A l'issue de la joute, l'indien Kamalaçila l'emporta. On notera également que plus près de nous, en 1873, près de Colombo, dans l'actuel Sri Lanka, un moine bouddhiste cingalais débattit durant trois jours avec un pasteur méthodiste. « L'annonce de sa victoire dans les journaux provoqua un enthousiasme qui entraîna des conséquences capitales, puisqu'il fut le point de départ de la renaissance moderne du bouddhisme. » [22]

Pourtant, à y bien voir, l'instantanéité est à la base du bouddhisme où le temps est discontinu formé d'instants juxtaposés sans intervalles. Dans son *Vocabulaire du bouddhisme*, Stéphane Arguillère écrit très justement qu'« il est clair en tout cas que si ce qu'il est convenu d'appeler l'instantanéisme devait être récusé « même en réalité superficielle » (...), alors c'est presque la totalité du bouddhisme qui se trouverait en danger. » [23]

Cette ancienne gravure représente un jeune prince cingalais qui porte une coiffure symbolisant un stûpa.

Bodhisattva ou être éveillé

Pâli : *Bodhisatta.*

« Je n'atteindrai jamais l'Éveil,
Et même le bonheur du monde,
Si je n'échange mon bien-être,
Contre la souffrance d'autrui. »
(Shantidéva) [24]

Le bodhisattva est un être de compassion qui œuvre pour le salut de l'humanité. Si le Bouddha occupe la première place dans le bouddhisme premier (Petit Véhicule), dans la dévotion des fidèles, il a été rapidement supplanté par les nombreux bodhisattvas, mâles ou femelles, que l'on vénère dans tous les temples et dans tous les pays (Inde, Chine, Japon, etc.).

Celui qui découvre le bouddhisme est assez désorienté par les nombreuses effigies des bodhisattvas et autres divinités. Il éprouve quelques difficultés à fixer immédiatement leur rôle dans la religion, d'autant plus que le terme bodhisattva possède des significations différentes selon qu'il s'agisse du Petit ou du Grand Véhicule.

Le bodhisattva dans le Petit Véhicule

Dans le bouddhisme premier (Hînayâna❋, Petit Véhicule ou Theravâda), le bodhisattva est un arhat, c'est-à-dire un saint. Comme tel, il peut soit entrer dans le nirvâna (c'est-à-dire, en gros, interrompre le cycle des vies, le samsâra❋) soit choisir de postposer son nirvâna pour continuer à œuvrer pour le bien d'autrui. En ce sens, le Bouddha historique a non seulement été un bodhisattva dans ses vies antérieures (voir l'article consacré au Bouddha), mais c'est le seul bodhisattva reconnu par le Petit Véhicule. Consacrant sa vie à œuvrer pour le bien d'autrui, le bodhisattva acquiert également au cours des vies les qualités nécessaires pour devenir un bouddha parfait. Le bodhisattva du bouddhisme premier est toujours de sexe masculin, acquiert les trente-sept signes auxiliaires de l'Éveil et pratique les dix vertus transcendantes. On notera cependant que certains textes du Petit Véhicule annoncent déjà le bodhisattva de compassion, tel qu'il apparaît dans le courant mahâyâniste (Grand Véhicule). La célèbre légende de Pûrna en donne un avant-goût :

« Un riche marchand, Pûrna de nom, est touché par la grâce. Il se rend auprès de Bouddha et lui fait part de son intention de se consacrer désormais à l'apostolat dans le pays des Çronâparântakas. Mais, lui dit le Bouddha, ils sont violents, emportés. cruels, colériques, furieux et insolents, les hommes du Çronâparânta.

Précisions terminologiques

Hînayâna : c'est le bouddhisme premier aussi appelé Petit Véhicule.

Theravâda : c'est une école du bouddhisme premier. Comme c'est la seule qui soit restée des dix-huit sectes du Petit Véhicule, on utilise généralement ce terme pour désigner le bouddhisme premier. En gros, les termes bouddhisme premier, bouddhisme originel, bouddhisme théravadin, bouddhisme du Petit Véhicule sont équivalents. Dans le bouddhisme premier, le seul « vrai » bodhisattva est Bouddha. Dans le bouddhisme du Grand Véhicule, le bodhisattva est soit un laïc qui prononce devant un bouddha le vœu de devenir lui-même bouddha (c'est un être en quête d'Éveil, un bodhisattva terrestre) soit un être déjà éveillé qui diffère son entrée dans le nirvâna pour aider les autres. C'est ce qu'on appelle le bodhisattva transcendantal.

Lorsqu'ils se mettront en colère et t'injurieront, que penseras-tu de cela ?

— Je penserai que ce sont certainement des hommes bons et doux, ceux qui m'adressent en face des paroles méchantes, grossières et insolentes, ceux qui se mettent en colère contre moi et qui m'injurient, mais qui ne me frappent ni de la main ni à coups de pierres.

— Ils sont violents et emportés, les gens de ce pays-là. S'ils te frappent de la main ou à coup de pierres, que penseras-tu ?

— Je penserai qu'ils sont bons et doux, puisqu'ils ne me frappent ni du bâton ni de l'épée.

— Et s'ils te frappent du bâton et de l'épée ?

— Je penserai qu'ils sont bons et doux puisqu'ils ne me privent pas complètement de la vie.

— Et s'ils te privent complètement de la vie, que penseras-tu ?

— Voici ce que je penserai. Ce sont certainement des hommes bons que les Çronâparântakas, ce sont des hommes doux ceux qui me délivrent avec si peu de douleur de ce corps rempli d'ordures.

— Bien, bien, Pûrna ; tu peux, avec la perfection de patience dont tu es doué, tu peux fixer ton séjour dans ce pays d'hommes violents. Va, Pûrna ; délivré, délivre ; arrivé à l'autre rive, fais-y arriver les autres ; consolé, console ; parvenu au complet nirvâna, conduis-y les autres. » [25]

L'extinction active non figée (apratishthitanirvâna)

C'est, dans l'esprit de la compassion suprême du mahâyânisme, l'extinction des bodhi-sattvas transcendantaux qui renoncent à l'extinction totale (nirvâna) et à la libération du cycle des renaissances (samsâra) pour continuer à se consacrer aux autres humains tant que tous ne sont pas parvenus à l'Éveil. On notera que le « libéré actif », n'est plus soumis au karma (il n'y a donc plus de rétribution automatique de ses actes), qu'il est indépendant des lois de la nature et qu'il possède quantité de pouvoirs extraordinaires.

Le bodhisattva dans le Grand Véhicule

Dans le bouddhisme plus tardif (apparu aux environs du second siècle après l'è.c.), connu sous le nom de Grand Véhicule (ou Mahâyâna), le bodhisattva prend une tout autre dimension et devient central. L'idéal de sainteté n'est plus maintenant de devenir un arhat et de ne penser qu'à son propre salut (ce qui, en définitive, n'était possible que pour les moines et était, dès lors, parti-culièrement élitiste) mais bien d'œuvrer pour le salut de la majorité des hommes. D'élitiste, la religion devient nettement plus sociale, ce qui se manifeste par l'ap-parition d'une profusion de bodhisattvas, pleins de compassions et toujours dispo-sés à aider les autres. Ces bodhisattvas (aussi appelés « Fils des vainqueurs ») font, devant un bouddha, dès le début de leur cheminement spirituel, le vœu de devenir bodhisattva et de consacrer leurs vies au bien d'autrui à travers toutes leurs renaissances. La prise de vœu consiste à exprimer devant un bouddha la ferme intention de parvenir à l'Éveil dans le but d'œuvrer pour le bien des autres et de les aider à parvenir égale-ment à l'Éveil. Ce type de vœu n'est pas réservé aux moines et peut parfaitement être formulé par un laïc. Il est courant dans le bouddhisme tibétain, le plus « religieux » et aussi le plus connu en Occident (voir l'article consacré à ce sujet). Au terme de sa vie spirituelle, le bodhisattva devient un bouddha parfait pouvant obtenir la fruition des trois corps d'un bouddha. Ce n'est pas pour autant qu'il entre en nirvâna❋. S'il le désire, il peut continuer à œuvrer dans le samsâra❋ sans pour autant être touché par ce dernier. Selon une croyance popu-laire, avant son ultime naissance comme bouddha, le bodhisattva vit dans le para-dis Tusita, le paradis de la Félicité (voir l'article sur la cosmogonie bouddhique).

Les bodhisattvas du Grand Véhicule peuvent être représentés avec des attributs masculins ou féminins ; selon les pays, certains changent d'ailleurs aisément d'at-tributs. Les principaux bodhisattvas, ceux que l'on rencontre dans la plupart des pays sous forme de statues ou d'images pieuses et qui bénéficient de dévotions parfois nationales sont les suivants :

- Avalokiteshvara, le bodhisattva de compassion.
- Maitreya, le futur bouddha.
- Manjushri, le bodhisattva de sagesse.
- Vajrapani, le bodhisattva d'énergie, etc.

Différences essentielles entre le Petit et le Grand Véhicule

Origine	Bouddha (-500 è.c.)	Nagarjuna (150 è.c.)
	Mise en route de la première roue du Dharma	Mise en route des deuxième et troisième roues du Dharma
Centre de dévotion	Bouddha	Bodhisattva
Programme spirituel	Devenir un arhat et s'échapper seul du cycle des renaissances	S'échapper en groupe du cycle des renaissances
	Libération individuelle	Libération collective
	La vie n'est qu'illusion	La vie sur terre n'est pas désagréable
	S'adresse à une élite (moines)	S'adresse à un grand nombre
	On fait appel à sa propre volonté	On peut obtenir la grâce par des prières, etc.
Modèle	Arhat (saint)	Bodhisattva
Doctrine	Non-soi exclusif	Double vacuité du soi individuel
		Double vacuité des phénomènes extérieurs
	Bouddha est seulement un homme	Doctrine des trois corps du Bouddha

Le Grand Véhicule distingue deux types de bodhisattvas : le bodhisattva terrestre et le bodhisattva transcendantal. Le bodhisattva terrestre est un homme qui souhaite parvenir à l'état de Bouddha et s'engage pour cela à divers vœux [25b]. Le bodhisattva transcendantal a déjà atteint la condition de Bouddha mais a différé son entrée dans le nirvâna par compassion pour les hommes. C'est ce bodhisattva transcendantal que l'on désigne habituellement sous le nom de bodhisattva.

Il est relativement facile de distinguer la statue d'un bouddha de celle d'un bodhisattva : le bodhisattva est toujours richement habillé et porte de nombreux bijoux dont des boucles d'oreilles, des colliers, des bracelets aux mains, aux bras et aux pieds, etc.

Les vœux des bodhisattvas

« Les bodhisattvas font le vœu de renaître dans les mauvaises destinées pour : 1) diminuer les souffrances des êtres par la joie qu'ils leur procurent par leur présence ; 2) augmenter leur propre pensée de dégoût pour le monde de souffrance ; 3) accomplir le salut universel, en suscitant de bonnes pensées chez les êtres ; 4) s'exercer à la patience et à la douleur et accroître ainsi leur grande compassion. »[26]

Les kami et les bodhisattvas

La religion première du Japon était le Shintô, ce qui signifie la « Voie des kamis ». Avant l'arrivée du bouddhisme, les kamis, des divinités très puissantes, étaient nombreuses mais le panthéon était assez diffus. D'une certaine manière, le bouddhisme (Grand Véhicule) y mit de l'ordre car les kamis furent considérés comme des avatars de bouddha et furent associés aux bodhisattvas. Comme les kamis, ces bodhisattvas devinrent les divinités tutélaires des lignages des grandes familles japonaises, y compris des famille royale et princières. Les kamis les plus connus sont Wakamiya Hachiman (une incarnation du bouddha Amida), le kami de la guerre ; Zaô Gongen, le kami des mines, gardien de certaines sectes ; Izu-san Gongen, le kami des montagnes (une incarnation de Kannon). Il est à noter que de nombreux bodhisattvas-kamis furent montrés, au Japon, sous l'apparence de femmes et même d'enfants (ce qui était une nouveauté). Signalons, au passage, que le titre *gongen* indiquait, au Japon, une appartenance divine.

Cette statue du VIIe siècle représente le bodhisattva Avalokiteshvara sous sa forme féminine, très prisée au Japon, Kannon. On notera que comme toute représentation de bodhisattva, cette statue est très ornée et le personnage porte de nombreux bijoux (ce qui permet de distinguer, souvent, un bodhisattva d'un Bouddha).

Avalokiteshvara

C'est certainement le bodhisattva le plus populaire. Il est représenté sous de nombreuses formes, dont des formes féminines (Târâ, une divinité très populaire est née des larmes d'Avalokiteshvara). En Chine, il est connu sous le nom de *Guanyin* et au Japon sous celui de *Kannon*, deux formes féminines d'Avalokiteshvara. Au Tibet, dont il est le protecteur, il est connu sous le nom de Tchènrézi ou Chènrezi (dont, le Dalaï-Lama❋ est une réincarnation). Son nom signifie « le Seigneur qui regarde d'en haut ». C'est lui qui détient et enseigne la formule en six syllabes *Om mani padme hum*. Cette formule est donc le matra de Tchènrézi.

Maitreya, le bouddha du futur

Ce Bouddha du futur, le successeur de Sâkyamuni (le Bouddha historique) est le cinquième Bouddha de notre kalpa (ou période de temps, voir page 121).

Les trois corps d'un bouddha (trikâya)

Ce sont le corps absolu (dharmakâya) et les deux corps formels au service des êtres (sambhogakâya et nirmanakâya). Dans le Grand Véhicule, le besoin populaire d'un Bouddha à diviniser qui ne soit pas uniquement humain (comme s'en contentent les fidèles du Petit Véhicule) a abouti à la création d'un Bouddha pourvu de trois corps. Le corps terrestre est celui du Bouddha historique, Gautama, c'est le corps de métamorphose ou nirmanakâya. Mais au-delà de ce corps terreste, Bouddha est pourvu d'un corps absolu, le Dharmakâya qui est ineffable, inconcevable et n'est perceptible qu'aux Bouddhas. Enfin, entre les deux se situe le corps de fruition, ou de jouissance (ou sambhogakâya), qui est imperceptible pour les êtres ordinaires mais est perceptible à certains bodhisattvas.

Bouddha (le concept)

Lors de la lecture de textes bouddhiques, ou consacrés au bouddhisme, on rencontre souvent le mot bouddha. Parfois il est écrit avec une majuscule, parfois sans. Parfois aussi on parle de bouddha ou du Bouddha. Le lecteur non familiarisé avec les diverses acceptions de ce mot a quelques difficultés à s'y retrouver car il pense toujours qu'il s'agit du seul bouddha qu'il connaisse : le Bouddha historique. Il nous paraît donc utile de clarifier les divers sens qui se cachent sous ce terme.

Les quatre sens principaux du mot bouddha sont les suivants :

- l'homme qui a atteint l'Éveil ;
- le Bouddha historique ;
- le principe de bouddha (les bouddhas transcendantaux) ;
- l'Absolu.

Un bouddha est un homme ayant reçu l'Illumination

Un bouddha est donc un homme qui est parvenu à l'Éveil, ce qui lui permet d'échapper au cycle des renaissances (samsâra). On distingue deux types de bouddhas : le bouddha-pour-soi (*Pratyekabuddha*, voir page 39) et « le bouddha de l'éveil parfait » (*Samyaksambuddha*). Ce dernier possède quantité de qualités que ne possède pas le bouddha-pour-soi. Le Samyaksambuddha de notre ère, l'Éveillé parfait, est le Bouddha historique. Comme nous le décrivons plus loin (voir page 62), ce n'est pas le seul et unique Bouddha : il y a eu des Bouddhas avant lui (Vipashyin, Shikin, Vishvabhû, Krakuchchanda, Konagâmana et Kâshyapa) et il y aura un Bouddha après lui (Maitreya). D'après les textes saints, d'autres univers ont également été visités par d'autres Bouddhas.

Le Bouddha historique

Un article spécifique étant consacré au Bouddha historique (Siddhartha Gautama), nous renvoyons le lecteur aux pages qui lui sont consacrées.

Le principe de bouddha

Le terme bouddha désigne aussi le principe de bouddha qui se manifeste sous la forme des bouddhas transcendantaux (ou *dhyânibuddhas*), lesquels n'existent que dans le Grand Véhicule. Le principe de bouddha se manifeste dans les Trois corps de Bouddha (voir page 71). Les bouddhas transcendantaux sont des incarnations de ce même principe. Les principaux bouddhas transcendantaux sont Vairochana, Akshobhya, Ratnasambhava, Amitâbha et Amoghasiddhi. Chacun de ces bouddhas transcendantaux est accompagné d'un Bouddha terrestre et d'un bodhisattva, parfois aussi d'un parèdre féminin (voir page 72).

Le tableau ci-après résume cette hiérarchie.

Bouddha transcendantal	Bouddha terrestre (manushibuddha)	Bodhisattva transcendantal
Vairochana	Krakuchchanda	Samantabhadra
Akshobhya	Kanakamuni	Vajrapâni
Ratnasambhava	Kâshyapa	Ratnapâni
Amoghasiddhi	Maitreya	Vishvapâni
Amitâbha (Amida)	Sâkyamuni	Avalokiteshvara

Le cinquième Bouddha terrestre est Sâkyamuni, le Bouddha historique. À cette liste, les Tibétains ajoutent le bouddha des origines ou Adibouddha, faisant passer de cinq à six le nombre des familles de bouddhas (bien que le bouddha des origines soit aussi confondu avec Samatabhadra, la nomenclature n'étant pas parfaitement claire).

À côté des bodhisattvas transcendantaux (ou dhyânibodhisattvas ou bodhisattvas de méditation), il existe encore une autre catégorie de bodhisattvas, dite des bodhisattvas ordinaires. Ils sont huit et certains appartiennent en même temps à la catégorie des dhyânibodhisattvas ; ce sont : Avalokiteshvara, Samantabhadra et pour les « nouveaux » : Aksagharba, Vajrapati, Khsitigharda, Sarvanivaranavishkambhin, Maitreya (qui est aussi le Bouddha du futur) et Manjusri. Nous ne les signalons que pour dresser un tableau presque complet : il n'en sera pas fait mention ailleurs dans cet ouvrage.

Un bouddha représente aussi l'Absolu

L'Absolu étant l'ultime réalité, dénuée de forme, de couleur, de qualité. C'est la nature de tous les êtres qui sont des bouddhas en puissance et doivent seulement découvrir leur nature de bouddha, grâce à l'Éveil. Cette théorie est naturellement absente du Petit Véhicule pour lequel tous les êtres n'ont pas la possibilité de devenir Bouddha.

Le Bouddha historique

Par Bouddha historique, nous désignons l'homme Bouddha, né quelque six cents ans avant l'è.c. dans une région qui appartient aujourd'hui au Népal. Le Bouddha historique est, à lui seul, sans révélation, sans intervention d'une divinité quelconque, à l'origine du bouddhisme. La majuscule devrait être réservée uniquement à ce Bouddha historique car, nous aurons l'occasion de l'expliquer, chacun peut devenir un bouddha. Avant de devenir le Bouddha historique, l'homme Bouddha a une histoire de bouddha, que nous décrirons. Il y a donc les bouddhas d'hier, le Bouddha historique et les bouddhas de demain, sans compter l'état de bouddha dans lequel baigne chaque être humain.

Les noms du Bouddha

Le Bouddha historique est connu sous différents noms qu'il n'est pas inutile de se rappeler ici pour éviter les confusions. Le prénom du Bouddha historique était Siddhartha (ou Siddhattha, en pâli) et son nom de famille Gautama (Gotama, en pâli). Ce prénom, provient du mot sanscrit « siddha », lequel signifie « parfait ». Dans le brahmanisme, comme dans le bouddhisme, le « siddha » est celui qui est parvenu à faire son salut. Sa vie n'a alors plus rien à voir avec celle du commun des mortels. On désigne également par ce terme celui qui possède des pouvoirs magiques. Le Bouddha historique est également connu comme Sâkyamuni, c'est-à-dire le Sage des Sâkya (Sâkya étant le clan du Bouddha historique lequel dirigeait un petit État du Nord de l'Inde ; le père de Bouddha étant le dernier roi de cet État). Enfin, comme la pièce maîtresse de son édifice philosophique est le « Non-Soi » (anâtman※, anatta en pâli), il est aussi désigné comme « Anattavadi » ou le « Maître de la non-personnalité ». Parlant de lui-même, le Bouddha se désignait par l'épithète Tathâgata, c'est-à-dire « celui qui est venu ainsi » ou « celui qui est arrivé à la Vérité » (voir page 63) mais on le désignait aussi comme le Baghavat, c'est-à-dire le Bienheureux.

> Donc, Bouddha historique, Gautama, Gotama, Siddharta Gautama, Siddhattha Gotama, Sâkyamuni, Tathâgata, Baghavat et Anattavadi sont des noms qui désignent le même personnage, le fondateur du bouddhisme.

Les dix titres de Bouddha

Le titre le plus utilisé est certainement l'Éveillé mais on trouve également les titres ci après : Arhat (ou arhant, en pâli), Bienheureux, parfaitement et complètement Éveillé, doué d'une bonne conduite conforme à la connaissance, ayant une

Quelques grands contemporains de Bouddha (aux environs de -500)

Confucius, le philosophe chinois.

Héraclite, le philosophe grec .

Lao Tseu, le philosophe chinois fondateur du Tao.

Pythagore, le philosophe et mathématicien grec.

Mahavira, le fondateur du jaïnisme (une religion proche du bouddhisme).

Tathâgata

Bouddha n'aimait pas être appelé par son nom officiel, Gautama. À des ascètes qui l'appelèrent ainsi après son Éveil, il dit : « N'appelez pas le Tathâgata par son nom personnel, car je suis maintenant Arhant, complètement et parfaitement Éveillé. La puissance surnaturelle du Tathâgata est immense, il est le Vainqueur suprême. Si donc vous appelez le Tathâgata par son nom personnel, pendant très longtemps vous subirez d'intenses douleurs ». [27] Cette courte citation nous permet aussi, au passage, d'apercevoir une des facettes du caractère de Bouddha, quelquefois assez éloignée de ce qu'en racontent ses hagiographes (l'humilité — voir page 218 — n'étant pas l'une des vertus bouddhiques).

bonne destinée, connaisseur du monde, cocher suprême capable de dompter les hommes, professeur des hommes et des dieux. Les noms les plus utilisés pour Bouddha sont :

- Saccanama (Celui dont le nom est vérité) ;
- Bhagavat (le Bienheureux) ;
- Anoma (l'Insondable) ;
- Sounyamourti (la Forme du Vide) ;
- Chakravartin (Celui qui fait tourner la Roue de la Loi).

Dans cette représentation, Bouddha, en position de lotus, porte une tunique très drapée et repose sur un lotus. On remarquera les mains qui pratiquent le dhyânamudrâ, c'est-à-dire le mudrâ de la concentration sur le Dharma (la Loi).

La vie de Sâkyamuni

Ainsi que le rapporte Borges, « Edward Conze a très justement remarqué que l'existence de Gautama en tant qu'individu est de peu d'importance pour la foi bouddhiste. Il ajoute, dans l'esprit du Grand Véhicule, que le Bouddha est une sorte d'archétype qui se manifeste dans le monde à diverses époques et sous diverses individualités, dont les idiosyncrasies n'ont pas grande importance. La passion du Christ s'est produite une seule fois et c'est le centre de l'histoire de l'humanité ; la naissance du Bouddha se répète de façon cyclique à chaque période historique et Gautama est le maillon d'une chaîne sans fin qui se déroule dans le passé et dans l'avenir » [27b]. Malgré cela, pour comprendre le cheminement de sa pensée et afin de disposer de quelques balises géographiques et historiques il nous paraît utile de brosser en quelques lignes la biographie du Bouddha.

La tradition indo-tibétaine décrit la vie du Bouddha en douze étapes, « les douze actes du Bouddha », c'est cette tradition que nous allons suivre pour décrire brièvement ce qu'il est nécessaire de savoir du Bouddha historique.

1. La descente des cieux Tusita

Avant de descendre des cieux et de naître parmi les êtres humains, celui qui allait devenir le Bouddha [27c] plaça sa couronne sur la tête du bodhisattva Maitreya qui allait devenir bouddha après lui et quitta les cieux pour naître dans le ventre d'une femme.

2. L'entrée dans la matrice

Selon la légende, c'est à l'aide de la trompe d'un éléphant blanc à six défenses que Bouddha entra dans le flanc droit de la reine Mayadevi. On dit qu'à ce moment la terre trembla six fois.

3. La naissance du Bouddha

C'est en se rendant chez ses parents pour y accoucher, selon la tradition, que la reine Mayadevi traversa le jardin de Lumbinî où elle accoucha debout, sans douleur, en se tenant à la branche d'un figuier. La légende dit que, dès sa naissance, le Bouddha historique (qui n'était encore que Bodhisattva puisqu'il n'avait pas encore connu l'Éveil) pouvait se tenir debout, marcher et parler. D'ailleurs, il fit sept pas dans la direction de chacun des points cardinaux et déclara « : Je suis né pour l'Éveil, c'est ma dernière naissance en ce monde phénoménal ! ». Alors qu'il était encore très jeune, un Sage reconnut sur lui les trente-deux marques majeures et les quatre-vingts signes mineurs.

4. Sa vie mondaine

Élevé par sa tante (sa mère étant décédée sept jours après sa naissance), choyé par son père, bénéficiant de tous les égards dus à son rang de prince, il fut éduqué dans toutes les disciplines intellectuelles et entraîné dans toutes les disciplines sportives.

5. Sa vie de plaisir

Protégé par son père qui ne voulait pas qu'il quitte la vie mondaine (il avait eu vent d'une prédiction qui ne l'enchantait

Ascèse (dhûta)

Aux premiers temps du bouddhisme, l'ascèse consistait en exercices pratiqués dans le but de purifier le corps et l'esprit. Ces exercices sont : vivre loin de toute habitation, vivre exclusivement d'aumônes, dormir debout sur une jambe, ne manger qu'une fois par jour, manger peu, ne pas boire de jus des fruits ou de sève d'arbres l'après-midi, vivre en haillons, ne posséder que trois vêtements, vivre dans un cimetière, vivre sous un arbre, s'asseoir, ne jamais s'allonger.

L'arbre de la Bodhi

Connu depuis l'Éveil de Bouddha comme l'arbre de la Bodhi ou l'arbre de la Sagesse, il s'agit, d'après les botanistes, d'un *Ficus religiosa* ou Figuier pipal. C'est en réalité un épiphyte qui se développe d'abord sur un autre arbre avant de l'étouffer et de devenir indépendant ; il peut mesurer jusqu'à 30 mètres de haut.

pas), il fut élevé dans le luxe et privé de tout contact avec la souffrance. À seize ans, on le maria à une belle princesse après qu'il eut décroché toutes les palmes à une compétition sportive (au grand dam de son cousin Devadatta, qui, plus tard, voulut l'assassiner).

6. La découverte des réalités de la vie, le départ du palais et le renoncement

C'est la partie la plus connue de la vie de Bouddha et maintes fois racontée. Qu'il nous suffise de citer les quatre événements qui marquèrent le jeune prince, qui avait alors vingt-neuf ans, et l'incitèrent à abandonner la vie de luxe que son père avait construite pour lui. Un jour, il demanda à son cocher de l'emmener à l'extérieur des grilles du palais et c'est là qu'il rencontra un vieillard. Le prince qui n'avait jamais vu autour de lui que des êtres jeunes et beaux demanda à son cocher : « Qui est-ce ? ». Le cocher lui expliqua que tout homme est amené à vieillir et que celui-ci a atteint un âge très vénérable. Le prince en fut horrifié. Lors d'une seconde sortie, il rencontra un malade et demanda à son cocher : « Qu'a donc cet homme ? » Le cocher lui expliqua que cet homme est malade et que tous les hommes subissent un jour ou l'autre les conséquences de la maladie. Le prince en fut consterné. Lors d'une troisième sortie, il rencontra un cadavre est demanda à son cocher : « Qu'est-il arrivé à cet homme ? ». Le cocher lui expliqua que cet homme était mort, ce qui arrive à tous les hommes. Le prince en fut anéanti. Lors de la quatrième sortie, il rencontra un moine errant parfaitement serein. Le prince demanda à son cocher : « Qui est cet homme si tranquille ? ». Le cocher lui expliqua qu'il s'agissait d'un homme qui s'était retiré du monde. Le prince en fut ébloui. Revenu au palais, le prince décida d'abandonner sa vie de luxe, sa femme et son fils qui venait de naître pour suivre le chemin du renoncement. Alors qu'il s'apprêtait à partir, la dernière vision des musiciennes endormies, semblables à des cadavres, lui fit définitivement renoncer aux biens terrestres qui ne sont qu'illusoires.

Il quitta nuitamment son palais et arrivé dans la forêt, se débarrassa de ses vêtements et de ses bijoux pour la robe des ascètes et coupa ses cheveux.

7. L'ascèse

Sous la direction de son premier maître, le brahmane Arada Kalama, il apprit les techniques de méditations et l'ascèse qui mènent au Néant ; puis, sous la direction d'autres maîtres, des techniques de concentration. Enfin, pendant six ans, en compagnie de cinq autres mendiants, il pratiqua les différentes techniques en restreignant son alimentation à un grain de riz par jour. Mais il comprit que l'ascèse ne mène pas à l'Éveil et il abandonna ses compagnons.

8. La méditation sous l'arbre de la Bodhi

Sous l'effet de souvenir de jeunesse, il s'assit, à Bodh Gaya (aujourd'hui centre de pèlerinage), jambes croisées sous un figuier et resta ainsi en méditation pendant quarante-neuf jours sans bouger, ni manger.

9. Les tentations de Mâra

Voyant qu'il allait atteindre l'Éveil, Mâra, le démon tentateur (habituellement représenté avec cent bras, monté sur un éléphant) lui envoya des filles pour le séduire ; devant l'insuccès de sa tentation, il commanda à sa horde de démons de lui lancer divers projectiles. Les projectiles n'atteignaient pas le Bouddha et se transformaient en une pluie de fleurs. Alors Mâra arguant de l'absence de témoins de son Éveil lui demanda de lui céder sa place. Bouddha, qui avait renoncé à tous les attachements, à toutes les passions, toucha alors la terre de la main droite pour obtenir confirmation de son Éveil. La terre trembla, et la déesse de la terre confirma son Éveil ; aussi Mâra disparu comme par enchantement. Ainsi, à l'âge de trente-cinq ans, Gautama atteignit l'Éveil. Après quoi il fut connu sous le nom de Bouddha, c'est-à-dire l'Éveillé.

10. L'atteinte du plein Éveil

Au cours des veilles de la nuit, il développa les trois connaissances supramondaines : il se rappela toutes ses vies antérieures, il vit le karma❋ des êtres et la ronde de leur renaissance (samsâra❋), il réalisa la nature impermanente et conditionnée de tous les phénomènes.

Méditation (dhyâna)

La méditation fait partie des six pratiques de perfection (*paramita*) que doivent pratiquer les bodhisattvas (êtres de compassion) pour réaliser l'Éveil. La méditation est bien antérieure au bouddhisme et était déjà pratiquée dans l'hindouisme à partir d'exercices respiratoires (yoga). Le bouddhisme zen ❋ estime même que la méditation est la seule voie pour purifier le cœur et parvenir à l'Éveil. Les techniques de méditation s'acquièrent généralement sous la conduite d'un maître et commencent par une position du corps qui soit propice à celle-ci. La position la plus fréquente est celle du lotus (assis en tailleur, jambes croisées), adoptée par Bouddha lors de la méditation, sous l'arbre Bodhi ; elle lui fit atteindre l'Éveil. Selon la jolie formule de sœur Téndzin Palmo (voir page 214), « la méditation est le moment où l'on commence à calmer la tempête, à faire cesser le bavardage sans fin de l'esprit ». [28] Les trois étapes principales de la méditation sont le contrôle des sens, le contrôle de l'imagination, le contrôle de la sensibilité ; la quatrième étape permettant de recueillir le fruit des étapes précédentes.

Les paramitas

Il s'agit des perfections que doit réaliser le bodhisattva au cours de ses vies. Ces perfections étaient de six au départ mais quatre autres furent intégrées plus tard. Les dix perfections sont : la charité, la moralité, la patience, l'énergie, la méditation, la sagesse et aussi l'action correcte, les vœux pieux, la résolution et la connaissance de la juste définition de tous les dharmas.

Le Bouddha historique repose sur le corps du roi des Nâgas (Muchalinda) lequel se déploie en un capuchon pour le protéger. Pour les bouddhistes, héritiers en cela des hindouistes, le Nâga (serpent et plus précisément cobra) est un demi-dieu qui règne sur le monde souterrain et les eaux. Dans certaines traditions bouddhiques tibétaines, les Nâgas sont les gardiens des Écritures bouddhiques qui leur ont été confiées par Bouddha (lors de l'enseignement au pic des Vautours, lequel correspond au troisième lancement de la Roue de la Loi et au Troisième Véhicule) alors que l'humanité n'était pas encore prête pour les recevoir. On y reconnaîtra la même disposition d'esprit que pour les Termas (voir page 101) ou « trésors cachés ». Cette représentation de Bouddha est un rappel de l'épisode après l'Éveil. À ce moment, Muchalinda (le roi des Nâgas) et ses sujets formèrent un parapluie protecteur au-dessus de la tête de Bouddha pour le protéger des pluies.

11. La mise en route de la roue de la doctrine de l'Éveil (Dharma)

Soucieux de faire partager les connaissances de son Éveil aux autres, Bouddha y renonça d'abord car ce qu'il avait à enseigner lui paraissait trop subtil pour les hommes dominés par l'attachement. Il se retira donc seul dans la forêt mais un dieu lui apparut lui enjoignant d'enseigner le Dharma❋ (la Loi) aux autres. Bouddha se rendit alors au parc des Gazelles où il rencontra les cinq mendiants qui avaient pratiqué l'ascèse avec lui. C'est au parc des Gazelles qu'il prononça son premier discours (le discours de Benarès) qui énonça les Quatre Nobles Vérités❋ et lança ainsi la roue du Dharma. À la fin du discours (pour ce qui est de son contenu, voir l'article consacré aux Quatre nobles vérités), les cinq ascèses reçurent l'Illumination et devinrent des arhats (des saints). Ce sont ces cinq ascètes qui donnèrent naissance au Sangha❋ (ou communauté bouddhique). D'autres disciples se joignirent rapidement au Sangha et lorsqu'ils furent 60, Bouddha les envoya répandre le Dharma.

Après avoir lancé une première fois la roue du Dharma au parc des Gazelles, Bouddha lança une seconde fois la roue au Pic du Vautour. Le discours (connu sous le nom de Sûtra du Lotus), cette fois, s'adressait à un public plus instruit et Bouddha y exposa les fondements de la vacuité (*prajnaparamita*, la connaissance transcendante). Enfin, il lança une troisième fois la roue du Dharma en divers lieux en révélant la nature du bouddha (*tathâgatagarbha*). Ces trois lancements de la Roue du Dharma peuvent être mis en parallèle avec les trois véhicules du bouddhisme (Petit Véhicule, Grand Véhicule et Véhicule du Diamant) légitimant ainsi non seulement le bouddhisme des anciens (Theravâda) mais aussi le Mahâyâna, le Zen et le bouddhisme ésotérique (tantras, bouddhisme tibétain).

Bouddha enseigna pendant de longues années et eut de nombreux disciples (dont son fils Rahula) ; plusieurs atteignirent l'état d'arhat (saint) de son vivant. Il est intéressant de constater que ni Bouddha, ni ses disciples n'eurent à souffrir d'une hostilité extérieure. Au contraire, Bouddha était toujours accueilli aussi bien par les brahmanes que par les ascètes ou les simples gens avec cordialité et sympathie. N'ayant jamais eu à lutter contre aucune persécution (contrairement, par exemple, au premiers chrétiens), le bouddhisme a toujours été très accueillant pour les autres religions et il n'existe aucune martyrologie bouddhique (alors que ce chapitre religieux est très important tant dans le christianisme que dans l'islam).

12. Le parinirvâna

À l'âge de quatre-vingts ans, suite à l'ingestion d'un plat de porc (ou, plus vraisemblablement d'un plat de champignons), Bouddha, couché sur le flanc droit, quitta définitivement, à Kuisinara, le monde terrestre pour atteindre le nirvâna complet (*parinirvâna*). Son corps fut incinéré et les cendres divisées en

Les principaux disciples de Bouddha

Bouddha était entouré de dix disciples dont les noms nous sont restés grâce aux textes des canons bouddhiques. Ce sont (dans l'ordre alphabétique) :

• Ananda (le cousin de Bouddha, lequel est connu comme le rapporteur, mot à mot, des paroles de Bouddha (voir l'article stûpa).

• Aniruddha (le spécialisé dans la perception des phénomènes).

• Kâtyâyana (l'expert en discussion).

• Mahâkâshyapa (le maître de la rigueur).

• Maudgalyâyâna (le maître des pouvoirs occultes).

• Purnâ (le contrôleur de la Loi).

• Râhula (le fils de Bouddha, spécialisé en connaissances ésotériques).

• Shâriputra (le sage).

• Subbhuti (le maître de la vérité).

• Upâli (le maître de la discipline).

Le « vrai » Bouddha

Les origines et la jeunesse de Bouddha telles qu'elles sont racontées par ses hagiographes sont, semble-t-il, loin de la vérité. André Bareau, Professeur au Collège de France, et spécialiste international du bouddhisme, écrit que « Non, le Bouddha n'était pas ce prince de très haut lignage, visiblement habituée à une vie toute d'opulence, de luxe raffiné et d'oisiveté, c'était un ancien guerrier pauvre, entraîné dès l'adolescence à faire courageusement face aux privations, à la fatigue et aux dangers, puis devenu un véritable ascète, menant une existence austère et vagabonde, ne se nourrissant que d'aumônes. C'était donc un homme au corps mince et nerveux, mais solide et résistant, au visage maigre, sinon émacié, au teint hâlé par la vie au grand air et sans doute même assez foncé, au crâne soigneusement rasé... » [28b]. Ainsi, non seulement la vie connue de Bouddha est, elle, légendaire mais le sont aussi ses nombreuses représentations (où, par exemple, on détermine un style en fonction de la chevelure, voir page 140).

huit parts. Pour les contenir, on érigea huit stûpas﹡.

Enseignement du Bouddha

L'enseignement essentiel de Bouddha peut se résumer aux huit thèmes ci-après. Tout le reste de la littérature (très nombreuse mais le plus souvent indisponible en langue française) est du commentaire, de la philosophie ou des dérives provenant de la (trop ?) grande réceptivité du bouddhisme aux autres religions (c'est par exemple le cas du bouddhisme chinois, japonais ou tibétain où les dieux locaux ont été très facilement adoptés par les bouddhistes ; cette religion athée devenant un véritable panthéon où il devient difficile de retrouver qui est qui et qui fait quoi).

Dans cet ouvrage, nous développerons les huit thèmes ci-après dans huit articles différents, lesquels sont classés dans l'ordre alphabétique. Pour trois d'entre-eux, nous avons conservé le nom sanscrit pour l'en-tête de l'article car il est entré dans le langage courant :

- Les Quatre Nobles Vérités (*catvâryâryasatyânî*) ;
- Le Noble Sentier Octuple ;
- Les Cinq Agrégats (*panca skandha*) ;
- Le Karma ;
- Le Samsâra (la renaissance) ;
- La Production conditionnée (*pratityasamutpada*, *paticcasamuppada*) ;
- L'Anâtman ou doctrine du « Non-Soi » (*anatta*, en pâli) ;
- L'établissement de l'attention rapprochée (*smrtyupasthana*, *satipatthâna*) ; traité dans l'article « La méditation ».

Signalons déjà maintenant, mais nous reviendrons plus tard sur cette notion essentielle, que l'enseignement du Bouddha est qualifié d'« ehi-passika », c'est-à-dire d'invitation à « venir voir » et non d'un commandement à « venir croire ». Si le Bouddha ne s'est pas exprimé sur certaines choses, c'est qu'il estimait qu'il n'était pas utile d'en parler car cela ne conduisait pas au salut (voir les silences de Bouddha, page 13).

La représentation de Bouddha

Pendant les premiers siècles, Bouddha n'était jamais représenté comme personne humaine mais uniquement sous la forme d'un symbole. La représentation humaine de Bouddha peut être datée de l'école gréco-bouddhique du Gandhâra✱ (et aussi, dans une moindre part, de l'école de Mathura). Lorsque Bouddha est représenté, on le montre siégeant sur une fleur de lotus, sur le mont Sumeru (qui représente l'univers dans la cosmologie bouddhique) ou sur un lion (qui représente la force de la doctrine bouddhique). Devant les statues de Bouddha, on trouve habituellement l'un des huit symboles ci-après, ce sont les « huit joyaux » : une ombrelle (protection contre le malheur), deux poissons (signe indien du maître de l'univers), une conque (symbole de la victoire aux combats), une fleur de lotus (symbole de pureté), un récipient d'eau (signe d'immortalité), un drapeau enroulé (signe de la victoire de la religion), les nœuds (signe de vie infinie), la roue de la Loi.

Notons que Bouddha est considéré par les hindouistes comme un avatar de Visnu, il appartient, dès lors à leur religion. D'après Jean-Luc Toula-Breysse, « le Bouddha alias saint Josaphat est inscrit au XVIe siècle au martyrologue romain »[29]. Le dictionnaire pratique des sciences religieuses fixe cette date au 27 novembre[30]. À ce sujet, signalons que le P. Van den Gheyn écrit que « le doute n'est plus possible, l'histoire de ces personnages reproduit trait pour trait celle de Bouddha.... même les noms sont identiques, car Josaphat dérive par des transformations successives mais normales, de Bodhisattva »[31]. Saint Josaphat (alias Bouddha) est aussi repris

Les trois corps du Bouddha

Le bouddhisme mahâyâniste distingue trois corps dans le Bouddha : le corps du dharma※ (ou *dharmakâya*), le corps de jouissance (ou *sambhogakâya*) et le corps de métamorphose (ou *nirmanakâya*). Le corps de métamorphose est le Bouddha de chair et d'os. Le corps de jouissance est la manifestation céleste du Bouddha, laquelle n'est perceptible que par les bodhisattvas※. Le corps du Dharma est la nature parfaite du Bouddha, laquelle s'étend à tout l'univers et constitue la véritable nature de tous les êtres.

La nature du Bouddha

Pour les bouddhistes du Grand Véhicule (et particulièrement ceux qui prennent pour règle le Sûtra※ du Lotus), Bouddha ne naît, ni ne meurt mais vit dans l'éternité. Tous les fidèles de l'Éveillé possèdent cette nature du Bouddha, tous les hommes sont donc des « bouddhas en puissance » et tous sont donc appelés au salut. Dans le bouddhisme du Grand Véhicule, la place du Bouddha historique est bien précisée. Il existe tout d'abord un bouddha primitif, non-né, créateur du monde : c'est Adibouddha. Sa méditation fait naître cinq bouddhas que l'on nomme les « bouddhas de la méditation » ou *dhyânibuddhas*. Ceux qui produisent les cinq « bodhisattvas※ de la méditation » ou dhyânibodhisattvas (dont Amitâbha ou Amida※ et Avalokiteshvara) ainsi que cinq « bouddhas humains » ou *manushibuddhas*. Le bouddha historique, Gautama, en est le quatrième. Il sera suivi par le dernier bouddha de ce cycle de l'évolution, lequel est Maitreya. Pour visualiser la succession des bouddhas, se reporter au tableau de la page 275. Signalons que dans une autre « généalogie », il y a 7 bouddhas terrestres.

dans le célèbre ouvrage, du XIIIᵉ siècle, de Jacques de Voragine, *La Légende dorée*. Il y apparaît que c'est un moine chrétien, saint Barlaam qui lui enseigna les dogmes du christianisme. Bien entendu, cette légende se joue des dates et des lieux...

© Corel

En comparant avec la grandeur des touristes, on peut imaginer l'immensité de ce pied de Bouddha, à Leshan (Chine).

Les Bouddhas

Outre le Bouddha historique, Siddhartha Gautama, le bouddhisme du Grand Véhicule a mis en place de nombreux autres Bouddhas. Il existe ainsi une véritable généalogie des Bouddhas dans laquelle il est facile de se perdre, d'autant plus que certains sont accompagnés de bodhisattvas❋ ou possèdent des parèdres et peuvent apparaître comme bouddha ou comme bodhisattva, selon les pays. Le petit tableau ci-après a pour seul but de vous permettre de vous y retrouver dans cette généalogie lorsqu'il vous arrivera de vous promener dans un musée ou de visiter les temples des grandes villes d'Asie.

▶ Le Bouddha primordial, abstrait, omnipotent et omniscient qui, par sa méditation a donné naissance à l'univers : **Adibouddha**.

▶ Les prédécesseurs du Bouddha historique (aussi appelés **Mânushibuddhas**) :

- Vipasyin ;
- Sikhin ;
- Visabhu ;
- Krakuchchanda (le Bouddha de la dissolution) ;
- Kanakamuni (le Sage couleur d'Or) ;
- Kâshyapa (le Lumineux Protecteur).

▶ Le Bouddha du futur : **Maitreya.**

▶ Les Bouddhas de méditation (Grand véhicule) ou **Jinas** (Victorieux) ou encore Bouddhas transcendantaux.

Ce sont les Bouddhas des points cardinaux ; ils personnifient les énergies du Bouddha historique :

- Akshobhya (le Bouddha de l'Est, « l'Inébranlable ») ;
- Ratnasambhava (le Bouddha du Sud, « l'Origine des Joyaux ») ;
- Amitâbha (Amida) (le Bouddha de l'Ouest, « la Lumière infinie ») ;
- Amoghasiddhi (le Bouddha du Nord, « Celui qui réalise le but ») ;
- Vairochana (le Bouddha du Centre, « le Tout rayonnant »).

▶ Les **shaktis**, divinités féminines qui accompagnent les Bouddhas de méditation :

- Bouddhalocana ;
- Mamaki ;
- Pandaravasini ;
- Samayatara ;
- Vajradhatvesvari.

Signalons que plusieurs bodhisattvas sont représentés en Chine ou au Japon sous leur forme féminine (c'est le cas, par exemple, Avalokiteshvara, le bodhisattva

Statue figurant le Bouddha Amida (Amitâbha) spécialement vénéré au Japon. Alors qu'il était bodhisattva, ce bouddha a fait le vœu d'accueillir en son paradis de la Terre Pure ceux qui prononceront son nom. On imagine le succès… La formule de vénération (*nembutsu*) est l'abréviation de *Namu Amida Butsu* ou Honneur au Bouddha Amida. Ici, Amida est représenté comme Bouddha et non comme bodhisattva car il ne porte (à l'exception de sa coiffure en perles) aucun bijou et est vêtu dans la plus grande simplicité. On remarquera la position des mains (en jô-in ou accueil, l'un des neuf mudrâs d'accueil d'Amida) et la position assise en lotus.

de compassion). D'autres, surtout dans le bouddhisme tibétain, sont toujours accompagnés avec leur parèdre féminin dans une position d'accouplement.

▸ Les Bouddhas de médecine (bouddhisme tibétain) : le plus célèbre est Bhaisajyagurubuddha (connu au Japon sous le nom de Yakushi Rukino Nyorai, il a sa statue dans toutes les stations thermales). Philippe Cornu fait remarquer que dans les Sûtras, « le Bouddha est souvent considéré comme le médecin, le disciple comme le malade, le Dharma comme le remède, sa mise en pratique comme la prise du remède et l'atteinte du nirvâna comme la guérison définitive de tous les maux du samsâra, y compris les maladies. » [32]. Signalons, pour donner un exemple de la réelle complexité du panthéon bouddhique, que Bhaisajyaguru-buddha est entouré de huit autres bouddhas qui sont ses émanations (chacun ayant bien entendu un nom personnel), de quatre grands rois des directions, de bodhisattvas de médecine, de Brahma et de douze généraux qui combattent les maladies, de yaksas (guerriers), etc.

Enfin, pour terminer, signalons Dipankara, le Bouddha légendaire qui symbolise l'ensemble des Bouddhas du passé. En Chine, il est souvent représenté accompagné de Shâkyamuni (le Bouddha historique) et de Maitreya (le Bouddha du futur). On parle alors des « bouddhas des trois ères » (passé, présent, futur).

Le bouddhisme chinois

Le bouddhisme commence à se répandre en Chine à partir des Ier et IIe siècle de l'è.c., c'est-à-dire au moment où il s'est déjà constitué en religion et offre aux fidèles et aux sympathisants un vaste choix de bouddhas❋ et de bodhisattvas❋, lesquels vont contribuer pour une bonne part à sa large diffusion. Cependant, au début de sa propagation, il ne touche que la population aisée.

Ce n'est qu'à partir du IVe-Ve siècle qu'il éclate comme une bombe partant de la Chine du nord et se disséminant dans tout l'Empire car, ainsi, que l'écrit très justement René Grousset, « le sentiment des foules ne pouvait qu'être attiré par les innombrables légendes relatives à chaque bodhisattva, par ces images tendres et merveilleuses qu'on proposait à leur amour, par les vies des saints, "la légende dorée du bouddhisme", par le chatoiement de ses paradis et de ses enfers , enfin — et ce n'est pas le moins important — par l'art bouddhique lui-même. »[33]. Art bouddhique dont on sait (voir l'article consacré à l'art du Gandhâra) qu'il est d'origine grecque et que, pour la première fois, le créateur d'une religion était représenté sous des traits humains (les Juifs ne représentaient pas Dieu — ni les choses vivantes — et, plus tard, les musulmans refusèrent également de le faire).

Les moines chinois sur la route de la soie

Vers la fin du Ve siècle, les Chinois ayant perdu tout contact avec l'Inde et inquiets concernant leur orthodoxie par rapport à l'enseignement du Bouddha, envoient un moine, Fa Xian (ou Fa-Hsien), en Inde. Celui-ci emprunte alors la célèbre route de la soie qui lui fait traverser de nombreux pays. Son voyage durera douze ans et il reviendra par la route des épices. Deux siècles plus tard, conscients de la mauvaise traduction des textes sacrés bouddhiques, les bouddhistes chinois envoient en Inde un autre moine, Xuan-Zang. Sa mission est de ramener des textes originaux pour qu'ils puissent être traduits en chinois. Son voyage, qui emprunte également la route de la soie, durera seize ans. Durant son voyage, Xuan-Zang, découvre que dans de nombreuses régions d'Inde, l'ancienne religion, l'hindouisme, avait remplacé le bouddhisme. Il collecte cependant de nombreux manuscrits et revenant par la route de la soie, il s'installe à Chang'an où il entreprend la traduction des textes sacrés en chinois. c'est à lui que nous devons la conservation (en traduction chinoise) de nombreux textes bouddhiques dont l'original, en langue sanscrite, n'existe plus.

La route de la soie

Cette expression désigne l'ensemble des routes caravanières (et aussi maritimes) qui, pendant près de 2000 ans, ont relié la Chine à l'Occident (l'Inde, la Perse et Rome). Établissant ainsi un gigantesque pont entre l'Orient et l'Occident. La route terrestre de la soie s'étend sur une distance de quelque 14 000 km aller et retour. Le point de départ de la route terrestre de la soie est Chang'an (la Sera Metropolis des Romains, aujourd'hui Xi'an), la capitale impériale de l'Empire chinois. Les principales villes et lieux traversés sont Lanzhou (sur les rives du Fleuve Jaune), l'oasis de Dunhuang (en bordure du désert de Gobi) le désert du Taklamakan, les montagnes du Haut Pamir (« le Toit du Monde »), Samarkand, Tachkent, Boukhara, le Gandhâra, Palmyre, Damas, Constantinople, Alexandrie et Rome. Le bouddhisme n'est pas la seule religion à profiter de cette fabuleuse route, les missionnaires nestoriens l'utilisent également pour rejoindre la Chine et y prêcher la parole de Nestorius, patriarche de Constantinople, et hérétique pour l'église catholique.

Constituée lors de la dynastie des Han (à partir de 200 avant l'è.c.), la route de la soie a vu son déclin commencer au milieu du XIVe siècle, alors que s'effondre l'Empire mongol et que l'islam progresse en Asie centrale mais, pour la propagation du bouddhisme, le déclin était déjà bien plus ancien. Dès le VIe siècle, de nombreux moines préféraient la voie maritime à la voie terrestre et au IXe siècle, le bouddhisme étant interdit en Chine, les relations entre la Chine et l'Inde et la Chine et l'Asie centrale se distendent et plus aucun moine n'emprunte cette route.

Pour en savoir plus concernant cette route mythique, le lecteur lira avec plaisir l'ouvrage magnifiquement illustré de François Pernot, *Les Routes de la Soie*, Artémis, 2002.

Cette vue du palais de Bangkok (Thaïlande), le Wat Phra Keo, illustre de manière intéressante la symbolique bouddhique. On peut apercevoir les yaksas (guerriers sauvages à l'aspect farouche) et les volutes qui terminent les toitures richement décorées. Ces volutes symbolisent les Nâgas, qui sont des demidieux protecteurs du Bouddha (voir aussi illustration page 67).

On n'insistera jamais assez sur l'importance des routes commerciales pour la dissémination des religions ; c'est grâce à la route de la soie que le bouddhisme a pu pénétrer dans de nombreux pays. En effet, si le bouddhisme connut une extraordinaire expansion en Chine (et de là, plus tard, au Japon et en Corée), c'est dû à deux faits principaux : d'une part, la *pax Sinica*, qui permettait les communications sans danger entre la Chine et l'Inde et, d'autre part, l'ouverture militaire de la route de la soie qui faisait de la Chine la voisine directe de l'empire indo-scythe.

L'opposition des lettrés chinois

Malgré sa dissémination en Chine, le bouddhisme fut loin d'emporter l'unanimité des suffrages. Ainsi, les lettrés confucéens prononcèrent un véritable réquisitoire contre cette religion étrangère. Parmi les nombreux reproches qu'ils adressaient à cette religion, on signalera l'égoïsme des moines qui ne pensaient qu'à leur salut personnel et se montraient indifférents au salut de l'État et, surtout, leur désintérêt pour le culte des ancêtres, base de l'organisation de la famille chinoise.

La disparition du bouddhisme en Chine

À partir du XIIe siècle, il décline pour ne plus exister qu'à l'état de germes aujourd'hui. Si Mao a été le « destructeur du Dharma » (selon la formule du Dalaï-Lama), le déclin du bouddhisme lui était bien antérieur. Si la Russie post-communiste redevient orthodoxe ; la Chine post-communiste ne redeviendra pas bouddhiste mais confucéenne.

Le Canon chinois (Taishô Issaikyô)

Ainsi que nous l'avons déjà dit, de nombreux textes bouddhiques en sanscrit ont été détruits et n'existent plus que sous la forme de leurs traductions en chinois ou en tibétain. Le Canon chinois (dont le nom en japonais est *Taishô Issaikyô*) est donc légèrement différent du Canon pâli (le seul a avoir été transmis en entier), du Tripitaka (en sanscrit), du Kanjur/Tenjur (en tibétain). Il a été entièrement revu de 1924 à 1934 et comporte une centaine de volumes. Signalons aussi, la complète refonte des textes bouddhiques lors du dernier concile bouddhiste (qui s'est tenu en 1959 en Birmanie). Malheureusement, la traduction s'est faite exclusivement en langue birmane, parlée seulement par 30 millions d'habitants. Son intérêt est donc limité.

Les pagodes sont une évolution architecturale des stûpas et remplissent le même rôle (funéraire, commémoratif, votif, de reliquaire). Édifiées d'abord en Chine, elles firent ensuite partie de l'architecture bouddhique de la Corée et du Japon, et cela dès le Ve siècle.

Le bain de Bouddha

En Chine, principalement, pour l'anniversaire du Bouddha historique, il est de tradition d'arroser d'eau une petite statuette du Bouddha. L'origine de cette coutume provient de la légende indienne qui raconte qu'à sa naissance neuf Nâgas (serpents assimilés aux dieux des eaux) seraient venus asperger d'eau le futur Bouddha.

Ordination en Chine

En fin de cérémonie d'ordination on appliquait de petites pointes incandescentes (moxas) sur la tête des moines et des nonnes. Il est vraisemblable que les endroits stimulés correspondaient à des points d'acupuncture mais la littérature est assez muette sur ce qui concerne la localisation des points. Les moines les plus courageux, se faisaient brûler un rosaire (mâla) de 108 perles sur la poitrine ou encore un idéogramme sacré. Pendant la durée du tatouage, le moine récitait des formules d'adoration consacrées à un bouddha ou à un bodhisattva ou encore des passages des Sûtras.

Cette illustration du XIXᵉ siècle représente une pagode chinoise, laquelle n'est que l'évolution architecturale, en Chine d'abord et au Japon ensuite, du stûpa indien. On notera les deux lions caractéristiques des temples chinois. Rappelons que le lion représente la force de la Doctrine bouddhique invaincue. Bouddha lui-même est parfois représenté par un lion et le lion est l'animal emblématique de Vairochana (voir page 195). En Chine, les lions sont appelés « chiens de Bouddha ». Le lion à droite de l'entrée à la bouche ouverte (c'est le gardien des objets du culte), le lion de gauche a la bouche fermée (il symbolise les puissances latentes).

Le bouddhisme cingalais

Le bouddhisme du Sri Lanka (anciennement Ceylan) présente la particularité d'être l'héritier le plus pur du bouddhisme des origines. Il s'agit donc du bouddhisme du Theravâda (Petit Véhicule) qui se différencie des autres bouddhismes par la seule acceptation du Canon pâli. On peut affirmer que ce bouddhisme a été très peu affecté par l'esprit mondain et les différentes conquêtes sociales des dernières années (émancipation des femmes, etc.). On se souviendra que l'empereur Asoka, grand propagateur du bouddhisme, avait envoyé différentes missions dans les pays d'Asie. La mission évangélique envoyée au Sri Lanka, vers 250 avant l'ère commune, était dirigée par son propre fils.

Le Canon pâli

À la fin du premier siècle avant l'ère commune, suite à des attaques répétées des Tamouls, créant le chaos et mettant en danger le bouddhisme, les Cingalais décidèrent lors d'un rétablissement de l'ordre de mettre, pour la première fois, par écrit l'enseignement du Bouddha. La légende raconte que mille vénérables moines travaillèrent nuit et jour pour fixer par écrit, en un an seulement, le contenu oral de l'enseignement de l'Éveillé. En réalité, il fallut plus d'un siècle pour mener cette tâche à bien. Plus tard, au Ve siècle, le moine Buddhaghosa rédigea, au Sri Lanka, en pâli, le **Visuddhimagga** (*Le Chemin de la complète purification*), le plus célèbre des traités du Petit Véhicule.

La doctrine du Theravâda

Sans entrer dans les subtilités, rappelons que le Petit Véhicule se différencie du Grand Véhicule sur bien des points :

- seuls les moines peuvent parvenir à l'Éveil ;
- la parole de Bouddha n'est pas supra-mondaine ;
- mort, le Bouddha ne se manifeste que par l'enseignement qui lui survit et ses reliques ;
- seuls les textes repris dans le Canon pâli sont authentiques ;
- seul le nirvâna est incomposé, mais on ne peut rien en dire ;
- il n'existe pas d'état intermédiaire (comme chez les tibétains) entre la vie et la mort ;
- les conduites magiques n'existent pas.

Le bouddhisme au Sri Lanka

Entre le VIIe et le XIIe siècle une lutte d'influence s'exerça entre les partisans du Petit et du Grand Véhicule. Cependant, le roi Parakkamabâhu, obligea les différentes écoles à se réunir et seul le bouddhisme theravadin fut considéré comme religion d'État. Au cours des siècles, le Sri Lanka fut colonisé par les Portugais, les Hollandais et, enfin, les Anglais. À la colonisation des terres, la plupart voulurent joindre la colonisation des âmes. Le Sri Lanka fut donc soumis à une christianisation intense mais l'histoire a parfois de curieux retournements ;

Buddhaghosa

Maître du Theravâda, il se rendit, en 420, au Sri Lanka pour y étudier et traduire en pâli des textes rédigés en cingalais (les Atthakathâ). Esprit vif et rigoureux, il rédigea le plus célèbre des traités doctrinaux du Petit Véhicule, le **Visuddhimagga** (*Le Chemin de la complète purification*). La légende raconte que son manuscrit lui fut dérobé deux fois par les dieux et qu'il fut obligé de composer trois fois l'ouvrage. Ensuite, les dieux firent réapparaître les copies et on constata que les trois copies étaient rigoureusement identiques. On lui doit encore de nombreuses autres œuvres importantes dont des commentaires de la discipline et de l'Abhidhamma. Signalons qu'il existe une traduction française du Visuddhimagga sous la plume de C. Maës (*La voie de la pureté*, Fayard, 2001).

ainsi, c'est grâce à l'influence des Occidentaux sympathisants du bouddhisme que l'on doit la résurgence du bouddhisme au Sri Lanka.

Le Theravada en Asie et en Occident

D'autres pays que le Sri Lanka pratiquent le bouddhisme theravadin, avec cependant quelques particularités mineures (comme, par exemple, en Birmanie, l'intégration des divinités locales, les *nats*). Il s'agit de la Thaïlande, du Cambodge, du Laos et de la Birmanie. Rappelons que c'est en Birmanie que se sont tenus les deux derniers conciles bouddhiques : en 1871, à Mandalay et en 1954 à Rangoun. Lors de ce dernier concile, qui célébrait la naissance de Bouddha, il y a 2500 ans, les Birmans publièrent une version révisée du Canon pâli tenant compte de toutes les versions disponibles. Malheureusement, cette version n'existe qu'en langue birmane. On notera que malgré la junte militaire, le bouddhisme demeure une force vive en Birmanie.

Le bouddhisme theravadin a pénétré l'Occident bien avant le bouddhisme tibétain. Signalons seulement l'existence de la *Pali Text Society* (fondée en 1881 par T.W. Rhys Davis) laquelle a publié le Canon Pâli en langue anglaise (74 tomes). L'Allemagne, elle aussi est très dynamique en ce qui concerne le bouddhisme theravadin. Une nonne a même été ordonnée en 1926 alors que depuis plus de mille ans aucune nonne n'avait été consacrée dans le Petit Véhicule en Asie. Des pagodes accueillant les communautés cambodgiennes et laotiennes ont été érigées en France mais elles ne sont pas fréquentées par les Français qui préfèrent le bouddhisme tibétain, ses fêtes, ses apparats et ses rites.

Le Bouddhisme en France

Compte tenu de la popularité du bouddhisme en France (surtout de l'école tibétaine), il est difficile d'imaginer qu'il y a très peu d'années, cette religion était quasi inconnue et, pour ce qu'on en connaissait, elle faisait peur. On n'en voyait que le danger et l'aspect négatif et, dès lors, une obligation s'imposait aux âmes charitables : convertir tous les bouddhistes au christianisme.

Une religion du Néant

Très longtemps, les explorateurs des pays asiatiques, et en particulier les missionnaires jésuites, avaient grand mal à différencier le bouddhisme de l'hindouisme et certains voyaient même dans le bouddhisme une forme de christianisme. Ce n'est qu'à partir du moment où il parvint à identifier exactement les caractéristiques du bouddhisme par rapport au brahmanisme (hindouisme) que l'Occident prit peur. Roger-Pol Droit, un spécialiste de l'histoire du bouddhisme en Occident, écrit que cette frayeur « a laissé de fortes traces chez les Français, de Cousin à Renouvier, en passant par Taine ou Renan. Tous ont en commun d'avoir, plus ou moins, rapproché nirvâna et anéantissement, d'avoir considéré le bouddhisme comme un nihilisme, dont il fallait avoir peur ou d'autant plus attirant qu'il faisait peur, d'avoir lié bouddhisme et pessimisme en une pensée mortifère et négatrice, toute entière opposée à l'ordre "normal" du monde — occidental, chrétien, vivant, affirmatif... C'était une méprise à l'évidence. » [34]. Méprise, bien sûr, mais qui a mis bien longtemps — sans doute jusqu'au sursaut empathique pour le peuple tibétain et pour son représentant, le Dalaï Lama — à se dissiper malgré les spécialistes des religions et les philosophes.

La raison d'une quête

Si les Français (et bien d'autres Occidentaux) se lancent à la découverte du bouddhisme, c'est souvent pour des raisons très différentes. Les sociologues retiennent généralement trois axes principaux : « le désir d'une expérience intérieure et de la réalisation de soi-même ; la communion avec un maître ; une nouvelle vision du rapport de l'homme au cosmos. » [35] Paul Magnin, y ajoute encore deux autres éléments : « le choix d'une autre tradition d'une part, une meilleure compréhension des questions du mal, de la souffrance et des fins dernières d'autre part. » [36] Ajoutons à cela que la plupart des Occidentaux considèrent le bouddhisme comme une philosophie, une voie spirituelle, laquelle est parfaitement compatible avec leur religion (voir à ce sujet l'ouvrage de

Quel bouddhisme, pour quelle nation ?

Les diverses nations occidentales possèdent aujourd'hui le privilège d'abriter des bouddhistes appartenant aux différents courants. Quiconque souhaite devenir bouddhiste pratiquant ou tout simplement « sympathisant » peut choisir l'école qui convient le mieux à son tempérament. Dans un article préparé pour le magazine *L'Histoire* (janvier 2001), Frédéric Lenoir écrit : « La figure d'un bouddhiste occidental nous paraît donc essentiellement métissée et réinterprétée en termes parfois contradictoires avec le message fondamental du Bouddha. Peut-on parler d'une spécificité, d'un courant français par rapport à une voie allemande ou américaine ? On peut en tout cas noter des sensibilités différentes. Les bouddhistes américains, par exemple, sont très sensibles à la forme épurée du Zen, qui leur permet d'ailleurs de greffer sans complexe toute sorte de croyances personnelles sur cette pratique sobre de la méditation. Les Anglais sont particulièrement touchés par le Zen mais également par le Theravâda, le bouddhisme ancien, sans doute en partie pour des raisons historiques et à cause de la proximité du protestantisme avec cette forme de bouddhisme assez dépouillée et éthique. Les Français, les Espagnols et les Italiens privilégient quant à eux le bouddhisme tibétain — aujourd'hui majoritaire partout en Occident. Ici la parenté avec le catholicisme ne fait pas de doute. » [51]

R. Kamenetz, *Le juif dans le lotus. Des rabbins chez les lamas*, Calmann-Levy, 1997). En étant bouddhiste, de nombreux pratiquants juifs ou chrétiens n'ont, en aucune façon, l'impression de transgresser le monothéisme. En effet, d'après l'analyse quantitative de F. Lenoir, seuls 4% des pratiquants bouddhistes considèrent qu'il s'agit d'une religion. Signalons que beaucoup de sympathisants s'ouvriraient au bouddhisme par l'intermédiaire de l'art (ikebana, jardins zen, tankas ou peinture sur coton, etc.) ou du sport (arts martiaux). En définitive, le bouddhisme apporte aux Occidentaux des valeurs morales stables et personnelles, une réflexion sur le mal, une méthode de travail sur les émotions, une expérience mystique, une responsabilisation (c'est-à-dire le contraire d'une infantilisation, comme c'est le cas pour la plupart des pratiques rituelles et des dogmes religieux). Pour le pratiquant ou le sympathisant, le bouddhisme — qui refuse la dichotomie de l'âme et du corps — réconcilie « le spirituel et le charnel, l'Absolu et le contingent, le Tout et le particulier. » [37]

Pour reprendre une formule de Carl-Gustav Jung, le psychanalyste suisse, on pourrait affirmer que le bouddhisme permet de comprendre que « la seule existence vivante avec laquelle nous soyons en contact immédiat est notre vie subjective spontanée, et non pas notre vie rationnelle. » [38] Ce qui n'empêchait pas Jung de souscrire à « l'avis de Koestler lorsqu'il dénonçait l'impressionnante masse de sottises du zen ». Dans le bouddhisme, comme ailleurs, il est impératif de séparer le bon grain de l'ivraie…

Découverte du bouddhisme

Jusqu'au début du XIXe siècle, aux yeux de l'Europe, le bouddhisme n'existait pas. Ainsi, le voyageur français Le Gentil, publie en 1790 le récit de ses voyages et écrit « qu'il y avait autrefois à la côte de Coromandel et à Ceylan un culte dont on ignore absolument les dogmes : le dieu Baouth, dont on ne connaît aujourd'hui en Inde que le nom, était l'objet de ce culte » [39] Pour les premiers indianisants, l'individualité de Bouddha n'est même pas suspectée car ils pensent que le Mercure Trimegiste des Grecs, le dieu Thoth des Égyptiens, le dieu Odin-Wodan des Scandinaves et Bouddha sont la même divinité, autrement nommée selon les peuples. Bouddha-Mercure connut une très longue carrière : on le retrouve même dans l'*Encyclopédie* de Diderot. C'est vers 1820 que le terme bouddhisme commence à apparaître et indique une religion centrée autour de Bouddha. On peut, bien sûr s'étonner de cela sachant que le monde hellénique a entretenu des relations ininterrompues avec l'Inde mais la littérature grecque a quasi ignoré l'existence des textes bouddhiques. Il ne faut pas oublier, non plus, que vers le XIIe siècle le bouddhisme a quasi complètement disparu de l'Inde pour des raisons encore mystérieuses. Quoi qu'il en soit, notre héritage grec ne contient quasi rien sur le bouddhisme, lequel jusqu'au début du XIXe siècle sera terra incognita. Il y eut certes des savants et des missionnaires pour en parler et pour écrire sur le sujet mais « c'est une constante des relations de l'Occident avec les doctrines bouddhiques : considérées dans la très longue durée, les informations ne sont pas cumulées » [40]

Les intellectuels français et le bouddhisme

C'est en publiant, en 1844, son *Introduction à l'histoire du bouddhisme*, qu'Eugène Burnouf (auquel on doit un remarquable essai sur le pâli) donne le premier exposé rigoureux de l'enseignement du Bouddha. « À cause de Burnouf et grâce à lui, les études bouddhiques furent, pendant une période déterminante, un domaine où la France excella, et Paris devint un lieu essentiel de formation, de réflexion, et souvent de publication pour les orientalistes. » [43]

Pendant que Burnouf, ses élèves et ses disciples, publient des travaux de plus en plus éclairants sur le bouddhisme, certains voient dans cette « religion de nihilisme » un très grand danger. Qu'il nous suffise, ici, de citer un extrait de l'*Essai sur le bouddhisme* du grand prédicateur catholique Frédéric Ozanam :

« Il y a dans le monde une religion qui règne sur cent soixante et dix millions d'hommes, et qui n'est pas le catholicisme ; qui est professée dans cinq empires, quatre royaumes, de nombreuses provinces, et qui s'étend des bords de la Volga jusqu'à la mer du Sud, retranchée, pour ainsi dire, jusqu'aux extrémités de l'Orient. L'idolâtrie, chas-

La chrétienté cachée

Ainsi que nous l'avons dit, des savants et des missionnaires décrétèrent qu'il existe une chrétienté cachée (un peu comme la tribu perdue des Juifs) et que les bouddhistes en font partie même si les siècles ont quelque peu corrompu les textes et dégradés les symboles. Mais les savants guettent : « En observant les bouddhistes, les signes confirment cette commune identité ensevelie sous l'histoire. Les monastères, la tonsure, les cloches, la vie frugale, les règles horaires, les psalmodies et les prières *recto tono* : toutes ces apparentes ressemblances furent scrutées comme autant d'indices d'une chrétienté encore là, qu'il suffisait peut-être de rendre à elle-même en dissipant son amnésie » [41]. Encore faudrait-il ajouter à cela la description du paradis, décrite par H. de Lubac, tel qu'il apparaissait aux disciples d'Amida❋ : « on voit voler des figures d'apsaras, ballerines célestes, ou de petits bouddhas descendre sur les nuages. Des groupes d'élus dansent au son d'instruments variés (...). Le Bouddha central est assis en majesté sur le lotus qui s'élève au-dessus de toutes les limitations comme de toutes les impuretés du temps et de l'espace. (...) Devant lui se dresse une table d'autel, avec deux bodhisattvas porteurs d'offrandes ». On est vraiment très proche d'une iconographie chrétienne pas encore tout à fait abandonnée.

La place nous manque, ici, pour décrire les missions religieuses parties en quête de cette chrétienté cachée et les diatribes de saint François-Xavier écrivant du Japon à saint Ignace de Loloya. Ce sera pour une autre fois. Que l'on note cependant que c'est dans l'amidisme (voir Amida❋) que saint François-Xavier crut, durant un moment, trouver une forme orientale du christianisme. Que le lecteur retienne seulement que le monde catholique s'intéressait au bouddhisme bien avant qu'il ne devienne à la « mode » mais que cette connaissance restait confinée aux bibliothèques des ordres religieux ou aux discussions entre savants ; en d'autres mots, elle ne circulait pas. Ce n'est qu'à partir du moment où les textes canoniques furent traduits, diffusés et commentés que l'on peut commencer à parler d'une véritable connaissance du bouddhisme. Nous l'avons dit, ces études s'effectuèrent au XIXe siècle et l'École française d'Orient prit une part importante à ce travail. Cette étude n'est toujours pas terminée car la plupart des textes ne sont pas encore traduits en langue française et leur étude n'est pas aisée. Comme l'écrit Roger-Pol Droit, il s'agit d'« analyses figurant parmi les plus subtiles que l'intelligence humaine ait produites. » [42]

sée successivement de l'Europe, de l'Asie occidentale, du nord de l'Afrique, du littoral américain, réduite à se réfugier partout ailleurs parmi des tribus barbares et des peuples sans nom, semble avoir ramassé là ses dernières forces pour ses derniers combats. (...) Depuis plus de trois cents ans cette religion résiste à tous les efforts de l'apostolat. Les prodiges de saint

François-Xavier, le sang des martyrs de Yedo, la science des missionnaires de Péking, la voix de plusieurs milliers de prédicateurs, les vœux de l'Église universelle, n'ont fait qu'ébranler sa tyrannie séculaire. Elle se défend avec l'énergie du désespoir par la terreur et les supplices. C'est elle qui, à l'entrée des ports du Japon, place le crucifix sous le pied des marchands, qui publie ses édits de persécutions dans les villes du Tonkin et de la Chine, qui, en trois ans, a fait périr trois évêques et plus de vingt prêtres sortis du milieu de nous, et qui chaque jour conduit à la mort les néophytes enchaînés dans des cages de fer. — Cette religion se nomme le bouddhisme. » [44]

Ozanam n'est pas le seul à craindre le bouddhisme, ce « culte du néant » (expression due à l'orientaliste Victor Cousin), cette « religion athée » (Schopenhauer), cette religion du nihilisme ; cette religion « des gens aussi bêtes que cela » (Builloz) est dangereuse et antinaturelle. Certains d'ailleurs ne s'en étonnent pas car, disent-ils, il s'agit d'une philosophie devenue religion alors que le mouvement naturel de l'esprit suit l'ordre inverse. Pour les penseurs du XIXe siècle, ce « culte du néant » remet en cause tout ce qu'on croit normal dans le comportement religieux de l'homme. Cette religion fait donc peur et, du même coup, ceux qui la pratiquent font peur également (peut-être est-ce à l'origine de cette crainte du « péril jaune » pas tout à fait abandonnée). Mais tous ne sont pas insensibles aux charmes de cette philosophie-religion et certains sont fascinés par le culte du néant (dont le philosophe Arthur Schopenhauer auteur de *Le Monde*

comme volonté et comme représentation, 1819). Néant, pour lequel on doit au philosophe Suisse Henri Frédéric Amiel l'une des plus belles définitions : « Le néant est parfait, l'être imparfait ». L'un des plus grands spécialistes des religions, E. Renan, a, lui aussi, découvert le charme du bouddhisme puisqu'il écrit que « la négation de toute morale a produit le comble du dévouement ; l'athéisme, une légende pleine d'un sentiment ineffable de bienveillance et de douceur ; le nihilisme, des petits paradis de vie douce et heureuse. » [45]

Le lecteur aura sans doute remarqué que nous parlons du bouddhisme chinois, du bouddhisme tibétain, du bouddhisme japonais mais non du bouddhisme français. En effet, l'implantation du bouddhisme en France est encore bien trop récente pour qu'un syncrétisme quelconque ait pu prendre ; d'ailleurs, contrairement à ce qui s'est passé en Chine, au Japon ou au Tibet, avec quelle religion (avec quelles déités ?) le bouddhisme pourrait-il effectuer cette étrange alchimie ?[45b]

Une communauté importante

Le nombre très important de bouddhistes en France peut s'expliquer par des raisons historiques dont, pour commencer, l'arrivée importante des Vietnamiens durant la Première Guerre mondiale puis l'arrivée des Cambodgiens fuyant le régime des Khmers rouges, etc. C'est ainsi, qu'en France, se réunissent pour diverses célébrations de nombreux bouddhistes venant du monde entier.

Theravâda

Ce mot signifie l'enseignement des anciens. Il s'agit d'une école bouddhique qui, pour des raisons portant sur les règles de la discipline, s'est séparée du bouddhisme initial. Elle constitue aujourd'hui la plus ancienne école bouddhique et la seule qui subsiste dans le bouddhime du Petit Véhicule ; c'est la raison pour laquelle, aujourd'hui, les expressions bouddhisme du Theravâda et bouddhisme du Petit Véhicule sont considérées comme équivalentes. Ce bouddhisme est très répandu dans les pays du sud-est asiatique (Sri Lanka, Birmanie, Thaïlande, Cambodge, Laos). Rappelons que ce bouddhisme premier est basé sur le salut individuel qu'on obtient en menant une vie monacale alors que dans le bouddhisme du Grand Véhicule, le salut, plutôt collectif, est obtenu grâce à des êtres de compassion, les bodhisattvas*. D'ailleurs, en Birmanie, jusqu'il y a peu, tout laïc, avant de devenir majeur, était tenu de faire un stage dans une bonzerie. En Thaïlande, ce n'est pas une obligation mais c'est une coutume à laquelle il est difficile de se soustraire. L'enseignement du Theravâda est le plus proche de celui de Bouddha. Ce courant coïncide avec l'école de Ceylan ; c'est la raison pour laquelle on parle aussi de courant cingalais. Le Canon du Theravâda est le Canon pâli.

Bonze

Ce mot, d'origine japonaise (bonzo) désigne les religieux de certains pays d'Extrême-Orient : Chine, Japon et Viêt-nam. Aujourd'hui, ce mot est utilisé pour désigner tous les religieux bouddhistes d'Asie.

L'association mondiale des bouddhistes

L'association mondiale des bouddhistes, plus connue sous ses initiales WFB (*World Fellowship of Buddhists*), a été fondée en 1950. Son but est de répandre la doctrine bouddhique et d'obtenir un rapprochement entre les divers courants du bouddhisme. C'est cette association qui a déclaré le jour de la pleine lune du mois de mai « Jour du Bouddha ».

Son drapeau est la Roue de la Loi sur un fond de six couleurs. Le drapeau du bouddhisme (existant depuis 1885 mais adopté en 1950), universellement utilisé, est composé de six bandes verticales : les cinq premières bandes sont successivement peintes en bleu (symbole de la méditation), en jaune (symbole de la pensée juste), en rouge (symbole de l'énergie spirituelle), en blanc (symbole de la foi dans le Dharma) et en orange (symbole de l'intelligence). La sixième bande est découpée verticalement en cinq bandes horizontales qui reprennent les couleurs des bandes horizontales (cette bande symbolise le caractère harmonieux de la religion bouddhique).

Dans leur ouvrage récent consacré au bouddhisme en France aujourd'hui, Bruno Étienne et Raphaël Liogier écrivent que « le nombre de lieux de culte est un indicateur du nombre de pratiquants réels : officiellement il existe en France six « monastères », quatre grosses associations ou fédérations, une centaine de dojos dont certains partagent les activités avec d'autres manifestations pas nécessairement religieuses, vingt pagodes laotiennes et cambodgiennes, vingt pagodes vietnamiennes, alors que l'on peut dénombrer plus de soixante associations tibétaines, quatre-vingt-quatre centres divers tibétains et quatre-vingts associations de tradition zen. » [46]

Toujours d'après les mêmes auteurs, « les stages d'été des différents monastères regroupent des milliers de personnes venues de toute l'Europe et par ailleurs le siège européen de la Soka Gakkaï se situe à Trets, dans le midi de la France. Le siège de l'Association zen internationale (AZI) est aussi en France. La plupart des centres bouddhistes tibétains sont aussi en France. » [47]

Signalons encore que le bouddhisme tibétain est très apprécié des femmes, les auteurs de l'ouvrage cité notent que « l'infirmière mariée, mère de plusieurs enfants, qui fréquente chaque semaine un centre de Dharma, est le cas typique de la bouddhiste française contemporaine ». [48]

Le succès du bouddhisme en France provient sans doute de ce que « nos compatriotes bricolent dans le champs religieux avec une aisance qui prend de court les clercs orthodoxes. Il se pourrait que la « religion à la carte » soit bien une forme moderne — hypermoderne ! — de la religiosité. Or sur ce plan, les réponses crédibles qu'offrent les bouddhistes paraissent beaucoup plus efficaces face au raidissement des Églises traditionnelles d'Occident, d'autant plus qu'ils proposent une large palette de possibilités, depuis l'ascèse individuelle, jusqu'à la structure transnationale. » [49]

POUR EN SAVOIR PLUS

Le lecteur désireux de mieux connaître l'organisation du bouddhisme en France, tant du point de vue des structures de décision, que des temples, des monastères, ou des pratiques de la vie quotidienne, lira avec intérêt l'ouvrage de Bruno Étienne et Raphaël Liogier *Être bouddhiste en France aujourd'hui* (Pluriel. Hachette. 2004). Il s'agit d'un ouvrage très clair et très documenté auquel on reprochera cependant d'accorder une grande importance à la Soka Gakkaï, laquelle ne mérite peut-être pas une telle publicité.

Pour une étude très rigoureuse de l'introduction du bouddhisme en Occident, on lira avec fruit l'ouvrage de Roger-Pol Droit, *Le culte du néant* (Seuil. 1997). Outre l'historique de la pensée bouddhiste en France et en Occident, l'ouvrage est accompagné d'une bibliographie des principaux ouvrages concernant le bouddhisme de 1638 à 1890, classés selon l'ordre chronologique. Il s'agit, en fait, d'une nouvelle compilation, plus didactique, de la célèbre *Bibliography on Buddhism* du Pr Shinsho Hanayama (parue en 1961 et recensant plus de 15 000 titres).

Dojo

Ce mot japonais signifie « le lieu de la Voie ». À l'origine, c'était le lieu où Bouddha obtint l'éveil. En Europe, ce mot désigne aujourd'hui les endroits où se pratique la méditation zen (au Japon et aux USA, on parlera, plus volontiers de zendo). Ce mot est également associé aux arts martiaux où il désigne une discipline particulière (par exemple, l'aïkido, kendo, judo, etc.).

Soka Gakkaï

Contrairement aux autres écoles bouddhistes, la Soka Gakkaï est prosélyte et peut être considérée comme une véritable religion (bien qu'en France elle soit davantage considérée comme une secte, plutôt dangereuse) avec croyance dans la révélation du saint fondateur et piétisme. Au sujet de la Soka Gakkaï, les auteurs de l'ouvrage consacré au bouddhisme en France signalent qu'il s'agit d'une « association non religieuse, mais piétiste, qui prône le prosélytisme, en même temps que la liberté intérieure couplée à d'étranges préoccupations matérialistes, la Soka Gakkaï s'inscrit dans une logique éthique véritablement bouddhiste. Le seul point troublant concerne les rapports presque hostiles qu'elle entretient avec les autres institutions bouddhistes. Particulièrement sur la notion d'orthodoxie, la Soka Gakkaï se considérant comme le bouddhisme orthodoxe. Mais ceci est plus un problème politique qu'éthique. Nous comprenons en tout cas qu'elle effraie certains car elle est sans doute l'une des formes possibles d'Église et de parti politique de l'avenir immédiat. » [50]

Quelques adresses en France

• Association zen internationale
17 rue Keller
75011 Paris

• Fédération du bouddhisme tibétain
40 route de ceinture du Lac-Dausmenil
75012 Paris

• Union bouddhiste de France
94372 Sucy-en-Brie

Pour arriver au Japon, le bouddhisme a fait un assez long chemin traversant l'Inde, la Chine et la Corée. S'arrêtant quelques siècles dans ces deux derniers pays, il n'arrive — à la faveur de moines chinois et d'immigrants coréens — au Japon qu'au VIe siècle.

Le bouddhisme qui s'implante au Japon est celui du Grand Véhicule. Ce bouddhisme, le Mahâyâna❋, nous l'avons montré, est passablement différent de celui du bouddhisme premier (Theravâda) et fait la part belle aux différents bodhisattvas❋.

Dans l'implantation du bouddhisme au Japon, autant dire qu'il ne reste pas grand chose du bouddhisme des origines. Tout ce que nous avons dit concernant l'absence de divinité, la non conceptualisation des fins dernières, les rites réduits au strict minimum, etc., est ici carrément pris non seulement en défaut mais se manifeste de manière exactement opposée : les dieux sont légions, le paradis et l'enfer n'ont rien à envier à leurs homologues chrétiens, les rites sont nombreux, etc. Héritier du Mahâyâna et de sa cosmogonie de bodhisattvas, le bouddhisme japonais a encore amplifié le mouvement. Comment en est-on arrivé à cela ?

Le panthéon shintô

La religion des Japonais, le shintô, n'était guère structurée et se basait essentiellement sur le culte rendu à des centaines de divinités protectrices, les kamis. Ces divinités protectrices étaient généralement associées à une activité (la guerre, l'agriculture, etc.) et souvent à une famille noble (ainsi, le Bouddha, fut d'abord le kami d'une famille noble extrêmement puissante dont des membres prirent place sur le trône impérial, la famille de Soga-no-Iname). Au moment de l'arrivée du bouddhisme, le shintô ne possédait ni littérature, ni art, ni philosophie et pas d'écrits : sur le plan intellectuel, il ne pouvait donc se mesurer avec le bouddhisme. Par contre, il était émotionnellement enraciné dans le peuple qui ne pouvait abandonner l'adoration des kamis. Le bouddhisme a considérablement modifié le panthéon shintô, lequel trouvait des exemples dans la cosmogonie littéraire et artistique du bouddhisme du Grand Véhicule. **Un des principaux courants du bouddhisme japonais fut justement le mélange de la religion bouddhiste et du shintô.** Pour le peuple, Bouddha était une sorte de « super-kami » et les kamis les protecteurs de Bouddha ou encore des manifestations des bodhisattvas❋. On ne trouvera donc pas étrange de rencontrer très souvent un Bouddha entouré de kamis, les dieux protecteurs du shin-

Kukaï

De son vrai nom Saeki Mao, Kukaï ou Kôbô Daishi (774-835), est un religieux japonais, fondateur de la secte Shingon (secte de la « Vraie Parole »). On lui doit le traité, Sangôshiki (*Traité des trois doctrines*), dans lequel il démontre que le bouddhisme englobe et dépasse le confucianisme et le taoïsme. En compagnie de Saicho (767-822), le fondateur de la secte Tendaï au Japon, il séjourne plusieurs années en Chine où il étudie auprès de Houei-Kouo, un grand maître du bouddhisme ésotérique. Après la mort de son maître, il revient au Japon où il commence à enseigner sa doctrine. Celle-ci prend une telle importance qu'un bâtiment dédié à ce culte est érigé dans l'enceinte même du palais impérial. Kukaï est l'auteur d'une cinquantaine d'ouvrages consacrés à la doctrine ésotérique et du premier dictionnaire de langue japonaise.

Taishô Issaikyô

C'est le nom, en japonais, du Canon chinois. La Chine ayant définitivement abandonné le bouddhisme, c'est donc au Japon que s'effectuent les nombreuses recherches sur ce Canon.

La divinité Kangi-ten représente le dieu hindou Ganesha, à tête d'éléphant, le fils de Shiva. Cette divinité double (à la fois mâle et femelle ; hindouiste et bouddhiste ; maléfique et bénéfique) est généralement représentée par deux corps enlacés (ceux de Shiva et Aryâvalokiteshvara, la forme féminine d'Avalokiteshvara, le bodhisattva de la compassion). C'est dans le bouddhisme japonais une des rares figurations du tantrisme érotique. Cette divinité, que les Japonais transportent parfois sur eux, est douée d'une grande puissance et inspire une tout aussi grande crainte.

toïsme. Comme il était habituel de représenter les kamis sous les traits de personnes nobles (hommes, femmes, enfants), il devint également habituel de les représenter sous les traits de certains bodhisattvas, et tout spécialement du bodhisattva de la compassion Avalokiteshvara, appelé Kannon, au Japon (et Guanyin en Chine). Dans certaines sculptures, on associe même un bodhisattva mâle avec son homologue kami femelle.

Le panthéon des dieux, divinités et personnages saints du panthéon japonais est gigantesque, il ne peut être question, ici, de lui consacrer l'espace nécessaire. À titre d'exemple seulement, signalons un kami très honoré auquel de nombreux sanctuaires furent consacrés : Wakamiya Hachiman. Ce kami, identifié au légendaire empereur Ojin, est considéré par les bouddhistes japonais comme une incarnation du bouddha Amida❋.

Une autre figure bouddhique très vénérée au Japon est celle du prince Shôtoku (572-622) qui fut considéré comme l'incarnation du Bouddha lui-même (ce prince vivait dans la région d'Asuka ; on donne, dès lors, aux créations artistiques créées durant son règne le nom de culture d'Asuka). Ainsi, le bouddhisme devenait quasi religion d'État et l'Empereur une émanation du Bouddha, donc de caractère divin.

L'union quasi fusionnelle du bouddhisme et du shintoïsme, laquelle caractérisait la vie religieuse du Japon, fut cependant rompue dans les années 1870. Le gouvernement de Meiji, ordonna (en 1868) la séparation des deux religions pour faire du shintoïsme la religion d'État.

Le bouddhisme ésotérique

Au IXe siècle, Kukaï, introduit au Japon un enseignement ésotérique (le Shingon) consistant en une initiation aux mandalas (diagrammes cosmiques, voir page 194), aux gestes symboliques (mudrâs, voir page 222), aux formules incantatoires mystiques (mantras, voir pages 96 et 199) et à différents rites (rituel de l'initiation, rituel du feu, etc.). L'autre tendance du bouddhisme ésotérique est le Tendaï qui annonce qu'il est possible d'atteindre l'Éveil dans cette vie déjà.

Au centre de cet enseignement figure le Bouddha universel source de toute chose, de toute énergie et de tous les bouddhas et bodhisattvas. Ce Bouddha porte le nom de Mahâvairochana ou, en japonais, de Dainichi (le « Grand Soleil »).

Amida

Le culte du Bouddha Amida❋ (en sanscrit Amitâbha) prit naissance au VIIe siècle pour se répandre vers le XIe (à l'époque supposée du *mappô*) et est encore vivace aujourd'hui. Il s'agit d'un culte que l'on pourrait rapprocher du christianisme car non seulement il annonçait aux croyants la survie dans son « Paradis de la Terre Pure » mais il proclamait également que la méditation et l'effort personnel comptaient moins que sa compassion. Pour renaître dans le paradis, il suffisait de croire fermement en l'invocation dite nembutsu (*Namu Amida Butsu*, c'est-à-dire « Gloire au Bouddha Amida ! »). Ceux qui n'y croyaient pas étaient envoyés dans l'enfer dont la description est très proche de celui de la tradition chrétienne avec ses flammes et ses démons. Au cours des siècles, l'amidisme se constitua en diverses sectes (secte de la « Terre Pure » (Jôdo-shû), secte de la « Vraie Terre Pure » (Jôdo-shin-shû), secte Ji-shû) lesquelles subsistent aujourd'hui encore. Selon les estimations près de 20 millions de Japonais sont amidistes donc appartiennent à une école bouddhiste qui n'a plus grand

Nembutsu

Mot japonais signifiant « vénération au bouddha ». C'est le nom générique donné aux écoles amidistes au Japon.

Le mot équivalent en sanscrit est buddhanusmrti. Le nembutsu est la récitation de la formule Namu Amida Butsu, c'est-à-dire : hommage au Bouddha Amida. Dans le bouddhisme japonais de la Terre Pure, la récitation de cette phrase permettait d'effacer toutes les mauvaises actions commises et d'entrer, lors du décès, avec certitude, dans le paradis d'Amida, le paradis Sukhavâti à partir duquel les fidèles vont renaître à l'intérieur d'une fleur de lotus.

Le Mappô et les fins dernières

Comme bien d'autres religions (voir dans la même série, du même auteur, les ouvrages consacrés à l'islam et au judaïsme), le bouddhisme a été tenté, durant ses périodes d'instabilité, par l'eschatologie. Ce fut le cas au XIe siècle lorsque le Japon dut faire face à de nombreux désordres politiques (guerres provinciales), religieux (corruption monastique) et sociaux (pillages). En outre, selon la croyance de certaines sectes bouddhistes japonaises, le Japon devait entrer, en 1052, dans la période finale de l'enseignement du Bouddha (ce qu'on appelle le mappô) et la dégénérescence du bouddhisme. Ceci incita les personnes religieuses à se placer sous la protection d'Amida✳, un Bouddha de compassion qui avait fait le vœu de sauver tous les êtres, dont le pouvoir personnel leur assurait une bonne place dans le « Paradis de la Terre Pure ».

chose de commun avec le bouddhisme des origines.

Dans les milieux populaires, de nombreux moines mendiants parcouraient le Japon pour annoncer la bonne parole d'Amida et la manière de se sauver en récitant le nembutsu. L'un des plus représentés dans la statuaire est Kûya Shônin (903-972), « le saint des rues ».

Notons, au passage, que le culte d'Amida est né, vers le IVe siècle, en Chine où ce Bouddha porte le nom de Amituofo. Il s'agit donc bien, ici aussi, d'une importation chinoise, comme c'est le cas pour le zen✳.

Le zen✳

Troublés par le mappô (c'est-à-dire l'annonce de la dégénérescence du bouddhisme), irrités par l'amidisme, écœurés par la corruption du bouddhisme ésotérique du Tendaï, quelques religieux (dont Eisai, Myozen et Dogen) se rendent en Chine d'où ils rapportent, au XIIe siècle, les enseignements du zen, c'est-à-dire du chan.

La culture zen (chan, en chinois) se répand très vite au Japon et finit par occulter la plupart des autres sectes. Nous lui consacrons un article spécifique (voir zen, page 276).

Influence du bouddhisme au Japon

Cette influence fut considérable car elle ouvrit au Japon l'accès à la culture chinoise et se manifesta tant dans le domaine spirituel et éthique que dans celui des arts (musique, sculpture, peinture, architecture), des lettres et même de la compréhension et des soins médicaux ou psychologiques apportés aux problèmes de l'être humain (désirs, souffrances, etc.). Sans compter qu'il offrit — assez paradoxalement d'ailleurs — aux Japonais une nouvelle espérance en leur offrant les clés des portes du paradis (et aussi de l'enfer). À ceci s'ajoute également, tout un rituel concernant le repos des morts et les prières rendues aux divinités protectrices (dont le Bouddha) pour obtenir la santé ou des biens matériels (ce qui nous éloigne considérablement du bouddhisme premier). En pratique, ce bouddhisme se manifestait par des statues impressionnantes, des rites somptueux, des fêtes, des exorcismes, des pratiques magiques (dont l'utilisation des Sûtras❋ en tant que formules magiques), et la possibilité d'obtenir, par invocation, des biens matériels sur cette terre et l'espérance du paradis plus tard. Aujourd'hui encore, le zen, les arts floraux, les jardins japonais, le rituel du thé et même, dans un certain sens, l'architecture traditionnelle, peuvent être considérés comme des héritages du bouddhisme.

Figuration de Maitreya sous la forme d'un Bouddha. On sait que le bodhisattva Maitreya attend, dans le paradis Tusita, la fin du Dharma apporté par Bouddha pour prendre sa succession : c'est le Bouddha du futur. On sait qu'il s'agit ici d'une représentation de Maitreya en tant que Bouddha pour trois raisons : il est sobrement vêtu (au contraire des bodhisattvas, très richement parés), il tient en main un stûpa (qui symbolise Bouddha Gautama, son ancien maître), il possède la protubérance crânienne (l'*usnisa*, l'un des 32 signes majeurs d'un corps de Bouddha).

Nichiren (« Lotus du soleil »), (1222-1282)

Ce moine de la secte Tendaï acquiert la conviction que les sectes bouddhistes de son temps se sont engagées dans des voies erronées et, tout spécialement, la secte des amidiens. Il entreprend alors de prêcher et de convertir les bouddhistes à l'enseignement du seul texte de la Sûtra❋ du Lotus. Personnage intolérant, convaincu que seul son enseignement est juste, il est condamné à mort mais échappe miraculeusement à l'épée. Son enseignement est, aujourd'hui encore, influent parmi certaines sectes japonaises dont la Soka Gakkaï.

Kannon

C'est le nom japonais du bodhisattva de compassion Avalokiteshvara. La dévotion de ce dernier fut toujours intense au Japon quelle que soit la secte. Dans la statuaire japonaise, Avalokiteshvara est une divinité polymorphe représentée aussi bien sous forme masculine que féminine. En outre, cette divinité est souvent pourvue de nombreux bras, comme Brahma (voir page 113). On connaît 33 représentations différentes d'Avalokiteshvara. Son principal signe distinctif, au Japon, c'est qu'il contient toujours une représentation du bouddha Amida dans sa coiffure.

L'union divine (shinbutsu shugo)

Dans la statuaire bouddhique japonaise, certains bouddhas furent accouplés à une divinité protectrice (kami) spécifique dans une union divine. C'est le cas aussi, et surtout, dans le tantrisme et dans le bouddhisme tibétain (voir yab-yum).

Syncrétisme religieux

Bouddhisme japonais et shintoïsme fusionnèrent en un véritable syncrétisme religieux dans lequel les divinités bouddhiques originelles (*honji*) se manifestèrent dans des kami spécifiques (*suijaku*). Cette synthèse honji-suijaku, caractéristique essentielle de la religion japonaise, se manifesta dans la pensée, la littérature et les arts.

Cérémonie de l'ouverture des yeux

Une statue ne devient « vivante » qu'à partir du moment où on lui dessine les yeux. Ce dessin des yeux était parfois précédé par l'introduction dans une ouverture de la statue d'animaux vivants ou de simulacre de viscères en toile. Cette cérémonie était particulièrement importante et on raconte que c'est l'empereur Shômu, lui-même, qui tenait la corde de l'énorme pinceau utilisé pour dessiner les yeux de la statue du Bouddha du Todai-ji (en 752), le « grand temple de l'Est », l'un des principaux centres bouddhiques du Japon. Plusieurs fois détruit, ce temple a encore été restauré en 1980.

Le bouddhisme tibétain

Le bouddhisme tibétain mériterait à lui seul un livre bien plus gros que celui-ci. Le lecteur comprendra donc bien que nous ne pouvons, ici, que lui suggérer quelques pistes de lecture pour s'initier à ce bouddhisme très particulier et, de manière étrange (bien qu'explicable du fait de sa « parenté » avec le catholicisme), plébiscité en Europe. Le bouddhisme tibétain appartient au Troisième Véhicule, le véhicule tantrique (ou Véhicule du Diamant ou Vajrayâna), une branche du Grand véhicule qui apparaît en Inde vers le VIIe siècle.

Le tantrisme

Le mot tantras signifie tout simplement livre ; il s'agit d'ouvrages qui se présentent comme des manuels de rites pour parvenir plus rapidement à la Délivrance. Pour le bouddhisme tantrique, comme il n'existe aucune différence entre l'esprit et la matière puisque tout est illusion, la pensée doit pouvoir agir sur la matière au moyen de formules magiques, d'incantations, de mantras, de syllabes sacrées, de rites❋. Ce sont ces formules magiques que l'on retrouve dans les tantras. L'ésotérisme des tantras associé à la mystique érotique du shaktisme a fortement éloigné le bouddhisme des enseignements de Bouddha. Henri Arvon n'hésite d'ailleurs pas à écrire que « ce dernier tour de la Loi qui s'accomplissait alors que le bouddhisme finissait sa carrière en Inde, n'a de bouddhisme que le nom. Seules subsistent dans cette école la terminologie et les traditions de la doctrine primitive ». [52]

Le bouddhisme tibétain

Ce bouddhisme, apparu au Tibet vers le VIIe siècle, constitue le syncrétisme le plus étrange qui soit : l'association du bouddhisme tantrique, ésotérique et érotique, avec la religion bön-po, peuplée de dieux, de déesses et de démons. Ce bouddhisme tibétain présente plusieurs particularités extraordinaires : ainsi, d'être né dans une région totalement isolée du monde (le Tibet), d'avoir donné naissance à une théocratie (le Dalaï-Lama, chef temporel et spirituel est un monarque dont le pouvoir se transmet par transmigration), d'avoir enrichi le bouddhisme de nombreux concepts nouveaux (le royaume des morts, le tülkou, c'est-à-dire les réincarnations des maîtres dans des corps d'enfants à des moments et dans des circonstances de renaissance clairement indiqués dans une lettre laissée par le mort, etc.), un art tout à fait particulier d'une grande richesse picturale (*thangkas*) et, le plus étonnant, d'avoir conquis et séduit, en peu de temps, le monde occidental réputé peu accessible à la magie et à l'ésotérisme.

Sans entrer dans l'histoire du bouddhisme tibétain, on signalera cependant que celui-ci n'a plus guère changé depuis sa réforme au XIVe siècle. On peut également ajouter que de l'avis des rares explorateurs à avoir pénétré au Tibet, la

Le shaktisme

Il s'agit du culte des divinités féminines. Le bouddhisme tantrique dote tous les bouddhas et bodhisattva d'un pendant féminin (le pôle énergétique, actif d'une divinité, son énergie (shakti), est féminin). Beaucoup de divinités sont donc représentées avec leur complément énergétique féminin, la Shakti. L'union sacrée ouvrant le chemin de l'Éveil et du salut. On se représente aisément comment l'imagination des uns et des autres a pu jouer avec ce concept. Rappelons que dans la statuaire bouddhique japonaise❋, certains bouddhas furent accouplés à un kami (divinité protectrice) spécifique dans une union divine et que la représentation d'un bodhisattva accouplé à sa shakti est habituelle au Tibet (ce qu'on appelle le yab yum).

Achalanâtha, plus connu sous son nom japonais de Fudô Myô, est le chef des cinq grands rois de science magique. C'est le destructeur des passions. Il est tout sauf beau : atteint de strabisme, il se mord convulsivement les lèvres, est de couleur verte, etc. Son glaive lui sert à combattre les trois poisons : avarice, colère et ignorance. De sa main gauche, il tient une corde pour lier les forces mauvaises. Fudô Myô est souvent signalé comme un des messagers ou serviteurs de Bouddha ; bien qu'il n'existe pas parmi les divinités de l'Inde, on suppose que ce serait un des aksalas (gardiens farouches) de la cosmologie bouddhiste.

vie qui s'y déroulait avant l'entrée des Chinois était théocratique et moyenâgeuse.

Le lamaïsme

Jusqu'à la prise du pouvoir par les Chinois, en 1959, la théocratie tibétaine était dirigée par deux lamas : le Dalaï-Lama❋ (le chef temporel et spirituel), incarnation du bodhisattva❋ Avalokiteshvara et le Patchen-Lama (aussi appelé abbé de Tashilhunpo, le chef spirituel), incarnation du bodhisattva Amitâbha (aussi connu sous le nom d'Amida❋). Le Dalaï-Lama résidait dans la capitale Lhassa, au palais de Potala. Le Dalaï-Lama et le Patchen-Lama ne sont pas les seules réincarnations que l'on peut rencontrer au Tibet. En réalité, l'idée des tülkous est née, dès 1193, dans l'esprit d'un grand maître karmapa (titre donné aux hiérarques d'un courant bouddhiste tibétain). Elle s'est ensuite généralisée aux autres grands maîtres lesquels sont sensés disposer du pouvoir de décider du lieu et du corps de leur renaissance. En principe, le titre de lama n'est décerné qu'aux dignitaires ecclésiastiques (*tülkous*, abbés des grands monastères, docteurs de la Loi, etc.) ; tous les autres moines sont des *trapas* (élèves). L'usage est cependant acquis de donner ce titre à tous les religieux âgés et instruits, même lorsqu'ils sont occidentaux.

La reconnaissance des tülkous

« Avant de mourir, il n'est pas rare qu'un tülkou donne des indications sur sa future naissance. Quelques années après sa mort, les recherches commencent menées par des lamas de l'entourage et des disciples proches. Parfois longues et difficiles, les recherches nécessitent souvent le concours d'oracles, de divinations, d'interprétations de rêves ou de visions de maîtres spirituels. Quand sont trouvés les enfants susceptibles d'être le tülkou en question, ils sont soumis à une série de tests pour les départager, comme celui de se montrer capable de reconnaître une série d'objets ayant appartenu à leur prédécesseur. » [54] Ensuite, l'enfant reconnu est retiré de sa famille et confié à des précepteurs. Lorsque son éducation est terminée, il reçoit le titre de *Rinpoché*, c'est-à-dire de « très précieux ».

Les rites

Le bouddhisme tibétain est haut en couleur et les fêtes se succèdent aux fêtes. Contrairement aux autres bouddhismes qui n'utilisent que peu d'objets rituels, les tibétains en possèdent une panoplie dont les plus connus sont les clochettes et le moulin à prières. Ce dernier contient une bande de papier sur lequel est inscrit le mandra de base (*Om mani padme Hum,* que l'on pourrait traduire par « hommage à celui qui tient le joyau et le lotus »). Ainsi, en faisant tourner le moulin rapidement, on peut répéter virtuellement un nombre considérable de fois la formule (certains ont calculé qu'un bouddhiste habile peut ainsi formuler plusieurs millions de prières à l'heure). Alors que le bouddhisme orthodoxe prohibe les rites religieux et la magie, les Tibétains en font un très grand usage. « Les lettrés lamaïstes admettent volontiers leur inutilité en ce qui concerne l'illumination spirituelle qui ne peut être atteinte que par l'effort spirituel. Cependant, la majorité d'entre eux préconisent certaines façons rituelles de poursuivre d'autres buts tels que la guérison des maladies, la prospérité matérielle, la subjugation des êtres malfaisants et la direction de l'esprit des défunts dans l'autre monde. » [55]

L'art tibétain

La richesse de l'art tibétain (statuaire, thangkas, etc.) rend impossible sa description en quelques lignes. Nous y renonçons donc. Néanmoins, il est important pour le lecteur de savoir que

Origine politique des tülkous

Dans son ouvrage consacré à la vie d'E. Huc[53] (*Un lama au ciel d'Occident, Evariste Huc, un missionnaire lazariste*), l'auteur de l'ouvrage explique l'origine politique des réincarnations : « Pour éviter que le bouddha vivant d'Urga ne prenne trop d'influence sur l'ensemble des populations mongoles de l'empire, les Qinq ont inventé un stratagème : chaque nouvelle réincarnation de ce bouddha sera à rechercher, non en Mongolie, mais au Tibet. Ainsi se prolongeront les interrègnes et, en principe, se dénationalisera le pouvoir du chef religieux suprême des Mongols. » [53b] Rappelons qu'au XIIIe siècle, l'Empire Mongol était très puissant et avait envahi une partie de la Chine. Par la suite, les Chinois se méfieront toujours des descendants de Gengi-Khan.

Thangka

Un Thangka (ou thanka) est une image enroulée et montée sur soie. Les motifs de l'image sont classiques : Roue de la Loi, vies antérieures de Bouddha (Jâtaka✻). Les Thankas servent essentiellement lors des méditations mais aussi lors de divers rites et de la prise de Refuge.

Potala

C'est le palais du Dalaï-Lama✻. Construit au XVIIe siècle par le cinquième Dalaï-Lama sur une montagne dédiée à Avalokiteshvara, le bodhisattva✻ de compassion, protecteur du Tibet, c'est un vaste ensemble, qui abritait également un monastère de plus de 200 moines. Depuis l'invasion du Tibet, en 1959, ce palais est devenu un musée.

l'art tibétain se différencie de l'art indien par une représentation des diverses divinités sous un double aspect : l'aspect paisible et l'aspect insensé. On pourrait dire que chaque divinité possède un côté Yin et un côté Yang, comme dans la philosophie chinoise. En effet, pour les bouddhistes tibétains les énergies négatives jouent également un rôle important dans le chemin de l'Éveil. En outre, les bouddhas sont souvent représentés avec leur parèdre féminin dans des positions d'union sexuelle (ce que les tibétains nomment yab-yum). Enfin, dans la représentation tibétaine, *Le livre des morts* (Bardo Thödol) énumère 42 divinités paisibles et 58 divinités furieuses. Les trois principales caractéristiques de l'art tibétain sont l'utilisation des couleurs très vives, la figuration des dieux terrifiants et une iconographie basée sur l'être humain idéal, lequel compte neuf niveaux qui représentent la disposition du cosmos (une règle identique est aussi utilisée pour la construction des stûpas).

Les écoles

Le bouddhisme tibétain compte quatre grandes écoles qui sont le Nyingmapa (fondée au VIIe siècle par le moine indien Padmasambhava), le Sâkyapa (fondée au XIe siècle), le Kagyupa (fondée au XIIe siècle et fidèle aux enseignements du poète Milarepa) et l'école Gelupka, fondée par Tsongkhapa à laquelle appartient le Dalaï-Lama. La description des subtilités entre ces écoles dépasse largement le cadre de cet ouvrage. Notons cependant que le bouddhisme tibétain offre la particularité de procéder des trois véhicules : pour la discipline, il s'inspire du Petit Véhicule ; pour le bien d'autrui et la compassion, il procède du Grand Véhicule ; pour l'utilisation magique des tantras il est dans la droite ligne du Véhicule du Diamant.

Le catholicisme d'Orient

Il existe, ainsi que l'ont remarqué de très nombreux auteurs catholiques, d'étranges parentés entre le bouddhisme tibétain et le catholicisme. Citons, à titre d'illustration, les nombreux rituels, l'importance de la vie monastique, la méditation, le nombre de saints vénérés, la place importante de la compassion, le décorum omniprésent, l'utilisation du rosaire (mâla). Dans son ouvrage consacré au dialogue entre un moine chrétien et un lama tibétain, Frédéric Lenoir écrit que cette ressemblance avait si fortement marqué les Indiens des régions himalayennes que lorsqu'ils rencontrèrent les premiers missionnaires catholiques, ils confondirent les deux religions. Ainsi, dès 1598, le jésuite Jérôme Xavier peut

écrire : « Quand j'étais au Cachemire, on m'annonça qu'il y avait dans le royaume du Tibet beaucoup de chrétiens, avec des églises, des prêtres et des évêques. » Au XVIIe siècle, les missionnaires catholiques qui pénétrèrent au Tibet furent ainsi saisis par cette ressemblance et qualifièrent le bouddhisme tibétain d'« Église jaune » ou de « catholicisme d'Orient ». Cela est si communément admis que le pape Clément XII lui-même fait parvenir le 21 septembre 1738 une missive au Dalaï-Lama, dans laquelle il reconnaît clairement ce rapprochement : « Nous avons l'espérance motivée que, par la miséricorde du Dieu infini, vous en arriverez à voir clairement que seule la pratique de la doctrine de l'Évangile, dont votre religion se rapproche beaucoup, peut conduire au bonheur d'une vie éternelle. » [56] Dans son dialogue avec un lama, le moine chrétien Dom Robert dit : « Je découvre chaque jour davantage la dimension religieuse du bouddhisme tibétain, qui parle de l'au-delà, de l'Absolu, qui développe de nombreux rituels et fait appel à des méditations qui ne sont pas sans évoquer ce que nous appelons la grâce. » [57]

Enfin, il est à noter que « le fondateur du lamaïsme au XIVe siècle, Tsongkhapa, aurait eu pour maître un étranger, peut-être un chrétien, à l'époque où un franciscain italien, Jean de Montcorvin, était archevêque de Pékin. [58]

Canon tibétain (Kanjur et Tenjur)

Malgré les particularités du bouddhisme tibétain (aussi appelé, pour cette raison, lamaïsme), il ne faut pas oublier que ce bouddhisme a hérité de l'Inde, in extremis, un vaste patrimoine littéraire. Ce vaste patrimoine a été traduit en tibétain et colligé pendant des siècles. Certains textes ne sont d'ailleurs plus disponibles qu'en langue tibétaine. Le travail de collationnement fut terminé, sous la direction de l'encyclopédiste Bus-ton, vers la fin du quatorzième siècle. De nombreuses copies manuscrites en furent alors réalisées et une édition imprimée (xylographique) fut réalisée au XVIIIe siècle. Cette édition imprimée comprend cent volumes de « Paroles de Bouddha en traduction » (le Kanjur) et deux cent vingt-cinq volumes de commentaires, notes, etc. (le Tenjur ou « Doctrine de Bouddha en traduction »).

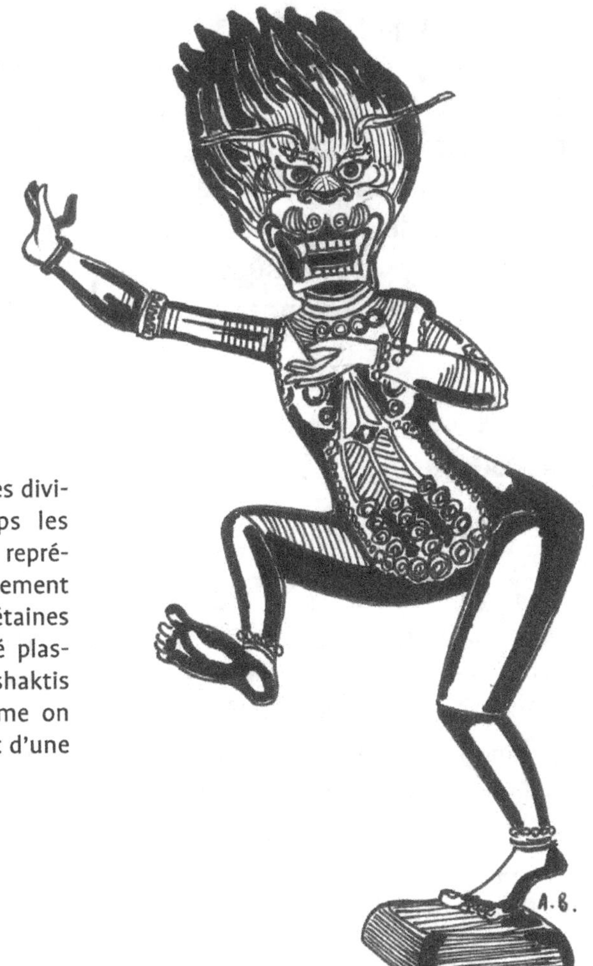

Les shaktis représentent l'énergie vitale des divinités masculines. La plupart du temps les divinités masculines et leurs shaktis sont représentés en yab yum, c'est-à-dire en accouplement debout. Ces statues (habituellement tibétaines ou népalaises) sont d'une grande beauté plastique. Il n'en est pas de même pour les shaktis des divinités masculines farouches comme on peut en voir un exemple ci-contre. Il s'agit d'une shakti à tête de lion, d'origine tibétaine.

La mort

Une des spécificités du lamaïsme, par rapport au bouddhisme orthodoxe, est celle de la gestion des événements qui entourent la mort. Pour les bouddhistes tibétains, un temps relativement long sépare la mort physique de la renaissance dans l'une des six espèces possibles. Pendant ce délai de 49 jours, il est possible d'aider le mort. Alexandra David-Neel, qui connaît fort bien le problème des mystiques tibétains écrit que « tandis que la plupart de leurs coreligionnaires croient que le sort des défunts est mathématiquement réglé d'après leur valeur morale, les lamaïstes supposent qu'il est possible à celui "qui sait comment s'y prendre" de modifier et d'améliorer son sort post mortem, de renaître dans une condition aussi agréable que possible. » (...) Le premier soin du lama assistant un mourant est de s'efforcer de l'empêcher de s'endormir, de s'évanouir ou de sombrer dans le coma. Il lui signale le départ successif des différentes « consciences qui animaient ses sens : conscience de l'œil, conscience du nez, de la langue, du corps, de l'oreille, c'est-à-dire la perte graduelle de la vue, de l'odorat, du goût, du toucher, de l'ouïe. Dans le corps, maintenant insensible, la pensée doit demeurer active et attentive au phénomène qui s'accomplit. Il s'agit de faire jaillir l'esprit hors de son enveloppe par le sommet du crâne, car s'il s'évadait par une autre voie, son bien-être futur se trouverait grandement compromis. Cette extraction de l'esprit est, comme je l'ai dit, opérée par le cri rituel *hik !* suivi de *phet !* Avant de le proférer, le lama doit se recueillir profondément, s'identifier avec celui qui vient d'expirer et faire l'effort qu'aurait dû faire ce dernier pour provoquer l'ascension de l'esprit au sommet du crâne avec une force telle qu'il y produise la fissure nécessaire pour lui livrer passage. » [59] *Le Livre des morts tibétain* (Bardo Thödol), dont il ne sera pas question ici, donne des informations sur le passage délicat de la mort à la renaissance et la manière d'aider le mort à renaître dans de bonnes conditions.

On lira (ou relira) avec plaisir les nombreux ouvrages d'Alexandra David-Neel (dont *Mystiques et magiciens du Tibet*. Presses Pocket n°1921.) qui explora seule, à pied, le Tibet au début du XIXe siècle. On lira également les biographies consacrées au Dalaï-lama (voir l'article qui lui est consacré) et, surtout, on lira l'ouvrage de Anne-Marie Blondeau et Katia Buffetrille, *Le Tibet est-il chinois ?* (Albin Michel. 2002). Cet ouvrage est une réponse au pamphlet chinois paru en 1988 intitulé *Tibet, cent questions et réponses*. Ce document prétendait faire le point sur la question du Tibet. Les deux éditrices, A.-M. Blondeau et K. Buffetrille ont repris les questions (et réponses) chinoises en y apportant les réponses et commentaires des tibétologues occidentaux. Cette « encyclopédie » du Tibet couvre tous les sujets de la religion, à l'art en passant par le folklore.

Terma

Reprenant une tradition de l'Inde mais qui correspondait assez à leur tempérament, les bouddhistes tibétains ont imaginé de cacher certains textes religieux car, selon eux, l'heure n'est pas encore venue pour leur interprétation. Ces textes cachés puis redécouverts portent le nom de *terma* (trésor). De nombreux textes ont été ainsi cachés au VIIIe siècle et redécouverts (souvent à la suite d'un rêve) bien plus tard. Certains ont même été cachés une seconde fois ; ces textes sont alors connus sous le nom de « Trésors cachés deux fois ».

Tülkou

Ce sont les êtres de réincarnation. Selon le bouddhisme tibétain, les saints lamas donnent avant leur mort des indications concernant leur renaissance. Cette réincarnation connue à l'avance a ainsi permis de conserver pendant des siècles les institutions politiques et religieuses du Tibet.

Le palais Potala – construit, au Tibet, sur la montagne du même nom – est le lieu où vivait le Dalaï-Lama avant son exil.

Un Canon est l'ensemble des textes authentiques d'une religion définissant son histoire, sa foi ou sa discipline. Le bouddhisme s'étant propagé dans de nombreux pays, on distingue, outre le Canon bouddhique sanscrit, un Canon chinois, un Canon pâli (Tipittaka) et un Canon tibétain. Il convient cependant de noter que le Bouddha, lui-même, n'a rien écrit, pas la plus petite ligne : il ne s'agit donc que de paroles authentifiées par l'un ou l'autre de ses disciples, parfois plusieurs siècles après sa mort, souvent lors de conciles.

Le Bouddha parlait un dialecte du Nord de l'Inde proche du sanscrit vernaculaire. Les moines qui ont retransmis sa parole parlaient soit sanscrit, soit pâli (et, plus tard, chinois, japonais, tibétain, etc.). On signalera également que la presque totalité des discours de Bouddha ne concernait que les moines ; en effet, dans le bouddhisme premier, seuls les moines pouvaient accéder à l'Éveil (ce n'est que plus tard, vers le IIe siècle, que le bouddhisme du Grand Véhicule❋ ouvrit la porte du salut aux laïcs).

A. Canon sanscrit (tripitaka)

Ce Canon comprend les textes qui sont considérés comme les paroles de Bouddha. Ces textes sont regroupés dans ce qu'on appelle la « Triple Corbeille » ou Tripitaka.

Cet ensemble de textes comprend trois parties (ou corbeilles) qui sont :

- Le Sûtrapitaka ou corbeille des Sûtras❋ (c'est-à-dire des discours de Bouddha) ;

- Le Vinayapitaka ou corbeille du vinaya (c'est-à-dire de la discipline) ;

- L'Abhidharmapitaka ou corbeille des connaissances supérieures des phénomènes.

Chaque partie comprend de nombreuses subdivisions et l'ensemble occupe une centaine de volumes. Il s'agit donc d'un ensemble considérable de textes. On notera que de nombreux textes du Canon sanscrit ne nous sont parvenus qu'en version chinoise ou tibétaine. En simplifiant quelque peu, on peut dire que le Canon sanscrit constitue l'écriture canonique du bouddhisme du Grand Véhicule (Mahâyâna) alors que le Canon pâli serait celle du Petit Véhicule (Hînayâna). L'importance apportée aux textes varie également selon le courant bouddhique. Ainsi, dans le Grand Véhicule l'Abhidharmapitaka (très théorique) s'estompe pour la forme littéraire moins contraignante que sont les Sûtras. Parmi ceux-ci (voir l'article consacré aux Sûtras) certains (comme, par exemple, le Sûtra du Lotus, voir page 256) sont représentatifs d'un courant religieux.

Les conciles bouddhiques

Le premier concile bouddhique s'est tenu vers -480 (peu de temps après la mort de Bouddha) et a rassemblé près de 500 moines. Selon les experts, une partie importante du Canon bouddhique était déjà rassemblée à cette époque. Le second concile (qui s'est tenu cent ans plus tard, vers -380) a largement complété ce Canon. C'est cependant lors du troisième Concile – qui s'est tenu en -245 sous la direction de l'empereur Asoka❋ – que le Canon pâli a été constitué définitivement.

B. Canon pâli (tipitaka)

C'est le Canon de référence des pays de l'Asie du Sud où l'on pratique le bouddhisme premier (Petit Véhicule ou Theravâda ou Hînayâna), c'est-à-dire au Sri Lanka, en Birmanie, en Thaïlande, au Cambodge et au Laos. C'est aussi le Canon le plus complet et le plus ancien. La langue utilisée est le pâli (voir page 168). Ce Canon suit la classification des Trois Corbeilles et a été mis par écrit vers la fin du premier siècle avant l'è.c. La tradition raconte que 1000 moines se mirent à la tâche pour traduire et rassembler les différents textes et que le résultat fut obtenu en seulement un an. De 1881 à nos jours, le Canon pâli a été traduit en grande partie en anglais (74 volumes sont disponibles en langue anglaise) sous l'égide de la *Pali Text Society*. Il en existe également une traduction en allemand et en japonais mais pas en français. Il n'existe pas de grande différence entre les Canons sanscrit et pâli mais les textes sont regroupés de manière différente.

La « Triple Corbeille » (tripitaka, tipitaka)

Cette « corbeille » comprend trois subdivisions :

1. La corbeille des discours de Bouddha (Sûtrapitaka ou corbeille des Sûtras❋, c'est-à-dire des discours de Bouddha). Cette corbeille contient tous les textes de Bouddha dont, essentiellement, les sermons et les explications de la Loi (Dharma❋). Cette corbeille contient donc les textes de références pour tous les bouddhistes, c'est-à-dire les textes les plus « saints ». Deux titres sont particulièrement connus :

- Le Dhammapada : c'est-à-dire les « Sentences de la Loi » ;

- Les Jâtakas✺ ; c'est-à-dire les Renaissances. Il s'agit de textes racontant les vies antérieures de Bouddha sous forme humaine ou animale.

2. La corbeille de la vie monastique, ou plus exactement de la discipline monastique (Vinayapitaka ou corbeille du vinaya, de la discipline). Cette corbeille contient de nombreux textes concernant ce que doit être la vie du moine par rapport à lui-même ou à la communauté (Sangha✺). On y trouve ainsi les règles monastiques concernant les hommes et les femmes, les péchés qui font encourir l'excommunication du Sangha, etc. On notera que certains textes sont rejetés par certains courants bouddhiques.

3. La corbeille de la Loi approfondie, c'est-à-dire des connaissances supérieures des phénomènes d'après la vision de Bouddha (Abhidharmapitaka ou corbeille au-dessus de la Loi). Elle contient sept grands traités spéculatifs et analytiques de haute technicité concernant la cosmologie, la classification des phénomènes, la psychologie et la métaphysique.

C. Canon tibétain

Il s'est constitué entre le huitième et le dix-septième siècle. Il comprend la collection des paroles du Bouddha (dont les textes « pratiques » ou *tantras,* voir page 265), des commentaires de ces textes, des textes médicaux, des textes littéraires, un recueil abrégé des paroles du Bouddha. Le canon tibétain est riche de plus de 300 volumes. Il faut retenir que la plus grande partie des textes bouddhiques indiens n'existe plus aujourd'hui que dans une des traductions tibétaine ou chinoise. Les canons tibétains se répartissent en deux types de recueils nommés Kangyur ou Kanjur (c'est-à-dire traduction de l'enseignement du Bouddha) et Tengyur ou Tenjur (c'est-à-dire traduction de la doctrine du Bouddha). Le Kangyur ce sont donc les textes canoniques (Sûtras✺, vinaya, tantras, etc.) et le Tengyur représente les exégèses indiennes de ces textes lesquels comprennent également des traités de poésie, de médecine, etc.

D. Canon chinois

Il s'est constitué entre le premier et le douzième siècle. Il comprend une centaine de volumes dont certains sont simplement des traductions des textes sanscrits ou pâlis et d'autres des textes des écoles chinoises du bouddhisme. L'intérêt de ce Canon réside dans ce qu'il contient des textes qui n'existent plus qu'en version chinoise et n'ont pu être repris dans le Canon pâli, l'original en sanscrit ayant disparu et aucune traduction en langue tibétaine n'ayant été effectuée. On doit aux moines voyageurs chinois la préservation de ces textes (un peu comme les textes grecs qui nous sont parvenus grâce aux traductions en langue arabe). Ce Canon est spécialement étudié au Japon (voir page 89).

© Corel

Chez les moines, l'épaule droite découverte est un signe d'humilité. On peut se servir de ce détail pour déterminer la place hiérarchique d'un personnage représenté par une statue.

E. Textes non canoniques mais de grande autorité

Dans le corpus des textes non canoniques mais jouissant d'une grande autorité parmi les bouddhistes, il convient de citer les *Questions de Milinda* et la *Voie de la pureté*.

• Les *Questions de Milinda*, sorte de petit catéchisme bouddhique, est une œuvre qui se présente sous la forme d'un dialogue entre le roi Milinda (aussi connu sous le nom de Ménandre, un roi indo-grec du Panjâb du IIe siècle avant l'è.c.), lequel pose les questions, et un sage bouddhiste qui lui répond. Le lecteur trouvera ci-après, à titre illustratif, quelques questions et leurs réponses. Nous lui conseillons cependant de lire cet ouvrage d'un abord très facile et qui répondra peut être à certaines des questions pour lesquelles il ne trouve pas de réponse dans notre volume. Bien qu'elles ne fassent pas à proprement partie du Canon bouddhique, les *Questions de Milinda* sont un texte qui fait foi pour de nombreux bouddhistes (d'ailleurs, il est intégré au Canon tibétain).

• La *Voie de la pureté* est une petite anthologie de la pensée bouddhique rédigée, au Ve siècle, par Buddhagosha, un brahmane converti au bouddhisme.

Un texte redondant

Les canons bouddhiques occupent des dizaines de milliers de pages et leur lecture n'est guère plaisante car extrêmement répétitive. On suppose que ces répétitions proviennent de ce que les textes étaient d'abord transmis par la voie orale. À titre d'illustration, de ce qu'on peut trouver dans ces textes (et l'explication, par l'exemple, de ce que les textes bouddhiques proposés en langue française sont quasi toujours des abrégés), nous proposons ci-après un court texte extrait du Satipatthânasutta (dont il est question à l'article consacré aux Quatre attentions rapprochées, voir page 201), le plus important discours que Bouddha ait jamais donné sur le thème du développement mental, de la méditation✳. Au sujet de celui-ci, Walpola Rahula remarque qu'il est « si hautement vénéré dans la tradition qu'on le récite régulièrement, non seulement dans les monastères, mais aussi dans les foyers bouddhistes, devant la famille assise en cercle et écoutant avec une profonde dévotion. Les bhiksus récitent très souvent ce sutta✳ au chevet d'un mourant afin de purifier ses dernières pensées. » [60] La place nous manque, ici, pour développer les conditions physiques et mentales de la méditation ; le texte ci-après sert uniquement à donner un exemple de prose bouddhique. Le lecteur souhaitant lire une version plus complète (mais toujours abrégée) de ce texte se reportera à l'ouvrage déjà cité de W. Rahula. [61]

« Si le Facteur d'Éveil de l'Attention est en lui, il sait : " En moi est le Facteur d'Éveil de l'Attention " ; si le Facteur d'Éveil de l'Attention n'est pas en lui, il sait : " En moi n'est pas le Facteur d'Éveil de l'Attention " ; il sait quand le Facteur d'Éveil de l'Attention non apparu apparaît ; il sait quand le Facteur d'Éveil apparu s'épanouit pleinement.

Si le Facteur d'Éveil de l'Examen de la Loi est en lui, il sait : « En moi est le Facteur d'Éveil de l'Examen de la Loi » ; si le Facteur d'Éveil de l'Examen de la loi n'est pas en lui, il sait : « En moi n'est pas le Facteur d'Éveil de l'Examen de la Loi ». Il sait quand le Facteur d'Éveil de l'Examen de la Loi non apparu apparaît ; il sait quand le Facteur d'Éveil de l'Examen de la Loi, apparu, s'épanouit pleinement.

Si le Facteur d'Éveil de l'Énergie est en lui, il sait : « En moi est le Facteur d'Éveil de l'Énergie » ; si le Facteur d'Éveil de l'Énergie n'est pas en lui, il sait : « En moi n'est pas le Facteur d'Éveil de l'Énergie ». Il sait quand le Facteur d'Éveil de l'Énergie non apparu apparaît ; il sait quand le Facteur d'Éveil de l'Énergie apparu s'épanouit pleinement. » [61b]

Lieux sacrés du Bouddhisme

Il s'agit, en général, de lieux qui sont en rapport avec la vie de Bouddha mais certains le sont également du fait de la construction de temples. Il s'agit de Bodh-Gayâ (lieu où il reçut l'illumination après avoir médité pendant 49 jours), Kapilavastu (ville natale du Bouddha, au pied de l'Himâlaya, dans l'actuel Népal), Chittagong, Kushinâgara (ville où Bouddha s'éteignit, c'est-à-dire atteignit le parinirvâna), Lumbinî (bourgade de Kapilavastu, où naquit le Bouddha), Nâlandâ, Sarnath, Shrâvastî. A Lumbinî, se trouve une colonne érigée par l'empereur Asoka❋. Sur cette colonne, on peut lire le texte suivant : « Vingt ans après son couronnement, le roi Devânapiya Piyadasi [Asoka] vint ici témoigner de sa dévotion, car c'est ici que naquit le Bouddha. Il fit ériger une colonne de pierre et un bas-relief afin de montrer l'endroit où naquit le Sublime. Il exempta le village de Lumbinî d'impôts.... ».

Précision terminologique

Signalons que les traités (*sastras*), lesquels ont généralement un auteur, sont des ouvrages d'exégèse et ne sont pas canoniques alors que les Sûtras sont canoniques et anonymes puisqu'ils sont la parole du Bouddha.

© Corel

Deux symboles sont ici représentés. La Roue de la Loi (Dharma) et le lancement de la Roue de la Loi au Parc des Gazelles (à Bénarès). La première prédication (lancement de la Loi) a eu lieu à Bénarès devant cinq ascètes qui devinrent les cinq premiers moines et arhats (saints). Cette première prédication correspond à la doctrine du Premier Véhicule (Petit Véhicule ou Hînayâna). Le second lancement au Pic des Vautours correspond à la doctrine du Second Véhicule (Grand Véhicule ou Mahâyâna). Le troisième lancement (en divers lieux) correspond à la doctrine du Troisième Véhicule (Véhicule du Diamant ou Vajrayâna).

Les Cinq agrégats

Le mot *skandha* signifie pile, tas, paquet et dit bien ce qu'il veut dire. Les skandhas ou agrégats sont des ensembles dans lesquels Bouddha a englobé tous les phénomènes physiques et mentaux qui conditionnent l'existence des êtres, c'est-à-dire tous les phénomènes composés. Au niveau des êtres vivants, et tout particulièrement de l'homme, les cinq skandhas sont la base de sa personnalité et de son existence. C'est de leur association que naît l'idée du « moi » à laquelle l'homme est attaché et qui n'est, nous le savons qu'illusion. C'est à cause de cette attachement à une illusion, résultant des cinq agrégats, que l'on parle habituellement des « agrégats d'attachement ». Comme tous les phénomènes composés, les skandhas sont impermanents et provoquent la souffrance (duhkha❋). Pour l'homme, ces skandhas sont au nombre de cinq et chaque groupe est divisé en un certain nombre de facultés. En d'autres mots, l'homme est un assemblage éphémère des cinq agrégats.

Les groupes de skandhas

Ils sont au nombre de cinq :

1. Le groupe des formes.

2. Le groupe des sensations.

3. Le groupe des perceptions et des sentiments.

4. Le groupe des formations karmiques.

5. Le groupe de la conscience.

Avant de décrire brièvement chacun des agrégats, il est utile de rappeler que le bouddhisme, contrairement aux autres philosophies ou religions, ne fait pas la distinction entre l'esprit et la matière : l'un comme l'autre sont impermanents et ne sont qu'illusion. D'ailleurs, pour les bouddhistes illusion et réalité ne font qu'un : le monde des réalités existe mais ce n'est pas l'essentiel. Il ne représente que la réalité conventionnelle, très différente de la vérité définitive. Les deux vérités (ou réalités) mise en avant par le Grand Véhicule sont la vérité conventionnelle (*samvrtisatya*) et la vérité réelle (*paramârthasatya*). La vérité conventionnelle est celle du sens commun, de la vie quotidienne faite d'actions, de désirs, de manifestations, de rites, etc. Elle fait partie de notre quotidien et elle seule permet d'arriver à la vérité ultime. La vérité absolue est la vérité ultime, celle à laquelle on ne parvient qu'après une longue discipline intellectuelle et méditative. Dans la vérité conventionnelle, les choses ont une réalité alors qu'elles sont vides au sens de la réalité absolue. Cette absence de différence entre la réalité et l'illusion est aussi présente en philosophie bouddhique dans la construction des tétralemmes. Alors que selon la Bible et le Coran l'homme a été créé par Dieu, selon les bouddhistes l'homme, phéno-

Bouddha parle des agrégats

« Ô moines, qu'est-ce que le groupe de la corporéité ? Les quatre éléments premiers et la corporéité qui en dépend, c'est ce qu'on appelle le groupe de la corporéité. Ô moines, qu'est-ce que le groupe de la sensation ? Il existe six catégories de sensation, dues à l'impression d'objets visuels, de sons, d'odeurs, de saveur, d'impressions corporelles et mentales... Ô moines, qu'est-ce que le groupe de la perception ? Il existe six catégories de perception : la perception d'objets visuels, de sons, d'odeurs, de saveurs, d'impressions corporelles et mentales... Ô moines, qu'est-ce que le groupe des fonctions mentales ? Il existe six catégories d'états volitionnels en ce qui concerne les objets visuels, les sons, les odeurs, les saveurs, les impressions corporelles et les objets de l'esprit... Ô moines, qu'est-ce que le groupe de la conscience ? Il existe six catégories de conscience, celle de l'œil, de l'oreille, du nez, de la langue, du corps, et de l'esprit... ». [64]

mène composé, a été confectionné « automatiquement », en fonction des deux lois de causalité : la « loi de cause à effet » (loi de l'acte ou loi karmique) et la loi de coproduction conditionnée et cela en associant les 5 skandhas ou agrégats. Ainsi, le bouddhisme, qui se passe parfaitement d'un créateur n'est, stricto senso, pas une religion. Bien que, nous le disons ailleurs, certains Bouddhas qui assurent aux humains, comme Amida❋, des renaissances en son paradis « entre des pétales de lotus », ne sont pas loin d'être des créateurs. Les cinq skandhas (agrégats) anticipent quelque peu (seulement 3000 ans), sur la vision des scientifiques contemporains concernant la création du monde. Notons, en passant, que les études les plus récentes supposent que la vie est apparue suite à des décharges électriques très importantes dans des gaz. La combinaison des matières organiques a fait le reste. L'explication de la science n'est donc pas très éloignée de l'explication bouddhique qui, pour l'apparition de l'homme, table sur la combinaison des skandhas. Ajoutons à cela qu'après l'apparition des premières molécules organiques, celles-ci ont dû acquérir par métamorphose les capacités de se dupliquer, sans quoi la vie n'existerait pas. C'est exactement le postulat des bouddhistes (voir l'article consacré à la cosmologie bouddhiste). Bien loin de nous la prétention de vouloir prouver que les bouddhistes savaient tout et que leur doctrine est scientifique, on peut cependant constater que, malgré un certain langage ésotérique, dans quelques domaines, le bouddhisme ne dit pas autre chose que ce que disent aujourd'hui les scientifiques. Un peu comme l'acupuncture qui dépouillée de son langage ésotérique s'exprime comme le feraient des physiciens (voir à ce sujet, *L'acupuncture*, du Dr Grigorieff, paru chez le même éditeur).

Le groupe des formes ou de la corporéité

Dans le Samyuttanikaya (une division du Canon pâli, voir l'article consacré aux

Canons), il est écrit : « Quelles que soient les choses corporelles qui existent, soit passées, présentes ou futures, les nôtres ou celles extérieures, épaisses ou subtiles, élevées ou basses, distantes ou proches, tout cela appartient au groupe de la corporéité ». C'est donc le groupe du corps et des phénomènes physiques qui l'entourent. C'est le seul groupe physique, tous les autres groupes sont mentaux. Ce groupe comprend les quatre éléments de base (solide, liquide, chaleur et mouvement) et vingt-quatre phénomènes secondaires (organes physiques des sens, virilité, base physique de l'esprit, etc.). Ainsi que le fait remarquer très justement André Bareau : « La notion de matière dérive, plus ou moins consciemment, de celle d'apparence et non pas, comme en Occident, de solide. Dès l'origine, on trouve derrière la conception bouddhique de la matière cette légèreté, cette immatérialité pourrait-on dire, qui explique en partie la tendance très nette à rapprocher et à confondre le monde du réel et le monde de l'illusion, tendance qui demeurera l'une des principales constantes de la pensée bouddhique à travers vingt-cinq siècles d'histoire. »[62] On pourrait encore ajouter que, dans le bouddhisme tibétain, le monde réel et le monde imaginaire ne forment réellement plus qu'un seul monde et à partir de ce moment tout devient possible : la transmigration programmée des lamas (tülkous), la magie incantatoire, la lévitation, etc.

Le groupe des sensations

Ce sont toutes les sensations que l'on peut éprouver : agréables, désagréables ou neutres. On classe les sensations en cinq catégories :

- corporelles : agréables ou douloureuses ;
- mentales : agréables ou douloureuses ;
- indifférentes.

Le groupe des perceptions et des sentiments

Ce groupe discerne et identifie les choses dont on fait l'expérience. On distingue les perceptions de forme, de son, d'odeur, de saveur, d'impressions corporelle et mentale.

Le groupe des formations karmiques (ou mentales)

Ce sont les facteurs mentaux qui dirigent l'individu vers une activité favorable, défavorable ou neutre. On distingue dans ce groupe aussi bien les forces passées (notre « hérédité ») que les automatismes acquis, les réflexes conditionnels, etc. Ce groupe comprend cinquante phénomènes mentaux… La description de ces phénomènes est très proche des nomenclatures des psychologues cliniciens…

La conscience

C'est l'instance qui réunit les informations en provenance de tous les autres agrégats. Pour les bouddhistes, il existe six modes de la conscience (les cinq modes des sens et la conscience mentale) et quatre-vingt-neuf catégories de la conscience.

L'insubstantialité des skandhas

Les agrégats sont tous éphémères (on le conçoit aisément pour les sensations mentales comme, par exemple, le plaisir mais il faut également l'accepter pour les agrégats de formes) et lorsqu'ils sont tous présents, ils constituent ce qu'on appelle l'être vivant. Concernant ces agrégats, le bouddhisme nous apprend qu'ils sont inséparables (ainsi, par exemple, si on sent, on perçoit et ce qu'on perçoit on en est conscient), qu'il existe une conditionnalité mutuelle des quatre groupes mentaux, qu'ils sont impersonnels et vides. Concernant la vacuité, on trouve dans le Samyut-tanikaya, le passage suivant : « Supposez qu'un homme qui n'est pas aveugle, perçoive les multiples bulles sur le Gange tandis qu'elles passent et qu'il les observe et les examine soigneusement. Toutefois, après les avoir soigneusement examinées, elles lui apparaîtront vides, irréelles et insubstantielles. Exactement de la même façon, le moine perçoit tous les phénomènes corporels, les sensations, les perceptions, les formations mentales, les états de conscience, qu'ils soient du passé, du présent ou de l'avenir, lointains ou proches. Il les examine soigneusement et après les avoir examinés, ils lui apparaissent vides, irréels et insubstantiels ». [63]

La création de l'homme dans les religions monothéistes

« L'Eternel Dieu forma l'homme de la poussière de la terre, il souffla dans ses narines un souffle de vie et l'homme devint un être vivant. » (Bible, Genèse 2.7).

« En vérité, nous avons créé l'Homme d'une goutte de sperme et de mélanges. » (Coran, Sourate 76, 2)

Importante statue de Bouddha photographiée dans le temple Ananda, à Pagan (Birmanie). Le geste symbolique des mains (mudrâ) fait tourner la roue de la Loi. On sait que ce mudrâ connaît de nombreuses variations selon les pays.

La création de l'homme dans le bouddhisme

Le bouddhisme, nous l'avons dit, fait l'économie du commencement. Cependant, comme les mondes disparaissent et qu'il s'en crée d'autres, il a prévu un mécanisme pour la création des hommes sur les mondes nouveaux. Les hommes sont créés par métamorphose, sans mère, par la seule force du karma collectif, à partir des atomes, par la réunion des cinq skandhas (agrégats).

La compassion

Sanscrit : *Karunâ*. Pâli : *Karunâ*.

> « Tu as compassion des êtres : tu aspires à réunir, à séparer ; tu aspires à ne pas désunir ; tu aspires au bonheur et au bien ! Hommage à toi. » [65]

La compassion, karunâ, voici un mot très souvent accolé au bouddhisme et que les bouddhistes tibétains, dont le plus illustre d'entre eux, le Dalaï-Lama, utilisent très souvent. La compassion, c'est penser avec sympathie aux souffrances des autres êtres, c'est partager la souffrance avec eux ; ce qui est très différent de la pitié.

Pour comprendre en quoi la notion de compassion est centrale dans le bouddhisme, il est nécessaire de rappeler la différence essentielle entre le bouddhisme premier (ou Hînayâna❋) et son évolution vers le Mahâyâna❋. Il est utile aussi de faire un détour par la bodhicitta, ou « pensée de l'Éveil », c'est-à-dire le vœu initial de devenir Bodhisattva.

Le saint et le bodhisattva

Dans le bouddhisme premier, le but était de devenir un saint (*arhat*) et de parvenir ainsi au nirvâna❋. Ayant acquis la sainteté, le saint vivait les dernières années de sa vie, durant lesquelles plus rien ne pouvait agir en sa défaveur, dans un état en « dehors du karma », avant de s'éteindre et d'entrer dans le nirvâna. Dans ce but, chacun tentait d'arriver à cet état de manière solitaire sans se préoccuper des autres. Ce bouddhisme était très pur (pas de « parasitage » par des rites, un culte, ou l'adoration d'une multitude de dieux) mais élitiste (réservé aux moines) et égoïste. On se souviendra que la plupart des paroles du Bouddha commencent par ces mots : « Ô moines… ». Le Petit Véhicule (comme Bouddha dans la plupart de ses discours), ne s'intéresse qu'aux moines car eux seuls peuvent parvenir au nirvâna. Bouddha était un rassembleur d'hommes au sein d'une communauté, il n'avait jamais envisagé l'universalité de son discours ; d'ailleurs, juste après l'Illumination, il envisageait même de garder pour lui seul sa découverte car il lui semblait qu'elle était inaccessible à l'intelligence du commun des mortels. Ce n'est que sur l'insistance d'un dieu, qu'il décida de réunir quelques ascètes lors du premier discours, à Bénarès.

En contre-pied de ce bouddhisme élitiste, un nouveau courant est né vers le IIe siècle, le courant mahâyâniste, aussi appelé Grand Véhicule❋ car le but n'était pas de parvenir au nirvâna en solitaire mais en grand nombre. Pour cela, certains saints au lieu d'entrer dans le nirvâna décidaient de continuer dans le cycle du samsâra❋ (le cycle de la transmigration de la vie) pour aider les autres hommes à y parvenir eux aussi. Ces « saints actifs » ou compatissants sont appelés des bodhisattvas❋. Ils sont spécifiques au courant mahâyâniste (Grand Véhicule : Véhicule du Diamant, bouddhisme tibétain, etc.) et n'existent pas sous cette forme dans le boud-

Brahma

Brahma est un des nombreux dieux de l'hindouisme. On le représente habituellement avec quatre visages et quatre bras, il symbolise l'univers. Le bouddhisme en a fait l'un de ses principaux dieux et certains bouddhas prennent parfois sa forme (comme, par exemple, Vairochana, le Bouddha aux quatre visages et aux quatre bras). Dans les canons bouddhiques, Brahma sollicite fréquemment l'enseignement de Bouddha.

Paradis Tusita

C'est l'un des paradis (le quatrième dans la cosmologie bouddhiste) où Bouddha a séjourné avant de naître pour la dernière fois sur terre afin d'y atteindre l'Éveil. Avant de quitter ce paradis, Bouddha y a placé Maitreya, le bouddha du futur (c'est-à-dire un bouddha qui doit naître une dernière fois sur terre mais dans une époque encore inconnue). Lorsqu'il renaîtra sur terre, un autre bodhisattva, Simha (?), prendra sa place dans le paradis Tusita. Selon la croyance populaire, tous les bodhisattvas passent également par ce paradis.

dhisme du Petit Véhicule. C'est par compassion pour le reste des hommes, rappelons-le, que les Bodhisattvas refusent d'entrer immédiatement dans le nirvâna. Signalons qu'il existe dix stades (appelés les « Dix Terres ») qui séparent l'état de bodhisattva de celui de Bouddha, durant ces stades, le bodhisattva acquiert des qualités et des pouvoirs particuliers parfois même miraculeux. En principe, la grande compassion du bodhisattva lui fait accepter n'importe quelle naissance (y compris dans les enfers) pour autant que cette naissance soit utile aux autres (un concept similaire existe dans la kabbale juive [66], où, ainsi que l'écrit G. Scholem, « le Rédempteur doit descendre par les portes de l'impureté dans le domaine des forces du mal (kelippot) pour sauver les étincelles divines qui s'y trouvent encore emprisonnées ». [66b]

On s'est souvent posé la question sur l'origine du comportement compatissant des lamas du Grand Véhicule envers les laïcs alors que pour eux tout n'est que vacuité. Stricto senso, ils ne devraient donc pas — tout en respectant les règles de base de la morale — attacher une grande importance à la vie et n'auraient aucune obligation de se montrer compatissant envers les laïcs. En réalité, celui qui a perçu la véritable vérité voit aussi parfaitement la douleur (*duhkha*) de ceux qui se trouvent dans l'univers de la vérité conventionnelle et il sent que c'est une obligation réelle pour lui de se montrer compatissant.

La bodhicitta
(ou bodhisatta, en pâli)

La notion de compassion est donc spécifique au bouddhisme du Grand Véhicule et il n'est, dès lors, pas étonnant qu'elle soit populaire en Europe (un peu comme la « marque » du bouddhisme) où le bouddhisme le plus actif est celui du Tibet.

La bodhicitta (la « pensée de l'Éveil ») est le vœu initial que fait le futur bodhisattva pour atteindre l'Éveil dans le but d'aider les autres hommes. Selon la croyance populaire, avant de revenir sur terre pour son ultime naissance, le bodhisattva vit un certain temps dans le paradis Tusita. Les théoriciens bouddhistes distinguent la bodhicitta absolue et la bodhicitta relative. Elle est dite absolue lorsqu'elle est tournée exclusivement vers l'Éveil ; elle est dite relative lorsqu'elle a pour objet le bien d'autrui. Pour développer en soi la bodhicitta relative, il faut en faire le vœu et aussi le mettre en pratique. Le futur bodhisattva doit s'exercer aux « quatre illimités », (aussi appelés les Quatre sentiments incommensurables ou « Demeures de Brahma », c'est-à-dire « l'amour illimité, la compassion illimitée, la joie illimitée et l'équanimité ou impartialité illimitée ». [67]

Développement des
« quatre illimités »

Afin de développer les qualités nécessaires pour atteindre l'Éveil et aider les autres hommes, il faut considérer la vie et son prochain d'une manière toute particulière. Nous ne pouvons mieux faire que de citer P. Cornu, lequel explique qu'il faut « se considérer soi-même comme identique à autrui, échanger soi-même avec autrui et considérer autrui comme plus important que soi-même ; (...) reconnaître que tous les êtres ont été nos mères dans le passé, réfléchir sur leur bonté, désirer leur rendre la pareille, méditer sur l'amour, méditer sur la compassion, développer l'attitude de l'amour universel et enfin développer la pensée d'Éveil suprême et absolument pure ». [68]

Un magnifique programme, que chacun devrait appliquer dans la limite de ses possibilités sans qu'il soit nécessaire d'être bouddhiste.

La compassion envers
les animaux

On notera que la compassion s'étend également aux animaux et à la nature. C'est ainsi que sous l'empereur Asoka✳ des dispensaires avaient été créés pour soigner les animaux, ce qui était certainement une « première » dans ce domaine. La compassion, écrit Chögyam Trugpa Rimpoché, « est complètement ouverte et accueillante. C'est une attitude de générosité qui n'exclut personne ». [69] C'est sans doute aussi la compassion qui explique l'attachement des bouddhistes à la protection de la nature, à l'écologie.

Dans le Dharma-Samuccaya (le *Compendium de la loi*), il est fait l'éloge de la compassion : « Doué de pitié, l'être compatissant se plaît à rechercher le bien des êtres. Celui qui vit la compassion ne voit pas les pauvres comme des gens pauvres. Par sa pratique, il est attendri et doux, exempt de chagrin et libéré du malheur. Il garde le contrôle de ses sens, s'efforce aux vues justes afin de parvenir rapidement au nirvâna. Le plus bel ornement de toutes les qualités, la compassion rafraîchit l'esprit ; elle en favorise le développement harmonieux. Pour celui qui en est empreint, elle est le signe qu'il est bien « attelé », c'est-à-dire qu'il est bien ancré dans la pratique quotidienne de la Loi (Dharma), jour et nuit. Le cœur compatissant ne peut avoir ni agressivité, ni animosité née de la colère. (...) Celui qui est compatissant possède la racine suprême du bonheur : il est toujours heureux, parce qu'il voit les choses et les êtres tels qu'ils sont. » [70] Enfin, notons encore que la compassion, contrairement à la pitié, est une attitude active dont se prévalent tous les bodhisattvas de compassion ainsi qu'Amida, le bouddha dont la « grâce rédemptrice » peut sauver tous les hommes pour autant qu'ils en fassent la demande en citant son nom (voir nembutsu, page 91).

Cosmologie bouddhiste

La cosmologie est la représentation de l'univers : représentation réelle pour les astrophysiciens et représentation symbolique pour les religions. Dans la religion chrétienne, la cosmologie est assez simple : la terre (et son paradis terrestre perdu), le ciel (et son paradis à conquérir), le purgatoire (et sa zone particulière pour les enfants, les limbes) et l'enfer (à éviter). Dans le cas du bouddhisme, c'est infiniment plus complexe ; c'est la raison pour laquelle ce domaine est généralement passé sous silence dans les ouvrages d'initiation au bouddhisme. Dans les méandres de la cosmologie bouddhique, il est particulièrement difficile, même pour les spécialistes, de s'y retrouver.

En effet, les lieux de la cosmologie varient selon qu'il s'agit du bouddhisme du Petit ou du Grand Véhicule, les dimensions et localisation des enfers et paradis ne sont pas toujours précises et utilisent des unités particulières auxquelles on n'est guère habitué, sans compter que les bouddhistes comptent en milliards d'années et en milliards de mondes. Enfin, selon les écoles, les pays, les époques, de nombreuses variantes existent.

Description

La compréhension de la cosmologie bouddhiste n'est pas indispensable pour pénétrer le bouddhisme mais elle permet néanmoins de mieux comprendre comment s'organise le symbolisme et l'imaginaire de cette sagesse devenue religion. La description de la cosmologie permet également de fixer certains endroits évoqués dans les textes et que nous citons également dans les articles de cet ouvrage (comme, par exemple, le paradis Tusita — voir page 64 — où a séjourné le Bouddha historique avant de renaître sur terre et où séjourne actuellement le bouddha du futur, Maitreya). Enfin, il est important de noter que la cosmologie bouddhique s'articule autour de l'homme ; sans lui point besoin d'enfers, ni de paradis ni même de dieux puisque ceux-ci doivent obligatoirement renaître en tant qu'hommes pour accéder au nirvâna❉. La cosmologie bouddhique permet également d'affiner les concepts de karma❉ (l'univers entier n'existe que du fait de son énergie), de samsâra❉ (la transmigration selon les six états) et du nirvâna (seulement accessible aux hommes). Pour toutes ces raisons, la description de cette cosmologie ne nous a pas paru vaine et qu'il nous a semblé bienvenu de lui consacrer quelques pages. Au sujet de cette cosmologie tout à fait particulière, il est nécessaire d'avoir toujours présent à l'esprit qu'elle s'est construite en plusieurs centaines d'années et en de nombreux lieux différents (distants parfois de milliers de kilomètres). Ainsi, malgré une précision parfois déroutante sur les chiffres, de nombreux points varient selon les textes et les pays.

Au commencement...

Beaucoup de religions commencent par les mots « au commencement ». L'Ancien Testament, par exemple, commence par le mot *berechit* (c'est-à-dire au commencement) : « Au commencement, Dieu créa le ciel et la terre... ». Les bouddhistes, eux, font l'économie du commencement pour de nombreux concepts. Ainsi, n'ont pas de commencement (*anâdi*) mais bien une fin : le samsâra, le karma, l'ignorance (*avidyâ*), les pouvoirs magiques (*mâyâ*) des bouddhas. Le nirvâna, lui qui est la vraie nature des choses, est sans commencement et sans fin. Les bouddhistes ont aussi une réponse à la création de l'homme (dont même la Bible ne nous dit rien puisque les enfants d'Adam et Ève sont confrontés à d'autres hommes) : la naissance par métamorphose. Cette naissance par métamorphose —c'est-à-dire par la force du karma mais sans l'intervention d'une mère — concerne les êtres d'un univers nouvellement créé (mais aussi, les êtres célestes ou Devas, les « esprits affamés » ou Pretas et les habitants des Enfers).

Inventaire des lieux

Dans cet article, nous décrirons successivement l'univers, la terre, les paradis, les dieux et divinités et les enfers. Notons, en passant, que pour les bouddhistes la matière est composée de petites particules nommées atomes (*paramanu*). Ces atomes sont définis comme étant « la plus petite partie de la matière, insécable, indestructible, insaisissable, incapturable. Ils ne sont ni longs ni courts, ni carrés ni ronds. Ils ne peuvent être analysés, vus, entendus ou touchés » [73]. Lorsque ces atomes se regroupent, ils forment les éléments de base de la matière qui sont la terre, l'eau, le feu et le vent. Selon l'abondance des différents éléments dans une matière, la matière sera solide, souple, chaude, humide, etc.

Cette gravure du XIXe siècle représente le gigantesque mandala de Borobudur construit en pierres volcaniques sur l'île indonésienne de Java. Bien qu'il ait été édifié au VIIIe siècle, il reste le plus grand édifice bouddhique du monde. Il mesure 120 mètres de côté et s'élève à 45 mètres.

Cette conception n'est pas très éloignée de celle des philosophes grecs (Empédocle, Démocrite, Aristote, etc.), ce qui prouve, une fois encore, l'influence du monde grec sur le bouddhisme (voir aussi l'art du Gandhâra).

L'univers

Pour les bouddhistes, l'univers est né du karma❋, s'entretient grâce au karma et se désintégrera sous l'action du karma. Ainsi, selon le bouddhisme, l'univers lui aussi transmigre et subit des changements considérables au cours de périodes tellement longues qu'il est impossible de les nommer. L'univers du bouddhisme primitif est ainsi organisé (pour ne pas alourdir le texte, nous nous contenterons d'une seule mesure) en plusieurs couches successives :

- un cercle de vents ayant la forme d'un disque flotte dans l'espace (ce disque a une circonférence de 10^{59} yojanas (un yojanas valant 7 km) et une épaisseur de 1 600 000 yojanas ;
- un disque d'eau ;
- une couche terrestre en or ;
- neuf chaînes de montagnes, des océans, des îles et des terres émergées ;
- le mont Sumeru.

Le trichiliocosme

Dans la terminologie bouddhique, ce mot désigne un univers considérable constitué de milliards de mondes, chaque monde étant l'équivalent de notre système solaire. Cet univers est soumis, comme les êtres vivants, au cycle de la renaissance (disparition/réapparition). Il faut cependant noter, et c'est très important pour comprendre les concepts bouddhiques, que les mondes de la méditation (*dhyâna*, voir plus bas), c'est-à-dire les trois « mondes des formes » et le « monde d'absence de formes » ne font pas partie de l'univers car ils ne sont pas soumis au cycle des renaissances. Cependant, les êtres qui y habitent ont des durées de vies de quatre-vingt mille grands kalpas, c'est-à-dire des milliards d'années. La description de ces univers dépasse très largement les limites que nous nous sommes imposées et, en fin de compte, ne présente pas grand intérêt car nous sommes dans le domaine de la pure spéculation. « Le Grand Véhicule a multiplié le nombre de bouddhas présents, passés et futurs. Notre univers comprend trois mille Grands Chiliocosmes, chacun étant constitué de mille mondes, et il y a des myriades d'univers de cette sorte, chacun pouvant posséder un bouddha ». [71]

Les enfers

Pour le bouddhisme « orthodoxe », les enfers, comme les paradis, sont des états de conscience même s'ils sont perçus dans le bouddhisme populaire comme des lieux géographiques. Néanmoins, il n'est pas rare de lire dans certains textes « orthodoxes » que le corps lors de la renaissance dans un paradis ne sera pas de même nature que celui qu'on avait sur terre, que le paradis (par exemple celui d'Amida) n'est peuplé que d'hommes (Amida ayant fait le vœu que toutes les femmes qui invoquent son intervention renaîtront sous forme d'homme, seule voie pour parvenir au nirvâna), etc.

Le temps dans la cosmologie bouddhiste

Le cycle des renaissances (des hommes et de l'univers) se reproduit indéfiniment mais cela n'empêche pas les bouddhistes d'avoir imaginé des notions de temps très précises (pour les courtes durées) et infinies (pour les longues durées).

Les principales unités de temps sont :

- le ksana (1/75 de seconde) ;

- le tat-ksana (1 seconde 3/5) ;

- le lava (1 minute 36 secondes) ;

- le mahurta (48 minutes) ;

- l'alo-ratra (24 heures) ;

- le masa (1 mois) ;

- le samvatsara (1 an) ;

- le kalpa ou éon (d'une durée immense, voir page 121) ;

- le grand kalpa (80 kalpas) ;

- l'asamkhya kalpa (10 exposant 59 kalpas).

Les écrits du bouddhisme premier disent qu'il faut trois asamkhya kalpa pour qu'un bodhisattva deviennent un Bouddha.

On comprend, dès lors, que ces concepts ont évolué au cours des âges et des lieux et qu'il n'existe plus aujourd'hui de position claire à ce sujet : chacun étant libre de croire ce qu'il veut ! Ce qui est d'ailleurs le cas pour l'ensemble du corpus bouddhique.

Le karma[*] conjugué

Si l'univers bouddhique ne s'effondre pas, si les vents ne se dispersent pas, si l'eau ne s'écoule pas dans le vide cela est dû à l'ensemble des karmas des êtres vivants ; ce que le bouddhisme désigne sous l'appellation de **karma conjugué** (ou **karma commun**). Responsable de la création et de la cohésion de l'univers, le karma conjugué est également créateur des enfers et des paradis. Un article spécifique est consacré au karma, il est donc inutile d'en reprendre ici les éléments de base. Rappelons simplement que le karma c'est l'acte et son effet (ou plus exactement la volonté de l'acte et ses traces) et que les traces karmiques restent attachées à l'être vivant tout au long de ses transmigrations. Pour prendre un exemple de la vie courante, montrant l'interdépendance entre l'action et son fruit, supposons qu'un paysan m'autorise à débiter un arbre mort de son verger, je débite l'arbre et j'emporte le fruit de mon travail. Le résultat est ici directement en relation avec l'action. Ne dit-on pas qu'il suffit de regarder sa vie actuelle pour connaître sa vie passée et qu'il suffit d'analyser les actions de sa vie présente pour connaître sa vie future. Il faut bien comprendre que la rétribution (positive ou négative) du karma est automatique sans que ne se manifeste aucune force ou volonté divine extérieure. Les biologistes occidentaux ont beaucoup discuté des caractères acquis et des caractères innés. La discussion n'est pas entièrement close. Pour les bouddhistes, la discussion est close : les traces karmiques restent acquises de renaissance en renaissance ; c'est aussi automatique que les lois naturelles.

La terre, notre monde

L'une des terres émergées, triangulaire, au sud, est notre monde lequel porte le nom de Jambudvipa (du nom d'un arbre donnant des fruits très sucrés) ou de Sahâ (dans le bouddhisme mahâyâniste). Cette terre est habitée par des hommes et des animaux. Si on regarde de près la description qu'en donnent les textes, on constate qu'elle possède la forme du sous-continent indien et que son organisation (avec les montagnes et les fleuves) représente ce que les Indiens connaissaient, à l'époque, de la géographie de l'Inde. La description fournie par les textes bouddhiques est très complète et chaque montagne, chaque fleuve y a reçu un nom et y est minutieusement

décrit. Nous ne voyons pas l'intérêt de reprendre cette description ici. Les autres terres sont également décrites ainsi que leurs habitants (généralement des dieux ou demi-dieux). Akira Sadakata, a qui l'on doit un intéressant travail sur la cosmologie bouddhique, écrit que « les Indiens ont entretenu cette vue irréaliste du monde même dans le présent millénaire. En Grèce, le géographe Ptolémée (vers 127-151) savait que la terre était ronde et avait dessiné une carte du monde en se servant des latitudes et des longitudes. Mais en Inde, la cosmologie de l'Abhidharmakosha du Ve siècle était ethnocentrique : « notre » monde, Jambudvipa, avait la forme de l'Inde. Les imposantes et omniprésentes montagnes de l'Himalaya étaient le centre de toute vision indienne du monde. Dans le Jambudvipa, elles devinrent Himavat, les « Montagnes enneigées », et aussi le mont Sumeru lui-même, trônant au-dessus de la couche terrestre en or. »[73b]

Les autres mondes

Si les humains et les animaux vivent sur la surface de Jambudvipa, les autres êtres vivants vivent dans l'un des trois étages du monde (*loka*). Ces trois étages cosmiques (*tridhatu*) sont le « monde du désir » (comprenant la terre et les cieux inférieurs), le « monde de forme » (où vivent les dieux demeurant dans les quatre méditations) et le « monde d'absence de forme » (où vivent les dieux purs esprits). Ainsi, les esprits des morts et les divinités démoniaques vivent à 3500 kilomètres sous terre et les dieux vivent au-dessus de la terre dans un des mondes décrit ci-dessus.

Le mont Sumeru

Le mont Sumeru repose au centre de la couche terrestre en or ; il est entouré par les chaînes montagneuses qui empêchent l'eau de tomber dans le vide. Le mont Sumeru est constitué de quatre joyaux (l'or sur le flanc nord, l'argent sur le flanc est, le lapis-lazuli pour le flanc sud et le cristal pour le flanc ouest). La hauteur du mont Sumeru est de 160 000 yojanas (soit plus d'un million de km de hauteur, dont une partie seulement est sous l'eau !). Il est vraisemblable que le mont Sumeru était conçu comme l'axe du monde. Il semblerait que le stûpa❋ (sanctuaire bouddhique contenant les dépouilles de Bouddha ou d'un saint) soit une représentation du mont Sumeru et de la cosmologie bouddhique en général (les parasols figurent les paradis, le pavillon carré représente le ciel des trente-trois dieux, le mat est le mont Sumeru, l'axe du monde). Des recherches sur les fondations des grands stûpas, montrent qu'elles adoptent une disposition qui représente parfois la Roue du Dharma.

Kalpa

Le kalpa (ou éon) est une période extrêmement longue qui se chiffre en millions d'années. Les bouddhistes, empruntant cela aux hindouistes, imaginent que le monde est organisé en successions de kalpas, lesquels sont sous la protection d'un Bouddha. Pour décrire la longueur d'un kalpa on propose l'exemple ci-après : « Imaginez un château de 24 000 mètres de base, rempli de graines de coquelicots. Imaginez le temps nécessaire pour ôter toutes les graines, si l'on ne prend qu'une graine tous les cent ans ! Le kalpa exprime un temps encore bien plus long... ». [72]

Les enfers

Ces enfers appartiennent au bouddhisme depuis les temps les plus anciens mais leurs descriptions et emplacements se sont enrichis au cours des siècles. Il est cependant utile de noter que les enfers font partie de l'héritage intellectuel de tous les Indiens et qu'on en trouve une description quasi identique dans les autres religions indiennes (hindouisme, jaïnisme). Les enfers, comme les paradis, sont des lieux de transition, même si le séjour peut y être relativement long. Dans le bouddhisme, ni dieux ni diables ne sont éternels, ils ne sont qu'une des étapes de la transmigration des hommes (pour un homme, devenir dieu, c'est un peu comme partir en vacances au « club-med » ; il faut un jour en revenir — passer du statut de GM à celui de quidam — pour bosser et gagner le nirvâna ; cette récompense n'est accordée qu'en fonction d'un karma positif, en juste rétribution des mérites, selon une procédure un peu communiste). Selon les actions (ou plus exactement selon la volonté des actions, car dans le bouddhisme ce qui compte ce n'est pas tant le résultat que la volition) fournies durant la vie, la renaissance s'effectue dans l'un des six états ci-après mais, rappelons-le, une fois encore, pour entrer dans le nirvâna, il faut renaître d'abord comme humain (et, plus précisément, comme mâle selon la doctrine du bouddhisme du Petit véhicule).

Hiérarchie des renaissances

- Devas ;
- Humains ;
- Asuras ;
- Animaux ;
- Esprits affamés ;
- Résidents des enfers.

Dans les enfers vivent les démons et les « esprits affamés » lesquels ont un ventre distendu et un cou mince comme une aiguille : ils ont faim mais sont incapables de faire passer la moindre nourriture par le cou. Les « esprits affamés » sont des êtres dont le karma n'est pas assez bon pour renaître dans une existence supérieure mais pas assez mauvais pour renaître en enfer. Entrer dans la description des enfers dépasserait largement le cadre de cet ouvrage d'initiation. Qu'il nous suffise de dire qu'il existe des dizaines d'enfers différents (144, pour être précis) : des froids, des chauds, des enfers de pleurs, des enfers de « cordelettes noires » où les damnés sont découpés en lanières, etc. La description ci-après donne une image de la manière dont les bouddhistes concevaient les enfers. Le lecteur remarquera qu'on n'a rien inventé depuis et que les traitements les plus cruels étaient réservés aux pécheurs, y compris à ceux qui avaient commis le péché de la chair (on remarquera ainsi, en passant, que contrairement à une opinion très répandue, les bouddhistes — sauf les écoles tantriques, et encore : il y est conseillé de ne pas prendre de plaisir dans le plaisir — sont loin d'êtres laxistes en ce qui concerne la chair). En effet, les relations sexuelles — surtout « hors normes » — entretiennent le désir et éloignent donc de l'Éveil.

Description des enfers

La description des enfers nous éloigne donc considérablement de l'image quiétiste et piétiste du bonze compatissant. Tous les sévices, même les plus cruels, même envers des enfants innocents, ont été imaginés dans les enfers et, comble de la perversion, lorsque le damné mourait sous les sévices, il était ressuscité par un souffle de vent pour subir à nouveau les mêmes supplices. À la torture morale (par exemple d'assister à la torture d'un de ses enfants), les démons ajoutaient une torture physique. Ainsi, le moine japonais Genshin (Xe siècle), reprenant une description plus ancienne écrit que les damnés « voient leurs propres enfants tombés en enfer se faire torturer par les démons qui forcent des tiges de fer ou des vrilles dans leurs parties génitales ou y enfoncent des crocs. En voyant leurs propres enfants souffrir de cette façon, les pécheurs sont remplis de tant d'amour et de pitié qu'ils ne peuvent supporter cette vision. Le degré de cette souffrance de voir leurs enfants est pourtant moins que le seizième de la douleur d'être brûlé par le feu. Quand les pécheurs ont été torturés ainsi dans leur esprit, ils sont ensuite torturés physiquement. Ils sont dressés tête en bas et leurs organes vitaux et leurs intestins sont brûlés avec du cuivre fondu versé dans

Les mécanismes des renaissances

Le bouddhisme décrit quatre types de renaissances possibles :

- la naissance vivipare (mammifères, dont l'homme) ;
- la naissance ovipare (reptiles, oiseaux) ;
- la naissance dans l'eau et l'humidité (poissons, vers) ;
- la naissance par métamorphose, c'est-à-dire par la force du karma mais sans l'intervention d'une mère (les êtres célestes ou Devas, les « esprits affamés » ou Pretas, les habitants des Enfers ainsi que les êtres d'un univers nouvellement créé). Cette dernière forme de « naissance » est une explication à l'apparition des hommes sur un monde neuf.

leur corps par l'anus. (...) Il existe un autre enfer spécial appelé « Grandes souffrances » où tombent ceux qui ont commis la faute de sodomie. Leur torture consiste à voir les hommes (avec lesquels ils ont eu des relations), si bien que leur corps brûle de désir. Quand ils s'approchent pour embrasser ces hommes, toutes les parties de leur corps se détachent et s'éparpillent. » [74]

Rappelons que dans la conception bouddhiste des rétributions karmiques, « aller en enfer » n'est pas une « punition » (exécutée en fonction d'une décision externe) mais l'exécution automatique — conséquence d'une loi naturelle — d'une renaissance dans « un mauvais chemin de transmigration ». Les pécheurs cruels « iront dans un lieu semblable à un tas de charbons incandescents, et là, en brûlant ils crieront horriblement. Ils y resteront longtemps à hurler à pleine voix. Avez-vous entendu parler de l'horrible fleuve Vaitarani, dont les vagues coupantes sont acérées comme des rasoirs ? Ils traverseront cet horrible fleuve Vaitarani, poursuivis par des flèches et blessés par des lances. (...) Et ils arriveront au grand enfer infranchissable plein de douleurs atroces, qu'on nomme Asurya, où l'obscurité règne et où flambent des feux placés dessus, dessous et tout autour. (...) Les prisonniers de l'enfer arriveront à un endroit effrayant appelé Santaksana, où de cruels bourreaux leurs lieront les mains et les pieds et leurs couperont les mains avec des haches comme s'il s'agissait de planches. Et ces bourreaux retourneront les victimes tordues de douleur et les feront cuire comme des poissons vivants dans un chaudron de fer rempli de leur propre sang, avec leurs membres couverts d'ordures et leur tête tranchée. » [75]

L'apocalypse, vision bouddhiste

Nous l'avons vu, pour les bouddhistes (du moins pour les theravadins, Petit

Véhicule), les mondes sont également soumis au cycle des transmigrations. La séquence de disparition des mondes a été décrite de manière très précise : « Quand tous les êtres vivants ont disparu des enfers, les enfers eux-mêmes disparaissent. Le processus se répète pour les demeures des esprits affamés et des animaux. Quant aux humains, dès qu'une seule personne renaît dans le paradis du Premier Dhyâna (voir page 198) et y éprouve la joie qu'apporte l'abandon de la mauvaise vie, tous les autres humains sont motivés pour entrer dans le samâdhi et renaître dans ce paradis. De la même façon, quand l'un des devas du paradis du Premier Dhyâna renaît dans le paradis du Deuxième Dhyâna et y éprouve la joie résultant du samâdhi, tous les autres devas reçoivent l'impulsion d'entrer dans le samâdhi et de renaître dans ce paradis. Quand le karma des êtres vivants qui a produit le monde est enfin épuisé (parce qu'il n'y a plus d'êtres vivants dans ce monde), sept soleils font leur apparition et brûlent complètement le cercle de vent, le cercle d'eau, la couche terrestre en or, le mont Sumeru, les quatre terres émergées et le palais de Brahmâ au pinacle du Premier Dhyâna. Les êtres qui se sont échappés — façon de parler — vers le paradis du Deuxième Dhyâna peuvent se sauver de cette catastrophe. » [76] Ceci se produit durant le kalpa de Dissolution du monde. À ce kalpa de Dissolution succède un kalpa de Néant, puis un kalpa de Création et, enfin, un kalpa de Durée du monde créé ; c'est durant ce kalpa de Durée (subdivisé, bien entendu, en de multiples kalpas) qu'un nouveau Bouddha apparaît. Le prochain Bouddha,

le successeur du Bouddha historique (Shakyuamuni) doit, selon la théorie des kalpas, apparaître 5 670 000 000 d'années après la disparition de son prédécesseur. Nous épargnons au lecteur les calculs qui mènent à ce chiffre.

Les océans

Il en est assez peu question dans la description de la cosmologie bouddhique mais retenons que les asuras demeurent dans les océans qui entourent le mont Sumeru. Ce sont des créatures terrifiantes. Supérieurs aux animaux mais inférieurs aux hommes, ils utilisent leurs forces pour commettre des actes mauvais. Le plus célèbre des asuras est Rahula Asura qui règne sur un immense territoire sur les rives du grand océan. Il combat les dieux et monte parfois sur le mont Sumeru pour voir les vierges célestes. Cependant, en raison de la luminosité du soleil, il est incapable de les voir : il couvre alors le soleil avec sa main droite, ce qui provoque une éclipse de soleil.

Les paradis

Comme les enfers, ils sont multiples. Leur description occuperait au moins un ouvrage de l'épaisseur de celui-ci. Retenez simplement qu'il existe Quatre Grands Rois Célestes qui vivent à la base du mont Sumeru et gardent les quatre directions géographiques. Ils sont souvent représentés dans la statuaire chinoise (ce sont Dhrtarastra, Virudhaka, Virupaksa et Vaisravana). Au sommet du mont Sumeru se trouve le paradis des trente-trois dieux. Ce paradis est divisé

La libération des bouches brûlantes

Il s'agit d'un rituel d'origine tantrique qui a pour but de libérer les esprits affamés de leurs tourments en leur permettant de renaître sous forme humaine. Ce rituel est célébré par de nombreuses familles de Taiwan et de Hongkong au décès de l'un des leurs. La cérémonie se déroule le soir et les moines portent des chapeaux rouges et dorés. Divers objets rituels (eau, clochettes, etc.), gestes magiques (mudrâs) et syllabes magiques (mantras) sont utilisés durant cette cérémonie qui dure cinq heures.

en plusieurs cités où vivent des dieux différents. Ces dieux vivent dans le monde du désir mais « leur passion, à la différence des hommes, se disperse avec une éjaculation de vent au lieu de semence ». [77] C'est ainsi aussi que naissent leurs enfants, déjà âgés à leur naissance. Selon le paradis qu'ils habitent ces dieux peuvent satisfaire leurs désirs de façon sublimée (simple étreinte pour le paradis Yama ; une poignée de main pour le paradis Tusita, un sourire pour le paradis Nirmana-rati et un simple regard pour le paradis Para-nirmita).

Le monde de la méditation

Dieux, diables, paradis, enfers sont assez communs dans toutes les religions (même si les dieux et les démons du bouddhisme ont l'étrange particularité — et le « privilège » — de ne pas vivre éternellement et de pouvoir renaître sous condition humaine). La particularité

© Corel

Lions devant un temple chinois dans la Cité interdite, à Pékin. Le lion représente le Bouddha et aussi la force de la Loi (Dharma).

de la cosmologie bouddhique est d'avoir imaginé un monde supérieur aux paradis du « monde du désir », un monde au-dessus du monde des dieux : le monde des pratiquants de la méditation (dhyâna, en sanscrit ; jhana en pâli ; chan, en chinois ; zen, en japonais et bsam-gtan en tibétain). Il ne s'agit plus, ici, du « monde des désirs » mais du « monde de forme » ou du « monde d'absence de forme ». Ainsi quiconque le souhaite (et les pratiquants zen ne manquent pas de le rappeler) peut accéder à un monde supérieur à celui des dieux, simplement en pratiquant la méditation. Sans entrer dans les détails, notons que le « monde du dhyâna » est composé de quatre niveaux : au premier niveau les fonctions mentales persistent mais elles ne sont plus polluées par le désir ; au second niveau, il n'y a plus de pensée discursive ni de raisonnement ; au troisième niveau la joie de méditation est éliminée ; au quatrième niveau souffrance et plaisir sont transcendés. Ce monde contient huit paradis. Nous n'en dirons pas plus nous contentant de relever, une dernière fois, que la cosmologie bouddhique, merveilleuse architecture en 4D (temps y compris), exprime parfaitement — même si c'est parfois de façon assez tordue — la pensée de Bouddha, pour lequel rien n'est supérieur à la méditation qui mène à l'Éveil.

Du samâdhi au neti neti

Signalons que puisqu'il existe une différence entre le « monde des formes » et le « monde d'absence des formes », il existe également un paradis spécifique pour ceux qui parviennent au « monde d'ab-

sence des formes » grâce à la pratique du samâdhi, lequel est une méditation avec intensification et concentration de l'esprit sur un seul point (ce qui est la pratique du yoga, lequel signifie « attacher son esprit à un objet »). En gros, après avoir beaucoup médité, le pratiquant réalise que même le néant est une idée. Il entre alors dans la « demeure de ni pensée ni non-pensée ». Cette demeure est différente de la non-pensée, car non penser, c'est aussi penser de ne pas penser. Cela aussi doit être nié. On arrive ainsi à l'état de « ni pensée ni non-pensée », qui est l'état le plus élevé. Cet état de non-dualité (« neti, neti » : « pas ceci, pas ceci »), au cœur de la notion d'Éveil, peut s'exprimer de différentes manières : « ni pensée ni non-pensée », « non né, non détruit », « non souillé non pur », etc. Cette non-dualité nie toute idée de relativité ou d'opposition : c'est la philosophie de l'Absolu, celle du bouddhisme pour lequel tout ce qui est relatif n'est que temporaire, une illusion des sens.

Pour terminer cette description assez complexe de la cosmologie bouddhique, signalons qu'elle varie quelque peu dans le bouddhisme du Grand véhicule. Ainsi que nous l'avons déjà signalé, « notre terre », par exemple porte un nom différent et comprend des territoires différents. Le lecteur intéressé par toutes ces subtilités lira avec intérêt l'ouvrage d'Akira Sadakata signalé ci-après (pour en savoir plus).

Nous nous devons de signaler qu'une partie importante de nos connaissances concernant ce difficile sujet trouvent leur source dans cet ouvrage.

La conscience de témoin (sâkshin)

Après des années de méditation, l'homme parvient à se libérer de l'identification avec son corps, ses pensées et ses sentiments. Il devient un « spectateur », un « témoin » de lui-même. Sans être insensible à rien, il regarde le monde et lui-même comme un jeu de l'illusion (*mâyâ*). À ce moment, même moine il peut fréquenter les lieux les plus luxueux, se livrer même à la débauche, c'est sans importance car plus rien ne l'affecte.

POUR EN SAVOIR PLUS

Le lecteur qui souhaite connaître tous les détails de la cosmologie bouddhique lira l'ouvrage très complet, au titre éponyme, d'Akira Sadakata (*Cosmologie bouddhique. Origines et philosophie.* Éditions Sully. 1992). Il trouvera dans cet ouvrage toutes les informations, ici seulement tracées à grand coup de crayon. D'une lecture parfois difficile, mais très enrichissante, il nécessite quelques connaissances de base et ne concerne donc qu'un public motivé. Pour en savoir plus sur les dieux, divinités, devas, démons, rois, etc., le lecteur se procurera l'ouvrage désormais classique de l'orientaliste Louis Frédéric (*Les dieux du bouddhisme.* Flammarion. 2001). Des informations intéressantes figurent également dans l'ouvrage de Tcheuky Sèngué consacré au bouddhisme tibétain (*Petite encyclopédie des divinités et symboles du bouddhisme tibétain.* Claire Lumière. 2002.)

Dalaï-Lama

Difficile d'écrire un ouvrage sur le bouddhisme sans consacrer un article au Dalaï-Lama que beaucoup d'Européens prennent pour le plus haut responsable du bouddhisme — à l'égal du pape pour les catholiques — alors qu'il n'en est rien. En effet, contrairement au christianisme (mais exactement comme dans le judaïsme et l'islam sunnite), il n'existe pas de hiérarchie dans cette religion, pas de souverain pontife. En outre, le Dalaï-Lama appartient à une toute petite branche du bouddhisme, celle d'un courant du bouddhisme tibétain*, les Gelupkas. La majorité des bouddhistes honorent l'homme mais sont très loin d'accepter toutes les particularités du bouddhisme tibétain et de souscrire à certains de ses concepts.

Une réincarnation d'Avalokiteshvara

L'actuel Dalaï-Lama (« Maître Océan de sagesse ») est la quatorzième réincarnation d'une lignée qui a commencé avec Guendün Droup (1391-1474). Le titre de Dalaï-Lama a été décerné à la troisième réincarnation, de Guendün Droup, Sönam Gyatso, par Altan Khan qui convertit les Mongols au bouddhisme. Le Dalaï-lama est considéré comme l'émanation d'Avalokiteshvara, le bodhisattva* de compassion, protecteur du Tibet, dont le nom en tibétain est Tchenrézi (aussi écrit Tchenrézik et Chènrezi).

Le rôle du Dalaï-lama est double : à la fois chef politique du Tibet et chef spirituel du bouddhisme tibétain, il a longtemps assumé ces deux tâches jusqu'à ce que l'invasion du Tibet par la Chine n'oblige le dernier et quatorzième Dalaï-Lama à se réfugier en Inde où, indépendamment de ses fonctions spirituelles, il exerce les fonctions de chef de gouvernement en exil.

À la mort de chaque Dalaï-Lama, on recherche sa nouvelle incarnation en respectant une procédure minutieuse. Un des signes de la réincarnation est, par exemple, la reconnaissance par l'enfant d'objets ayant appartenu à son prédécesseur ou encore de personnes qui ont compté dans sa précédente vie.

Deux théocraties

Avant l'invasion du Tibet par la Chine, le monde connaissait deux théocraties : le Tibet (avec pour souverain le Dalaï-Lama) et le Vatican (avec pour souverain le Pape). Aujourd'hui, le Vatican reste la seule théocratie au monde.

Cette photo du Dalaï-Lama actuel, Tendzin Gyatso, a été prise peu après son exil en Inde, suite à l'invasion du Tibet par la Chine.

Tendzin Gyatso, le XIVᵉ Dalaï-Lama

L'actuel Dalaï-Lama, Tendzin Gyatso (né en 1935), s'est réfugié à Darmasala (Inde) avec 100 000 de ses compatriotes. De là, il a diffusé son enseignement en veillant à ce que la tragédie tibétaine ne sombre pas dans l'oubli et que le bouddhisme tibétain ne perde pas sa spécificité. Personnage très médiatisé, prix Nobel de la paix (1989), il donne de très nombreuses conférences et a publié plusieurs ouvrages d'initiation au bouddhisme tibétain. En octobre 1990, il recevait, à Dharamsala, en Inde, plusieurs rabbins de différentes obédiences car, esprit très ouvert, il voulait comprendre, lui le chef spirituel en exil, comment le judaïsme a pu survivre à 2 000 ans d'exil.

Pachen-Lama et Karmapa

Le Pachen-Lama (Joyau de sagesse) est l'incarnation du Bouddha Amitabha (Amida❋). Dans le bouddhisme tibétain, il est l'autorité spirituelle (le Dalaï-Lama étant l'autorité temporelle et spirituelle suprême). La troisième autorité est le Karmapa (« celui qui répand l'activité des bouddhas ») dont les réincarnations sont plus anciennes que celles du Dalaï-Lama (elles débutent en 1184). Les Karmapas sont ainsi la première lignée spirituelle désignée par réincarnations successives. Le dernier Karmapa a pris la route de l'exil en 1959, peu avant le Dalaï-Lama et est mort en 1981. La désignation de son successeur a donné lieu à de nombreuses polémiques et, à l'heure actuelle, deux « réincarnations » se disputent sa succession.

POUR EN SAVOIR PLUS

Il existe de nombreux ouvrages écrits par le Dalaï-Lama ou qui lui sont consacrés. Parmi les écrits du Dalaï-Lama, signalons *Cent éléphants sur un brin d'herbe. Enseignement de sagesse* (Seuil. Coll. Sagesse n°120. 1997.) À lire aussi, un entretien de Gilles van Grasdorff avec le Dalaï-lama : *Terre des Dieux, Malheur des Hommes.* (Livre de Poche n°14044. 1995.) Le même Gilles Van Grasdorff a publié « la biographie non autorisée du Dalaï-Lama » (*Le Dalaï-Lama.* Plon. 2003). Pour ce qui concerne l'intérêt du Dalaï-Lama pour le judaïsme, le lecteur lira de R. Kamenetz *Le juif dans le lotus. Des rabbins chez les lamas.* (Calmann-Levy. 1997). Enfin, pour en savoir plus sur le Tibet, il faut lire *Tibet, le guide du pèlerin* de Victor Chan paru dans la collection Les guides du voyageur, aux éditions Olizane et, bien sûr, l'ouvrage d'Anne-Marie Blondeau et Katia Buffetrille, *Le Tibet est-il chinois ?* (Albin Michel. Sciences des religions. 2002.)

Le Dharma

Dans sa principale définition, le Dharma est l'enseignement du Bouddha indiquant la voie pour atteindre l'Éveil. On dit aussi que le Dharma c'est la Loi bouddhique, c'est-à-dire non pas la loi des hommes mais la Loi naturelle. Le Dharma est avec le Bouddha❋ et le Sangha❋ (la Communauté) un des trois joyaux du bouddhisme. On devient bouddhiste en prononçant trois fois la formule rituelle : « Je prends refuge dans le Bouddha, le Dharma et le Sangha) ».

En traduisant Dharma par Loi, nous insistons sur son aspect normatif mais nous pourrions avec autant de justesse traduire Dharma par Vérité ou encore par Doctrine, si nous préférons faire ressortir qu'il s'agit de l'enseignement du Bouddha ou si nous voulons insister sur ce à quoi croit et adhère la communauté bouddhiste.

Définitions du Dharma

Dans son *Dictionnaire encyclopédique du bouddhisme*, Philippe Cornu signale dix définitions du Dharma et Walpola Rahula dans son ouvrage sur l'enseignement du Bouddha, indique qu'« il n'y a pas, dans toute la terminologie bouddhiste, de terme plus large que dhamma »[78]. Le champ sémantique de ce mot est donc énorme et étroitement lié au contexte : il faut en tenir compte lorsqu'on lit des textes bouddhiques. Tous les sens du mot dharma proviennent de la racine « dhr » qui signifie tenir. Les dix sens de ce mot (d'après P. Cornu) sont les suivants :

- tous les connaissables ;
- la voie ;
- les objets de l'esprit ;
- les mérites et comportements vertueux ;
- la durée de vie ;
- les écritures de la Loi (Tripitaka, etc. ; voir l'article consacré aux livres canoniques) ;
- les objets matériels sujets à transformation ;
- les règles de la vie monastique ;
- les traditions religieuses.

Dans cet ouvrage, nous utiliserons généralement le sens principal de ce mot : La Loi (mais aussi la Vérité, la Justice, la Doctrine), c'est la raison pour laquelle il sera toujours écrit avec une majuscule, au même titre que le mot Sangha❋ (la Communauté). Lorsque ce mot est écrit au pluriel (les dharmas), il désigne les phénomènes naturels, les objets matériels de la vie.

La Loi libératrice

En tant que loi libératrice (elle libère l'individu du cycle éternel du samsâra❋), le Dharma est résumé dans les Quatre Nobles vérités (voir l'article consacré à ce sujet). Selon certaines traditions, chaque fois que le Dharma est perdu pour les hommes, un nouveau bouddha apparaît.

Quelques mots à connaître

Plusieurs dizaines de mots ont été créés à partir de dharma ou de dhamma (la traduction en langue pâli). Certains reviennent fréquemment dans la littérature bouddhique, il est donc intéressant de les connaître.

● **Dhammacakra** : c'est la Roue de la Loi qui a été mise en route pour la première fois par le Parfaitement-Éveillé lorsqu'il prononça, au parc d'Isipatana, près de Benarès, son premier sermon sur les Quatre Nobles vérités. Le texte du Bouddha (ou Sûtra/Sutta❀) qui contient ce premier discours est le **dhammacakkapavattanasutta**. Ce premier discours est également fondateur de la communauté monastique.

● **Dhammapada** (les « vers de la Loi ») est un texte en vers contenant, sous forme de sentences courtes, les points principaux de l'enseignement du Bouddha. Le Dhammapada est très populaire et existe en plusieurs langues dont le pâli, le sanscrit, le tibétain. On notera que le Dhammapada est écrit en pâli et non dans la langue que parlait Bouddha (le mâghadî). Les grands thèmes du Dhammapada sont ceux du bouddhisme premier, c'est-à-dire la nature douloureuse de l'existence et la possibilité de se délivrer de la souffrance ; le caractère impermanent du monde, son caractère illusoire, etc. Le lecteur désireux de découvrir les 423 versets (« pada ») du Dhammapada en langue française peut se procurer dans la collection Sagesses (Sa 177, Éditions du Seuil, 2002), le *Dhammapada. La voie du Bouddha*. La belle traduction de Le Dong est accompagnée de notes tout à fait intéressantes.

C'est ainsi que le Bouddha historique❀ (Sâkyamuni) a été précédé par 7 à 100 Bouddhas (le chiffre varie selon les écoles). La série la plus classique étant la suivante : Vipassi, Sikhi, Vessabhu, Kakusandha, Konagamana, Kassapa et Sâkyamuni. Parmi les bouddhas du futur, le plus connu est Maitreya.

Les questions de Milinda[78b]

« - Le Bouddha a fait une chose bien difficile.

- Laquelle ?

La chose bien difficile qui a été faite par le Bienheureux, c'est d'énoncer la distinction de tous les dhammas immatériels, spirituels, qui se trouvent dans un seul organe des sens : contact, sensation, conception, pensée, esprit.

- Donne moi une comparaison.

- Si un homme sautait d'une barque dans la mer, prenait de l'eau dans le creux de sa main et y goûtait, pourrait-il reconnaître l'eau du Gange, de la Yamunâ, de l'Aciravati, de la Sarabhû, de la Mahî ?

- Cela serait bien difficile.

- De même le Bienheureux a fait une chose très difficile en distinguant ces dhammas.

- Très bien, approuva le roi. »[78c]

Quelques stances de la Loi

Verset 19

Même s'il récite beaucoup les écritures,

L'homme nonchalant qui ne les met pas en pratique,

Pareil à un vacher ne surveillant que le bétail des autres,

N'aura aucun des bienfaits de la vie ascétique.

Verset 60

Longue est la nuit pour qui doit veiller,

Longue la route pour qui est fatigué,

Long le cycle des renaissances

Pour le sot qui ne connaît pas la Bonne Loi.

Verset 134

Si comme un gong fêlé, tu t'imposes silence.

Tu as atteint le Nibbana [= nirvâna, en pâli],

Ayant éteint en toi toute colère.

© Corel

Les Rois-Gardiens sont au nombre de quatre et censés garder les quatre points cardinaux de l'horizon. La tradition les fait vivre sur le mont Meru. Ils sont les protecteurs du monde et de la Loi bouddhique. Leur chef est Vaisravana, mais ils dépendent d'Avalokiteshvara, le bodhisattva de la compassion. La plupart des grands temples en Chine et au Japon possèdent au moins une sculpture de l'un des Rois-Gardiens. Ici une statue datant du XIe siècle (Temple Junci, province de Shanxi, Chine).

La mise en mouvement de la roue de la Loi

Mettre en mouvement la Roue de la Loi, cela signifie commencer la prédication de la Doctrine du salut. Dans le Vinayapitaka des Dharmaguptaka — c'est-à-dire dans le livre de la discipline des moines chinois et japonais —, on lit : « Quand un Tathâgata (voir page 63) prêche ces quatre saintes Vérités, si, dans la foule de ses auditeurs, il n'est personne qui les comprenne, alors le Tathâgata ne met pas en mouvement la Roue de la Loi. Quand un Tathâgata prêche ces quatre saintes Vérités, si, dans la foule de ses auditeurs, il y a des gens qui comprennent, alors le Tathâgata met en mouvement la Roue de la Loi. » [79]

Le Dharma dans l'hindouisme

Dans l'hindouisme, le Dharma représente notre « vraie nature », c'est-à-dire la loi morale et naturelle de tout l'univers. D'ailleurs les hindous appellent leur religion Sanâtana-Dharma (le Dharma éternel, aussi traduit par la vérité éternelle ou la religion éternelle).

Le refuge dans le bouddhisme tibétain

Le bouddhisme tibétain a étendu le nombre de refuges, qui de trois est passé à six. Aux Trois Joyaux (Dharma, Bouddha, Sangha), il a ajouté les Trois Racines (Lama, Yidam ou divinité personnelle, Dâkini ou forces inspiratrices représentées sous la forme d'une déesse nue).

L'âge des conflits

D'après les textes canoniques, à la mort de Bouddha cinq périodes de cinq cents ans se succéderont. Chaque période aura ses caractéristiques propres. La dernière période, appelée l'« âge des conflits » — dans laquelle nous vivons — se caractérisera par des conflits entre les différentes écoles bouddhiques, par la mauvaise compréhension de l'enseignement de l'Éveillé et par la perte du Dharma (on désigne aussi cette période par l'expression « les derniers jours de la Loi). Mais comme tout phénomène est soumis au cycle des renaissances, un nouvel Enseignement apparaîtra dans une autre période ainsi d'ailleurs qu'un nouveau Bouddha (Maitreya).

À gauche on voit un énorme moulin à prières et à droite figure la représentation de la Roue de la Loi entourée par deux gazelles (pour rappeler la première prédication de Bouddha au Parc des gazelles, près de Bénarès).

Voici un sujet qui mériterait à lui seul plusieurs ouvrages. Contentons-nous de brosser, en quelques pages, l'historique de l'apparition des dieux et une description de leurs principaux représentants. On le sait, le bouddhisme premier n'avait guère imaginé de dieu, et certainement pas, comme dans les monothéismes, de Dieu créateur du monde.

Cependant, héritier du Brahmanisme, il n'avait aucune répulsion envers les nombreux dieux hindous auxquels il accordait le statut particulier « d'intervenant sans intervention ». Après une longue période d'aniconisme (voir page 149), durant laquelle Bouddha était simplement représenté par une fleur de Lotus, un trône ou une empreinte de pas, l'influence du monde grec et tout particulièrement de sa statuaire aboutit à la création de nombreuses statues du Bouddha historique (art du Gandhâra❋, art du Mathura). C'était, sans doute, le premier pas vers la divinisation, laquelle reste cependant très limitée dans le Petit Véhicule.

Un panthéon multiple

Par la suite, le développement d'un bouddhisme moins élitiste, celui du Grand Véhicule (vers le Ier siècle de l'è.c.), privilégie les nombreux « éveillés de compassion », les bodhisattvas❋ auxquels la population finit par accorder le statut de divinités. Ces bodhisattvas que la population vénère et auxquels elle demande également d'intervenir en sa faveur sont largement représentés dans les peintures et les sculptures. Selon les pays, les représentations varient (ainsi d'ailleurs que le nom des bodhisattvas qui sont adaptés au pays d'accueil : Chine, Japon, Corée, etc.).

Au Bouddha historique❋, aux dieux hindous, à ces bodhisattvas divinisés, le bouddhisme (entre-temps devenu une religion) ajoute de nombreuses formes ou manifestations de bouddhas (dont le bouddha primordial à l'origine de tous les bouddhas, les bouddhas prédécesseurs du Bouddha historique, le bouddha des fins dernières), etc.

Arrivé en Chine, en Corée, au Japon puis au Tibet, le panthéon bouddhique s'enrichit des nombreux dieux et divinités des religions chinoises, japonaises (shintoïsme) et tibétaines (bön-po). Ainsi, aujourd'hui, cette religion sans dieu, bénéfice d'un énorme catalogue de dieux, divinités, saints (arhats et bodhisattvas), démons, protecteurs, dont la complexité est surprenante et nécessite, de la part de celui que cela intéresse, une véritable étude. On notera aussi, comme

Trône du Bouddha

Ce trône est généralement représenté par une fleur de lotus, un lion, une montagne en forme de sablier (laquelle représente le mont Meru ou Sumeru, voir page 121) ou le corps enroulé de neuf serpents (le rappel d'une visite de Bouddha au roi des serpents). Devant le trône, figurent parfois deux gazelles (ce qui évoque le premier sermon de Bouddha dans le « Bois des Gazelles », près de Bénarès).

le fait très justement remarquer Louis Frédéric, « en Asie, l'homme seul ne saurait avoir d'existence : il est fonction de celle des autres à laquelle il participe également. Aussi un sage, une divinité, au même titre qu'un être humain ordinaire, ne peuvent être conçus comme solitaires, même dans le cas d'une Divinité suprême. » [80]

Les empreintes des pieds de Bouddha (*buddhapâda*) sont vénérées dans tous les pays bouddhiques mais principalement dans le Petit Véhicule. En règle générale, les pieds sont représentés de manière très schématique et tous les orteils ont plus ou moins la même longueur. On trouve généralement un *cakra* (c'est-à-dire une roue représentant la Loi bouddhique) au centre de la plante du pied. Parfois aussi les signes distinctifs des Bouddhas (32 ou 108) sont également représentés ou écrits dans une sorte de damier. Photo prise en Birmanie, près de Bago.

Pourquoi étudier ces dieux ?

Le lecteur pourrait se poser, ici, la question : « Mais quelle est l'utilité d'étudier ces différentes divinités ? » Plusieurs réponses pourraient lui être fournies. Contentons-nous d'en donner deux. Ces personnes douées de pouvoirs particuliers (saints, dieux, déesses, etc.) apparaissent régulièrement dans la littérature bouddhique (hormis, bien entendu, dans la doctrine et les commentaires des adeptes du Theravâda ou Petit Véhicule). Il est donc nécessaire de disposer, pour le moins, d'une explication générale du panthéon bouddhique, si on veut comprendre quelque chose à cette figuration des dieux. La seconde raison est plus pratique. En effet, comment visiter avec fruit un musée consacré à l'art de l'Asie (comme, par exemple, le magnifique musée Guimet, à Paris) sans connaître un minimum sur le sujet. Sans cela, le visiteur se contente de regarder les statues pour leur beauté plastique mais sans rien déchiffrer à leur message (et il faut ajouter que, malheureusement, les vertus didactiques n'ont pas encore pénétré les musées). Ainsi, pour ne donner que deux exemples, le visiteur qui pénètre dans le musée Guimet est presque immédiatement confronté à Vaicorana, au Bouddha apollinien, aux rois célestes, à Avalokiteshvara, à Kannon et à Guanyin mais rien ne lui permet de comprendre qui sont ces personnages et pour ces trois derniers rien ne lui précise qu'il s'agit de trois noms pour le même bodhisattva (Kannon au Japon, Guanyin en Chine, Avalokiteshvara en Inde et aussi Chènrezi au Tibet). L'étude des dieux permet aussi de mieux comprendre les gestes symboliques des mains (mudrâs). Ainsi, à titre d'exemple, si les deux mains du personnage de la statue sont jointes et dirigées vers le haut (mudrâ de l'offrande ou *anjalimudrâ*), le visiteur un peu informé sait qu'il ne peut s'agir d'un bouddha. Le plus souvent il s'agit d'un simple orant (plus rarement d'Avalokiteshvara ou d'un autre bodhisattva).

Comment étudier les statues des dieux ?

Face à une statue, le visiteur doit apprendre à la regarder. Il s'intéressera d'abord à l'aspect général (s'il existe un drapé, il pensera à l'art gréco-bouddhique du Gandhâra, si le drapé est asymétrique et que sous celui-ci le corps se dessine, il pensera au style Gupta Mathura (un style concurrent de l'art du Gandhâra), si la statue est bedonnante, il pensera à la statuaire chinoise, si l'aspect général est terrible, il pensera à l'art tibétain, etc.). Bien entendu, il regardera la nature des vêtements (s'ils recouvrent ou non les épaules, si une épaule est découverte — ce signe d'humilité indique généralement qu'il s'agit du Bouddha historique ou d'un bodhisattva —, s'ils dépassent ou non les mains et les pieds) et des bijoux (les bodhisattvas sont toujours richement parés, à l'inverse des bouddhas). S'il s'agit d'un bouddha, il traquera la présence du chignon (qui n'apparaît qu'à partir du Ve siècle, au Sri Lanka). Il s'intéressera aussi aux détails

Lotus

La fleur de lotus est souvent associée au bouddhisme et il n'est pas rare de voir une fleur de lotus dans une peinture bouddhique. Souvent même on peut remarquer un Bouddha assis sur une fleur de lotus bien épanouie. Ceci s'explique car les lotus sont des symboles de régénération spontanée et symbolisent ainsi la naissance divine.

Les variétés de lotus

Plusieurs variétés de lotus sont représentées dans les œuvres d'art bouddhiques : à 3 ou à 5 fleurs, en blanc, en rouge, en rose, en pourpre ou en bleu. Il peut y avoir ou non des feuilles. La tige est simple, triple ou quintuple (avec une valeur symbolique pour chaque représentation). Si les fleurs de lotus sont présentées sur une coupe, c'est un signe d'hommage.

■ **Lotus blanc**

C'est le lotus de Bouddha. Il symbolise la pureté parfaite et comporte généralement 8 pétales qui correspondent au Noble Octuple Sentier (voir l'article consacré à ce sujet).

■ **Lotus rouge**

C'est le lotus d'Avalokiteshvara (un bodhisattva, voir l'article consacré à ce sujet). C'est le lotus de l'amour et de la compassion.

■ **Lotus bleu**

C'est le lotus de Manjusri (un bodhisattva japonais représenté habituellement avec un glaive et le texte du Sûtra). C'est le symbole de la Victoire et de la Connaissance. Le lotus bleu est toujours représenté en bouton plus ou moins épanoui mais dont on ne voit jamais le centre.

■ **Lotus rose**

C'est le lotus du Bouddha historique.

■ **Lotus pourpre**

C'est le lotus des sectes mystiques.

comme, par exemple, les sandales, qui font immédiatement penser à l'art du Gandhâra et les cheveux ondulés (typiques de l'art du Gandhâra) ou lisses qui signent l'art du Mathura. Il regardera ensuite la nature du socle (classique dans l'art bouddhique depuis l'époque du Gandhâra) : s'agit-il d'un lotus, d'un piédestal rédenté (pour symboliser le mont Meru, voir page 121), d'un animal-support, d'un démon-support ? Il s'intéressera ensuite au jeu des mains (*mudrâ*) ce qui lui donnera pas mal d'indications intéressantes (par exemple, les bodhisattvas ont toujours les mains dans des attitudes qui symbolisent le travail) et aux objets, animaux et humains accompagnant la statue (enfants dans l'art chinois, démons dans l'art tibétain). Il s'intéressera également à la forme et à la couleur du lotus (voir ce mot). La posture de la divinité (posture stable — assise ou couchée — ou dynamique) lui donnera également des indications (cette posture n'a été codifiée que vers la fin de la période Gupta, c'est-à-dire à la fin du Ve siècle). Les postures en embrassement (*yab-yum*) sont typiques de l'art tantrique tibétain (mais aussi dans l'art khmer et l'art japonais). Il s'intéressera également aux attributs qui accompagnent le personnage (ces attributs sont rares dans les statues du bouddhisme de l'Hînayâna mais fréquentes dans le mahâyânisme) : armes, bâtons, bol à aumône (pâtra), chasse-mouche (le symbole de la compassion d'Avalokiteshvara), chintâmani (« joyau qui exerce tous les désirs »), clochettes (drilbu, au Tibet), foudres (vajra), livre des écritures, lotus (padma), massues, rosaire (mâlâ), roues (cakra), vases, etc. Enfin, s'il a quelques connaissances il se préoccupera

également des matériaux utilisés (calcaire, grès, marbre, etc.), chacun signant plus ou moins une école.

Brève nomenclature des personnages vénérés

Cette nomenclature est forcément incomplète mais permettra au lecteur, le cas échéant, de retrouver rapidement un personnage entrevu dans un musée, ou signalé dans un article ou un livre. Certains de ces personnages sont décrits et leur destin expliqué dans d'autres parties de cet ouvrage ; d'autres, moins importants, n'y sont même pas cités, faute de place.

Les dix grands disciples de Bouddha

- Ananda (cousin de Bouddha, présida le premier Concile où il rapporta toutes les paroles de l'Éveillé) ;
- Aniruddha (spécialiste de la perception des phénomènes) ;
- Katyâyana (expert en discussions) ;
- Mahâkâshyapa (le maître de la rigueur) ;
- Maudgalyâyâna (le maître des pouvoirs occultes) ;
- Purnâ (le contrôleur de la loi) ;
- Râhula (le fils de Bouddha) ;
- Shariputra (le maître de l'Abhidharma) ;
- Subbhuti (le maître de la vérité) ;
- Upâli (le maître de la discipline).

Les arhats

Un seul est régulièrement représenté et fait l'objet d'une dévotion populaire : Pindola Bharadvâja (au Japon, il est connu pour avoir le don de guérir ; aussi les fidèles frottent l'endroit de la statue où ils sont censés être malades).

Bodhidharma

C'est l'un des personnes importants du Zen (voir pages 143 et 276). Au Japon (sous le nom de Daruma), il est représenté sous la forme d'une petite figurine dont la base arrondie l'oblige à se relever après chaque déplacement.

Les bouddhas de vénération et les bouddhas du passé et du futur

Nous leur consacrons quelques lignes dans un autre article (voir page 72). Il s'agit de :

- Amitâbha (Amida❋) ;
- Bhaishajyguara ;
- Dipankara-Buddha ;
- Kanakamuni ;
- Kâshyapa ;
- Maitreya (le bouddha du futur) ;
- Prabhûtaratna.

Tous ces bouddhas sont accompagnés d'acolytes et de protecteurs dont l'énumération sera fastidieuse et sans grand intérêt pour un ouvrage d'introduction au bouddhisme.

Les bouddhas de sagesse (ou Jina, c'est-à-dire « vainqueur » ou « dhyâni-buddha »)

Pour les identifier, on se servira parfois de leur couleur en peinture (la couleur « rituelle » est indiquée entre parenthèses) :

- Akshobhya (bleu) ;
- Amitâbha (Amida❋) (que nous avons déjà rencontré dans le groupe précédent) (rouge) ;
- Amoghasiddhi (vert) ;
- Mahâvairochana (Vairochana) (blanc) ;
- Ratnasambhava (jaune).

À ces bouddhas de sagesse, il convient d'ajouter le bouddha « monothéiste » primordial. Il s'agit d'Adibouddha qui, selon l'école népalaise existe « de toute éternité, est infini, omniscient et peut-être considéré comme le véritable créateur de tout ce qui existe. De lui seraient émanés les Cinq Jina. »[81c]

Les bodhisattvas

Ils sont toujours représentés habillés comme des princes et revêtus de treize ornements (couronne, boucles d'oreilles, collier, bracelets, écharpe, ceinture). Sur leur couronne on trouve l'effigie de leur Bouddha de relation, un des Cinq Jina. Leurs cheveux sont noués en un haut chignon et une ûrnâ (touffe de poils blancs d'où émane la lumière, générale-ment symbolisée par une tache) orne leur front. Il existe des dizaines de repré-sentations différentes pour chaque bodhisattva. Certains peuvent être repré-sentés avec dix (ou même mille bras), avec une tête de cheval, etc. Les grands bodhisattvas, en principe asexués (ils peuvent être représentés sous la forme masculine ou féminine), sont :

- Avalokiteshvara (Kannon, Guanyin, Chènrezi) ;
- Manjusri ;
- Samantabhadra ;
- etc.

Les rois de science magique

Ils correspondent aux Cinq Jina et à divers bodhisattvas dont ils sont les émanations terribles. Leurs représenta-tions sont, elles aussi, terribles (dans les flammes, entourés de glaives, de dizaines de bras, etc.). Ils sont parfois représentés avec leur parèdre féminine, en *yab-yum* (c'est-à-dire en union sexuelle, en « père-mère »). Les princi-paux sont :

- Achalanâtha ;
- Kundalî ;
- Râgavidyârâja ;

Les styles des bouddhas sculptés

En fonction de la chevelure, on peut, déjà, effectuer une première classification de l'ori-gine des Bouddhas. L'« expert », bien entendu, se basera sur une quantité infinie d'autres éléments dont certains (comme, par exemple, l'aspect des yeux ou de la bouche ou le travail des pectoraux) signent indiscutablement une origine.

- Cheveux ondulés : art gréco-bouddhique du Gandhâra (Ier-IVe siècle).
- Cheveux lisses : art Gupta (de Mathura et de Sarnath) (Inde, Ier-VIe siècle). Si le grès est rose moucheté, il s'agit d'une statue Mathura ; s'il est beige, il s'agit d'une statue Sarnath.
- Cheveux avec mèches coquillées : art Amavarati (Inde, IVe siècle).
- Cheveux en chignon : art cingalais (Sri-Lanka, Ve siècle).

Ces divers styles se sont influencés les uns les autres.

- Trailokyavijaya ;
- Vajrayaksha ;
- Yamântaka.

Les rois des enfers

Comme nous le décrivons dans l'article consacré à la cosmologie bouddhique, il existe de nombreux enfers bouddhiques (des enfers chauds, des enfers froids, etc.). Chacun de ces enfers possède un ou plusieurs rois. Le plus célèbre des rois est Yamarâja dont les deux acolytes, les Chitipati, sont deux squelettes, « celui d'un homme et celui d'une femme, généralement représentés dans l'art tibétain comme ayant les jambes et les bras entrelacés et dansant sur deux cadavres.

Ils tiennent un sceptre (ou un bâton) orné d'un crâne, une calotte crânienne, un vase. » [81d]

Les devas

Ce sont des divinités mineures provenant de l'hindouisme. Le bouddhisme n'avait pas voulu abandonner les divinités brahmaniques et les a donc, dès l'origine, incorporées dans sa sphère en tant que divinités mineures au service du bouddhisme. Les douze devas (que l'on rencontre également dans la religion brahmanique) sont : Agni, Brahma, Chandra, Indra, Îshâna, Skanda, Sûrya, Varuna, Vâyu, Vinâyaka (Ganesh).

Les dhyâni-buddhas (Jinas célestes) et leurs symboles

NOM	COULEUR	DIRECTION	ACTION	ANIMAL
Akshobhya	bleu	est	témoignage	éléphant
Amitâbha	rouge	ouest	méditation	cygne et paon
Amoghasiddhi	vert	nord	absence de crainte	garuda (dieu-oiseau)
Vairochana	blanc	centre	enseignement	lion
Ratnasambhava	jaune	midi	charité	cheval

Chacun de ces bouddhas s'étant révélé sous diverses formes humaines comme, par exemple, Vairochana sous la forme du moine Kûkai.

La renaissance

Dans le bouddhisme, la renaissance peut s'effectuer dans divers mondes, dont celui des dieux. Le dieu bouddhique est lui aussi soumis au cycle des renaissances. Aucun dieu bouddhique n'est éternel, ni parfaitement heureux. Aucun dieu n'est omniscient, ni omnipotent. Le sort d'un dieu n'est que partiellement enviable car, pour parvenir au nirvâna, il doit renaître sur terre dans la condition d'homme.

POUR EN SAVOIR PLUS

Pour cerner ce vaste sujet, un seul ouvrage ne suffit pas. Le lecteur désireux d'en savoir plus consultera avec profit le *Dictionnaire encyclopédique du bouddhisme* de P. Cornu (PUF. 2001), lequel consacre une part importante de ses articles aux différentes divinités. Comme tout dictionnaire spécialisé, il nécessite pour une consultation fructueuse une connaissance de base du sujet traité. Ce dictionnaire, dépourvu de photos, présente néanmoins de nombreuses illustrations au trait. Dans une présentation très proche, mais exclusivement consacrée au bouddhisme tibétain, on consultera avec intérêt la *Petite encyclopédie des Divinités et Symboles du bouddhisme tibétain* de Tcheuky Sèngué (éditions Claire Lumière. 2002). Cette « petite encyclopédie » comporte néanmoins plus de 500 pages. Enfin, de manière plus systématique, en utilisant l'ordre traditionnel bouddhique, lequel classe les dieux et divinités selon leur importance, l'ouvrage de Louis Frédéric, *Les dieux du bouddhisme, guide iconographique* (Flammarion. 1992) est l'outil de base pour quiconque veut y comprendre quelque chose. Nous nous sommes d'ailleurs largement inspirés du plan de cet ouvrage pour rédiger cet article. Des bouddhas du passé au Bouddha du futur, en passant par les bouddhas de sagesse, les bodhisattvas de compassion, les rois de science magique, les divinités féminines, les personnages historiques divinisés, tout y est décrit et généreusement illustré au moyen de dessins au trait, de photos en noir et blanc et en quadrichromie. Assurément un ouvrage capital pour qui s'intéresse à cet aspect du bouddhisme. Enfin, plus difficile à trouver car déjà ancien, l'*Art lamaïque. Art des dieux* de K. van Goidsenhoven est irremplaçable pour la merveilleuse iconographie (en majeure partie provenant de la collection de l'auteur) et pour les informations précieuses concernant les méthodes d'identification des statues. En effet, il est plus difficile d'identifier les statues que les peintures (thankas) car dans ces dernières les couleurs dévolues à chaque dieu permettent déjà une première identification. Pour les bronze, l'auteur précise que « c'est d'abord l'attitude qui nous aide à déterminer leur place, de même que le physique propre du dieu représenté ». [82]

Le Potala, à Lhassa, était non seulement le Palais du Dalaï-Lama mais aussi un vaste monastère (*gompa*). Depuis l'invasion du Tibet, c'est devenu un musée.

Bodhidharma

Bodhidharma, un moine indien vivant au VIe siècle, est le premier patriarche de l'école chan en Chine (laquelle a donné naissance, au Japon, rappelons-le, au bouddhisme zen). Bodhidharma est ainsi un personnage de première importance pour de nombreux bouddhistes asiatiques.

Une vie exemplaire

Venu d'Inde, Bodhidharma débarqua en Chine aux environs de l'an 520. Sa vie est jalonnée d'événements significatifs pour quiconque s'intéresse au bouddhisme zen. Ainsi, à un roi qui lui demandait quels étaient ses mérites pour avoir édifié plusieurs monastères, Bodhidharma affirma : « Aucun ». À l'empereur chinois Wu-ti, qui lui demande : « Quelle est l'essence du bouddhisme », la réponse de Bodhidharma mérite d'être retenue :

« Un vide insondable et rien de sacré. Un ciel immaculé où l'on ne distingue plus vérité ni illusion. Rien que le monde lui-même. » [81]

C'est Bodhidharma, aussi, qui médita en silence pendant des années face à un mur.

Un moine demanda au maître Ts'ui-Wei pour quelle raison Bodhidharma était venu de l'Inde. Le maître répondit : « Passe-moi ce pose-menton. » Aussitôt que le moine eut passé le pose-menton, le maître lui en donna des coups sur la tête. C'est là toute l'histoire. Un pose-menton est une planche destinée à supporter la tête pendant les longues méditations ; et la morale de l'histoire est évidemment : « N'essayez pas de raisonner, méditez ». Bodhidharma a laissé deux disciples Daoyu et Eka. Ce dernier n'hésita pas à se trancher le bras pour montrer sa détermination à son maître.

Bodhidharma, malgré son « esprit zen », a laissé de nombreux ouvrages dont le plus connu est *Le Traité de Bodhidharma* (*Damolun*) dont il existe une traduction en français (B. Faure. *Le Traité de Bodhidharma*, éditions du Seuil. Points Sagesse. 1999).

Bodhidharma aurait lui-même résumé son enseignement de la manière suivante :

Transmission particulière en dehors des Sûtras.

Indépendance des mots et textes sacrés.

Montrant directement du doigt l'esprit de l'homme.

Voyant sa vraie nature et atteignant la bouddhéité.

La duhkha (souffrance)

Pâli : *Dukkha.*

La souffrance est la première des Quatre Nobles vérités❋ et l'une des trois caractéristiques de l'existence. Le Bouddha a énoncé huit types de souffrances qui sont la naissance (le support de toutes les autres souffrances), la vieillesse (à cause de la dégradation due au temps), la maladie, la mort, l'union à qui l'on n'aime pas, la séparation de qui on aime, la frustration de ne pas obtenir ce qu'on désire et les cinq agrégats d'attachement❋ (à cause du déséquilibre qu'ils provoquent constamment).

Les types de souffrance

Les bouddhistes décrivent les trois types de souffrance ci-après : la souffrance réelle, la souffrance du changement, la souffrance continue.

- **La souffrance réelle** (maladie, vieillesse, mort, angoisse, etc.) : il s'agit d'une douleur physique ou mentale réelle que l'on peut souvent objectiver. C'est celle qui nous est la plus perceptible.

- **La souffrance du changement** (séparation, frustration, impermanence des choses, etc.) : cette souffrance, bien perceptible dans certains états psychiques pathologiques, est liée aux modifications continues de la vie. On notera que même les plus grands bonheurs ou plaisirs contiennent les germes de la souffrance car rien n'est définitif, tout est, selon la terminologie bouddhique, impermanent.

- **La souffrance continue** (elle est liée aux cinq agrégats❋ d'attachement et à l'existence conditionnée du samsâra❋) : elle provient de ce que toutes les formations d'existence sont en perpétuelle formation et disparition, d'où la souffrance continue.

Les huit souffrances

Elles sont citées dans plusieurs Sûtras❋. Ce sont :

- la naissance ;
- la maladie ;
- la vieillesse ;
- la mort ;
- être séparé des personnes aimées ;
- devoir rencontrer des personnes qu'on n'aime pas ;
- l'impossibilité d'obtenir ce que l'on désire ;
- notre perception du monde.

Après avoir identifié ce qu'était la souffrance, Bouddha, comme un médecin, s'intéresse à sa cause pour ensuite en annoncer la guérison et, en finale, proposer le remède qui convient. Ce discours sur la souffrance est le premier discours de Bouddha, celui des Quatre Nobles Vérités (voir page 234) qu'il prononça à Bénarès.

En résumé, le discours sur les Quatre Nobles Vérités (arya satya) se résume à poser :

- **un diagnostic** : la douleur (duhkha) est partout présente du fait de l'impermanence des choses ;

Remarque concernant le mot duhkha

Ce mot est traduit habituellement par douleur ou souffrance mais c'est en limiter la portée et, peut-être, égarer le lecteur qui n'a pas conscience de souffrir et ne voit donc pas en quoi le discours de Bouddha le concerne. En réalité, le mot *duhkha* signifie, plus exactement, insatisfaction, déséquilibre, non-satiété. Si tout un chacun ne souffre pas, l'insatisfaction (de quelque nature qu'elle soit), par contre, est bien plus largement distribuée. Cette insatisfaction s'accompagne de soif, de désirs divers, de convoitise, de passions, de jalousie, tous sentiments qui sont à la source d'une nouvelle insatisfaction puisque tout est impermanent. Comme le disait le poète : « Rien n'est jamais acquis à l'homme », Aragon). Ainsi, par la quête d'un plaisir qui engendre immanquablement une insatisfaction, la boucle est bouclée ; le seul moyen de quitter le cercle vicieux du désir qui engendre le désir est de ne plus désirer. Équation difficile à résoudre mais à laquelle on peut parvenir en quittant le domaine de l'ignorance, en prenant refuge dans le bouddhisme et en pratiquant la méditation. En effet, l'instabilité permanente à laquelle est soumis l'homme insatisfait produit une véritable agitation mentale, véritable fatigue psychique, laquelle ne peut trouver le repos que dans la méditation.

- une **étiologie** : le désir (la soif) est à l'origine du cycle des réincarnations (samsâra) et donc de la chronicité de la douleur ;
- un **pronostic** : il est possible de rompre la chronicité de la douleur ; la cessation des causes permet de quitter le cycle des réincarnations (samsâra) pour entrer dans le nirvâna ;
- un **traitement** : observer les directives de l'Octuple chemin (voir page 230).

Pour les bouddhistes, la souffrance est l'un des trois traits caractéristiques de toute chose conditionnée (c'est-à-dire de tout ce qui constitue notre monde de désir). Les deux autres traits sont l'impermanence, et l'inexistence d'un soi véritable (non-soi ou anâtman).

La soif (trsna)

Les bouddhistes utilisent très souvent le mot soif pour désigner ce qui est à l'origine de l'insatisfaction, de la souffrance (*duhkha*). Le contenu du Samyutta-nikâya, confirme que « c'est la soif qui produit la réexistence et le redevenir, qui est liée à une avidité passionnée et qui trouve une nouvelle jouissance tantôt ici, tantôt là, c'est-à-dire la soif des plaisirs des sens, la soif de l'existence et du devenir, et la soif de la non-existence »[81b]. En d'autres mots, si on a vécu des expériences agréables, on aura tendance à les répéter et surtout à chercher avidement à les répéter et ainsi à entretenir l'insatisfaction, la duhkha. C'est la raison pour laquelle, la vie des moines est on ne peut plus frugale (nourriture limitée à l'essentiel, pas de sexe, rien qui flatte les sens, etc.) et qu'aux laïcs, Bouddha recommandait une sexualité sans excès. Si l'homme multiplie les contacts qui engendrent la soif (et son corollaire la duhkha) c'est par suite de l'ignorance et des méprises qui lui font prendre pour pur ce qui est impur, pour permanent ce qui est impermanent, pour soi ce qui est non-soi, pour agréable ce qui est douleur (duhkha).

Gandhâra (l'art du -)

On désigne sous ce terme l'art gréco-bouddhique ou, plus exactement, l'art bouddhique gréco-romain, sachant que les premières œuvres de cet art (et les premières représentations du Bouddha sous forme humaine) sont d'origine grecque et que, plus tard, cet art a été fortement influencé par l'art romain.

Un bouddha à visage humain

Le Gandhâra est une région de l'Inde conquise au IVe siècle avant l'è.c. par Alexandre le Grand. Lorsque vers le IIIe siècle (avant l'è.c.) l'empereur Asoka❋, qui avait été gouverneur de cette région, y envoie des missions bouddhiques, celles-ci sont confrontées avec l'empire grec. De cette confrontation naît un art nouveau subissant l'influence des deux mondes grec et bouddhique. C'est la première fois que l'art bouddhique abandonne l'aniconisme (voir plus bas) pour donner au Bouddha une forme humaine et un visage. Jusque-là, Bouddha était toujours symbolisé par un trône vide, l'arbre de la Bodhi (arbre sous lequel Bouddha atteint l'Illumination), des empreintes de pied (qui représentent la domination de Bouddha sur le monde et rappellent qu'à sa naissance il fit sept pas dans les quatre directions), la roue de la Loi (*Dharmacakra*), le svastika (un symbole solaire universel ; le mot sanscrit signifie « de bon augure »), un turban (qui fait référence au renoncement au monde) et parfois un cheval (par référence au rite de l'*ashvamedha*, un rituel royal védique et brahmanique accompli par des souverains victorieux).

Un bouddha plus proche de ses fidèles

Le remplacement des symboles décrits ci-dessus par un être de chair ne s'est pas effectué sans raison. En effet, d'une part, la représentation humaine permet une plus grande proximité avec l'être vénéré et, d'autre part, la représentation symbolique n'est comprise que par les initiés. On a donc toutes les raisons de croire que le courant de pensée bouddhique à l'origine de cet art était celui du Grand Véhicule (Mahâyâna❋) qui se voulait plus proche du peuple. On est d'ailleurs conforté dans cette idée par l'apparition à cette époque de nombreuses statues de bodhisattvas❋, typiques du courant de pensée mahâyâniste. Pour une plus grande propagation du bouddhisme (celui-ci étant missionnaire), une représentation humaine de Bouddha était donc nécessaire. Rien ne s'y opposait d'ailleurs dans les écrits bouddhiques. On notera également qu'une « technique artistique » était nécessaire pour cela et qu'ainsi la rencontre du bouddhisme avec l'art grec a créé les conditions indispensables à la disparition de l'aniconisme et à la production de statues, selon les canons artistiques grecs. La production

Bodhi

C'est l'Éveil qui peut se résumer en cette formule : « j'ai détruit la douleur, je n'aurai plus à la détruire ; c'est l'arrivée au salut ». Pour le Petit Véhicule, l'Éveil (Bodhi), c'est la compréhension et la réalisation des Quatre Nobles vérités✱. Dans le Grand Véhicule, l'Éveil c'est la prise de conscience de sa propre bouddhéité et la compréhension de la vacuité universelle. Plusieurs « niveaux » d'Éveil sont répertoriés dans les deux Véhicules. En gros, on distingue la bodhi inférieure, la bodhi supérieure et la parfaite illumination. Cette dernière est faite de connaissances multiples, de pouvoirs magiques, de caractéristiques merveilleuses et de l'omniscience.

de cet art a duré jusqu'au Vᵉ siècle et a fortement influencé tous les arts bouddhiques ultérieurs. Un des meilleurs connaisseurs de l'art du Gandhâra n'hésite pas à écrire : « Il me semble très probable que l'artiste inconnu qui a créé le modèle initial était un Yavana, artiste et philosophe, et qu'il appartenait à la fois à la Grèce et à l'Inde. Quel qu'il fût, en effaçant le nom de celui qui, le premier, a imaginé ce très étrange iconogramme, l'Histoire a commis l'une des plus grandes injustices parmi toutes celles dont peut l'accuser la pensée critique de l'humanité. Car c'est en lui, ce Grec d'Asie, que se sont véritablement fondues — grâce à son génie exceptionnel — les plus grandes cultures de l'antique Eurasie, de la Méditerranée à l'Himalaya, dans toute l'ampleur de leurs expériences et de leurs constructions religieuses. » [82b]

Il ne faut pas s'étonner de la présence d'une svastika sur la poitrine de ce Bouddha (Bân Hit, au Viêt-Nam). En effet, l'utilisation de la croix gammée par l'Allemagne nazie ne doit pas occulter l'ancienneté de ce signe d'origine indo-européenne, lequel symbolise, pour les bouddhistes, la roue de la Loi en train de tourner.

Un Bouddha apollinien

Les bouddhas et bodhisattvas de l'art du Gandhâra se caractérisent par des traits fortement hellénisés ou romanisés : nez droit, visage apollinien, corps svelte, ample drapé des vêtements, parfois fine moustache. La lecture des messages transmis par ces statues nécessite, en outre, une connaissance du monde indien dont celui de la symbolique des attitudes corporelles ou *asanas* (position debout, couchée, en marche, assise) et de la signification des *mûdras* (le langage symbolique des mains).

Un Bouddha plus humain...

Quoi qu'il en soit, comme il n'existait aucune interdiction doctrinale à cette représentation, il a suffi d'une rencontre entre un désir (celui de rendre Bouddha plus proche) et une technique (l'art grec) pour aboutir à un art nouveau où la personne de Bouddha est représentée à différentes époques de sa vie (ascète avec le visage émacié, jeune homme apollinien, homme âgé, etc.). Les Jâtakas❋ — récits des vies antérieures du Bouddha — sont également prétexte à de nombreux bas-reliefs. On sait combien ces premières représentations de Bouddha se sont enrichies au cours des siècles dans de nombreux pays. On ne compte plus aujourd'hui les statues de Bouddha dont certaines peuvent atteindre plusieurs dizaines de mètres comme celles qui furent récemment dynamitées par les talibans en Afghanistan. Outre la représentation de Bouddha dans diverses attitudes corporelles (*asana*), toute une symbolique s'est développée au niveau de la représentation des mains (voir l'article Mudrâ❋) tant pour l'Éveillé que pour les très nombreux bodhisattvas, dieux, démons, titans, etc. Rappelons aussi que selon la tradition, l'Éveillé présentait un certain nombre de caractéristiques physiques (trente-deux marques majeures ou *laksana* et quatre-vingts signes mineurs) qui sont aussi représentées dans la statuaire. Parmi les signes distinctifs, signalons une protubérance sur la tête (l'*usnina* qui est un signe de la sagesse issue de l'enseignement), une petite excroissance entre les sourcils (l'*ûrnâ*, signe de clairvoyance psychique), le lobe des oreilles étiré (souvenir des nobles indiens qui avaient leurs oreilles étirées par le poids des bijoux) et le sexe caché dans une gaine (mais cela n'est jamais représenté !). « Mudrâ et asana, appliqués à l'image du Bouddha, définissent le degré d'état ou, plutôt, la « catégorie d'état » du Bouddha lui-même. Ils expriment, en effet, soit son état psychique et sa personnalité, soit la manière dont, dans cette condition psychique, il perçoit (et analyse) la réalité apparente qui l'entoure. »[83]

On notera que, même si l'art du Gandhâra a considérablement modifié la sculpture bouddhique, chaque pays a, par la suite, transformé la morphologie des statues en fonction de son héritage propre. Ainsi, un œil averti peut facilement déterminer l'origine d'une statue de Bouddha rien qu'en regardant sa forme. Pour ne prendre qu'un exemple, le gros Bouddha rieur, le ventre rond et nu, parfois entouré d'enfants — représentation fréquente du Bouddha et que tout le monde a déjà vue — est typique de l'art chinois. Cependant, mais là il faut le savoir, il ne s'agit pas d'une représentation du Bouddha historique mais de celle du Bouddha du futur (Maitreya) représenté avec la silhouette du moine Pu-Tai (lequel serait une incarnation de Maitreya). Cette représentation est

© Corel

C'est sous un arbre (le *ficus religiosa*) que Bouddha atteint l'Éveil. La symbolique de l'arbre est présente dans toutes les civilisations.

typique de l'idéal chinois : le ventre rond est signe de richesse, le rire est signe de calme et de paix, et les enfants représentent la famille, dont on sait qu'elle est extrêmement importante pour les Chinois. Une statue de Pu-Tai sous les traits du Bouddha rieur est présente dans tous les monastères chinois. Pour les visiteurs des musées, signalons que dans les monastères chinois outre la statue de Pu-Tai, on trouve également des groupes de 500 statues de lo-han (le saint, en chinois, voir page 49), des statues des Quatre Rois célestes (des gardiens de la doctrine bouddhique qui vivent sur le mont Meru, voir page 121), et la statue de Wei-to (un général portant une armure complète tenant dans sa main un poignard ou une massue lui permettant d'anéantir les ennemis du bouddhisme).

Trois écoles d'art

Outre l'école gréco-bouddhique du Gandhâra, il convient également d'apporter son attention à deux autres styles importants. La visite d'un musée, comme le musée Guimet, permet de se rendre très vite compte des caractéristiques propres à chacun de ces styles.

Mathura (art)

Région de l'Inde où apparaît, presque simultanément à l'art du Gandhâra une école de sculpture qui, elle aussi, représente le Bouddha sous forme humaine. Ceci fait dire à certains historiens de l'art qu'il « n'est pas certain qu'il faille attribuer à l'anthropomorphisme classique cette apparition du Bienheureux dans la sculpture ». [83b] L'art du Mathura se distingue par la couleur des statues reconnaissables au grès rouge dans lequel elles sont taillées.

Gupta (art)

Période très féconde de l'art bouddhique. Elle s'étend de 330 à 470 après l'è.c. et succède donc à l'art du Gandhâra. La principale école est celle de Sarnath. Alors que le Bouddha du Gandhâra était très proche de la statuaire grecque anthropomorphe,

Les moines doivent obéir à une règle très stricte édictée par Bouddha. Aujourd'hui, cette règle a quelque peu été assouplie par certains courants bouddhiques (surtout ceux du Véhicule du Diamant) mais reste encore très suivie par les moines des pays où règne l'ordre du Theravâda, c'est-à-dire du Petit Véhicule (Sri-Lanka, Birmanie, etc.). Quelques sectes tibétaines respectent également de manière stricte les consignes données par Bouddha.

le Bouddha Gupta est beaucoup plus fin,
plus religieux : corps immobile, formes
simplifiées, vêtements transparents,
comme éthérés. Le style Gupta incarne
l'idéal religieux. On remarquera que l'art
suit parfaitement le cheminement de
l'idéal bouddhique : de l'Hînayâna qui ne
voit en Bouddha qu'un homme, au
Mahâyâna qui commence à voir en lui, et
en ses émanations, des divinités.

L'ample drapé des vêtements de ce Bouddha
est typique de l'art du Gandhâra.

POUR EN SAVOIR PLUS

Le lecteur intéressé par l'art du Gandhâra se procurera le remarquable ouvrage éponyme
de Mario Bussagli (Encyclopédies d'aujourd'hui. La pochothèque. Livre de Poche. 1996).
Cet ouvrage, très complet (contenant de nombreuses illustrations, une bibliographie
importante, un glossaire, une translittération des noms grecs, etc.) est indispensable à
quiconque s'intéresse à la statuaire gréco-bouddhique.

Petit Véhicule, c'est le terme utilisé par les bouddhistes du Grand Véhicule (les plus nombreux) pour désigner le bouddhisme originel. Au départ, ce terme était polémique car les disciples du Grand Véhicule se moquaient du « chemin étroit » emprunté par les disciples du bouddhisme primitif. Le Petit Véhicule, le plus proche de la parole de Bouddha, est omniprésent dans cet ouvrage mais il nous a paru nécessaire de regrouper les informations éparses ci et là pour en rédiger un article de synthèse. Longtemps, le Petit Véhicule fut le seul courant bouddhique pratiqué et, sans crainte de se tromper, on peut qualifier le bouddhisme du Petit Véhicule de sagesse et non point de religion.

De l'Hînayâna au Navâyâna

Aujourd'hui, le bouddhisme des origines (appelé Petit Véhicule ou Hînayâna, ou Theravâda ou encore bouddhisme premier ou encore « Véhicule fondamental ») n'est plus qu'un des nombreux courants de cette religion laquelle comprend le Grand Véhicule (Mahâyâna), bien sûr, mais aussi les héritiers de celui-ci qui s'en sont quelque peu distancés tels le Véhicule du Diamant (Vajrayâna), le lamaïsme (ou bouddhisme tibétain), le zen et ce courant nouveau qu'on appelle en Occident le Navâyâna (ou Nouveau Véhicule), un syncrétisme religieux, composé à partir d'un éclectisme commode de nombreuses sources religieuses. Un syncrétisme que certains n'ont pas peur de qualifier de « soupe religieuse », de « mélasse new age » ou de « solipsisme narcissique ».

Le Theravâda

Peu après la mort de Bouddha, le bouddhisme se scinde en deux écoles, le « Véhicule des Auditeurs » (Sravakayâna) et le « Véhicule des Bouddhas-pour-soi ». Dans les deux cas, il s'agit d'une conception égoïste, élitisme du salut. L'Auditeur, comme le bouddha-pour-soi (Pratyekabuddha), est un saint, celui qui connaît la vérité, et est sorti de l'ignorance (*avidya*). Dans le cas de l'Auditeur, il y est parvenu grâce à l'enseignement du Bouddha ou de l'un de ses disciples ; dans le cas du bouddha-pour-soi, il y est parvenu par lui-même (mais la tradition dit qu'il a sans doute rencontré Bouddha ou un de ses disciples et écouté l'enseignement de la Loi dans une vie antérieure). Par la suite, le bouddhisme primitif se scinde en 18 écoles dont la seule qui subsiste aujourd'hui est celle du Theravâda (les « anciens »). C'est la raison pour laquelle le Petit Véhicule est aujourd'hui assimilé au Theravâda (bien que ce ne soit pas tout à fait exact le Theravâda ayant, lui aussi, évolué au cours des siècles) et qu'on parle, parfois aussi, de bouddhisme cingalais, car c'est au Sri Lanka que le bouddhisme originel a été le mieux préservé.

L'ignorance (avidyâ/avijjâ)

Pour le bouddhisme, l'ignorance (aussi appelée nescience dans les écrits philosophiques) est la source de tous les maux, la racine de toutes les passions et le premier maillon des douze liens de la chaîne de coproduction conditionnée (voir page 174). C'est l'ignorance qui nous empêche de connaître les causes de la souffrance (*duhkha*) et d'adopter les mesures nécessaires pour s'en affranchir. L'ignorance, c'est l'ignorance des Quatre Nobles Vérités✳, du Karma✳, de la Loi de coproduction conditionnée✳ et des Trois sceaux de l'existence (l'*anâtman*✳ ou « non-soi », l'impermanence (*anityata*) et la *duhkha*✳ ou souffrance). C'est l'ignorance qui retient les êtres dans le samsâra✳ (cycle des renaissances).

Les trois signes distinctifs des choses conditionnées (trilaksana)

Toutes les choses conditionnées se caractérisent par trois signes caractéristiques : elles sont éphémères (*anitya*✳), douloureuses (*duhkha*✳) et impersonnelles (*anâtman*✳).

© Corel

Dans le bouddhisme du Petit Véhicule, pour subvenir à ses besoins le moine ne peut compter que sur l'appui des laïcs qui lui procurent la nourriture, les vêtements et souvent le gîte. Cette conception a quelque peu évolué depuis le temps de Bouddha. Si l'on rencontre encore, au Sri Lanka essentiellement, des moines mendiants portant leur bol à nourriture autour du cou, ce n'est plus le cas de bien d'autres moines qui s'occupent activement de gérer les biens de la communauté et, parfois même, leurs biens personnels. Dans un article paru dans *AsiaWeek* (et repris dans le supplément du *Courrier International* du 15 juillet 1999, page 15), un moine s'en prend de manière très violente aux moines cupides et espère beaucoup des « bonzes du développement qui s'engagent activement dans la résolution des problèmes de leur village et dans la défense des écosystèmes… »

Une doctrine stricte

Le Petit Véhicule est centré autour du moine, lui seul par la méditation et le respect strict de la discipline monacale peut espérer quitter le monde de l'ignorance, devenir un arhat❋ (c'est-à-dire un saint), quitter le cycle des renaissances (samsâra❋) et accéder au nirvâna❋. Le rôle des laïcs étant essentiellement d'aider les moines à vivre en leur procurant nourriture, vêtement et gîte. Chaque acte positif envers un moine est méritoire et modifie le karma du donateur, lui permettant ainsi, automatiquement, de renaître dans de meilleures conditions (c'est-à-dire, pour le Petit Véhicule, dans la condition de moine). Pour accéder au nirvâna, il faut, en effet, renaître homme et devenir moine. On comprend, dès lors, que les moines pullulent dans les sociétés organisées autour du bouddhisme du Petit Véhicule (comme à Sri Lanka ou en Thaïlande).

Par rapport au Grand Véhicule, le bouddhisme du Petit Véhicule s'oppose à de nombreux « nouveaux concepts » tels que le bodhisattva de compassion (dans le Petit Véhicule ce concept possède un sens bien plus restreint) et la théorie des Trois corps du Bouddha (voir page 71). Bien entendu, le Petit Véhicule ne reconnaît pas les Sûtras❋ du Grand Véhicule et certains de leurs livres canoniques. Pour le Petit Véhicule, le seul Canon❋ authentique est le Canon Pâli (15 000 pages contre 100 000 pour le canon mahâyâniste et 200 000 pour le canon tibétain).

En résumé, le bouddhisme du Petit Véhicule est le bouddhisme primordial, c'est une sagesse de vie telle que l'a enseignée le Bouddha. Dans ce bouddhisme, la seule manière d'accéder au salut est la méditation (en principe, seulement accessible aux moines) et le respect des règles de vie monastique et éthiques. Chacun doit y arriver par lui-même et c'est extrêmement difficile d'y parvenir si on reste dans la vie laïque. C'est la raison pour laquelle le bouddhisme du Petit véhicule s'intéresse principalement aux moines. Destiné à une élite, ce bouddhisme ne s'embarrasse ni de dieux ni de démons ni de rites.

POUR EN SAVOIR PLUS

Le meilleur ouvrage consacré au bouddhisme Theravâda est celui de Walpola Rahula (*L'enseignement du Bouddha d'après les textes les plus anciens*. Seuil. Collection Sagesses, n° 131. 1978). On notera, par ailleurs, que la collection Sagesses des éditions du Seuil s'est spécialisée dans la publication des anciens textes bouddhiques. Le lecteur trouvera dans cette collection de poche de quoi satisfaire, à petit prix, une légitime curiosité en ayant accès aux textes canoniques (et autres) du bouddhisme.

Maitreya, le bouddha du futur, est ici représenté avec 8 bras. La rareté de cette œuvre est qu'ici Maitreya est un bodhisattva mais qu'il n'est pas richement paré comme c'est le cas dans ce type de représentation. Ce dessin a été réalisé d'après une statue du musée de Phnom Penh. En général, le vêtement apporte de nombreuses informations sur l'origine de la sculpture (grands drapés de l'art du Gandhâra, fin drapé asymétrique du style Gupta, etc.) ou sur la nature du sujet représenté. Si une épaule est découverte (généralement la droite) il s'agit du Bouddha historique ou d'un bodhisattva. Si le personnage est richement paré, il s'agit généralement d'un bodhisattva ou encore de Maitreya, le bouddha du futur ou d'Amida (le Bouddha du Paradis de la Terre Pure).

Les Jâtakas (ou naissances successives) sont des récits édifiants des vies antérieures de Bouddha, alors qu'il n'était encore que bodhisattva*. Ces récits qui font partie des textes canoniques, sont donc très anciens. En effet, de nombreux Jâtakas proviennent de récits indiens bien antérieurs au bouddhisme.

Ces textes sont repris dans le Suttapitaka (ou Corbeille des textes, voir page 103), un recueil de textes canoniques qui comprend également le Dhammapada (*Les Sentences de la Loi*), un texte primordial (voir page 104). En réalité, seule la partie en vers (la morale), la plus importante, fait partie des textes canoniques. Les Jâtakas sont disponibles en version palie et en version chinoise traduite à partir d'une version sanscrite n'existant plus.

Bouddha avant sa renaissance définitive

Les Jâtakas sont des récits des vies antérieures du Bouddha alors qu'il n'était encore que bodhisattva et vivait sous une forme humaine ou animale. Comme tels, les jâtakas ont donné lieu à une très importante iconographie populaire. Ces histoires populaires mettent en scène des hommes ou des êtres humains de différentes conditions, le but étant de provoquer l'édification populaire en exaltant les différentes vertus de Bouddha (générosité, bonté, sagesse, renoncement, équanimité, etc.). On recense 547 textes de ce genre dont certains ont peut-être inspiré les fabulistes (Jean de la Fontaine, Florian, etc.). Dans ces récits, le Bouddha possède les plus grandes vertus jusqu'à donner son corps pour nourrir des animaux.

Il est intéressant de signaler que la forme des Jâtakas où les strophes gnomiques (ou sentences), en s'insérant dans la prose, explicitent celle-ci sous forme de conseils moraux, existait déjà bien avant le bouddhisme. On les retrouve dans certains textes védiques, ce qui prouve qu'ils faisaient parties de la culture brahmanique avant de s'intégrer à la culture bouddhique.[84]

Le cerf du Banian

Au temps où Brahmadatta régnait à Bénarès, dans la forêt toute proche, vivait un cerf magnifique aux longs poils dorés et aux cornes d'argent. Ce cerf vivait en compagnie de cinq cents autres cerfs dont il était le roi, le roi du banian. Non loin, vivait un autre troupeau de cinq cents cerfs dont le roi se faisait appeler cerf du singe. Les deux rois et leurs sujets vivaient en parfaite harmonie et rien ne troublait la quiétude de la forêt si ce n'est le goût immodéré du roi des hommes pour la chasse, et tout particulièrement pour la chasse aux cerfs dont il raffolait manger la viande.

Ce monarque gastronome aimait aussi la compagnie. Aussi, pour chasser, il réquisitionnait régulièrement ses sujets, des paysans, lesquels devaient l'accompagner pendant des journées entières dans sa chasse au cerf. Cette chasse, dont seul le roi bénéficiait, ne plaisait guère aux paysans. Un jour, ils se réunirent pour trouver une parade aux demandes répétées du roi, lesquelles leur faisaient perdre du temps et les empêchaient de cultiver la terre. L'un d'eux émis une idée qui fut tout de suite acceptée.

Mes amis, dit-il, si au lieu que le roi soit obligé d'aller pendant des jours entiers à la chasse aux cerfs, nous construisions un vaste enclôt pour les cerfs. Les cerfs y seraient nombreux et le roi n'aurait qu'à épauler son arc pour faire mouche. Ainsi, il n'aurait plus besoin de notre compagnie et pourrait même envoyer son cuisinier pour tuer les cerfs, car c'est surtout la viande qui l'intéresse et non l'exercice.

Ainsi fut fait, et les paysans construisirent un vaste enclôt fermé dans lequel tous les cerfs furent rabattus. Le paysan à l'origine de l'enclôt allât trouver le roi, qui fut très satisfait de cette réalisation. Dès le premier jour, l'arc du roi des humains pointa vers un roi des cerfs mais ne tira pas ; le monarque décida qu'il ferait grâce aux deux rois.

Depuis, régulièrement, lui ou son cuisinier se rendaient dans l'enclos pour chasser les cerfs. Mais ni le roi, ni son cuisinier ne visaient toujours juste : pour un cerf mort, la forêt déplorait de nombreux blessés. Voulant trouver une solution à ce problème, les deux rois des cerfs se réunirent et décidèrent que puisqu'il n'y avait pas moyen d'éviter la mort régulière d'un cerf, il ne fallait pas ajouter à ce mal un autre mal.

Aussi, statuèrent-ils qu'à tout de rôle un cerf de chaque troupeau se présenterait en sacrifice devant le cuisinier du roi. Les deux rois des cerfs allèrent trouver le roi des humains qui fut très satisfait de cette nouvelle disposition qui rendait l'approvisionnement en viande encore plus facile.

Depuis, régulièrement, le cerf désigné par le sort se rendait à l'entrée de l'enclôt où il était tué par le cuisinier. Un jour cependant, le sort désigna une mère qui avait un petit bébé. Celle-ci allât trouver son roi et lui dit : « Ô roi, je ne souhaite pas me soustraire à mon devoir mais mon jeune fils a encore besoin de moi ; dès qu'il sera en âge de se débrouiller seul dans la vie j'irais accomplir mon devoir. Que la sentence soit suspen-due jusque là. – Non, lui dit le roi, le sort t'a désignée et je ne puis rien y faire. La jeune mère alla alors trouver le roi des cerfs de l'autre troupeau, le roi du banian, et lui exposa son problème. Va, lui dit-il, et ne t'inquiète pas, je vais prendre ta place ; ainsi ton fils gardera sa mère pour le protéger et l'instruire dans la vie. » Ainsi fut fait ! Le lendemain, le cuisiner trouva le roi du banian à l'entrée de l'enclôt, prêt au sacrifice. Le cuisinier, qui savait que son souverain avait fait grâce aux deux rois des cerfs refusa de tirer et s'en retourna informer son maître, le roi.

Le roi vint lui-même à l'entrée de l'enclôt et interrogea le roi des cerfs : « Ne t'ai-je pas, moi-même, fait grâce jusqu'à la fin de tes jours ? Que viens tu faire ici au lieu d'envoyer un de tes sujets ? »

Le cerf s'adresse ainsi au roi : « Ô roi des hommes, une jeune mère désignée par le sort est venue me voir. Ne pouvant demander à personne de la remplacer, je suis venu moi-même ».

Le roi fut émus par une telle compassion et dit au cerf : « Ô roi des cerfs, ton infinie générosité m'impressionne, moi le roi des hommes, aussi dès aujourd'hui, pour être ton égal, je ne chasserai plus jamais. Va annoncer cela à tous les cerfs, et pardonne moi ».

POUR EN SAVOIR PLUS

Pour en connaître davantage sur les Jâtakas, lisez de Édouard Chavannes, *Cinq cents contes et apologues extraits du Tripitaka chinois* (Adrien Maisonneuve, 4 vol. 1910-1934). Réédité en 1962. On peut également trouver quelques Jâtakas sur l'Internet (il suffit d'entrer le mot Jâtaka dans un moteur de recherche comme, par exemple, Google). Pour les Jâtakas « perfides » voir la note 85b.

Le karma

Pâli : *Kamma.*

La notion de karma, déjà utilisée dans les religions indiennes prébouddhiques, fait aujourd'hui partie du langage commun, à tel point qu'elle figure dans la plupart des dictionnaires. L'européen cultivé croit que le karma d'un individu est responsable de sa position dans le monde : ainsi, un homme riche et respecté possède un bon karma et un mendiant malade est pourvu d'un mauvais karma.

L'acte et ses fruits

Certains ont même tenté de justifier l'existence des castes par le karma des individus à leur naissance et expliquent ainsi qu'il n'est pas nécessaire de lutter contre cet état de choses. Bien entendu, cela est entièrement faux car, dans le bouddhisme, le karma est bien différent de cette vue simpliste et, soit dit en passant, la religion bouddhique est fondamentalement opposée au racisme [85]. Le mot karma désigne simplement une action morale ou immorale, un acte, et aussi les fruits de cet acte mais certainement pas l'origine de la destinée favorable ou défavorable des êtres vivants. Dans une perspective cinétique, on peut dire que, pris dans le contexte du cycle des renaissances (samsâra❋), et de celui de la chaîne des douze liens (*nidana*) d'interdépendance (voir page 176), le karma est la force motrice de la vie (et, aussi, nous le découvrirons, de l'univers). Pour mieux comprendre la dynamique du mot karma, on peut songer au mot français qui rend bien la double dimension de l'action et de son résultat : œuvre. Œuvrer, c'est fabriquer, c'est agir, c'est poser un acte dont le résultat est l'œuvre. Le rapport de causalité est ici inhérent au mot.

Une définition complexe

Retenons, pour l'instant, qu'il s'agit d'une force motrice perpétuelle, laquelle est, bien entendu, conditionnée par nos vies antérieures. Comme toujours dans le bouddhisme, chaque action karmique doit se comprendre comme éphémère, ce qui ne l'empêche pas de laisser des « traces karmiques ». Ces traces ou empreintes karmiques rejoignent d'autres traces karmiques et déterminent ainsi chez l'individu des **tendances** et aussi des **actes automatiques** (sortes de réflexes conditionnés). De plus, la répétition de karmas de même type renforce l'empreinte karmique qui évolue dans le temps. Cette description, très orthodoxe, du karma montre clairement que celui-ci s'inscrit parfaitement dans une vision de l'homme que ne désavoueraient ni les psychologues, ni les neurophysiologistes, ni ceux qui aujourd'hui plaident pour l'inscription corporelle de la mémoire des anciens faits familiaux (psychogénéalogie).

Abhidharmakosa

L'Abhidharmakosa ou *Le Trésor de la doctrine approfondie* est le commentaire de l'Abhidharmapitaka par Vasubandhu (le frère puîné d'Asanga), lequel appartenait à une secte du Petit Véhicule (les Sarvastivadins, pour être précis mais dont il ne sera nulle part question dans cet ouvrage car cette secte n'existe plus ; toutes les sectes du Petit Véhicule s'étant, d'une certaine manière fondues dans le bouddhisme theravadin. Ainsi, aujourd'hui, les désignations Petit Véhicule ou Theravâda sont identiques). Nous disposons aujourd'hui de l'intégralité de cet ouvrage en trois langues : le sanscrit, le chinois et le tibétain. Comme la plupart des ouvrages de l'époque, il est composé de vers (qui expriment la théorie) lesquels sont suivis de longs commentaires en prose.

© Corel

Ces Bouddhas gigantesques, visibles dans le temple rupestre de Yungang (province de Shanxi, en Chine) sont taillés directement dans le roc.

Le fruit karmique [87]

Chaque action karmique produit tôt ou tard (parfois après plusieurs vies) — lorsque les conditions de « maturation » sont réunies — un fruit (*phala*) lequel sera, selon la cause karmique, favorable, défavorable ou neutre. Ce fruit karmique permet, dès lors, de comprendre qu'une vie heureuse s'explique par des actes antérieurs vertueux et qu'une vie malheureuse s'explique par d'anciens actes mauvais. Comme c'est l'habitude dans le bouddhisme, les actes positifs et négatifs ont été recensés et, sans entrer dans le détail disons que le karma favorable procède des dix vertus (ne pas tuer, ne pas voler, mener une vie chaste, ne pas médire, etc.) tandis que le karma défavorable procède des dix actes non vertueux (tuer, voler, etc.). On notera, au passage, que les dix vertus sont toutes des vertus négatives, des abstentions ; ceci n'implique naturellement pas que les vertus positives (comme, par exemple, nourrir les moines) soient dépourvues d'effets karmiques. On voit donc que le bouddhisme est un dynamisme car, comme il est dit dans l'**Abhidharmakosa,** « la variété du monde naît de l'acte ». [86]

Quel est le support du karma ?

Sachant que les empreintes karmiques produisent leurs fruits parfois après plusieurs naissances, la question qui vient immédiatement à l'esprit concerne le support de ces empreintes karmiques sachant que tout est impermanent et que le bouddhisme est la religion du « non-soi ». La réponse à cette question est extrêmement complexe car de très nombreuses écoles bouddhiques apportent leur explication personnelle. Ce support relève-t-il de la matière ? Relève-t-il de l'esprit ? Ne relève-t-il ni de l'un, ni de l'autre ? Le mystère est aussi grand que la nature du Saint-Esprit dans l'Église catholique. Il existe cependant un courant de pensée bouddhique qui a trouvé dans le *pudgala* (l'individu, la personne) l'élément qui transmigrerait. Le pudgala se situe à mi-chemin entre les phénomènes composés du samsâra❋ et le phénomène incomposé du nirvâna❋. La thèse du pudgala peut se résumer de la manière suivante : « le pudgala est désigné par le support, c'est-à-dire les formations karmiques ; son rapport à celles-ci est le même que celui du feu et du bois — ils ne sont ni identiques ni différents — ; le pudgala désigne le lien de continuité entre le passé, le présent et le futur d'un être vivant ; le pudgala est désigné par la cessation qui est l'épuisement des agrégats souillés, mais non par l'annihilation de la personne. » [87] Il est très difficile d'imaginer quel support pourrait servir d'une vie à l'autre s'il n'existe pas de véritable soi. On a encore plus de peine à comprendre comment fonctionnent les réincarnations dans le bouddhisme tibétain, d'autant plus qu'un des moyens de reconnaissance consiste justement en des souvenirs précis. Pour éclaircir un peu les idées, on pourrait se souvenir de l'historiette suivante :

— Si j'ai un euro et que tu as un euro et que je te donne mon euro et que tu me donne ton euro, combien d'euros as-tu ? Et moi ?

— Chacun un euro, bien sûr.

— Si tu as une idée et que j'ai une idée et que je te donne mon idée et que tu me donnes la tienne, combien d'idées as-tu ? Et moi ?

— Deux idées, bien sûr.

Les idées, c'est comme les empreintes karmiques, il est impossible de dire ce que c'est, elles n'ont pas de support et pourtant elles peuvent faire du mal, comme du bien et la plupart survivent longtemps à leurs concepteurs.

Un « soi » bouddhiste existerait-il ?

Autant dire que la définition du pudgala est très vague et que de nombreuses écoles bouddhiques se sont disputées et continuent de le faire au sujet du support de la transmigration. La thèse développée ci-dessus, dite « personnaliste » insiste donc sur le fait que le *pudgala* n'est pas identique aux agrégats❋ mais qu'il n'en est pas différent non plus... Thèse qui ne fait, en réalité, que compliquer la compréhension du support de la transmigration car elle semble introduire, sous un autre nom la notion de « soi », formellement condamnée par le bouddhisme. Cependant, et André Bareau, un spécialiste mondial du bouddhisme le fait remarquer, il existe « dans les textes regardés comme les plus authentiques, quelques passages où le Bouddha semble enseigner l'existence d'un « soi » sentant, connaissant, agissant, transmigrant et goûtant enfin au bonheur de la délivrance. Ils sont cependant extrêmement rares et personne n'en voulut tenir compte, la négation

Gravure du XIXᵉ siècle représentant des moines en prière. On notera que l'attitude des orants bouddhistes est très proche de celle des chrétiens. Signalons que lorsqu'un personnage est représenté les mains jointes (en *anjalimudrâ*, c'est-à-dire en offrande, en vénération), ce n'est jamais un Bouddha.

totale de l'atman [le soi] étant acceptée comme un dogme fondamental et intangible de toutes les écoles. » [88] Alors ne vaut-il pas mieux, comme le conseillait vigoureusement Bouddha, ne pas disserter sur les sujets qui échappent à notre compréhension et qui, surtout, ne sont guère utiles pour atteindre le salut. Lui-même, par ailleurs, refusait pour cette raison toute discussion sur certains sujets bien qu'il connaissait les questions ayant trait à la vie future qui préoccupaient les brahmanes et certains de ses fidèles.

À quel moment agit le karma ?

Le karma peut agir immédiatement (c'est-à-dire dans la même vie), dans la vie suivante ou encore dans une vie ultérieure. Lorsqu'il n'agit pas immédiatement, le résultat d'un karma se manifeste au moment de la naissance (s'il est négatif l'individu naît, par exemple, dans le monde des enfers), durant la vie (par exemple mourir jeune parce qu'on a tué un être jeune) ou dans le lieu de la naissance (naître dans un continent très froid, etc.).

Est-il possible de purifier l'empreinte karmique ?

Oui, à condition d'avoir un remords sincère, la volonté de ne plus recommencer et de se confesser devant les bouddhas. Selon les textes, un karma peut ne pas se manifester si les conditions nécessaires à son accomplissement ne sont pas réunies ou si un karma contraire s'y oppose (c'est ici qu'intervient, vraisemblablement le libre arbitre). Les karmas inefficaces portent le nom de *ahosi karma*. Certains distinguent ainsi

Akusala

Toute action mauvaise pour le karma et portant en soi le germe de souffrances futures.

Le Karma dans l'hindouisme

Ce concept préexistait en Inde avant la naissance de Bouddha. Il désignait, au départ, l'acte rituel au moment de la mort. Par la suite, il est apparu que puisqu'un acte rituel au moment de la mort avait des effets sur les renaissances futures, tout acte de la vie devait en avoir également. Le karma, c'est donc la loi de rétribution des actes. Du karma découle automatiquement le cycle des renaissances (samsâra). Le bouddhisme n'a fait qu'amplifier ce concept. Il décrit, par exemple, un karma individuel et un karma collectif (responsable de l'existence de l'univers, voir l'article cosmologie bouddhique). Il faut cependant tenir compte que pour les bouddhistes il n'existe pas d'« âme », pas de rétribution/punition pour les actes dont bénéficierait celle-ci. Le cycle des renaissances, en fonction du karma, obéit ainsi à une loi naturelle, automatique. On notera que dans le bouddhisme tibétain, on revient à la première notion du karma puisqu'il est possible durant les 49 jours qui séparent la mort de la renaissance de modifier le karma du mort au moyen d'actes rituels. Dans l'hindouisme, l'âme, prisonnière du cycle des renaissances, doit se libérer du karma pour rejoindre le Brahman (l'Absolu). Il est tout à fait intéressant de noter que de nombreux concepts du bouddhisme tibétain rejoignent l'enseignement de l'hindouisme, bouclant ainsi la boucle. La place nous manque cependant pour en discuter, ici.

les karmas fixes (contre lesquels, en principe on ne peut rien faire et qui se manifesteront à un moment donné dans cette vie ou une autre vie) et les karmas modifiables, sur lesquels notre comportement actuel a beaucoup d'importance.

Disparition du karma passé

Le Sûtra❋ du Lotus (voir page 256), un texte fondamental du Grand Véhicule, est très optimiste pour ce qui concerne les effets du karma passé : « L'océan des obstacles karmiques naît des illusions. Si vous souhaitez corriger votre karma passé, asseyez-vous correctement et méditez sur la réalité de la vie. Toutes vos fautes s'évanouiront alors comme la gelée blanche et la rosée au soleil de la sagesse de l'Éveil qui donne la possibilité de transformer le karma. » [89]

Texte canonique

« Celui qui tue et qui est cruel va aux enfers, ou s'il reprend naissance comme homme, sa vie sera de courte durée. Celui qui tourmente les autres sera affligé de maladies. Le coléreux sera laid, l'envieux sera sans influence, l'avare sera pauvre, l'obstiné sera humble d'extraction, l'indolent sera sans connaissance. Dans le cas contraire, l'homme renaîtra au paradis ou, s'il renaît comme homme, il vivra longtemps, sera beau, aura de l'influence, sera de noble origine et pourvu de connaissances. » [90]

Nomenclature des actes karmiques

Dans le *Sûtra*❋ *sur la diversité des rétributions des actes adressés par le Bouddha au notable Suka*, on trouve une nomenclature très complète de l'action de l'empreinte karmique des actes sur les renaissances. En voici un large extrait dans la traduction d'André Bareau :

« Il y a dix sortes d'actes qui peuvent faire obtenir aux êtres une vie courte.

— Quels sont ces dix actes ?

Commettre soi-même le meurtre d'un être vivant ; inciter autrui à commettre un meurtre ; louer le meurtre ; ressentir de la joie à la vue d'un meurtre ; désirer la mort de ceux que l'on hait ; ressentir de la joie à la vue de la mort de ses ennemis ; provoquer l'avortement d'autrui ; ordonner la mutilation d'un homme ; sacrifier des êtres vivants dans le temple d'un dieu ; ordonner à des hommes de se combattre, de se blesser mutuellement et de s'entre-tuer ; par ces dix actes, on obtient une vie courte.

En outre, il y a dix actes qui peuvent faire obtenir aux êtres une vie longue : ne pas tuer soi-même d'être vivant ; exhorter autrui à ne pas tuer ; louer l'absence de meurtre ; ressentir de la joie en voyant qu'on ne tue pas autrui ; si l'on voit autrui menacé de meurtre, s'employer à le sauver ; si l'on voit autrui craindre la mort, apaiser sa pensée ; si on le voit terrorisé, lui donner la sécurité ; envers celui que l'on voit dans l'affliction, produire des pensées compatissantes ; envers celui que l'on voit dans la détresse, produire des pensées de grande pitié ; donner aux êtres de la nourriture et de la boisson ; par ces dix actes, on obtient une vie longue.

En outre, il y a dix actes qui peuvent faire obtenir aux êtres une condition sociale méprisable : s'irriter contre ceux qui se conduisent bien ; haïr ceux qui ont de bonnes pensées ; tromper autrui ; tracasser des êtres vivants ; n'éprouver ni affection ni respect à l'égard de son père ni de sa mère ; ne pas témoigner de respect envers les personnes vertueuses et saintes ; usurper sur les biens et les activités particulières des personnes vertueuses et saintes ; éteindre la lumière des lampes sur les *stûpa* des Bouddhas ; ceux que l'on voit dans une condition sociale méprisée, les dénigrer et les mépriser ; pratiquer la mauvaise conduite ; par ces dix actes, on obtient une condition sociale méprisable.

En outre, il y a dix actes qui peuvent faire obtenir aux êtres une condition sociale honorable : ne pas s'emporter ; donner des vêtements ; aimer et respecter son père et sa mère ; vénérer les personnes vertueuses et saintes ; orner de stuc le *stûpa* d'un Bouddha ; balayer et arroser un hall de prédication ; balayer et arroser le sol d'un monastère ; balayer et arroser le *stûpa* d'un Bouddha ; à l'égard de ceux que l'on voit dans une condition sociale méprisée, ne pas produire de mépris mais des pensées de respect ; à l'égard de ceux que l'on voit dans une condition sociale honorée comprendre qu'ils la doivent aux mérites de leurs vies antérieures ; par ces dix actes on obtient une condition sociale honorable. »

Ce texte continue en citant les dix actes qui entraînent une existence pauvre, les dix actes qui accordent une existence riche, les dix actes qui permettent d'obtenir des connaissances justes, les dix actes qui peuvent faire renaître sous la forme d'un animal, d'un revenant ou esprit affamé (voir page 123) ou encore sous celle d'un dieu du monde des désirs, etc. Signalons cependant, pour terminer les dix actes qui peuvent faire obtenir aux êtres la condition d'homme : « ne pas tuer ; ne pas voler ; ne pas pratiquer la luxure ; ne pas mentir ; ne pas tenir des propos frivoles ; ne pas calomnier ; ne pas injurier ; ne pas convoiter ; ne pas nuire ; ne pas avoir d'opinions fausses ; par ces dix actes purs mais imparfaits, on obtient la condition d'homme ». Rappelons qu'il y a un grand intérêt à naître homme car c'est la seule condition de renaissance (parmi les six proposées par le bouddhisme) qui permette d'entrer dans le nirvâna. Il ne faut donc pas gaspiller ce capital inestimable en se conduisant de manière non morale et en retombant automatiquement (en fonction de la loi de rétribution karmique) dans une condition inférieure.

Il est à noter qu'il n'existe, à ma connaissance, pas de texte qui explique comment naître sous la condition de dieu, ni quel est vraiment l'intérêt de cette renaissance dans une condition qui, *stricto sensu*, dans le bouddhisme, est inférieure à celle de l'homme.

Le stûpa était tout d'abord un monument funéraire ; par la suite, c'est devenu également un monument commémoratif d'un passage, d'un événement religieux, d'un vœu, etc.

Lorsqu'on présente le judaïsme, il suffit de faire référence à l'hébreu (et, dans une certaine mesure à l'araméen). Pour l'islam, il suffit de dire quelques mots sur la langue arabe « pure ». Pour la religion catholique, quelques références au latin et au grec sont suffisantes.

Pour présenter le bouddhisme, malheureusement c'est beaucoup plus complexe car, ainsi que l'explique Philippe Cornu en entrée de son *Dictionnaire encyclopédique du bouddhisme*, « une des difficultés majeures dans la réalisation d'un tel dictionnaire concerne le choix de la langue et de l'entrée des articles. Le bouddhisme embrasse un vaste champ linguistique qui comprend — outre le pâli et le sanscrit — le tibétain, le chinois, le japonais, le coréen, le cambodgien et le cinghalais. Beaucoup des termes bouddhiques peuvent donc être désignés par des vocables en ces langues, et seuls quelques-uns, les plus importants, ont trouvé depuis un certain temps une ou plusieurs équivalences dans les langues française ou anglaise. » [91]

Pour nos lecteurs non familiarisés avec ces langues, nous avons toujours donné la préférence, lorsqu'il existe, au terme français. Dans les autres cas, nous avons privilégié les termes sanscrits. Seuls quelques rares termes en d'autres langues asiatiques ont été repris dans cet ouvrage (comme par exemple satori et koan, en japonais et tülkou, et yab-yam en tibétain).

Le sanscrit

Il s'agit d'une langue de culture indienne dans laquelle ont été rédigés ou traduits la plupart des textes importants de l'Inde (ceci de manière à éviter un trop grand émiettement des textes dans les nombreuses langues de ce vaste pays). C'est du sanscrit — l'ancienne langue indienne des gens cultivés — que dériveraient la plupart des langues indo-européennes. Contrairement à d'autres langues indiennes, le sanscrit n'a jamais été une langue populaire mais, ainsi que nous l'avons dit, une langue réservée à l'écriture, à l'unification. Cette langue a été développée de manière artificielle vers le IVe siècle avant l'è.c. Aujourd'hui encore, des lettrés indiens, pratiquent le sanscrit lequel peut d'ailleurs être étudié dans les universités européennes ou lors de stages.

L'étude des langues indo-européennes

Dans un célèbre discours, William Jones, magistrat de la Cour suprême britannique en Inde, et polyglotte (il possédait

Le sanscrit une langue artificielle

Dans le remarquable *Dictionnaire des langues imaginaires*, les auteurs signalent que le sanscrit « a été développé de manière artificielle, au IVe ou IIIe siècle avant J.C., par de nombreux érudits, parmi lesquels se distingue tout particulièrement le grammairien indien Pânini. » [94]

vingt-huit langues), théoricien de l'évolution des langues, signale que : « la langue sanscrite, quelle que soit son antiquité, est d'une structure admirable, plus parfaite que le grec, plus riche que le latin, et plus raffinée que l'un et l'autre ; on lui reconnaît pourtant plus d'affinités avec ces deux langues, dans les racines des verbes et dans les formes grammaticales, qu'on ne pourrait l'attendre du hasard. Cette affinité est telle, en effet, qu'un philologue ne pourrait examiner ces trois langues sans croire qu'elles sont sorties d'une source commune, qui peut-être n'existe plus. » [92] Ce discours lance l'étude des langues indo-européennes et leur classification par rapport à une langue commune. Cette « révolution indo-européenne » bouleverse, par ailleurs, de nombreuses sciences dont l'étude des mythes (dont on découvre qu'ils sont structurés comme les éléments d'un langage). F. Max-Müller, un spécialiste de la mythologie, écrit que « grâce à la découverte de l'antique langue de l'Inde, le sanscrit comme on l'appelle (...), et grâce à la découverte de l'étroite parenté qui unit cette langue aux idiomes des principales races de l'Europe (...), une révolution complète s'opéra dans le monde dans la manière d'étudier l'histoire primitive du monde. » [93]

Le sanscrit aujourd'hui

Cette langue est parlée aujourd'hui par moins de 50 000 locuteurs dans le monde et « la moitié des personnes dont le sanscrit est la langue maternelle ne parlent pas d'autre langue ». [96] Ainsi, elle n'est parlée que par 0,01 % de la population indienne. Rappelons qu'on recense en Inde plus de 1700 « langues maternelles » différentes dont 18 sont reconnues comme langues officielles des États. Aucune langue n'est parlée par l'ensemble de la population. Malgré la faible importance numérique des locuteurs du sanscrit, les autorités éducatives tentent d'imposer son apprentissage dans les écoles indiennes. Notons, qu'aujourd'hui déjà, dans le cadre de l'obligation d'apprendre trois langues à l'école, le sanscrit occupe une bonne place.

Le Pâli

Le pâli est la langue religieuse du bouddhisme, du moins dans sa partie du sud de l'Inde, puis dans celle du sud-est de l'Asie. Autant dire que c'est la langue religieuse du bouddhisme du Petit Véhicule*, le plus proche du bouddhisme originel. Cette langue a connu diverses écritures dont se sont inspirées les langues actuelles de l'Asie. Dans son ouvrage consacré au bouddhisme, Henri Avron signale que « Bouddha lui-même parlait le mâgadhî, dialecte de la contrée de Magadha. Selon la tradition cingalaise, le pâli (littéralement « texte ») serait la même langue que le mâgadhî. Mais il semble plutôt que le pâli qui est devenu la langue sacrée des pays du Petit Véhicule, est un dialecte originaire du nord-est de l'Inde. Le pâli est un proche parent du sanscrit, mais ne possède pas l'élégance de cette dernière langue. » [97] Lorsqu'il déchiffre, pour la première fois, l'alphabet pâli, Eugène Burnouf n'a pas vingt-cinq ans. Dans l'ouvrage qu'il publie (en association avec Christian Larsen), ce « Champollion du bouddhisme » écrit que « parmi les nombreux idiomes qui se parlent, ou au moins sont cultivés dans la presqu'île au-delà du Gange, le pâli ou bali est, sous plusieurs rapports, un des plus curieux. Peu connu des Européens, il offre ce genre d'intérêt que présente toute étude nouvelle ; et de plus, quand on pense, d'une part, à ses rapports intimes avec une langue célèbre, le sanscrit, et d'autre part, au rang élevé qu'il occupe parmi les nations où il domine, on ne peut s'empêcher d'espérer qu'il deviendra bientôt une branche importante des études dont l'Asie occupe en ce moment la curiosité européenne. Des nations dont les langues vulgaires offrent de grandes différences, reconnaissent toutes le pâli pour leur langue sacrée. Depuis le puissant et vaste empire des Barmans, ou Birmans, jusqu'aux royaumes du Siam, et peut-être de Tchiampa, il règne avec le titre vénérable de langage de la religion et de la science ; et il resserre le lien puissant qui, aux yeux du philosophe, ramène sous une sorte d'unité des peuples de civilisations aussi diverses que le montagnard lourd et grossier de l'Arakan, et l'habitant plus policé de Siam. Ce lien, c'est la religion de Bouddha, divinité commune de tous ces peuples. Depuis Tchittagong jusqu'à la Chine, son culte domine sans partage avec sa hiérarchie, ses monastères et son cortège d'idées philosophiques, et il a tellement effacé les anciennes croyances populaires qu'il est difficile aujourd'hui d'en retrouver la trace. Cette religion qui, dans sa constitution intime, répond sans doute aux besoins des esprits asiatiques, puisque presque toute l'Asie orientale l'a adoptée et la pratique encore aujourd'hui, peut donc, grâce au pâli qui lui sert d'interprète, être étudiée sur un point nouveau du globe [...] et il n'y a peut-être pas trop d'audace à espérer que la connaissance du pâli doit aider, en grande partie, à soulever le voile qui cache encore à nos regards les mystères du bouddhisme. On peut croire en effet, que, plus rapproché de l'Inde, lieu de son origine, ce culte a dû, dans la presqu'île, se garantir plus facilement de toute innovation, et se conserver pur de tout mélange. » [98]

Pâli, l'écriture du Canon theravadin (tipitaka)

Les canons bouddhiques du Petit Véhicule sont écrits en langue pâlie.

Pânini

Cet auteur (Ve siècle avant l'è.c.) doit sa célébrité à une grammaire. En effet, nous lui devons la plus ancienne grammaire sanscrite, l'*Astadhyayi* ([Grammaire] en huit chapitres). Aujourd'hui encore, de nombreux concepts imaginés par Pânini sont utilisés par les linguistes (comme, par exemple, samdhi, tatpurusa, etc.). Vingt-cinq siècles plus tard, la grammaire comparée des langues indo-européennes a confirmé l'essentiel des intuitions de Pânini. Le génie de Pânini a été de montrer que les mots de la langue sanscrite sont tous produits à partir de racines. Les racines sont peu nombreuses (plus ou moins mille) mais sont génératrices de radicaux en nombres indéfinis (plus de cent mille dans les dictionnaires). Ces radicaux peuvent aussi se combiner pour donner des mots composés. De manière à permettre aux étudiants de mémoriser les règles grammaticales, Pânini a construit son œuvre en lui donnant la forme d'un Sûtra❋, lequel, nous l'avons vu, est composé de brèves séquences en vers. Mieux encore, il a poussé l'abstraction jusqu'à lui donner la forme d'une notation algébrique. Il est donc clair que la lecture de l'*Astadhyayi* ne peut se faire sans de nombreux commentaires. Pour J. Varenne « autant dire que le texte de Pânini est un cryptogramme parfait, totalement illisible si on ne dispose pas de la clé. Il faut donc avoir recours aux commentaires si l'on désire l'utiliser. » [95]

Les Môns

Actuellement, les Môns ne représentent guère plus d'un million de personnes dont 90 % habitent en Birmanie (où il existe un « état fédéré » môn) et le reste en Thaïlande. Pourtant, ce peuple, qui a diffusé l'enseignement de l'Inde — tant du point de vue religieux (en sanscrit et aussi en pâli) qu'artistique —, avait bâti (pendant mille ans, du Ve au XVIIe siècle) des royaumes prospères, dont on découvre aujourd'hui seulement l'importance.

Le Canon pâli est le Canon de référence des pays de l'Asie du Sud où l'on pratique le bouddhisme theravadin (Petit Véhicule ou Hînayâna), c'est-à-dire au Sri Lanka, en Birmanie, en Thaïlande, au Cambodge et au Laos. C'est aussi le Canon le plus complet et le plus ancien. Ce Canon suit la classification des trois corbeilles et a été mis par écrit vers la fin du premier siècle avant l'è.c. La tradition raconte que 1000 moines se mirent à la tâche pour traduire et rassembler les différents textes et que le résultat fut obtenu en seulement un an. De 1881 à nos jours, le Canon pâli a été traduit en grande partie en anglais (74 volumes sont disponibles en langue anglaise) sous l'égide de la *Pali Text Society*. Il en existe également une traduction en allemand et en japonais mais pas en français. Il n'existe pas de grande différence entre les Canons sanscrit et pâli mais les textes sont regroupés de manière différente. Depuis quelques années, on a découvert que les Môns, véhiculaient un courant bouddhique rattaché au Petit Véhicule mais en langue sanscrite. Les sectes véhiculant ce courant sont encore mal connues bien que leur existence soit depuis longtemps soupçonnée en Inde et même en Asie. Nos connaissances sur le bouddhisme de l'Hînayâna centrées sur le Canon pâli risquent d'être modifiées.

Sanscrit : *Nyâya.*

Dieu n'est pas et je ne suis pas.

Il ne viendrait à personne l'idée de consacrer, dans un ouvrage traitant de la religion, quelques pages à la logique chrétienne ou à la logique juive car l'une et l'autre s'inscrivent dans notre tradition occidentale, aristotélicienne. Par contre, la logique bouddhique n'obéit pas toujours aux règles définies par Aristote, et cela pour deux raisons. D'une part, la tentative de justifier certains concepts, à la limite de l'acceptable, a contraint les penseurs bouddhiques à utiliser toutes les techniques de l'argumentation, y compris, dès lors une logique particulière faisant appel aux tétralemmes[99]. D'autre part, et c'est sans doute le plus important, pour le bouddhisme le monde est à la fois « réel », concret, tangible (mais cela du point de vue du « charbonnier », c'est-à-dire de la vérité conventionnelle) et vacuité (cela du point de vue de la vérité définitive). Cette double appartenance des phénomènes du monde (les dharmas) à deux vérités inconciliables, nécessite l'utilisation d'une logique très particulière, ainsi que nous allons l'esquisser.

La logique bouddhique

Bien que la logique bouddhique participe au but du bouddhisme lequel est de délivrer l'homme de l'erreur, de l'illusion (c'est donc une logique de connaissance), elle doit surtout son succès à l'utilisation qui en a été faite comme logique d'argumentation. En effet, bien plus encore que la logique occidentale, la logique bouddhique a été utilisée dans les joutes oratoires ; ainsi de nombreux conflits entre écoles religieuses se sont traduits essentiellement sous forme de confrontations orales.

Une logique de l'argumentation et de la connaissance

Cette logique de l'argumentation fut utilisée, pour ne donner qu'un exemple, lors de la longue confrontation (trois ans) entre les partisans du subitisme (l'Éveil est instantané, thèse de l'école chinoise) et du gradualisme (l'Éveil est progressif, thèse de l'école indienne). Ainsi que l'écrit Conze[99b] : « L'entraînement dans la logique avait donné aux bouddhistes un avantage sur leurs rivaux et les sectes hindoues furent bientôt forcées d'élaborer des systèmes logiques de leur cru. » Pour en revenir aux particularités de la logique bouddhique, on peut, déjà maintenant, citer un texte de Bouddha (le Tathâgata, comme il aimait s'appeler lui-même) : « Le Tathâgata (...) est profond, incommensurable, insondable comme l'océan. Le terme surgir, ne pas surgir, surgir et ne pas surgir, ni surgir ni ne pas surgir, ne s'applique. »[99c] Cette formulation en quatre propositions est appelée un tétralemme (*catuskoti*) et correspond à la formulation (laquelle échappe à tout discours parce que ce dont on parle est indicible) que l'on trouve déjà dans le Canon pâli :

il y a (ati) ;

il n'y a pas (neti) ;

Dignâga

Philosophe bouddhiste de la fin du Ve siècle, il enseignait à la prestigieuse université bouddhique de Nâlânda où il fonda une école de logique. On lui doit de nombreux ouvrages de logique dont le plus connu est *l'Accumulation des critères de connaissance juste*. La pensée de Dignâga a été commentée pendant des siècles et malgré la destruction des bibliothèques et monastères bouddhistes par les musulmans, on possède encore la plupart de ses œuvres en sanscrit ou en tibétain. L'intérêt pratique de la logique, nous l'avons déjà dit, était de donner aux orateurs une technique de discussion permettant de mettre en difficulté l'adversaire lors des nombreuses joutes oratoires organisées par les princes au moment des tournois. L'enjeu de ces joutes oratoires n'était pas mince, car le perdant devait, lui et tous ses disciples, embrasser la doctrine du vainqueur.

il y a et il n'y a pas (ati ca netica) ;

ni il y a ni il n'y a pas (nevati na neti).

Un autre exemple, extrait du *Traité du Milieu* de Nagarjuna est le suivant :

Tout est vrai,

Tout est non vrai,

Vrai et non vrai.

Ni vrai ni non vrai.

Tel est l'enseignement de l'Éveillé.

Enfin, pour fixer les idées, un dernier exemple qui se rapporte à ce que devient le Tathâgata après sa mort :

« On ne peut dire ni qu'il existe au-delà de la mort, ni qu'il n'existe pas, ni à la fois qu'il existe et n'existe pas, *ni ni* qu'il existe et n'existe pas. »[99d]

L'utilisation du tétralemme permet ainsi de placer le débat logique au-delà de la vérité conventionnelle, dans un mode où tout est possible et son contraire (comme dans le rêve) car tout est vacuité. On pourrait, d'une certaine manière, affirmer que les deux premières propositions du tétralemme concernent la vérité conventionnelle tandis que les deux dernières sont en rapport avec la vérité ultime. Rappelons cependant que cette argumentation logique est celle de l'indicible et que Bouddha, lui-même, préférait garder le silence (voir page 13).

« À la question : « le monde a-t-il une fin ? »,

Le Vainqueur garda le silence. » (Nagarjuna, *Conseils au Roi*).

Les modes de connaissance

Cette logique bouddhique du tétralemme ne s'oppose cependant pas totalement à la logique « classique » car, ici aussi, le principe de non-contradiction est également présent mais en tenant compte des deux vérités (la vérité conventionnelle et la vérité ultime). Notons que très rapidement la logique bouddhique avait réduit le nombre de modes de connaissance à deux (au lieu de cinq dans la logique hindoue) : la perception (*pratyaksa*) et l'inférence (*anumâna*). La perception est la conscience immédiate, intuitive, que l'on prend d'un objet (cette perception ne peut donc provenir que de l'objet lui-même et non de l'imagination ou de son nom ; en effet, le mot en tant que tel ne peut désigner qu'une négation : ainsi, l'expression « ceci est un chat » ne dit rien sur le chat mais précise seulement que ce n'est pas un chien, ni un canard, etc.). L'inférence, c'est la connaissance de la relation nécessaire entre deux objets, c'est la connaissance discursive. C'est l'inférence qui permet, par exemple, à partir d'un raisonnement sous forme de syllogisme, de prendre connaissance d'une chose invisible, de phénomènes cachés.

On trouvera de nombreux exemples de tétralemmes dans les ouvrages de Nagarjuna (voir page 185) et d'autres exemples de logique bouddhique dans les confrontations entre le moine Nagasena et le roi Ménandre (*Les Questions de Milinda* — voir page 206).

La réduction à l'absurde

Un raisonnement logique souvent utilisé par les bouddhistes est la réduction à l'absurde (raisonnement que l'on rencontre également dans la résolution de problèmes mathématiques). Ainsi, si A existait, B existerait nécessairement ; mais comme B n'existe pas, A n'existe pas non plus. Ce mode de raisonnement a, sous différentes formes, été souvent été utilisé par Nagarjuna.

Voici deux exemples de logique bouddhique extraits des *Conseils au Roi*, de Nagarjuna :

De même qu'un mirage ressemble à l'eau,

Mais n'est pas de l'eau et, en fait, n'existe pas ;

De même, les agrégats ressemblent à des soi,

Mais ne sont pas des soi et, en fait, n'existent pas.[99e]

———————————

Ce qui est momentané, cessant d'être,

Comment pourrait-il vieillir ?

Ce qui n'est pas momentané, demeurant stable,

Comment pourrait-il vieillir ?[99f]

En définitive, puisque la vérité réelle est la vacuité tout devient possible, le non-dualisme est général, tout se vaut, le nirvanâ et le samsâra ne sont que deux aspects différents d'une réalité unique, le bien et le mal sont semblables (l'un n'est que la « révulsion » de l'autre) et la logique doit tenir compte de toutes les possibilités indicibles ; c'est du moins l'avis du bouddhisme mahayâniste. Pour terminer, citons un dernier exemple, de logique bouddhique extrait du *Traité de Bodhidharma* dans lequel le second patriarche Huike répond à la demande d'un disciple qui demande la confession :

— Huike : « Apporte-moi tes fautes, et je te confesserai. »

La logique aristotélicienne

Aristote, philosophe grec (IVe siècle avant l'è.c.) est le fondateur de la logique. La logique peut être définie comme l'étude des règles auxquelles doit se soumettre un raisonnement pour être présumé valide. La logique d'Aristote est donc une logique formelle (contrairement à la logique bouddhique qui est une logique de connaissance, voir plus bas). Le principe de base de la logique d'Aristote est le suivant : « il est impossible que le même attribut appartienne et n'appartienne pas en même temps au même sujet et sous le même rapport ». De là découlent les règles suivantes :

— Ce qui est, est ; ce qui n'est pas, n'est pas.

— Toute chose est ou n'est pas, il n'y a pas de troisième possibilité.

On notera que cette dernière règle est aujourd'hui contestée par certaines écoles de logique qui estiment que la troisième possibilité est l'« indécidable ».

Aristote aussi connaissait bien le tétralemme utilisé par son maître le philosophe grec Platon mais, dit-on, cette argumentation logique l'exaspérait. Platon préconise l'usage du tétralemme lorsqu'il s'agit de décrire des choses en mouvement qui, en vertu même du déplacement, sont indéterminées. On notera que c'est pour une raison identique (l'impermanence des choses, le non-soi, le flux constant de la vie) que les bouddhistes utilisent ce tétralemme.

Le rêve

Comme Freud l'a admirablement découvert, dans le rêve aussi, le principe de non contradiction obéit à des lois particulières (symbolisation, condensation, etc.). Il assume parfaitement les contradictions de lieux et de temps et se montre admirable pour réunir les contraires en un seul objet. La logique du rêve est assez proche de la logique bouddhique et l'on ne s'en étonnera qu'assez peu si on se souvient que pour les bouddhistes le rêve n'est pas moins réel que ce qu'on appelle aujourd'hui « la vraie vie ». C'est par la méditation et le « rêve éveillé » que le bouddhiste prend conscience de la vraie nature des choses, de leur vacuité.

— Le disciple : « Mes fautes n'ont ni forme, ni caractère saisissable, comment pourrais-je vous les apporter ? »

— Huike « Te voilà donc confessé par mes soins. Retourne à ta cellule. Si tu avais commis une faute, tu devrais certes la confesser ; mais puisque tu n'en trouves aucune, tu n'as pas besoin de confession. »

— Le disciple : « Dites-moi comment trancher mes passions. »

— Huike : « Où sont-elles donc, pour que tu désires les trancher ? »

— Le disciple : « Je l'ignore. »

— Huike : « Si tu l'ignores, c'est qu'elles sont comme l'espace. Quelle idée te fais-tu de l'espace, pour parler de le trancher ! »[99g]

« Ceci étant, cela vient à exister. De l'apparition de ceci vient cela ; ceci étant absent, cela n'est pas ; par la cessation de cela, ceci cesse. »[99h]

Au lieu de coproduction conditionnée, on parle également d'origines conditionnées ou d'origines interdépendantes ou de production interdépendante ou encore de production en consécution. On parle parfois aussi de loi de production en consécution ou de théorie des douze causes.

Cette loi est l'un des piliers du bouddhisme mais sur lequel, du fait de sa complexité, on s'attarde assez peu. Pourtant, « sans une claire intelligence de cette Loi, on ne peut rien comprendre du mécanisme des renaissances qui, pour le bouddhisme, se distingue absolument de celui qui est proposé par le brahmanisme et par les Upanisad, même s'il en reprend certains éléments. »[100]

La loi de l'enchaînement au samsâra

Toute l'originalité du bouddhisme par rapport aux autres religions tient dans cette loi qui, d'une certaine manière, résume la doctrine de Bouddha et explique l'enchaînement qui de l'ignorance à la naissance entraîne l'individu dans l'existence et le cycle des renaissances. Cette loi — de l'enchaînement des êtres vivants au samsâra — montre et explique comment la vie est constituée d'instants successifs conditionnés et impermanents. Certains pensent que « c'est la première formulation, dans la littérature universelle, de l'idée de loi ou de fonction ». [101]

Rien n'est sans cause, rien n'est sa propre cause

On pourrait résumer cette conception philosophique de l'existence par la formule « rien n'est sans cause et rien n'est sa propre cause ». Cette loi stipule que tous les phénomènes psychiques et physiques sont liés entre eux dans une succession quasi mécanique d'événements qui se produisent dans un ordre précis de causes et de conditions spécifiques. Les phénomènes sont interdépendants et continus. Il y a une fin mais pas de commencement et les phénomènes proviennent de causes interdépendantes connues. Cette doctrine est étroitement liée à celle de l'*anâtman*✴ (« non-soi »). Alors que la doctrine de l'*anâtman* décompose l'existence en ses ultimes parties et démontre que ces parties sont « vides », insubstantielles ; la loi de coproduction conditionnée montre comment ces phénomènes sont interdépendants. En gros, la vie est impersonnelle (*anâtman*) et conditionnée (*pratityasamutpada*). Bouddha a découvert ce mécanisme de la production conditionnée — causalité du

À noter

Selon les traditions, les douze liens (*nidana*) de la loi de coproduction conditionnée ne sont pas toujours donnés dans le même ordre, il arrive même que certains liens soient omis. La liste ci-après est celle la plus communément admise, laquelle figure dans les ouvrages de base que sont le *Samyuttanikaya (Livre des discours mêlés)* — et tout spécialement dans le Nidana Samyutta, le Dighanikaya (*Dialogues du Bouddha*), le Mahânidanasutta (pâli) et l'Abhidarma (ensemble des ouvrages appartenant à la troisième corbeille). Pour en savoir plus concernant ces ouvrages, voir l'article consacré au Canon bouddhique.

karma✽ et édifice du samsâra✽ — à la veille de son Éveil. Bouddha distingue les phénomènes d'interdépendance extérieurs qui sont dépendants de sept causes reliées (la graine, la pousse, les feuilles, la tige, le bouton, la fleur, le fruit) et de six conditions liées (la terre, l'eau, le feu, le vent, l'espace et le temps). Les phénomènes intérieurs (propres aux êtres animés), ceux qui nous préoccupent directement pour sortir du cycle infernal du samsâra, sont dépendants de douze liens, lesquels sont décrits à la page suivante.

Gravure du XIXe siècle représentant Bouddha.

La chaîne des douze liens (*nidana*) d'interdépendance

Dans la loi de production conditionnée, les phénomènes sont interdépendants et cette interdépendance peut se décomposer en douze facteurs ou « étapes » :

PASSÉ

1. Les formations karmiques sont conditionnées par l'**ignorance**.
2. La conscience (dans cette vie) est conditionnée par les **formations karmiques** (des vies antérieures).

PRÉSENT

3. Les phénomènes physiques et mentaux sont conditionnés par la **conscience**.
4. Le nom-et-forme (esprit-matière) est conditionné par les phénomènes physiques.
5. Les **six bases** (c'est-à-dire les cinq organes physiques + la conscience) sont conditionnées par les phénomènes mentaux et physiques.
6. L'impression sensorielle mentale (ou **contact**) est conditionnée par les six bases.
7. La sensation (ou **sentiment**) est conditionnée par l'impression sensorielle mentale.
8. La soif ou **désir** est conditionnée par l'impression sensorielle mentale.
9. L'**attachement** est conditionné par la soif ou désir.
10. Le processus du **devenir** (renaissance) est conditionné par l'attachement.

FUTUR

11. La **renaissance** est conditionnée par le processus du devenir.
12. La **vieillesse** et la ^{mort} sont conditionnées par la renaissance.

Cette chaîne envisage aussi bien la vie présente (étapes 3 à 10) que la vie passée (étapes 1 et 2) ou la vie future (étapes 11 et 12). Chacune des étapes conditionne la suivante : de la cause à l'effet. Prise dans le sens inverse (de la 12 à la 1, c'est-à-dire de l'effet à la cause), elle conduit à la vérité sur l'origine de la souffrance (*duhkha*). On parle d'*anuloma* lorsqu'on descend cette chaîne (cette descente est le lot du samsâra) et de *pratiloma* lorsqu'on la remonte (c'est-à-dire que l'on tend vers le nirvâna). C'est dans cet ordre inverse que le Bouddha, tout naturellement, découvrit la loi de la coproduction conditionnée.

1. Les formations sont conditionnées par l'ignorance

Comme il est dit dans l'Abhidharma-samuccaya, « L'ignorance illusionne les êtres à l'égard de l'existence ; elle est également la condition des formations. » Pour les bouddhistes, l'ignorance c'est l'ignorance des Quatre nobles vérités❋ et l'ignorance de l'origine et de la disparition des agrégats. L'ignorance repose sur quatre méprises et aboutit à des vues fausses. L'ignorant prend pour :

- heureux ce qui est malheureux ;
- éternel ce qui est impermanent ;
- soi ce qui est dépourvu de soi ;
- pur ce qui est composé.

Dans la roue de l'existence ou *bhavacakra* (très souvent représentée dans le bouddhisme tibétain), chacun des douze liens d'interdépendance est figuré par un

Bhavacakra

C'est la roue de l'existence. Dans le bouddhisme tibétain cette roue est complétée par de nombreuses illustrations :

• l'anneau extérieur symbolise les douze liens de la loi de coproduction conditionnée ;

• le cadran principal contient les six domaines de l'existence (royaume des dieux, royaume des titans, royaume des démons, royaume des enfers chaud et froid, royaume du monde animal, royaume des êtres humains) ;

• le cercle le plus intérieur est divisé en deux parties : l'une montre les êtres en route vers le nirvâna꘏ et l'autre les êtres en route vers l'enfer ;

•au centre figurent les trois grandes fautes représentées par des animaux : la passion (coq), la haine (serpent), l'erreur (le porc).

Cette roue est généralement tenue dans ses bras par Mâra, le dieu de la mort.

être vivant. Ainsi, l'ignorance est figurée par une **vieille aveugle** qui marche à tâtons.

2. La conscience (dans cette vie) est conditionnée par les formations karmiques (des vies antérieures)

Les actes antérieurs laissent dans notre vie une empreinte, sorte de compulsion qui nous pousse à agir en bien ou en mal : ce sont les empreintes (ou résidus) karmiques. Il faut cependant prendre conscience que ces forces inconscientes peuvent à tout moment être annihilées par l'individu qui, conservant le libre arbitre, reste seul responsable de ses actes.

Les formations karmiques sont illustrées par un **potier** qui façonne un vase sur un tour.

3. Les phénomènes physiques et mentaux sont conditionnés par la conscience

La conscience est un courant de pensées qui apparaissent puis disparaissent ; ce courant de pensées s'attribue faussement un soi alors qu'il est impermanent et, comme les bulles d'eau qui apparaissent sur un fleuve, à chaque instant, disparaît pour réapparaître l'instant suivant. Comme on le sait, la pensée s'alimente elle-même et vit de ses propres productions.

La conscience est figurée par un **singe qui saute d'arbre en arbre** à la recherche d'un fruit à saisir.

4. Le nom-et-forme (esprit-matière) est conditionné par les phénomènes physiques

Le nom-et-forme, le mental et le corporel, constituent la personnalité psychique et physique de l'individu. Ce concept (*nama-rupa*) est déjà présent dans les textes védiques. Le « nom » se rapporte à tout ce qui est psychique ou psychologique alors que la « forme » se rapporte à tout ce qui est physique. C'est cette entité qui permet de se constituer un « moi », condition nécessaire à une nouvelle existence. Néanmoins, le fait même de ce syntagme figé (nom-et-forme) montre à suffisance l'instabilité de la personne et l'indissociation du mental et du physique.

La forme est figurée par une **barque** (le corps) avec quatre passagers. Cet ensemble forme les cinq agrégats du « moi ».

5. Les six bases (c'est-à-dire les cinq organes physiques des sens + la conscience) sont conditionnés par les phénomènes mentaux et physiques

Les organes des sens sont nos instruments par rapport au monde. Cependant dès que l'information arrive au cerveau, il s'y opère une construction et parfois une confusion ; ainsi, l'individu peut se méprendre sur la nature véritable de l'objet vu, touché, goûté, senti ou entendu. Même dans la vie courante d'un individu « normal », les méprises sont nombreuses.

Les six bases sont figurées par une **maison vide à six fenêtres**.

6. L'impression sensorielle mentale (ou contact) est conditionnée par les six bases

L'impression mentale résultat du contact est qualifiée par l'individu de bonne, mauvaise ou neutre. En fonction de cette qualification, le contact est recherché ou évité. Le contact est un excellent moyen pour vérifier l'impermanence des choses (comme, par exemple, le simple fait de l'eau qui coule sur le corps lorsqu'on prend une douche).

Le contact est illustré par un **couple enlacé**.

7. La sensation (ou **sentiment**) est conditionnée par l'impression sensorielle mentale

C'est la réponse aux stimuli de contact, lesquels éveillent en nous des passions. La sensation n'est donc pas sans relation avec un comportement moral.

La sensation (sentiment) est illustré par un **homme, une flèche fixée dans l'œil**.

8. La soif ou **désir** est conditionnée par l'impression sensorielle mentale

Le désir provient d'un manque, lequel ne se manifeste habituellement qu'après avoir connu la sensation. Le désir nous pousse à vouloir répéter l'expérience de la sensation. Comme le fait remarquer Philippe Cornu « le désir » est un maillon

Les six classes de destins du bouddhisme

Pour le bouddhisme, il existe six classes de destins pour les êtres animés. Lors de la renaissance, le passage peut s'effectuer indifféremment d'une classe à l'autre mais, rappelons-le, seule la condition d'être humain masculin permet d'échapper au cycle des renaissances. Ainsi, même les dieux doivent d'abord renaître sous la forme d'un homme pour parvenir au nirvâna❋. En fonction du karma❋, les bouddhistes distinguent les destinées défavorables (la renaissance en enfer, les esprits avides ou *preta*, les animaux) et les destinées favorables (les titans ou *asuras*, les dieux et les êtres humains). Cette première classification se diversifie considérablement (il existe, pour ne donner qu'un exemple, 18 enfers différents) aboutissant à une véritable cosmologie (voir l'article consacré à ce sujet). Le lecteur désireux d'en savoir davantage lira avec profit l'article consacré aux six destinées dans le *Dictionnaire encyclopédique du bouddhisme* de Philippe Cornu (Seuil). Il pourra également se procurer l'ouvrage de P. Rinpoché, *Le chemin de la grande perfection* (Padmakara, Saint-Léon-sur-Vézère, 1997).

faible dans la chaîne des douze liens de l'interdépendance, qu'il est possible de rompre par l'attention et le renoncement. La discipline de la pratique permet de saper le désir et de briser le cercle. À l'inverse, s'abandonner au désir et s'adonner aux plaisirs des sens prolongeront notre errance ». [102] Les textes canoniques ne disent-ils pas que « c'est la soif qui produit la réexistence et le redevenir, qui est liée à une avidité passionnée et qui trouve une nouvelle jouissance tantôt ici, tantôt là, c'est-à-dire la soif des plaisirs des sens, la soif de l'existence et du devenir, et la soif de la non-existence ». [103]

La soif (ou désir) est représentée par un **homme se désaltérant**.

© Corel

Dans les temples bouddhiques, les lions ont pour mission de garder les allées et les entrées des bâtiments. Le rugissement du lion représente la « voix de la Loi ». En Chine, le lion porte le nom de « chien de Bouddha » (*Bofo*). On notera que la représentation des lions a fort évolué au cours des siècles et que dans leurs dernières présentations ils avaient des têtes carrées et certains étaient même pourvus de cornes. Sculpture chinoise d'un lion.

9. L'**attachement** est conditionné par la soif du désir

L'attachement ou appropriation consiste à prendre possession des êtres et des choses. L'attachement implique la croyance au moi, au mien, il est directement lié à l'insatisfaction, au désir de prolonger l'existence, et donc au processus de renaissance.

L'attachement est figuré par un **singe s'emparant d'un fruit**.

10. Le processus du **devenir** (renaissance) est conditionné par l'attachement

Comme on le sait, la renaissance ne s'effectue pas toujours sous la forme humaine : elle peut aussi s'effectuer sous la forme d'un animal ou sous celle d'un dieu ou d'un démon. Cependant, la renaissance en tant qu'homme est la plus favorable car elle seule permet de quitter le cycle de la renaissance (samsâra⁂) et d'accéder au nirvâna⁂. Cette nouvelle naissance est conditionnée par le karma⁂ de la vie antérieure et la pensée naissante est souillée de toutes les passions antérieures, cela même chez les dieux.

Le devenir est figuré par une **femme enceinte**.

11. La **renaissance** est conditionnée par le processus du devenir

La renaissance ne se produit que si l'individu reste soumis au désir et à la soif. Assez curieusement, la renaissance précède la vieillesse et la mort. Paul Magnin en propose une explication :

« pour un bouddhiste, au terme de l'existence, il existe deux possibilités : soit la mort suivie de renaissance (...), soit l'extinction complète, c'est-à-dire le nirvâna qui est un "non-né" échappant au temps et à la durée. Pour respecter ces deux opportunités, la naissance vient avant la vieillesse et la mort dans l'organisation des douze connexions de la Loi de coproduction conditionnée ».[104]

La renaissance est figurée par une **femme accouchant**.

12. La **vieillesse** et la **mort** sont conditionnées par la renaissance

La mort n'est qu'un instant dans notre pensée puisque le cycle du devenir continue inexorablement tant que les conditions pour atteindre l'Éveil et le nirvâna⁂ n'existent pas. À la mort, les cinq agrégats du « moi », momentanément réunis à la naissance se désunissent. Selon les écoles bouddhiques, le passage de la mort soit est instantané, soit dure quelques quelques semaines pendant lesquelles l'être à naître peut profiter des rites et cérémonies accomplis à son intention. Cela est surtout vrai dans le bouddhisme tibétain où, ainsi que cela est décrit dans le Bardo Thödol (*Le Livre des morts tibétain*), il existe une période intermédiaire de quarante-neuf jours entre la mort et la renaissance (à ce sujet, voir l'article consacré au bouddhisme tibétain). Les bouddhistes chinois ne connaissent pas ces 49 jours mais, par contre, ils affirment que le karma des mourants peut bénéficier à leurs proches parents. C'est d'ailleurs une manière ingénieuse pour inclure la vie monacale dans le cadre de la piété filiale, clé de voûte de la morale chinoise. Pour les Chinois, la vertu du moine, son karma, rejaillissait sur ses parents et ainsi, il devenait acceptable qu'il n'ait pas d'enfants qui puissent honorer la famille.

La **vieillesse** et la **mort** sont représentées par un **homme portant un cadavre dans un charnier.**

Pour échapper à la loi de coproduction conditionnée, il faut éliminer en soi l'ignorance et la soif de manière à atteindre la Triple science.

Remarque générale

Si on devait expliquer le cycle de coproduction conditionnée à des jeunes, on utiliserait certainement un langage différent de celui des bouddhistes. En effet, à y bien regarder, le cycle de coproduction conditionnée n'est rien d'autre qu'un programme qui possède les boucles conditionnelles IF THEN ELSE GO TO et peut, dans certaines conditions, agir de manière rétrograde (rappelons qu'en descendant le cycle nous sommes dans le samsâra et qu'en le remontant nous tendons vers le nirvâna). Grâce aux boucles IF THEN ELSE, l'individu (qui n'est qu'un assemblage d'agrégats, rappelons-le) peut quitter définitivement le programme si certaines conditions sont remplies (dans notre cas, dès que la force du désir est en dessous d'un certain seuil) mais il peut également entrer dans des programmes supérieurs (d'autres boucles) selon que la variable karma est plus ou moins puissante. Il peut ainsi être dérivé vers la boucle des cieux, vers celle de l'enfer, etc. Notons que, pour quitter définitivement le cycle programmé, il doit obligatoirement revenir à la boucle primordiale, celle de l'homme. Nous pourrions, bien entendu, très facilement développer cette idée, mais cela nous conduirait à écrire un petit programme dont il n'est pas évident qu'il serait parlant pour des lecteurs non-informaticiens. Cette note a pour seul but de montrer que la loi de la coproduction conditionnée n'est pas spécialement compliquée, à condition toutefois d'utiliser un autre langage que celui des bouddhistes.

Mahâyâna ou Grand Véhicule

Il est question du Grand Véhicule, l'un des principaux courants bouddhistes, tout au long de cet ouvrage mais il nous a semblé utile de faire le point en regroupant dans un article tout ce qu'il est utile de retenir le concernant. Le Grand véhicule (*Mahâyâna*), c'est la grande voie pour parvenir à l'Éveil.

Ce courant bouddhiste — dont nous verrons qu'il se différencie fortement du bouddhisme originel ou premier (bouddhisme des « anciens » ou bouddhisme theravadin ou encore Petit Véhicule) — apparaît en Inde au premier siècle de notre ère. On peut le diviser en trois périodes : le Mahâyâna dynamique (I-IVe siècle de l'è.c.), le Mahâyâna scolastique (IV-VIIe siècle de l'è.c.) et le Mahâyâna ésotérique (VII-XIIIe siècle de l'è.c.).

Une religion des masses

Le courant mahâyâniste est né en réponse à l'élitisme du Petit Véhicule qui ne promettait l'Éveil qu'aux moines arrivant à l'état de sainteté (*arhat*). État auquel aucun laïc, et aucune femme (fût-elle nonne) ne pouvait prétendre. Ce bouddhisme élitiste était loin de satisfaire les fidèles qui savaient (selon l'enseignement du Petit Véhicule) ne pouvoir échapper au cycle du samsâra qu'en devenant moine et en ne comptant que sur leurs propres forces. Le succès du Mahâyâna provient de ce qu'il s'adressait aux masses (et non plus seulement aux moines) et leur promettait plusieurs voies pour parvenir à la salvation : prier et honorer les bouddhas, les bodhisattvas et les nombreuses divinités des autres religions annexées au bouddhisme (dans un syncrétisme incroyable, chaque pays annexait sans difficultés les divinités et les rites des autres religions). Avec le mahâyânisme, le bouddhisme de sagesse devient religion et cela d'autant plus facilement qu'il ne se prive pas, non l'avons dit, d'annexer les divinités, rites et concepts des autres religions (hindouisme en Inde, taoïsme en Chine, shintoïsme au Japon, christianisme nestorien en Chine, religion Bön-po au Tibet, etc.) devenant, par là même, une religion panthéiste. Ainsi que l'écrit Louis Frédéric, un spécialiste des religions de l'Inde : « Le bouddhisme du Mahâyâna s'éloigna ainsi progressivement de la pensée du Bouddha Gautama, et se divisa en de nombreuses sectes et sous-sectes, le panthéon de ses dieux et demi-dieux s'accroissant sans cesse d'éléments nouveaux puisés aux différents folklores : ce fut une des raisons de son rayonnement et de sa popularité. » [105] Rappelons que Bouddha n'a jamais, non plus, renié les dieux de l'hindouisme mais qu'il n'y attachait pas une énorme importance. En effet, dans le boud-

Nature du Bouddha

Pour le Grand Véhicule, cette nature du Bouddha est cachée en chacun de nous, il suffit de la découvrir. Pour le Petit Véhicule, plus élitiste, la nature du Bouddha n'existe pas en chaque homme.

dhisme les dieux (et les démons) sont des êtres particuliers soumis, eux aussi, au conditionnement et au cycle des renaissances. Dans la cosmologie❋ bouddhiste, les dieux doivent renaître sous forme humaine pour accéder au nirvâna. D'ailleurs, les paradis de la méditation (Dhyâna, voir pages 126 et 205) sont situés au-delà des paradis des dieux traditionnels et ne sont pas soumis au cycle des transformations.

Les deux types de vérité

La vérité conventionnelle (ou vérité apparente ou *samvrtisatya*) est celle qui apparaît comme réelle aux hommes, bien qu'en réalité elle n'existe pas. Elle ne se manifeste que suite à la loi de la production conditionnée❋. La vérité absolue (ou vérité suprême, ou vérité définitive (ultime ou *paramârthasatya*) est impossible à exprimer par des mots ; c'est celle

Statue disposée à l'intérieur du palais Potala (Tibet) représentant Chènrezi pratiquant une variante du dharmacakramudrâ (lequel n'est, en principe, autorisé qu'au Bouddha historique et au Bouddha du futur, Maitreya).

de la vacuité de tous les phénomènes. Cette vérité ne peut être perçue qu'intuitivement (et, pour certains, de manière subite, immédiate). La plupart des écoles, cependant, estiment que les deux vérités coexistent et que la véritable libération c'est de se débarrasser de l'illusion. Notons, en passant, que pour un esprit scientifique, conscient de la limite de nos sens, la coexistence de deux vérités ne fait pas problème sachant combien nous pouvons être facilement trompés, dupés, dans notre appréhension du monde. Le lecteur qui aurait des doutes sur la manière dont notre cerveau nous trompe, se procurera le numéro 1044 de la revue *Science & Vie* (septembre 2004). Ce numéro contient un test de « 20 expériences bluffantes pour douter de soi-même ».

Le Bouddha du mahâyânisme

Dans le Bouddhisme premier, rien ne permet d'affirmer que la plupart des hommes peuvent parvenir à la bouddhéité, c'est-à-dire à l'Éveil. Bien que le bouddhisme rejette le système des castes, il n'est pas faux d'affirmer que le bouddhisme premier reproduisait ce système d'une certaine manière dans son comportement élitiste vis à vis des moines. Dans le bouddhisme Mahâyâna, le Bouddha est en quelque sorte l'univers lui-même et il n'existe guère de distinction entre le Bouddha et l'univers. Ainsi, chacun porte une part de bouddhéité en lui : chacun peut devenir Bouddha. Mais le bouddhisme mahâyâniste connaît

bien les limites de l'homme et il sait que tous n'ont pas la force pour devenir Bouddha. Dans son grand esprit de compassion, il a donc imaginé des saints, des êtres de compassion (les bodhisattvas※) qui vont aider les hommes à parvenir à l'Éveil, au nirvâna et, chose nouvelle, au paradis. Alors que le saint du Petit Véhicule (l'arhat) ne s'occupait que de son propre salut sans s'intéresser aux autres (le véhicule du salut pouvait être « petit »), le saint du Grand Véhicule (le bodhisattva), emmène le maximum d'humains vers le salut, (le véhicule du salut devait donc être « grand »).

Bien entendu, à partir du moment où la sagesse devient religion et s'adresse aux masses, il devient nécessaire non seulement de multiplier les saints (bodhisattvas) à honorer mais aussi les rites et les récompenses. Au culte de Bouddha, s'ajoutent ainsi le culte des bodhisattvas et aussi celui des nombreux autres Bouddhas symboliques dont certains, comme Amida (en Chine et au Japon) promettent le paradis à ceux qui les honorent. Le Bouddha du Mahâyâna n'est donc plus seul comme celui de l'Hînayâna (Petit Véhicule). Il est flanqué de nombreux bodhissatvas et de quelques autres Bouddhas dont **Adibouddha**, le Bouddha primordial, abstrait, omnipotent et omniscient qui, par sa méditation a donné naissance à l'univers, dont les Bouddhas de Méditation et surtout Amida flanqué de ses deux « assistants » Avalokiteshvara et Mahâsthâmaprapta.

Nagarjuna

C'est sans doute l'un des plus grands philosophes bouddhistes. Il serait né vers l'an 150 dans le sud-est de l'Inde. Sur sa vie réelle on ne sait pas grand chose bien que les légendes soient nombreuses. On sait cependant qu'il se convertit au bouddhisme et, dès lors, propagea un enseignement de la « voie moyenne », juste milieu entre les excès du Petit Véhicule et ceux des sympathisants de ce qui allait devenir le courant mahâyâniste (ou Grand Véhicule). Cependant, aujourd'hui, on rattache Nagarjuna au courant du Grand Véhicule (Mahâyâna).

Pour Nagarjuna, dans la droite lignée du bouddhisme orthodoxe, il n'existe pas d'« en-soi » et donc pas de système de référence. Il est faux, disait-il d'affirmer soit l'existence, soit la non-existence, soit les deux à la fois, soit ni l'un, ni l'autre. Car en affirmant une de ces propositions on se réfère toujours à un « en-soi » qui n'existe pas. Cependant, cela n'empêche pas Nagarjuna d'affirmer que les phénomènes sont réels mais seulement en tant que phénomènes. C'est ainsi que le mahâyânisme affirme qu'il existe une vérité conventionnelle et une vérité absolue.

La vérité conventionnelle est celle du sens commun, de la vie quotidienne faites d'actions, de désirs, de manifestations, de rites, etc. Elle fait partie de notre quotidien et elle seule permet d'arriver à la vérité ultime, celle à laquelle on ne parvient qu'après une longue discipline intellectuelle et méditative. Mais, disait-il, l'idéal est de faire comme le Bouddha qui gardait le silence lorsqu'on l'interrogeait sur l'essence des choses, la métaphysique et les fins dernières.

Rappelant que le bouddhisme est peut-être, et avant tout, une médecine du corps-esprit, il proposait le chemin vers l'Éveil en s'écartant de tout ce qui n'était pas nécessaire pour y parvenir.

On notera que son *Traité de la grande vertu de Sagesse* (Mahâprajnaparamitasastra) a été magistralement traduit (en 36 ans, de 1944 à 1980) par Étienne Lamotte. Les cinq volumes contiennent, outre le texte de Nagarjuna, de très nombreuses notes. Selon le bouddhologue André Bareau, « c'est peut-être l'ouvrage le plus complet et le plus utile qui ait été publié en une langue occidentale sur cet immense sujet ».[106]

La doctrine des trois corps

C'est sous le mahâyânisme également qu'est apparue, pour tenter un effort de systématisation devant le pullulement des Bouddhas et des bodhisattvas, la doctrine des trois corps du Bouddha : le corps de manifestation (ou transformation ou de métamorphose : le Bouddha historique s'est transformé lui-même en homme), le corps de rétribution ou de fruition (résultat final d'innombrables périodes cosmiques de pratique religieuse pour atteindre l'état de Bouddha, c'est le cas, par exemple pour le bouddha Amitâbha, mieux connu sous le nom d'Amida✻) et le corps du Dharma (le Bouddha abstrait, parfois nommé Mahavairocana). Signalons que pour les adeptes du Petit Véhicule, le Bouddha historique est simplement humain et ils ne reconnaissent pas la doctrine des trois corps.

Demi-dieux du Mahâyâna

Ce sont les êtres protecteurs du bouddhisme mahâyâniste, mi-dieux, mi-démons. Leur nombre est innombrable et, pour cette raison, ils ont été classés en huit espèces :

- les devas ;
- les nâgas (serpents) ;
- les yaksas (sauvages et d'aspect farouche) ;
- les gandharvas (chanteurs et musiciens) ;
- les asuras (les ennemis démoniaques des devas, les anti-dieux) ;
- les garudas (aigles mythiques) ;
- les kinnaras/kinnaris (oiseaux) ;
- les mahoragas (boas).

Ce ne sont pas, bien entendu, les seuls demi-dieux et démons. Signalons, à titre anecdotique, Kumbhanda, un démon dont les testicules sont aussi gros qu'une jarre et qui s'en sert pour s'asseoir.

Les dieux et les démons

Il en est question plusieurs fois dans cet ouvrage (voir pages 121 et 134). Même si quelques divinités hindoues existaient dans le bouddhisme du Petit Véhicule, elles n'étaient pas légion. Avec le Grand Véhicule, et tout spécialement avec le développement des écoles ésotériques (Véhicule du Diamant), les dieux, démons, demi-dieux, etc. se multiplient et proviennent de tous les horizons. Puisque tout est une manifestation du Bouddha, il ne faut plus renoncer aux désirs mondains et les dieux et demi-dieux possèdent tous les défauts des hommes, et ils s'en vantent. C'est à cette époque également que pratiquement toutes les divinités hindoues sont introduites dans le bouddhisme.

Le Bouddha dans le Grand Véhicule

Pour le Grand Véhicule, le Bouddha historique est loin d'être le seul Bouddha. Il y a eu des Bouddhas avant lui et il y en aura après lui. D'ailleurs, le Bouddha historique n'est qu'un des aspects du Bouddha, un de ces « trois corps » (voir page 71). Pour résumer ceci, un lama tibétain, écrit : « Nous considérons que l'un, le Petit Véhicule, s'exprime d'un point de vue relatif, et les autres, le Grand Véhicule et le Vajrayâna, d'un point de vue ultime. » (…) Du point de vue ultime qu'adopte le Grand Véhicule, le Bouddha

Les écoles et courants du Mahâyâna

Le Mahâyâna a donné lieu à de nombreuses écoles et courants divers tant en Inde qu'en Chine, au Japon ou au Tibet. Les écoles les plus importantes sont les suivantes :

Inde : l'école de la voie du Milieu (Madhyamika, basée sur l'enseignement de Nagarjuna, voir page 185), l'école Rien que Conscience (Vijnanavada Yogachara) et le Véhicule du Diamant (Vajrayâna).

Chine : l'école de la Terre Pure (voir Amida✽), l'école Chen, l'école Tien-Taï (voir Sûtra du Lotus, page 256).

Japon : l'école de la Terre Pure, le Zen✽, le Kegon (basée sur le *Sûtra*✽ *de la guirlande de fleurs*), l'école Tendaï (identique à l'école Tien-Taï).

Tibet : le tantrisme associé au lamaïsme (bouddhisme tibétain✽).

était un être éveillé avant même de prendre forme humaine, d'entrer dans la matrice. Il est dit qu'au moment de sa naissance, il a fait sept pas sur la terre, sous ses pas ont miraculeusement fleuri des lotus, et, tout en marchant, il s'est écrié : « Je suis le Parfait parmi les hommes », ce qui était une manière d'exprimer qu'il était déjà Bouddha. »[107]

Évolution du bouddhisme du Mahâyâna

Vers le Ier siècle, un courant moins élitiste apparaît dans le bouddhisme : c'est le Mahâyâna. Quelques siècles plus tard, le Mahâyâna donne naissance au bouddhisme tantrique (Véhicule du Diamant), lequel donne naissance au bouddhisme tibétain (lamaïsme). Dans ce bouddhisme, il n'existe aucune différence entre le corps et l'esprit et, dès lors, tout devient possible et le physique comme le mental peuvent obéir à la parole, aux pratiques magiques. Plus tard (vers le Ve siècle), le Mahâyâna donne naissance au Chan (Chine), lequel diffuse en Corée puis au Japon où il devient le bouddhisme zen✽. Aujourd'hui, avec ses différents courants et écoles, le bouddhisme du Mahâyâna est le bouddhisme le plus répandu ; seules quelques régions du monde (Ceylan, Thaïlande, Birmanie) résistent encore et pratiquent le bouddhisme premier, celui des anciens (Theravâda), celui du Petit Véhicule (Hînayâna). S'il reste encore une sagesse et une philosophie, le bouddhisme

Palais de Bangkok. Cette frise orne le coffre dans lequel est conservé le Canon pâli. On se souviendra que ce Canon a été rédigé en 1805 lors du concile convoqué par Râma 1er, lequel se tint dans le Grand Palais de Bangkok. Avant cette date, on ne disposait que de fragments épars. On notera la posture des orants et la position des mains en mudrâ de la vénération (*anjalimudrâ*). Signalons également que les orants ici représentés sont des kinnaris, figures mythologiques, mi-femme, mi-oiseau (leur roi est kinnara-ô), musiciennes célestes. Dans le bouddhisme, ces divinités empruntées à l'hindouisme ne jouent qu'un rôle décoratif.

mahâyâniste est assurément devenu une religion mais pratiquée, contrairement à ce qu'on en dit, par de moins en moins de personnes. Alors que le christianisme a gagné des pays entiers, le bouddhisme a perdu l'Inde (au XIIe siècle) et la Chine (à partir du VIIIe siècle et définitivement au XXe siècle). C'est-à-dire une population aujourd'hui chiffrée à plus de deux milliards d'individus. Ce n'est pas sa diffusion en Europe, où il n'est pratiqué que de manière éclectique (chacun compose sa « popote religieuse » à sa manière) qui peut faire contrepoids. Cet éclectisme, associé à la souplesse histo-rique du bouddhisme pourrait bien donner naissance à un Nouveau Véhicule (Navâyanâ). Seul l'avenir nous le dira.

Doctrines philosophiques du Mahâyâna

Elles sont principalement deux : le Vijnanavada et le Madhyamaka.

- Le Vijnanavada (ou doctrine de la conscience) est aussi appelée Cittamatra, « doctrine du rien que pensée », « doctrine de la pensée sans plus » ou, si on insiste sur son aspect pratique, Yogacara (école des prati-

Pagodes à Burma (Birmanie).

quants du yoga). Cette école « conclut que la variété du monde est la manifestation de germes (*bija*) qui ont été déposés dans une « conscience réceptacle » (*alaya-vijnana*) et s'actualisent par la suite, tout le processus étant effet et rétribution des actes (karman) antérieurs. » [108] Les principaux penseurs du Vijnanavada sont Asanga, Vasubandhu, Dharmapâma et le pèlerin chinois Hiuan-Tsang (602-664) qui a introduit cette philosophie en Chine.

- Le Madhyamaka (ou « École de la voie moyenne ») reproche au Vijnanavada d'introduire dans sa philosophie un absolu positif, un soi, un atman ; le Vijnanavada, lui, reproche au Madhyamaka d'être nihiliste. On voit que ce reproche adressé au bouddhisme n'est pas neuf (voir page 80). Le Madhyamaka insiste sur la vacuité de toutes choses et sur l'exigence de ne « tenir aucune position quelle qu'elle soit, même la voie moyenne, qu'on tient en ne la tenant pas. » [109] Les grands penseurs de ce courant sont Nagarjuna, Aryadevan Buddhapali et Candrakirti [110].

> « Chasser le mal, cultiver le bien, purifier son esprit
> Tel est l'enseignement des Bouddhas » [111]

La notion du mal (*pâpa*, en sanscrit) est en perpétuelle évolution au cours du bouddhisme et n'est pas centrale, comme elle peut l'être dans le christianisme. Dans les premiers temps (Petit Véhicule), la notion du mal était essentiellement axée sur la communauté des moines : était mal ce qui enfreignait la discipline. Le mal, c'était le péché contre la discipline et il devait être confessé publiquement devant l'assemblée des moines. Bien entendu, l'effet karmique avec ses rétributions automatiques était considéré mais c'est surtout sur la discipline que se concentraient les efforts.

Le mal dans le Grand Véhicule

À la suite de l'évolution du bouddhisme vers une plus grande approche des autres (c'est-à-dire vers le mahâyânisme❋ et ses bodhisattvas❋), la notion de ce qui est mal évolua également : était mal, bien entendu, ce qui pouvait avoir des conséquences ultérieures, ce qui pouvait influencer de manière négative la renaissance mais était mauvaises également les actions qui touchaient à l'intégrité, à la sécurité, de l'autre. On sait que les cinq péchés capitaux sont le meurtre, le vol, la luxure, le mensonge et l'usage de boissons intoxicantes. Dans l'Abhidharma, on lit : « Le Mal, c'est ce qui n'implique pas la sécurité durable, et qui amène des fruits désagréables. »

Les trois racines du mal

Pour les bouddhistes, les trois racines du mal sont le désir de jouissance (*kâma*), la haine (*dvesa*) et l'erreur (*moha*). André Bareau explicite cela de manière très concise en notant que « le désir ou convoitise est la racine de toutes les passions qui mènent le sujet vers son objet, la haine ou malveillance la racine de toutes les passions qui opposent au contraire le sujet à son objet, enfin l'erreur est la racine de toutes les opinions fausses, de toutes les illusions, de tout ce qui présente au sujet un objet non conforme à la réalité. » [112] Signalons que le désir de jouissance (kâma) n'existe que dans le « monde du désir » (voir pages 120 et 124) dans lequel vivent les hommes, les animaux, les revenants affamés (pretas), les damnés et les dieux vivant sur terre ou dans les paradis inférieurs.

Bien entendu, fidèle à sa tradition, la casuistique bouddhiste a créé des catégories parmi ses péchés. Ainsi, il existe dix péchés de mensonge, dix-sept variétés de grossièreté du langage, sept

Les péchés de damnation-immédiate (ânantarya)

Les péchés les plus graves s'accompagnent de damnation immédiate : tuer sa mère, un *arhat*, son père, diviser la communauté, provoquer une effusion de sang avec un sentiment de haine. La question de savoir si les animaux (qui ne sont qu'une des étapes du samsâra❋) pouvaient être coupables de péchés entraînant la damnation-immédiate a provoqué de nombreuses discussions parmi les docteurs bouddhistes. Certains admettaient que « des animaux à l'intelligence éveillée, tel le cheval âjaneya, pouvaient encourir la damnation ». [113]

rubriques de verbiage, etc. Dans certains cas, le péché est encore plus grave, par exemple si on tue son père qui est « Bouddha-pour-soi » (voir page 39) ou si on injurie un saint, etc. Enfin, pour éviter les péchés, il faut s'entourer de bons amis car « un mauvais ami qui n'a ni savoir ni connaissance du bien nuit à la bonne conduite, comme une araignée qui tombe dans le lait l'empoisonne. » [114] On notera que le Bouddha attachait une grande importance à l'aide qu'un « noble ami » (*kalyânamitra*) pouvait apporter dans le chemin vers l'Éveil. C'est sans doute une des raisons qui expliquent l'importance des maîtres et gourous dans les différentes écoles du bouddhisme, outre le fait que le lien maître/disciple est une constante de toutes les traditions indiennes.

Temple bouddhiste.

L'origine du mal

Expliquer l'origine et le fondement du mal (pourquoi le mal ?, pourquoi la souffrance ?) a toujours constitué un véritable problème tant pour les philosophes que pour les religieux (Qui est à l'origine du mal ? Dieu ou les hommes ? pourquoi Dieu laisse-t-il le mal s'installer ? Etc.) À ce sujet, ne lit-on pas dans la Bible, cette phrase surprenante ; « Je forme la lumière et crée les ténèbres, j'établis la paix et je suis l'auteur du mal : moi l'Éternel, je fais tout cela ». [115] Le bouddhisme a résolu ce problème d'une manière assez ingénieuse en y apportant une réponse concrète. En effet, le juste qui souffre subit le châtiment des fautes commises dans une vie précédente. Pendant qu'il purge ses peines, il peut également acquérir des mérites pour ses vies futures. Il en est de même pour le juste qui jouit d'une certaine félicité ; s'il commet des fautes, il payera ses fautes dans une vie future. C'est la loi karmique❋. Certains ont cru voir dans cette juste rétribution des mérites le droit de se désintéresser des malheureux. C'est totalement contraire à la conception bouddhique qui insiste sur la nécessite de se préoccuper des autres pour ne point tomber dans le péché de la méchanceté ou de l'égoïsme ; c'est aussi contraire à la pratique du bouddhisme mahâyâniste (Grand Véhicule) qui insiste sur la compassion❋. Bien entendu, cette réponse est insuffisante car elle n'explique pas la source du mal et ne donne aucune indication sur les réparations qu'on devrait pouvoir attendre en cas de préjudice. Mais ceci est déjà une autre histoire...

Moines en prière.

Les péchés majeurs

Domaine du corps

Détruire la vie.

Prendre ce qui n'est pas donné.

En amour, se conduire de manière perverse.

Domaine de la parole

Mentir.

Utiliser un langage grossier.

Calomnier.

Parler pour ne rien dire.

Domaine du mental

Être cupide.

Être malveillant.

Avoir une vue perverse.

La maladie

Certains textes médicaux attribuent clairement la maladie à une action karmique. Ainsi, Atterra dit : « Ce sont les actes, en vérité, qui engendrent toutes les maladies chez les hommes. Toutes les maladies, qu'elles soient curables ou non, sont en vérité des formes d'enfer. Qu'on suive un mauvais mode de vivre après un péché commis inconsciemment, il pourra se produire, en vertu de l'expiation, une affection de forme curable. Qu'on suive un mauvais mode de vivre après un péché commis consciemment, il pourra en résulter finalement, par expiation, une affection difficile à guérir. » [116]

L'origine des mandalas est à chercher dans les anciennes traditions brahmaniques. Le mandala qui obéit à une organisation architecturale déterminée est à la fois une représentation symbolique du cosmos (c'est-à-dire de ses forces, de ses divinités et de l'ensemble de l'humanité) et de l'homme. D'un point de vue « pratique », les mandalas sont utilisés pour favoriser la méditation ou encore pour l'enseignement.

Une écriture à vocation divine

En effet, dans un mandala, chaque divinité occupe une place qui démontre son rôle et son pouvoir par rapport à la divinité centrale. Les mandalas sont surtout employés dans le cadre du bouddhisme ésotérique (bouddhisme tantrique). Ainsi que l'écrit très justement Louis Frédéric, « ces diagrammes rituels sont en fait une sorte d'écriture pour correspondre avec les divinités ». [117]

Un mandala est formé d'enceintes concentriques circulaires ou carrées munies de quatre « portes ». Chaque enceinte contient une divinité ou un symbole. La divinité centrale est généralement entourée de trois cercles de pétales de lotus, de *vajra* (foudres) et de flammes.

Une ville mandala

N'importe quel support convient aux mandalas mais la plupart sont peints sur de la soie ou du papier. On trouve néanmoins des mandalas peints sur bois ou gravés sur du métal. Les mandalas à deux dimensions ne représentent qu'une partie des mandalas. En réalité, l'organisation des mandalas est bien plus générale. Ainsi, dans les temples, la plupart du temps, le groupement des statues des divinités représente un mandala. Mieux encore, tout temple ou stûpa est un mandala dont les terrasses représentent les enceintes concentriques qui entourent la divinité centrale. C'est ainsi que le site tout entier de Borobudur (à Java, en Indonésie), est à lui seul un immense mandala.

Origine des mandalas

Les premiers mandalas datent du VIIIe siècle et furent découverts à Dunhuang (un carrefour de la route de la soie) au milieu de milliers de manuscrits. Moins connus que les manuscrits de la mer Morte, découverts en 1947 à Qumran, les manuscrits de Dunhuang sont tout aussi fascinants. Qu'on imagine ! En 1900, un moine fait tomber par accident une cloison à l'intérieur d'une grotte et aperçoit une pièce remplie à ras bord de milliers de manuscrits (plus de 50 000), de toiles, de bannières, etc. Manuscrits, toiles et objets étaient enfermés dans cette pièce depuis plus de dix siècles sans que personne ne puisse encore aujourd'hui expliquer l'origine de cet étrange entrepôt. Les plus anciens manuscrits dataient du cinquième siècle et les peintures (des mandalas) du huitième siècle. Aujourd'hui

Borobudur

Situé au cœur de l'île de Java (Indonésie), Borobudur, édifié au cours des VII-IXᵉ siècles, est le plus grand monument bouddhique au monde (le parcours rituel sur les 9 niveaux atteint 5 km). Cette gigantesque construction (plus de 500 statues de Bouddhas et plus de 1600 bas-reliefs) est en réalité un mandala❋ où l'on retrouve non seulement la description de la vie de Bouddha (Jâtaka❋), tout le panthéon bouddhique (dont les 5 Jinas, voir page 72) mais aussi une représentation de la cosmologie bouddhique. Chacune des terrasses est ornée des bouddhas des quatre points cardinaux (Akshobhya à l'est, Ratnasambhava au sud, Amitâbha (Amida) à l'ouest et Amoghasiddhi au nord). Au centre trône Vairochana, le premier des bouddhas transcendantaux, qui devint, par la suite le bouddha suprême (ou Adibouddha).

Abandonné au XIᵉ siècle, recouvert par les cendres volcaniques, Borobudur a été redécouvert en 1814 par l'archéologue anglais Sir Stamford Raffles. Aujourd'hui cette construction fait partie du patrimoine mondial (classement Unesco).

encore, les grottes des 1000 bouddhas n'ont pas encore révélé tous leurs secrets. Pour ce qui nous intéresse, même si les premiers mandalas ont été trouvés en Chine, le long de la route de la soie, c'est au Tibet que leur représentation s'est épanouie sous l'influence du bouddhisme tantrique. On devine que l'aspect ésotérique de certains mandalas n'y est pas pour rien. Aujourd'hui encore la production des mandalas bi et tri-dimensionnels est une des activités préférée des Tibétains : mandalas peints sur toile (thangkas), mandalas éphémères réalisés avec du sable peint juste pour la durée d'une cérémonie, mandalas de riz, etc.

NORD
Amoghasiddhi
Vert
Garuda
Absence de crainte

OUEST
Amitâbha (Amida)
Rouge
Cygne et Paon
Méditation

CENTRE
Vairochana
Blanc
Lion
Enseignement

EST
Akshobhya
Bleu
Éléphant
Témoignage
Ratnasambhava

SUD
Ratnasambhava
Jaune
Cheval
Charité

Disposition, dans un mandala, des statues des bodhisattvas.

La méditation

Méditer, c'est se soumettre à une profonde réflexion dans le but essentiel de se détacher des contingences matérielles de manière à rendre la conscience apte à atteindre l'Illumination. Pour les bouddhistes, il existe plusieurs voies et étapes pour parvenir à la véritable méditation, celle qui permet d'accéder à l'Éveil. Bien qu'elle ne soit pas la pierre angulaire du bouddhisme premier, la méditation y occupe une place très importante car c'est ainsi que Bouddha est parvenu à l'Éveil. À la différence des méditations pratiquées par d'autres religions (comme, par exemple, l'hindouisme), la méditation bouddhique s'accompagne d'une sapience, c'est-à-dire d'une sagesse et d'une connaissance. La connaissance étant indispensable pour combattre l'ignorance, la méditation s'associe à la lecture et à l'étude des textes sacrés. Cependant, pour certains courants bouddhistes, comme le zen✳, la méditation est la voie royale vers l'Éveil (Satori) et la connaissance des textes sacrés n'est que secondaire.

Comment méditer ?

Méditer n'est pas simple et nécessite un véritable travail sur soi-même. Pour prendre un exemple de la vie courante, on peut, d'une certaine manière, comparer la pratique de la méditation à l'entrée dans le sommeil. Rares, très rares, sont les personnes capables de s'endormir à volonté à n'importe quelle heure, en n'importe quel lieu. Pour s'endormir, la plupart des personnes réclament des conditions particulières (heure, lieu, condition physique, état de la digestion, environnement, etc.) et pour certaines, même, le coucher doit s'accompagner d'un véritable rituel sans lequel le sommeil ne vient pas. Il en est de même pour la méditation. Il est plus difficile encore de méditer que de s'endormir (car pour cette dernière fonction nous avons été programmés). Pour entrer en méditation, il faut apprendre les techniques favorisant l'entrée dans cet état particulier et aussi créer les conditions extérieures les plus propices à la méditation (repos, calme, confort, etc.). Apprendre à méditer nécessite une double instruction : celle du corps et de l'esprit. C'est la raison pour laquelle, les maîtres bouddhistes (lamas, gourous, moines) proposent à leurs élèves des exercices corporels et spirituels qui acheminent l'homme dans les meilleurs dispositions mentales et physiques vers l'état de méditant. Il s'agit, le plus souvent, d'exercices de contrôle de la respiration (exercices de yoga) ; cependant, d'autres exercices amenant la décontraction du corps et la libération de l'esprit sont également proposés.

Qu'est-ce que la méditation ?

La méditation fait partie des six pratiques de perfection (*paramitas*) que doivent pratiquer les bodhisattvas (les êtres de compassion) pour réaliser l'Éveil. La méditation est bien antérieure au bouddhisme et était déjà pratiquée dans l'hindouisme à partir d'exercices respiratoires (yoga). Le bouddhisme zen❋ estime même que la méditation est la seule voie pour purifier le cœur et parvenir à l'Éveil. Les techniques de méditation s'acquièrent généralement sous la conduite d'un maître et commencent par une position du corps qui soit propice à celle-ci. La position la plus fréquente est celle du lotus (assis en tailleur, jambes croisées), adoptée par Bouddha lors de la méditation, sous l'arbre Bodhi ; elle lui fit atteindre l'Éveil. Selon la jolie formule de sœur Téndzin Palmo (voir page 214), « la méditation est le moment où l'on commence à calmer la tempête, à faire cesser le bavardage sans fin de l'esprit ». [28] Les trois étapes principales de la méditation sont le contrôle des sens, le contrôle de l'imagination, le contrôle de la sensibilité ; la quatrième étape permettant de recueillir le fruit des étapes précédentes.

« L'exercice assidu de la méditation mène à un état de conscience non dualiste : toute discrimination entre sujet et objet disparaît ; le méditant fait un avec "Dieu" ou l'"Absolu" ; les conventions, comme le temps ou l'espace, sont transcendées par l'expérience d'un " ici et maintenant éternel " et le fidèle perçoit l'identité de la vie et de la mort, du phénoménal et de l'essentiel, du Samsâra et du Nirvâna. L'intégration de cette expérience à la vie quotidienne correspond à cet état que les religions qualifient de Rédemption, délivrance ou Illumination parfaite ». [118]

Les degrés de méditation

La première étape pour entrer en méditation, comme nous le confirme le texte ci-après, est le rejet du désir, lequel nous libère des contingences de temps, d'espace et de lieu. Après avoir rejeté le désir, le méditant peut pénétrer dans la seconde phase de la méditation (la pensée unifiée), puis dans la troisième (l'indifférence dans la joie) et enfin dans la quatrième qui est faite d'indifférence dans la pureté. C'est l'accès à cette dernière étape qui permet au corps d'adopter durant des jours et parfois même des années des positions extrêmes (que l'on songe aux yogis indiens, aux anachorètes du désert, aux stylites, etc.).

« Alors, ayant rejeté la passion du désir ainsi que les autres choses mauvaises et vicieuses, le Bodhisattva❋ [il s'agit ici de Bouddha avant l'Éveil] demeura dans la première méditation, qui est pourvue de raisonnement et de réflexion, faite de joie, de bonheur et de pensée unifiée. Telle était la chose suprêmement bonne qu'il obtint d'abord parce que son esprit était fixé, sa pensée unifiée et dépourvue de négligence. Ayant ensuite rejeté ce qui était dépourvu de raisonnement et de réflexion, le Bodhisattva atteignit la deuxième méditation, qui est faite de sérénité intérieure, de joie, de bonheur, de pensée unifiée et d'attention, et qui est dépourvue de raisonnement et de réflexion et il y demeura… Après cela, ayant rejeté et chassé la joie, éprouvant le bonheur en son corps, le Bodhisattva atteignit la troisième méditation, que les saints et les sages regardent comme étant faite d'indifférence, d'attention et de bonheur, et il y demeura… Enfin, ayant abandonné le plaisir et la douleur, ayant chassé au préalable la gaité et la tristesse, le Bodhisattva atteignit la quatrième méditation, qui est faite de pureté parfaite, d'indifférence et d'attention, ni pénible ni agréable, et il y demeura. » [119]

Les méthodes de méditation

Il existe de nombreuses méthodes ou techniques pour parvenir à la méditation. Cependant, dès que l'on parvient à méditer, on peut abandonner la méthode choisie exactement comme il ne sert à rien de continuer à traîner son bateau une fois le fleuve franchi. Parmi les méthodes de médiation citons :

- le **Hatha-Yoga** : exercices physiques et respiratoires ;
- l'utilisation des **mandalas**❋ : concentration sur des formes symboliques ;
- l'utilisation des **thangkas** : concentration sur des formes symboliques ;
- l'utilisation des **yatras** : concentration physique du souffle en adoptant des positions symboliques ;
- l'utilisation des **mantras** : concentration par la répétition de syllabes ;
- l'utilisation des **dhâranis** : concentration par la répétition de formules courtes ;
- utilisation des **koans** : concentration sur des paradoxes ;
- utilisation de la position **zazen** (assis) : concentration en position *ad hoc* ;
- l'utilisation des **rêves** (yoga du rêve, *milam*) : concentration et influence consciente sur ses songes (par la répétition de sons).

Répétition de mantras

Dans de nombreuses écoles bouddhiques on pratique la répétition des mantras (formules magiques) et des dhâranîs (formules magiques constituées de courts passages des Sûtras) comme moyen pour parvenir à la méditation. On rencontre la même pratique en islam et dans le christianisme orthodoxe. La prière mystique des musulmans consiste à répéter inlassablement le nom de Dieu ou l'un de ses Beaux noms (il en possède 99, lesquels correspondent en partie à ses attributs). Cette prière peut être dite de manière solitaire (par exemple en utilisant le chapelet ou *shuba*) ou en groupe. Les mystiques musulmans (soufis) la répètent en litanie (*dhikr*) jusqu'à l'extase. Les chrétiens orthodoxes connaissent également ce type de prière (*dobrotoloubie* ou petite philocalie de la prière du cœur) laquelle était très en vogue chez les ermites russes.

Yoga du rêve (milam)

Il s'agit d'une des « Six doctrines de Naropa » (ascète et professeur à l'université bouddhique de Nâlandâ, 1016-1100) qui consiste à utiliser les images du rêve pour développer sa spiritualité. En exerçant une influence sur ses propres songes, le fidèle en arrive à considérer l'état de veille comme un simple rêve. On saluera cette découverte de Naropa (le « rêve éveillé ») qui est utilisée fréquemment par les psychothérapeutes et psychanalystes dans différentes indications.

Statue de Bouddha photographiée dans un Temple à Pohyon dans les montagnes du Myohyang (Corée du Nord).

Qu'est-ce que le yoga ?

La pratique du yoga a été imaginée il y a plus de 4000 ans. Déjà Yajnavalkya prescrivait qu'à un certain âge on se retire dans les forêts en vue de s'adonner à la contemplation mystique. Bouddha, lui aussi pratiquait le yoga. Son premier maître, Alara Kamala, était un adepte du yoga et lorsqu'il pratiquait celui-ci, « assis au bord du chemin, il ne prenait pas conscience d'une caravane de cinq cents chariots passant auprès de lui dans leur vacarme ». Lorsqu'il atteignit l'Éveil, Bouddha était en méditation, en posture de yoga, sous un arbre (l'arbre de la Bodhi, voir page 65). Cependant, ni de l'ascèse, ni du yoga, Bouddha ne nous parle beaucoup, sans doute parce qu'il préconise toujours la « voie du milieu » qui n'est ni de la pure méditation, ni de l'ascèse stérile. Ce que nous savons du yoga à l'époque de Bouddha, nous le devons essentiellement aux *Aphorismes sur le Yoga* de Patañjali. Il faut savoir que « la littérature hindoue emploie ce terme de "yoga" en des sens différents. En arithmétique, le mot signifie addition, en astronomie, c'est un terme technique et, en religion, il possède une acception spéciale. Le sens général demeure cependant le même, c'est la fusion de deux ou plusieurs éléments, un tout qui englobe ou réunit un certain nombre de parties. Au sens spécifique où l'emploie Patañjali, c'est l'établissement d'une harmonie parfaite entre le moi de chaque jour et sa source spirituelle. C'est ce qu'on appelle fréquemment le mysticisme en Occident ». [120] En religion, toute voie menant à la connaissance de Dieu peut-être appelée yoga. Il existe plusieurs types de yoga et plusieurs stades dans sa pratique. En Occident, lorsqu'on parle de yoga, on a généralement en vue le Hatha-Yoga, le « yoga corporel » basé sur l'association d'exercices physiques et de techniques respiratoires. Il faut savoir que ce yoga — absent de toute dimension spirituelle — n'est, pour les Indiens, qu'une phase préparatoire au yoga méditatif, c'est-à-dire, au stade élémentaire, l'isolement de la conscience des sensations physiques. À un stade plus avancé, c'est l'isolement de la conscience des pensées mentales. En fin de compte, au quotidien, le yoga sert essentiellement à contrôler nos attitudes mentales et nos émotions. À un stade plus achevé, il permet d'atteindre d'autres sphères de la conscience. Mais, comme le signale Paul Brunton, la méditation n'est pas chose facile car elle « consiste à descendre jusqu'aux racines mêmes de la conscience. C'est très difficile, comme peuvent en témoigner tous ceux qui ont essayé, aussi difficile que d'escalader les pentes glissantes d'une montagne escarpée. En fait, les anciens textes sanscrits affirment que seul a des chances d'atteindre au succès complet l'homme qui persévère dans les exercices avec une patience inflexible et dont les efforts sont inspirés et facilités par un maître compétent. Il faut vaincre les impulsions de la volonté personnelle. Il faut livrer bataille au désir personnel. Mais les gains sont énormes : un bien-être véritable, une libération de tous les conflits, petits et grands (...), la fin de la torture causée par les multiples déchirements. » [121] Les Hindous distinguent divers types de yoga, ce qui n'est pas le cas des bouddhistes pour lesquels le yoga n'est jamais « l'union de l'être individuel au principe suprême » mais simplement une technique de méditation qui, accessoirement, épuise les passions.

Le yoga dans le bouddhisme

Dans le bouddhisme, les quatre techniques de yoga sont les *dhyâna* (méditation), les *samâdhis* (méditation profonde : exercices conduisant à l'unification de la pensée), les *samapattis* (exercices de méditation permettant d'arriver à un niveau d'intériorité défini) et les *bhâvanâs* (les créations psychiques : la méditation est poussée jusqu'à ce que la représentation soit aussi claire qu'une vision réelle de l'objet comme, par exemple, la méditation sur le cadavre destinée à renforcer le sentiment d'impermanence. À la lecture de ces quelques lignes, le lecteur se rendra compte que nous n'avons même pas effleuré le sujet et que s'il s'intéresse à la méditation, nous lui conseillons de beaucoup lire, de beaucoup pratiquer et, c'est l'idéal, de trouver un maître qui lui apprenne la bonne conduite.

Les quatre attentions rapprochées

Ces quatre attentions rapprochées (smrtyupasthna, satipatthâna, en pâli) s'inscrivent dans le « programme » en 37 points organisé par Bouddha pour obtenir l'Éveil. Le but des quatre attentions rapprochées est de favoriser le non-attachement au corps et l'abandon

Les 8 degrés du Yoga de la paix

1. Paix avec le monde par les cinq Abstentions.

2. Paix avec vous-même par les cinq Entreprises.

3. Paix avec vos muscles, par le bon équilibre physique.

4. Paix avec vos nerfs, par la bonne respiration.

5. Paix à vos sens, par la sélection volontaire.

6. Concentration, clef de l'Équilibre de l'Esprit.

7. Méditation, intégration des pensées.

8. Contemplation, porte de la réalité.

Bouddha dans un temple à Pagan (Birmanie).

© Corel

des quatre méprises. Les quatre méprises (*viparyaya*) étant de prendre pour permanent (*nitya*) ce qui est impermanent (*anitya*), de prendre pour le bonheur (*sukha*) ce qui est souffrance (*duhkha*), de prendre pour pur (*suci*) ce qui est impur (*asuci*) et de prendre pour soi (*atman*) ce qui est non-soi (*anâtman*). Les quatre attentions sont donc des techniques de méditation ; techniques qui sont fondamentales dans le bouddhisme (Bouddha n'atteint-il pas l'Éveil en méditation sous un figuier ?) et dont le bouddhisme zen❋ a fait sa pratique centrale, sinon unique.

Les quatre attentions rapprochées ou techniques de médiation sont les suivantes :

L'attention au corps

Cette attention s'exécute par la méditation et la création mentale comme, par exemple, la création de l'horrible qui consiste à se promener mentalement dans un cimetière et à visualiser, étape par étape, la décomposition du corps. Durant ces méditations, le sujet s'intéressera à la respiration, à la posture du corps, à la compréhension des mécanismes physiologiques, etc.

L'attention aux sensations

C'est l'attention portée aux sensations internes ou provenant de l'extérieur. Ces sensations peuvent être agréables, désagréables ou neutres.

L'attention à l'esprit

Cette attention constitue une véritable introspection psychologique (le bouddhisme n'est jamais très loin de la psychologie ; ni dans la description des passions humaines, ni dans la compréhension des mécanismes psychologiques fondamentaux) où le sujet fait un examen complet de sa personnalité, de son comportement, de ses tendances, de ses difficultés, de ses progrès.

L'attention aux objets mentaux

C'est l'attention portée aux objets de la pensée, aux différents obstacles d'ordre mental, aux qualités mentales à acquérir pour progresser dans la voie du salut. C'est donc, en quelque sorte, un examen de ce qui fonctionne bien et de ce qui peut être amélioré avec un projet pratique pour progresser.

Les 37 auxiliaires de l'Éveil

Pour parvenir à l'Éveil, il ne suffit pas de la bonne volonté, ni de s'asseoir en position de lotus au pied d'un arbre. Bouddha lui-même a d'abord connu l'ascèse et la méditation avant d'y parvenir. Nous nous contenterons, ici, de citer les 37 auxiliaires de l'Éveil. La plupart sont décrits dans les différentes parties de cet ouvrage :

- L'attention au corps.
- L'attention aux sensations.
- L'attention à l'esprit.
- L'attention aux objets mentaux.
- L'abandon des actes non vertueux déjà produits.
- L'abandon des actes non vertueux non encore produits.
- L'accroissement des actes vertueux déjà produits.
- Le développement des actes vertueux non encore produits.

- La volonté.
- L'effort.
- La pensée.
- L'analyse.
- La foi.
- L'énergie.
- L'attention.
- Le recueillement.
- La connaissance supérieure.
- La foi qui vainc les vues fausses.
- L'énergie qui vainc l'inertie et les non-vertus.
- L'attention qui vainc les distractions à l'égard de la vérité.
- Le recueillement qui dissipe les passions.
- La connaissance supérieure qui mène à la compréhension des Quatre Nobles Vérités.

- L'attention de l'éveil.
- Le discernement des doctrines.
- L'énergie pour sortir du samsâra.
- La joie.
- La souplesse.
- Le recueillement qui dissipe les souillures.
- L'équanimité (impassibilité à l'égard des passions).
- La vue juste.
- La pensée juste.
- La parole juste.
- L'action juste.
- Les moyens d'existence justes.
- L'effort juste.
- L'attention juste.
- Le recueillement juste.

POUR EN SAVOIR PLUS

Le lecteur souhaitant disposer d'une édition commentée du *Yoga de Patañjali* (ainsi qu'une annexe avec les aphorismes sans commentaires) se procurera l'ouvrage de Ernest E. Wood. *La pratique du Yoga*. Petite Bibliothèque Payot n°2.

Pour en savoir plus sur les prières mystiques, le lecteur se procurera l'ouvrage de Jean-Yves Leloup. *Écrits sur l'hésychasme*. Albin Michel. Collection Spiritualités. 1990.

Le lecteur souhaitant mettre en pratique une technique de méditation bouddhiste participera à des stages de méditation, lesquels sont régulièrement organisés par les associations et centres bouddhistes dans le monde entier. Signalons, qu'en Birmanie (aujourd'hui Myanmar), il est même possible de suivre les enseignements d'un maître du Theravâda et de participer à la vie d'un couvent durant des stages de 4 à 10 jours. Ces stages (en anglais) sont gratuits (y compris le logement) mais on demande au méditant de vivre la vie du moine : se lever à 4 heures du matin, ne plus rien manger après 11h30, se contenter d'une nourriture végétarienne, ne pas fumer, ne pas boire, vivre seul dans une chambre sans électricité, ne pas bénéficier d'eau chaude, etc. Pour plus de renseignements sur les stages de méditation *vipassana* (une des formes de méditation les plus anciennes qui a pour but essentiel le retour du calme et la fin du cycle du samsâra), il suffit de prendre contact avec infos@ananda-travel.com (ces stages sont généralement couplés avec un voyage touristique dans le pays).

Un peu de terminologie

Plusieurs termes sont utilisés dans le bouddhisme pour parler de la méditation. Il n'est pas inintéressant de les regrouper.

Bhâvanâ (les créations psychiques) : ce sont des exercices de méditation poussée ; le méditant persévère jusqu'à ce que la représentation d'un objet soit aussi claire qu'une vision réelle de l'objet (il existe 40 exercices de méditation, y compris dix exercices portant sur des objets de dégoût).

Chan : c'est le mot chinois qui traduit le sanscrit dhyâna (méditation). Mais en Chine, la méditation (le chan) est devenue une véritable école de pensée indépendante, laquelle s'est étendue à tout l'Orient et, tout particulièrement au Japon, sous le nom de zen.

Dhâranâ (concentration) : le sixième des huit stades dans le Yoga de Patañjali.

Dhyâna : c'est le terme le plus large pour parler de la méditation ou du recueillement. Le bouddhisme décrit quatre étapes à la méditation ; il y a donc quatre dhyânas.

Samâdhi (concentration) : c'est l'effort de pensée profond qui permet de parvenir à un type de méditation. Dans la méditation samâdhi, on se concentre sur une seule pensée, sur un objet unique, de manière à réduire l'activité de l'esprit et tarir le flux des passions.

Samapatti (contemplation) : ce sont des exercices de méditation qui, par la contemplation, permettent d'arriver à un niveau d'intériorité défini.

Vipassana : c'est la plus ancienne forme de méditation qui consiste à analyser la véritable nature des choses, pour en arriver à assimiler le concept de vacuité et parvenir à l'Éveil.

Zen : au départ, ce mot est la traduction en japonais du mot méditation (dhyâna) ; on sait que sous l'influence chinoise puis japonaise, ce mouvement est devenue une véritable école de pensée.

Milinda

Milinda est un roi grec qui régna, 200 ans avant l'è.c., sur l'Inde du Nord et l'Afghanistan. Son nom est resté célèbre dans les annales bouddhiques du fait de sa rencontre avec le moine Nagasena, lequel a suscité un célèbre débat sur la doctrine bouddhiste. Ce débat, toujours d'actualité, a donné lieu à un texte : *Les questions du roi Milinda*. Cette discussion fut la première rencontre entre la culture grecque et le bouddhisme. On sait qu'un peu plus tard, la rencontre entre l'art grec et le bouddhisme a donné naissance à l'art du Gandhâra❋ dont l'importance dans la diffusion du bouddhisme n'est plus à démontrer.

Les questions de Milinda

Il s'agit d'un texte bouddhique indien anonyme composé en langue pâlie vraisemblablement vers l'an 100 avant l'è.c. Le texte le plus ancien connu à ce jour est un manuscrit datant de 1495 de l'è.c. Le texte complet de la discussion comprend plus de 400 pages compactes (toute la littérature bouddhique est très touffue, avec de nombreuses redites commandées, sans doute, par le discours à l'origine du texte). L'organisation de cet ouvrage est assez simple mais fort didactique : le roi Milinda (Ménandre pour les grecs) pose une question, le moine Nagasena y répond. Ensuite, pour bien s'assurer qu'il a compris, le roi réclame une comparaison. Pour le bonheur du roi, le moine use (et abuse) des comparaisons. Lorsque le roi n'a toujours pas compris, il repose la question au moine sous une forme un peu différente. Ainsi, concernant la transmigration, le roi pose plusieurs fois la question au moine, un peu agacé, qui lui répond longuement (sans pour autant que cela soit particulièrement clair ni pour le roi, ni pour nous lecteurs du XXIᵉ siècle).

Si Rhys David, un spécialiste mondialement reconnu de la littérature en langue pâlie, voit dans ce texte « le chef d'œuvre de la prose indienne », d'autres sont « enclins à reconnaître dans cette forme originale et presque insolite une influence hellénique (...) qui a fleuri a l'heure où le soleil de l'Hellade éclairait de ses derniers rayons le sol généreux du Gandhâra ».[122] Ainsi que nous le précisons dans l'article consacré aux livres canoniques, *Les questions de Milinda* n'est pas un livre canonique (bien qu'il ait été inclus dans le canon bouddhique tibétain) mais ceci n'enlève rien à son intérêt.

Extraits du Milinda-Pañha [123]

L'ouvrage, nous l'avons dit, a été rédigé en pâli. C'est la raison pour laquelle les mots d'origine conservés dans la traduction sont en langue pâlie, et non en sanscrit. Dans les exemples ci-après, on lira, par exemple, kamma au lieu de karma.

Discuter à la manière d'un sage

« Voudrais-tu, Vénérable, discuter avec moi ?

— Si tu discutes à la manière des sages, oui ; si tu discutes à la manière des rois, non.

— Comment discutent les sages ?

— Dans une discussion, on est pris, on se dégage, on inflige une critique et on la subit, chacun a le dessus tour à tour : les sages ne s'en irritent pas. Telle est leur manière de discuter.

— Et quelle est celle des rois ?

— Les rois professent une opinion : si quelqu'un la contredit, ils le font bâtonner. Voilà comment discutent les rois.

— Je discuterai en sage, non en roi. Que Votre Révérence discute avec moi en toute liberté, comme avec un religieux, un novice, un fidèle ou un serviteur du couvent. N'ayez aucune crainte.

— C'est bien mahârâja. »

Origine de l'inégalité des hommes

« Nâgasena, pourquoi tous les hommes ne sont-ils pas semblables ? Pourquoi ont-ils une vie longue ou brève ? Pourquoi sont-ils vigoureux ou maladifs, beaux ou laids, influents ou impuissants, riches ou pauvres, de haute naissance ou de basse extraction, intelligents ou sots ?

— Et pourquoi, Mâhâraja, toutes les plantes ne sont-elles pas semblables ? Pourquoi sont-elles, suivant leur espèce, aigres, salées, amères, acides, astringentes ou douces ?

— En raison de la différence des graines, je suppose.

— De même les hommes diffèrent en raison de la différence des actes. Le Bienheureux a dit : " Les êtres ont pour patrimoine leurs *kammas* ; ils sont les héritiers, les descendants, les parents, les vassaux de leur *kamma* : c'est le *kamma* qui partage les hommes en supérieurs et inférieurs ". »

L'effort actuel ne produit ses résultats que dans la vie suivante

« Nâgasena, vous dites que le but de votre sortie du monde, c'est de faire cesser la douleur présente et d'empêcher qu'une autre ne prenne naissance. Ce résultat est-il dû à un effort antérieur ou à l'effort présent ?

— L'effort présent, mahârâja, est inopérant [pour cette vie] : c'est l'effort passé qui est efficace.

— Donne-moi une comparaison.

— Si tu avais soif, est-ce alors seulement que tu ferais creuser une citerne ou un bassin pour boire ? Si tu avais faim, est-ce alors seulement que tu ferais labourer un champ, semer du riz, récolter le grain ? Si tu étais attaqué, est-ce alors seulement que tu ferais creuser des fossés, élever un mur, des tours de garde, des forts, amasser des vivres ? Est-ce alors seulement que tu apprendrais la manœuvre des éléphants, des chevaux, des chars, le maniement de l'arc et de l'épée ?

— Non, Vénérable.

— De même l'effort présent est inopérant : c'est celui du passé qui est efficace. »

POUR EN SAVOIR PLUS

Le lecteur intéressé par le texte des *Questions de Milinda*, lira avec fruits une version abrégée du *Milinda-pañha* traduit du pâli et présenté par Louis Finot (Connaissances de l'Orient. Gallimard. 1992). Les exemples ci-dessus sont repris de ce texte.

Le moine bouddhiste

La tradition dit que le bouddhisme n'est pas implanté dans un pays tant qu'un moine indigène n'a pas été consacré. Elle dit aussi que là où l'ordre meurt, le bouddhisme meurt aussi. C'est dire l'importance du monachisme dans le monde bouddhiste ; bien plus encore que dans le monde chrétien pour autant que l'on puisse comparer le moine bouddhique (qui peut à tout moment revenir à la vie civile) et le moine chrétien (à qui cette possibilité n'est, en principe, pas accordée).

Outre son rôle dans la conservation de la Loi (Dharma), l'ordre joue également un rôle important dans la conservation des écritures, sans lesquelles le bouddhisme risque de sombrer dans l'oubli. L'idéal monastique a connu de nombreuses exceptions, faut-il s'en étonner. Au Japon, le moine paillard fréquentant les auberges et les bordels est un personnage récurrent de la littérature (voir aussi page 248). Au Tibet, avant la mainmise de la Chine, de nombreux moines étaient aussi des commerçants avisés et le moine guerrier est une figure classique du monde japonais.

Au début, seul le moine pouvait atteindre l'Éveil

Dans le bouddhisme premier (Petit Véhicule), le Sangha✳ (la Communauté) n'était représenté que par les moines et les nonnes ; ce n'est que plus tard, dans le Grand Véhicule, que le Sangha s'enrichit également des laïcs. Dans le bouddhisme premier, seuls les moines pouvaient atteindre le nirvâna (l'immense partie des discours de Bouddha, il faut le noter, s'adressent aux moines) ; les laïcs — à qui cette possibilité n'était pas ouverte pour des raisons essentiellement pratiques — avaient essentiellement pour rôle d'aider les moines à subsister au moyen de dons. On comprend que de nombreux laïcs (et même des moines) n'aient pas entièrement souscrits à cette vision élitiste, restrictive du salut : c'est là, sans doute, l'origine du mouvement qui a donné naissance au Grand Véhicule (voir l'article consacré à ce sujet).

Le moine joue un rôle primordial dans le bouddhisme, bien que différent selon le véhicule considéré. Il est naturel que nous lui consacrions quelques pages de manière à le placer dans le contexte socio-culturel du bouddhisme. Ceci d'autant plus que, dans de nombreux pays bouddhiques, il est de tradition pour tous les hommes d'effectuer une retraite monacale pendant quelques mois puis de revenir à leurs affaires. Parfois aussi certains décident de devenir moine et de tout abandonner à l'âge de la pension.

Le danger des femmes, selon Bouddha

Quand Ananda lui demande : « Quelle doit-être notre attitude, Seigneur, à l'égard d'une femme ? » Bouddha lui répond : « Évitez sa vue, Ananda » « Mais si cependant nous la voyons, Seigneur, que faut-il faire ? » « Ne lui parlez-pas, Ananda ! » Mais si nous lui parlons, Seigneur, quoi alors ? » « Alors il faut que vous preniez garde à vous-mêmes, Ananda ! » [124]

Lors des sermons, le visage du moine est souvent caché par un grand éventail ceci pour deux raisons : ne pas distraire le moine par la vue des femmes, ne pas marquer le sermon par sa personnalité.

Photographie du XIXᵉ siècle représentant un lama en position de lotus. On remarquera le vajra (foudre) dans la main droite et la clochette dans la main gauche. Le chapelet, le moulin à prière ainsi des écrits bouddhiques font également partie des objets du culte.

Les premiers moines

Les cinq premiers moines furent les cinq compagnons de Bouddha durant sa vie d'ascète. Ils furent convertis durant le Sermon de Bénarès (voir page 234). Au début, la communauté monastique ne concernait que les hommes mais petit à petit, malgré les réticences très nettes de Bouddha, des femmes demandèrent à rejoindre le Sangha (la Communauté). La première femme à en faire la demande fut la tante de Bouddha, laquelle, assistait aux discours de l'Éveillé accompagnée de 500 femmes. Elle fit trois fois la requête à Bouddha qui toujours refusa et lui recommanda de vivre une vie de disciple laïque. Non découragée par l'accueil réservé de l'Illuminé, elle et 500 de ses amies se rasèrent le crâne pour vivre comme des moinesses mendiantes. Après quelque temps, elle renouvela sa demande à Bouddha lequel, trois fois encore, refusa d'y accéder. C'est sur l'intervention d'Ananda (cousin germain et principal disciple de Bouddha), ému par la ferveur de Mahaprajapati, la tante de Bouddha, que celui-ci finit par accepter son entrée dans le Sangha mais en signalant qu'à cause de cela la communauté perdrait sa pureté après 500 ans au lieu de 1000 ans.

L'ordination

Rappelons que selon le Petit Véhicule (Hînayâna❋), le but de tout homme est de devenir moine car c'est le seul état qui permet d'atteindre le salut. Comme on le sait, les écoles du Grand Véhicule envisagent le problème autrement et chacun, pour autant qu'il prenne refuge dans le Bouddha, peut atteindre le salut. Pour les amidistes (voir Amida❋), il suffit même d'avoir souhaité une seule fois rejoindre le Paradis d'Amida pour être assuré du salut. Le rôle des moines n'est donc pas identique dans tous les pays bouddhiques (quiconque a voyagé en Thaïlande ou au Sri Lanka, connaît leur importance dans la vie publique). Il existe plusieurs types d'ordination pour les moines et les moniales. En règle générale, l'ordination se fait très simplement en prononçant la formule « Viens moine ». Il ne reste plus au moine qu'à respecter les nombreuses règles imposées (elles sont plus nombreuses pour les moniales que pour les moines et varient selon les couvents). Ainsi que nous l'avons déjà dit, les obligations du moine ne l'engagent pas pour toute sa vie et il peut quitter l'état monastique quand il le désire.

En réalité, l'ordination se fait en deux étapes : la sortie du monde (ou petite ordination) et l'ordination proprement dite (ou grande ordination). Même s'il arrive de rencontrer des moines très jeunes, il est à noter que la petite ordination (après laquelle il devient novice) est interdite avant l'âge de huit ans et la grande avant vingt ans. Lors de la grande ordination, le postulant se choisit un précepteur et un maître, revêt l'habit (parfois jaune, parfois d'une autre couleur) et se coupe la barbe et les cheveux. Ceci fait, il se prosterne devant son précepteur et proclame trois fois qu'il met son refuge dans le Bouddha❋, le Dharma❋ et le Sangha❋. Ensuite, le maître lui enseigne les dix règles. Le cérémonial de la grande ordination est très codifié ainsi que les règles que doivent observer les moines (voir l'article consacré aux livres canoniques).

Maître spirituel et maître de la discipline

Dans le bouddhisme, il existe deux maîtres (l'un pour la guidance spirituelle, et l'autre pour l'observation des règles monastiques) ; lors de l'entrée dans les ordres, le novice doit ainsi choisir deux maîtres. Lors de la cérémonie d'ordination, après avoir été interrogé sur les concepts bouddhiques, le nouveau moine doit indiquer le nom de ses deux maîtres (le maître spirituel, *âchârya*, et le maître de la discipline, *upâdhyâya*).

Durant les premiers siècles du bouddhisme, le maître de la discipline était considéré comme le plus important ; cela a changé par la suite pour accorder la prééminence au maître spirituel. Dans les monastères mayahanistes, la grande ordination est suivie après quelque temps par les vœux de bodhisattva. En Chine, l'ordination est suivie par la séance des moxas (voir page 77).

L'ordination des religieuses

L'ordination des religieuses est très proche de celle des moines mais la novice doit se présenter d'abord devant le chapitre des nonnes puis devant celui des moines. Quel que soit son âge, la nonne est toujours sous la dépendance d'un moine, eut-il l'âge de son petit-fils. Il s'agit de dispositions canoniques jamais abrogées. En outre, une moniale doit se rendre régulièrement dans une communauté de moines pour y recevoir l'instruction et ne peut passer de retraite dans un endroit où il n'y a pas de moines. Enfin, s'il lui est strictement interdit d'adresser le moindre reproche à un moine (à qui elle doit obéissance), il lui est aussi interdit d'enseigner à des moines. On le voit, sous le rapport de l'égalité des sexes, le bouddhisme a encore bien des progrès à faire… On notera que dans le bouddhisme premier (Petit Véhicule), l'ordination des femmes a été interrompue dès le Ve siècle mais qu'elle reste toujours très pratiquée dans le bouddhisme tibétain.

Recueil des règles

Le recueil des règles à respecter par les moines et les moniales porte le nom de *pratimoksa* (sanscrit) ou *patimokkha* (pâli). Ce recueil comprend plus de 200 règles (227, 253 et 250 selon l'école bouddhique) classées par thèmes et par ordre de gravité. Quatre délits sont considérés à ce point graves qu'ils entraînent automatiquement l'expulsion de l'ordre. Ce sont la fornication, le vol, le meurtre et l'usurpation de perfections spirituelles. À titre d'exemple, citons les 36 vœux de moines bouddhistes : « ne pas tuer un être humain, ne pas blesser les êtres vivants, ne pas utiliser de l'eau contenant des êtres vivants (eau non filtrée), ne pas tuer d'animaux, ne pas voler, ne pas se complaire dans la sexualité, ne pas mentir, ne pas accuser à tort un moine ou un novice par insinuation, ne pas créer de division dans le Sangha, ne pas suivre une faction, ne pas troubler la foi des laïcs, ne pas mentir sciemment, ne pas lancer de fausses accusations par faveur pour un ami, ne pas mépriser un serviteur du Sangha, ne pas accuser un moine d'enseigner pour un gain matériel, ne pas accuser à tort un moine de négligence, ne pas abandonner les conseils d'un ancien, ne pas accepter plus que sa part de nourriture, ne pas prendre d'alcool, ne pas chanter, ne pas danser, ne pas jouer d'instruments musicaux, ne pas porter de parures, ne pas utiliser de parfums, ne pas faire usage d'odeurs aromatiques, ne pas porter de colliers, de guirlandes, etc., ne pas utiliser de siège ou de lit luxueux, ne pas dormir ou s'asseoir sur un siège ou un lit luxueux, ne pas utiliser de hauts trônes ou de lit plus large qu'une coudée, ne pas dormir ou s'asseoir sur un siège ou un lit plus hauts qu'une coudée, ne pas manger de nourriture solide l'après-midi, ne pas accepter ni garder de l'or ou des biens précieux, ne pas maintenir un comportement de laïc, ne pas abandonner le mode de vie monastique, ne pas refuser de servir son abbé ou ses maîtres. » [125]

On remarquera qu'aucune des règles n'impose d'être charitable et d'aimer son prochain. En effet, nous l'avons dit, la vie du moine (tout spécialement dans le bouddhisme du Petit Véhicule) était une vie assez égoïste dont le seul but était d'arriver au salut sans se préoccuper des autres (cela a changé dans le bouddhisme du Grand Véhicule, plus compatissant et plus solidaire). La vie du moine était donc assez confortable : il lui suffisait de vivre dans une certaine nonchalance sans se préoccuper d'autre chose que d'obtenir la nourriture et les effets nécessaires à son confort. Les laïcs, trop contents de pouvoir ainsi, eux aussi, s'approcher du salut lui fournissaient tout ce dont il avait besoin.

On raconte que Bouddha trouva un jour un moine malade gisant dans ses excréments et ses urines. Aucun moine ne s'occupant de lui, le Bouddha s'en chargea et réprimanda les moines : « Ô moines ! Vous n'avez plus ni père, ni mère qui puisse prendre soin de vous ; si vous ne prenez pas vous-même soin les uns des autres, qui donc le fera ? Quiconque veut prendre soin de moi, qu'il prenne soin des malades. » [126]

Signalons, pour terminer, que dans le Petit Véhicule, très rigoriste et basé sur la discipline, le manquement aux règles entraîne rapidement l'exclusion de la communauté. Dans le cas du Grand Véhicule, le manquement aux règles est, par contre, considéré avec une certaine bienveillance s'il est la cause d'un secours porté à autrui.

La vie du moine

En principe, le moine est itinérant (sauf à certaines périodes de l'année dont principalement la saison des pluies, où il risque en marchant de tuer quantité de petits animaux) et ne possède rien que les huit objets usuels ou huit nécessités (sébile, ceinture, rasoir, aiguille, filtre, bâton, cure-dent, vêtement) qui sont autorisés (en principe pas de chaussures — sauf lorsque le climat le commande, comme au Tibet — mais un éventail est autorisé). Pour vivre, il doit mendier mais seulement durant la matinée. Il ne peut manger que ce qu'il reçoit et il lui est interdit de recevoir de l'argent ou des

Lama

Ce terme n'est utilisé que dans le bouddhisme tibétain. Il désigne un maître spirituel et, par extension, une personne religieuse particulièrement respectable. Il s'agit généralement d'un moine mais cela peut aussi être un laïc (on dit même qu'Alexandra David-Neel, alla jusqu'à prendre le titre de lama). Étant donné l'importance des lamas dans le bouddhisme tibétain, certains désignent ce dernier sous le nom de bouddhisme lamaïque. En effet, dans le bouddhisme tibétain, un lama possède un réel pouvoir moral et les fidèles lui doivent obéissance. Le lama particulièrement qualifié porte le titre de Rinpoché. Le chef temporel et spirituel des tibétains est le Dalaï-Lama✳. Le Pachen-Lama en est le chef spirituel. On signalera qu'il existe en France quatre centres de formations pour les futurs lamas et qu'ils auraient déjà « consacré » une centaine de lamas. Signalons que pour devenir lama, outre certaines qualités intellectuelles et psychiques, il est nécessaire d'accepter de se retirer du monde pendant une période de trois ans, trois mois et trois jours. Enfin, notons, pour les lecteurs qui se demandent quelle est la différence entre un lama et un gourou, qu'il n'en existe pas : dans la tradition indienne, ce maître spirituel porte le nom de gourou.

objets précieux. Les seules marchandises qu'il peut recevoir sont des aliments (il existe, bien entendu, comme dans toutes les religions, des restrictions alimentaires), des pièces de tissu sans valeur pour ses vêtements et des médicaments pour ses besoins personnels (bien qu'il lui soit conseillé d'utiliser exclusivement l'urine d'éléphant comme médicament). Bien entendu, à condition qu'il ne soit pas luxueux, il peut également accepter le gîte ainsi que les invitations à dîner chez les laïcs. Cependant, la plupart du temps il prendra seul son repas frugal (eau, riz, pain). S'il était toujours itinérant dans les premiers temps, le moine s'est sédentarisé avec la construction des monastères lesquels avaient pour but principal la conservation des écritures et leur recopie (ainsi d'ailleurs que leur traduction dans d'autres langues). Si la matinée était surtout consacrée à la méditation et à mendier la nourriture, l'après-midi et les soirées servaient à l'enseignement. Deux fois par mois (à la nouvelle et à la pleine lune) les moines se réunissaient pour un jour de jeûne, de méditation. La fin de la journée était consacrée à la confession publique entre moines. Contrairement à une idée reçue en Europe, la robe des moines n'est pas nécessairement orange (ocre jaune). Elle varie en fait selon les pays. Les moines chinois portent une robe bleue ou marron, tandis que les moines zen japonais sont en noir et les moines tibétains en rouge.

La discipline

La vie du moine est bien réglée et il n'est pas question, même du temps de Bouddha, d'adopter un comportement trop atypique comme le prouve la question qu'adresse Ananda au Bouddha :

« Le moine Channu a un caractère rebelle, il agit de lui-même. Après l'Extinction du Bouddha, comment devra-t-on se conduire avec lui ? » Le Bouddha dit à Ananda : « Après mon Extinction, si ce Channu ne se conforme pas aux règles de la bienséance, s'il n'accepte pas les instructions ni les avertissements, vous devez lui appliquer le châtiment du *brahmadanda*, en ordonnant aux moines de ne pas parler avec lui ni d'aller lui enseigner ses devoirs ». [127] On notera que le même châtiment était appliqué dans la communauté juive aux excommuniés (l'excommunication juive étant, comme dans le bouddhisme, une excommunication locale).

La vie des nonnes

Nous l'avons dit, ce n'est qu'à contre-cœur que Bouddha accepta de conférer l'ordination aux femmes. Malgré cela, les nonnes restent dépendantes des moines à qui elles doivent le respect absolu. Le lecteur intéressé par la vie des nonnes lira avec plaisir et intérêt le petit ouvrage de Vicki Mackenzie, *Un ermitage dans la neige* (J'ai Lu n° 6767). Ce récit est celui d'une jeune anglaise (Diane Perry) qui devient à 23 ans, sous le nom de Téndzin Palmo, la première nonne bouddhiste (*bhikshuni*) occidentale et passera douze ans dans son « caisson de méditation » dans une petite grotte de l'Himalaya, sans autre compagnie que les animaux sauvages et la neige. Relatant la vie des nonnes, Téndzin Palmo écrit qu'« alors que les moines déambulaient dans les universités monastiques, absorbés dans de profondes études et de brillants débats dialectiques, les nonnes tibétaines étaient reléguées dans de petits couvents où, ne sachant pour la plupart ni lire ni écrire, elles en étaient réduites à accomplir des rituels simples, à réciter des prières pour la communauté locale ou, pis encore, à travailler dans les cuisines du monastère où elles servaient les moines. À quelques exceptions près, elles demeuraient exclues du groupe spirituel dominant, privées d'éducation et de statut. Leurs sœurs du bouddhisme Theravâda connaissaient un sort pire encore. En Thaïlande, les nonnes devaient prendre congé d'un moine en reculant à genoux et veiller qu'aucune partie de leur corps ne touche la natte de méditation. Celles qui avaient une forte poitrine devaient même la bander et la comprimer de façon à ne pas mettre en évidence leur appartenance au genre féminin ! » [128] En réalité, si on veut rester rigoureux, il n'y a aucune raison pour une femme de devenir nonne car le seul avantage de cet état religieux est de faciliter l'Éveil et d'atteindre le nirvâna❋. Or, pour entrer dans le nirvâna, il est obligatoire de renaître sous la condition masculine… D'ailleurs, selon Vicki Mackenzie, « l'une des prières principales des Tibétaines a pour objet la renaissance dans un corps d'homme. » [129]

De l'ascète au moine guerrier

Comme le christianisme (orthodoxe et catholique), le bouddhisme propose aux âmes pieuses de se retirer du monde et de ses valeurs éphémères pour adopter la vie monastique. Cette singularité n'existe pas dans d'autres religions. Rappelons cependant que les moines bouddhistes — contrairement aux catholiques et aux orthodoxes — ne prononcent, en principe, pas de vœux perpétuels et qu'ils sont, dès lors, libres de quitter l'état de moine quand ils le souhaitent. Contrairement aux ascètes et anachorètes chrétiens, les ascètes bouddhistes refusaient toute pratique provoquant la douleur telles que postures prolongées dans des positions difficiles (que l'on songe, par exemple, aux stylites chrétiens), jeûne prolongé, flagellations, blessures volontaires, etc. Bouddha avait, lui-même, exprimé l'inutilité de ces méthodes. Il faut cependant noter que dans le bouddhisme tibétain, les vœux sont pris pour la vie. Le moine qui souhaite rompre ses vœux doit se confesser pour cet acte et se purifier par une pratique spirituelle ; en effet, le fait de rompre ses vœux entraîne un dommage en termes de karma.

Certains moines sont réputés pour leurs pouvoirs : thaumaturge, devin, guérisseur, etc. Bien entendu, leur mode opératoire provient de croyances qui sont tout à fait étrangères au bouddhisme mais qui ont été « adaptées » de manière à être incorporées au rituel bouddhique. C'est surtout le cas dans le bouddhisme lamaïque (Tibet).

Signalons aussi une adaptation très particulière des vertus bouddhiques, celle des moines soldats. On ne sera pas étonné que ces moines soldats apparaissent d'abord au Japon et soient entraînés pour défendre leurs monastères. Par la suite, dès son apparition au Japon, à la fin du XIIe siècle, le mouvement zen gagna les guerriers et, en retour, des moines se firent guerrier. En 1905, lors de la guerre contre la Russie, les moines zen, se voulant patriotes, déclarèrent la « cause juste » et le meurtre de l'ennemi compatible avec la compassion. En 1931, alors que le Japon envahissait la Mandchourie russe, des adeptes de l'école de Nichiren (voir page 257) et des officiers zen fondèrent le « Bouddhisme de la Voie Impériale » qui faisait du monarque Japonais le « Dieu unique de l'univers ».

La morale bouddhique (sila)

« Toute l'éthique bouddhiste est suspendue à l'idéalisme quant à sa possibilité théorique. »[131]

On pourrait penser que la morale bouddhique est tout entière dans les cinq commandements de base : ne pas tuer, ne pas voler, ne pas avoir de relations sexuelles illégitimes, ne pas mentir, ne pas boire de boissons intoxicantes. En réalité, il n'en est rien car à côté de ces vertus négatives, Bouddha a encouragé de nombreuses vertus positives comme la bonté, le don, le détachement, le renoncement, l'équanimité, la patience, le pardon, la chasteté, etc. Lui-même, a mis ces qualités en pratique dans ses vies antérieurs (Jâtaka*).

Contrairement à la morale des religions monothéistes, la morale bouddhique n'est pas imposée par un être Suprême. Elle est totalement libre, idéaliste et conditionnée dans ses effets par la croyance en la rétribution juste et automatique des actes (*karma*). Dans le bouddhisme, la conduite morale ne relève jamais de l'orthopraxie, rien n'est obligatoire mais les actes bons (moraux) seront naturellement et automatiquement rétribués.

Quelle est la nature du bouddhisme ?

Le bouddhisme n'est ni pessimiste (ou nihiliste comme on l'a écrit), ni rationaliste (malgré la demande pressante de Bouddha de toujours expérimenter soi-même avant de croire) ; comme toutes les créations humaines, il est complexe : en même temps pessimiste et optimiste, rationnel et ésotérique, élitiste et populaire, quiétisme et missionnaire, égoïste et compassionnel. En réalité, tout dépend du courant bouddhique envisagé, du pays et de l'époque. Né dans un climat historique spécifique, le bouddhisme n'a jamais été hors du temps et a su s'adapter — mieux même que d'autres religions — à l'environnement socio-politico-religieux dans lequel il pénétrait. Contrairement à l'opinion émise par Jean-Paul II dans son livre *Entrez dans l'espérance*, le bouddhisme n'impose pas « une indifférence totale envers le monde », il ne dit pas au croyant qu'« il faut couper nos liens avec la réalité extérieure, donc les liens que nous impose notre constitution humaine, psychique et corporelle. »[131b] Le courant mahâyaniste est résolument dans le siècle et ses adeptes se posent les mêmes questions morales fondamentales que les autres religions ; ce n'est pas une religion du néant où la morale n'aurait pas sa place.[132]

La renonciation au pouvoir et à sa puissance

Il est intéressant de noter — on ne le dit jamais — qu'être bouddhiste, c'est quelque part renoncer à toute forme de pouvoir ;

Akusala

On dit d'un acte qu'il est *akusala* lorsqu'il produit automatiquement des effets néfastes sur le karma de l'individu. L'acte akusala est un acte qui s'oppose à la morale bouddhique ; la simple volonté d'effectuer un acte nuisible est déjà akusala : il n'est donc pas nécessaire que l'acte soit réalisé pour qu'il entraîne des effets nuisibles sur celui qui l'a pensé ou organisé. Un acte méritoire, ayant des effets favorables sera dit *kusala*. On notera, que « toute la pratique du bouddhisme repose sur la production d'effets favorables (kusala) de pratiques méritoires. » [134]

c'est renoncer à la volonté de puissance qui existe en chaque homme. Sachant que le pouvoir est un des principaux moteurs humains, on comprend qu'un individu, un groupe ou une société qui se place délibérément hors des contingences du pouvoir soit capable de générer une morale différente. Les conflits de pouvoirs engendrent bien des misères (tant familiales que sociétales), par contre, l'absence du désir de puissance, enfante une société plus saine, plus calme, plus égalitaire. D'ailleurs, à quelques exceptions près (comme, par exemple, Nichiren), il n'y a pas eu de conquérant bouddhique (quand il devient bouddhiste, Asoka renonce aux conquêtes). Les sociétés bouddhiques sont peu enclines à la guerre et les « guerres de religion » ou conflits meurtriers entre les courants religieux bouddhiques furent rarissimes (mais pas inexistants et quelquefois même assez cruels ; à l'époque, on aimait décapiter en série). Bien entendu, cette absence de lutte pour le pouvoir, assez répandue, s'explique aisément si l'on prend en compte l'un des axiomes de base du bouddhisme : tout est vacuité, le soi n'existe pas. Si l'on admet cela, pourquoi lutter pour un pouvoir qui n'existe pas ? C'est sans doute cette absence de lutte pour le pouvoir, associée à une éthique véritable, qui fait le charme du bouddhisme et sa séduction sur le public occidental trop habitué au « struggle for life ». C'est sans doute aussi pourquoi les mouvements hippies (dont les membres renonçaient à la « carrière », au pouvoir) étaient si proche du bouddhisme.

La but de la morale bouddhique

Il faut à tout moment se souvenir que le but du bouddhisme est d'atteindre l'Éveil et de quitter le cycle du samsâra pour atteindre le nirvanâ. La morale bouddhique doit donc refléter cela. D'autre part, le bouddhisme compassionnel dit aussi qu'il faut améliorer les conditions de vie sur terre pour tous les êtres vivants et aussi préserver la nature. Ainsi, le but de la morale bouddhique est multiple :

- aider l'individu à se détacher des vices et des passions (*klesa*) afin de quitter plus facilement le cycle des renaissances et cela en luttant contre l'ignorance (nescience) et en développant la conscience du non-soi ;

- pratiquer les vertus négatives (ne pas tuer, ne pas…) afin d'éviter les manifestations karmiques négatives ;

- pratiquer les vertus positives (oblation, compassion, etc.) pour produire des manifestations karmiques positives et une transmigration dans une bonne destinée.

Évolution de la morale bouddhique

Pour celui qui se retire du monde, l'anachorète, la morale n'est plus un sujet d'intérêt car il est hors du monde. Pour celui qui se retire du monde tout en y subsistant, le moine, le *bikhsu*, la morale est donnée par les règles monastiques (nous avons déjà décrit celles des moines et moniales dans l'article consacré aux moines). Dans le Petit Véhicule, le but ultime est de parvenir à l'Illumination, seul. La morale se confond donc avec ce but égoïste. Ainsi, il est évident que « sur la voie de l'Éveil, la morale n'est qu'une passerelle jetée hâtivement pour le franchissement de tous les vertiges. » [133] Dans le Grand Véhicule, par contre, le but n'est plus d'arriver seul à l'Éveil mais d'y parvenir en masse. Le bodhisattva est tout d'abord compatissant, c'est sa première règle morale. On notera, par ailleurs, que parmi les dix perfections qu'il doit acquérir figure la moralité (voir *paramitas*, page 67). On remarquera, en passant, que l'humilité, vertu négative, typiquement chrétienne est absente de cette liste, sans doute parce qu'une société égalitaire, comme se veut la société bouddhiste, n'a guère besoin de cette qualité.

De la difficulté d'adopter un comportement moral non conventionnel

Comme on l'a déjà expliqué, pour les bouddhistes, il existe deux vérités : la vérité conventionnelle et la vérité ultime ou réelle. La vérité conventionnelle est celle du sens commun, de la vie quotidienne laquelle est faite d'actions, de désirs, de manifestations, de rites, etc. Cette vérité conventionnelle (la seule accessible à la plupart des humains) fait partie de notre quotidien ; il est impossible, même pour un saint d'en faire l'impasse : elle seule permet d'arriver à la vérité ultime. Dans la vérité ultime, les choses sont vides de sens alors que dans la vérité conventionnelle elles ont une réalité. Le respect des phénomènes liés à cette vérité conventionnelle fait partie des obligations de tous les bouddhistes. Heureusement ! Sans cela, on verrait mal un bouddhiste, pour qui tout est vacuité, réclamer en justice la restitution de ses biens. Cette morale particulière où le larcin ne serait jamais puni serait un encouragement aux voleurs et, dès lors, une action peu morale. On devrait donc ajouter un avenant au contrat moral (Ne pas tuer, ne pas voler, etc.) ; cet avenant dirait simplement : ne pas permettre, ni encourager le vol, le meurtre, etc. Mais peut-être cet avenant est-il inutile, car il est sous-entendu dans les Huit Nobles Vérités.

L'Octuple Noble sentier

L'Octuple noble sentier ou *aryamarga* est le code de vie des bouddhistes mais aussi leur code moral. Parmi les vérités prêchées par Bouddha, retenons la pensée juste, l'action juste, la parole juste. Il s'agit, bien entendu, d'indications pour des comportements moraux. Ainsi, les réflexions bouddhiques sur l'action juste portent régulièrement sur la moralité de nombreuses actions humaines dont l'avortement (n'empêche-t-on pas une renaissance humaine ?), le suicide (interdit lorsqu'il est réalisé à des fins égoïstes mais autorisé lorsqu'il est pratiqué en vue du bien commun), la consommation de chair animale (l'animal entre dans le cycle des renaissances), etc. D'autres précisions concernant l'Octuple sentier sont données dans l'article consacré à ce sujet.

Une morale de l'intention

Pour les bouddhistes, il n'est pas nécessaire que l'acte soit exécuté pour qu'il produise des effets karmiques : le simple fait d'y penser volontairement, de le mettre en exécution mentale est suffisant. La morale bouddhique est donc une morale de l'intention. Néanmoins, pour qu'il y ait rétribution de l'acte, il faut que celui-ci soit intentionnel. Il n'y aura donc pas de rétribution, pas de sanction karmique automatique, pour un acte involontaire ou causé par l'ignorance ou la maladie mentale.

Le bouddhisme et les animaux

Rappelons qu'à la mort de Bouddha, les animaux aussi se rendirent sur le lieu de la crémation et arrivèrent les uns après les autres dans un ordre que la tradition a conservé pour le cycle zodiacal : d'abord le rat, ensuite la vache, le tigre, le lièvre, le dragon, le serpent, le cheval, le mouton, le singe, le coq, le chien et, en dernier lieu, le sanglier. Quiconque multiplie les actes néfastes (*akusala*), peut transmigrer dans le corps d'un animal. Pour les bouddhistes, il n'existe donc pas de différence de nature entre l'humain et l'animal (contrairement au christianisme, par exemple, qui considère que l'homme a une âme, ce dont est dépourvu l'animal). C'est la raison pour laquelle le bouddhiste marque un grand respect pour les animaux et refuse de leur porter préjudice (peut-être aussi, un peu, en souvenir de ses existences passées sous forme animale !). Pour ce qui concerne la nourriture, les bouddhistes appliquent, ici aussi, la « voie médiane » qui consiste à préférer le végétarisme mais à ne pas interdire la consommation de viande (mais en veillant à ce que l'animal ait été tué sans souffrance inutile). Néanmoins, il est interdit à un moine de consommer la viande d'un animal qui aurait été tué pour lui et il n'est certainement pas bouddhique de consommer des cuisses de grenouille (arrachées sur l'animal vivant) ou du homard (émasculé puis jeté vivant dans l'eau bouillante).

En postface à l'ouvrage du théologien et psychothérapeute Eugen Drewermann, *De l'immortalité des animaux* (Cerf, 1992), Michel Damien écrit : « L'incarnation doit-elle être considérée comme ayant lieu dans l'humanité au sens restrictif ou dans l'univers terrestre au sens large ? » [135] Voici une question à laquelle peu de chrétiens sont préparés à répondre alors que le bouddhiste (ainsi d'ailleurs que les fidèles d'autres religions asiatiques) y apportent une réponse précise. Ce n'est pas le lieu, ici, pour développer cette question, mais nous invitons les lecteurs qui se demandent si l'animal de compagnie appartient au monde animal ou fait partie du monde des humains à lire l'ouvrage du théologien Drewermann, un ouvrage comme on aimerait en lire plus souvent sous la plume de penseurs religieux. Signalons, en passant, que lors d'une expérience classique avec un singe apprivoisé, on lui demandait de classer des photos en mettant dans un paquet les photos des êtres humains et dans un autre celles des animaux. L'expérimentateur avait glissé malicieusement la photo du singe dans la pile à trier. Sans hésiter, le singe a placé sa photo dans le paquet des êtres humains ! Alors imitons le Pr Étienne Wolf qui, lors d'une conférence qu'il donnait, dont le titre était « Les animaux ont-ils une conscience ? », se demandait à propos de son chat « si celui-ci n'avait pas une conscience morale, puis concluait en demandant « que chacun fasse son examen de conscience, je veux dire celui des animaux qu'il fréquente ». [136]

Le bouddhisme et les conflits

Le concept de non-violence (*ahimsâ*) est l'un des aspects fondamentaux de la morale bouddhique, lequel s'impose naturellement à tous les disciples de Bouddha. Cependant, il ne faut pas le parer de qualités qu'il ne possède pas dans le bouddhisme et le confondre avec son utilisation politique par Gandhi. Pour les bouddhistes, la non-violence est une vertu négative qui, dès lors, est en retrait moral par rapport à des vertus positives comme la compassion ou la bonté. Ce concept s'applique dans la vie de tous les jours, dans nos rapports avec les animaux, dans les conflits sociaux, dans les rapports entre États, etc. Dans ces conditions, il n'est guère étonnant que le prix Nobel de la Paix ait été décerné au Dalaï-Lama. On pourrait fort bien imaginer d'appliquer la morale bouddhiques dans les relations commerciales, les transactions, les médiations, etc. Nous laissons au lecteur le soin d'imaginer comment pourrait se dérouler une affaire ou une médiation en respectant les principes moraux bouddhiques. Nous lui laissons également le soin d'imaginer par quel passe-passe intellectuel le bouddhisme a accepté en son sein les moines combattants et légitimé l'alliance entre le sabre et le zen.

Les conciles

Les conciles sont des réunions de moines qui se tiennent pour débattre des points de doctrine, de discipline ou de morale. Le premier concile scella le Canon d'après les paroles de Bouddha fixées dans la mémoire de son disciple Ananda. Le second concile fut convoqué pour régler des problèmes de discipline. Selon qu'il s'agit de sources en provenance du Petit ou du Grand Véhicule, le troisième concile est soit celui de Pataliputra soit celui, beaucoup plus tardif, du Cachemire. Le quatrième concile régla, pour le Tibet, la question du subitisme. Le sixième concile établit une nouvelle édition complète et corrigée du Canon pâli (mais, malheureusement, uniquement en birman).

Premier concile :	-500 à Râjagrha, en Inde (un an après la mort de Bouddha).
Deuxième concile :	-400 à Vaisâli, en Inde (110 ans après la mort de Bouddha).
Troisième concile :	-350 à Pataliputra, en Inde (160 ans après la mort de Bouddha).
ou	
Troisième concile :	100 au Cachemire (Inde).
Quatrième concile :	800 à Lhassa (Tibet).
Cinquième concile :	1871 Mandalay (Birmanie).
Sixième concile :	1954 Rangoon (Birmanie).

Bien que cela ne soit pas évident lorsqu'elles ont le crâne rasé, il s'agit bien de nonnes. Rappelons que c'est sur l'insistance d'Ananda (le cousin et secrétaire de Bouddha) que ce dernier admit, après plusieurs demandes infructueuses, l'entrée des femmes dans la communauté monastique. Il leur imposa des règles extrêmement rigides, les soumit à une obéissance totale aux moines et prédit que de ce fait le Dharma (la Loi) s'effondrerait après 500 ans (au lieu de 1000 ans).

Les mudrâs

Dans son sens le plus général, un *mudrâ* est un geste symbolique (un « sceau ») réalisé par une ou deux mains ; c'est un langage par signe indiquant une attitude mentale d'un Bouddha ou d'un bodhisattva✷ ou encore les pouvoirs d'une divinité. La très grande majorité des représentations des Bouddhas et des bodhisattvas font appel aux mudrâs.

Les mudrâs symbolisent des forces ou des manifestations divines. Certaines divinités ayant ainsi leur mudrâ spécifique. La plupart des mudrâs sont des gestes de compassion ou d'apaisement mais il existe également des mudrâs des formes terribles émanant, le plus souvent, de divinités.

Une symbolique précise

Pour bien comprendre la signification des statues bouddhiques, il est indispensable de connaître la symbolique du langage des mains. Chaque école bouddhique possède ses propres mudrâs (dont tout spécialement le bouddhisme du Véhicule du Diamant et le bouddhisme tibétain) mais certains sont universellement utilisés. Outre leur utilisation dans les arts (statues, peintures), les mudrâs sont utilisés par les moines et les fidèles dans leurs pratiques rituelles. Certains mudrâs sont ainsi associés à des paroles incantatoires (dont la célèbre incantation à Chènrezi, le bodhisattva de la compassion, *Om Mani Padme Hum*, voir page 239). Les mudrâs sont très nombreux et on en énumère trente et un pour les Grands Bouddhas, cinquante-sept pour les grandes divinités et quatre-cinq pour les autres ; soit plus de cent vingt mudrâs différents. Les bouddhistes du Petit Véhicule n'utilisent cependant que les sept mudrâs ci-après qui sont, dès lors, les plus utilisés dans le monde bouddhique :

Le mudrâ de la méditation

Les mains sont posées dans le giron, paumes dirigées vers le haut. L'extrémité de la main gauche est posée sur la main droite et les pouces se touchent.

Le mudrâ de l'argumentation

La main droite est levée, paume vers l'avant. Les extrémités du pouce et de l'index se touchent pour former un petit cercle.

Le mudrâ de la mise en route de la roue du Dharma

Les deux mains font face devant le cœur. Les extrémités du pouce et du majeur se touchent.

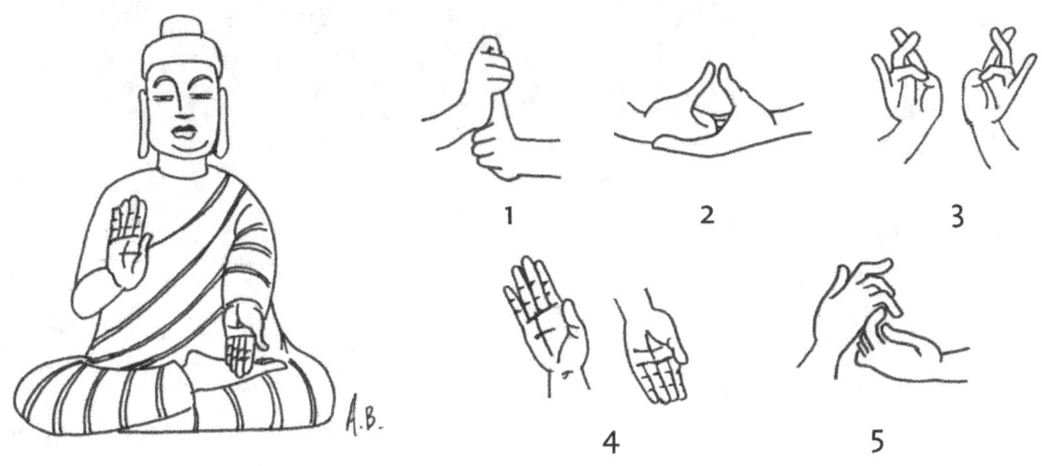

Cette illustration représente Bouddha faisant un double mudrâ : la main droite fait l'*abhayamudrâ* (le mudrâ de l'absence de crainte, le mudrâ de protection) tandis que la main gauche fait le *varadamudrâ* (mudrâ de l'offrande, du don, de la compassion). Quelques autres mudrâs sont également représentés :

1 : Mudrâ japonais de la Sagesse suprême (*Vajramudrâ* ou Chiken-in).

2 : Mudrâ de la Concentration sur le Dharma (*Dhyânamudrâ*).

3 : Mudrâ de la Mise en route de la Loi (*Dharmacakramudrâ*).

4 : Mudrâ d'accueil (*Abhayavaradamudrâ*).

5 : Variante du mudrâ de la Mise en route de la Loi (*Dharmacakramudrâ*).

Le mudrâ de la prise à témoin de la terre

La main droite est placée devant le genou droit, les doigts touchent le sol.

Le mudrâ de protection (ou d'absence de crainte)

La main droite est levée à hauteur de l'épaule, paume vers l'avant. Les doigts sont joints.

Le mudrâ de don, de l'accueil

La main gauche est tournée vers le bas, la paume est ouverte vers l'avant.

Le mudrâ de salutation

Les deux mains sont jointes devant le cœur.

Les mudrâs dans l'hindouisme

Les mudrâs sont relativement peu répandus dans l'hindouisme sauf lorsqu'il s'agit de danses religieuses (dont le *Bharata-nâtyam* en l'honneur de Shiva). Ces danses, très codifiées, sont composées de sons, de pas et de gestes de la main. Dans ce cas, les mudrâs portent le nom de *hasta*.

POUR EN SAVOIR PLUS

Le lecteur trouvera une description complète des mudrâs, accompagnée d'une riche iconographie dans l'ouvrage désormais classique de Louis Frédéric *Les dieux du bouddhisme* (Tout l'art encyclopédie. Flammarion. 2001). Signalons également que Louis Frédéric est l'auteur du remarquable *Dictionnaire de la civilisation indienne* (Bouquins. Robert Laffont. 1994).

Nirvâna

Pâli : *Nibbâna.*

> « Il y a un non-né, un non-produit, un non-fait, un non-conditionné ;
> s'il n'y avait pas un non-né, il n'y aurait pas d'issue
> pour ce qui est né, produit, fait, conditionné. » [137]

En ce qui concerne le nirvâna, il est plus facile de dire ce qu'il n'est pas plutôt que ce qu'il est. C'est ainsi qu'il est écrit dans l'Udâna (une partie du Sûtrapitaka) : « Il y a un domaine qui n'est ni terre, ni eau, ni feu, ni éther, qui n'est pas le domaine de l'infinité de l'espace, de l'infinité de la connaissance, lieu du néant, lieu de la non-conscience-non-inconscience, qui n'est ni ce monde, ni l'autre monde, ni Soleil, ni Lune. Je nie qu'il soit arrivée ou départ, durée, mort ou naissance. Il est seulement fin de la douleur. » [138]

Le nirvâna n'est pas la destruction complète mais l'éveil à la vrai nature des phénomènes. Dans le *Sûtra du Nirvâna* il est dit que le nirvâna est doté de quatre vertus : l'éternité, la joie, le véritable Soi et la pureté.

Une notion difficile à comprendre

Bien des Européens confondent le nirvâna avec une certaine ascèse. Le texte ci-après, que nous avons considérablement abrégé, montre ce qu'était pour un penseur du XIXe siècle l'expérience pratique du nirvâna.

« Il serait curieux de faire l'expérience pratique du nirvâna. Nous connaissons quelqu'un qui a poussé cette expérience des antiques religions aussi loin que le pouvait un esprit européen, aux tendances scientifiques. Pratiquant l'ascétisme jusqu'à renoncer à tout aliment varié (...). Notre expérimentateur avait remplacé les longs repas par l'ingestion de quelques tasses de lait non assaisonné. Ayant ainsi effacé en lui presque toutes les jouissances du goût et des sens les plus grossiers, ayant renoncé à l'action, au moins en ce qu'elle a de matériel, il chercha un dédommagement dans les jouissances de la méditation abstraite ou de la contemplation esthétique. Il entra dans une période qui n'était pas encore le rêve, mais qui n'était pourtant déjà plus la vie réelle, aux contours nettement dessinés et arrêtés. (...) Tout l'univers recule par degrés dans une sorte de lointain (...). Mais vous vous apercevez bientôt que, pour n'être plus sur la terre ferme, vous n'en êtes pas plus près du ciel ; si vous avez gardé le pouvoir de vous observer exactement vous-même, ce qui vous frappera le plus, c'est l'affaiblissement de votre pensée, précisément alors que vous la croyiez plus dégagée par l'affranchissement de

Le nirvâna terrestre

Il est indispensable de comprendre que le concept de nirvâna englobe deux notions très différentes. Après la mort, c'est l'état non identifiable auquel parvient celui qui ne reviendra plus jamais sur terre, le saint, celui qui est définitivement délivré du cycle des renaissances (samsâra). Durant la vie terrestre, c'est l'état de celui qui a atteint la sainteté, qui est délivré des choses de la terre (contrairement donc au sens occidental, pour lequel « atteindre le nirvâna », c'est accéder au niveau maximum de la jouissance et de la possession des choses). Ainsi, pour ce saint, passer une nuit dans un hôtel cinq étoiles ou à la belle étoile est absolument identique, cela ne l'affecte plus. Lorsqu'il a atteint l'état de nirvâna, le saint pourrait mettre fin à sa vie mais généralement il attend le terme fixé par la nature. Ainsi, dans la conception bouddhiste primitive, le nirvâna n'est pas la fin de l'existence mais son apogée ; sachant que selon les paroles même de Bouddha, il est demandé aux disciples de ne pas s'interroger sur ce dont ils ne peuvent avoir connaissance, c'est-à-dire, en fin de compte, sur ce qu'ils deviennent après la mort. On sait, par ailleurs, que le bouddhisme tibétain, sur ce point, a développé une réflexion tout à fait différente de celle du bouddhisme primitif.

tous les soucis matériels. (...) En voulant purifier trop sa pensée et la sublimiser, on lui ôte sa précision ; la méditation se fond en un rêve, et le rêve peut devenir facilement cette extase où les mystiques se perdent dans l'*hèn kaï pan* [le Tout Un, la synthèse absolue de ce qui est Dieu et hors de Dieu], mais où un esprit habitué à la possession de soi ne peut rester longtemps sans en sentir le vide. Alors une révolte se fait ; on commence à comprendre que la pensée la plus abstraite a encore besoin, pour acquérir ses meilleurs instants de lucidité et d'attention, d'être comme fouettée par le désir. Nous conseillons cette expérience pratique du nirvâna à ceux qui en parlent par ouï-dire, sans avoir jamais pratiqué bien longtemps le renoncement entier, absolu. Le seul danger à craindre, c'est que ce renoncement ne produise trop vite un certain abêtissement ; c'est qu'on ne perde la pleine conscience de soi et qu'on ne soit saisi par le vertige avant de l'avoir bien mesuré des yeux, et d'avoir bien vu qu'il n'y a rien au fond. »[138b]

Il nous a semblé utile de citer ce texte car il permet de préciser avec vigueur que le nirvâna n'est pas cette fausse béatitude, cet état particulier, dans lequel peuvent se trouver les ascètes et les mystiques car il est clairement précisé dans les précis bouddhiques que :

« La douleur existe, mais personne n'est affligé,

Il n'y a point d'agent, mais l'activité est un fait,

Le Nirvâna est, mais le sujet nirvâné n'est point,

Le chemin existe, mais nul ne l'emprunte. » (*Visuddhimagga*)

Ce qui, en d'autres mots, signifie qu'il est impossible de dire au décès d'une personne qu'elle est entrée dans le nirvâna car — et c'est un concept bouddhique fondamental — il n'y a pas de soi, pas de personne ; pas plus du vivant qu'après la mort. Dans le bouddhisme, même si cela semble paradoxal, **le nirvâna n'implique en aucune manière l'existence du nirvâné.**

Ceci nous amène à parler du double aspect du nirvâna : en ce monde (le nirvâna-existence) et à la fin de l'existence (le nirvâna-anéantissement).

Le double aspect du nirvâna

En ce monde, le nirvâna se confond avec la suppression du désir et la sainteté (arhattva). « Le saint en possession du nirvâna a détruit le désir et supprimé toute cause de renaissance, mais la destruction du désir laisse intacts les éléments de l'existence appelés *skandha* corporéités, sensation, notions, volitions et connaissances. Le nirvâna-en-ce-monde du délivré vivant est appelé nirvâna "avec conditionnement restant" ».[138c]

Après la mort du saint nirvané, il n'y a plus de corps et il n'aura plus de nouvelle existence puisque l'absence de désir a mis fin au cycle du samsâra ; c'est ce qu'on appelle le nirvâna « sans conditionnement restant ». De ce nirvâna, il n'y a rien à dire car « nul ne peut le mesurer ; pour parler de lui, il n'y a point de paroles ; ce que l'esprit pourrait concevoir et tout chemin est interdit au langage. » [138d]

Tout ce qu'on peut dire du nirvâna, c'est qu'il est la libération du désir, la fin du samsâra (cycle des renaissances), la libération du déterminisme du karma. Pour dire ce qu'il est, même les partisans du pudgala se montrent très prudents car disent-ils on ne peut pas dire qu'il existe vraiment ni, non plus, qu'il n'existe vraiment pas.

L'entrée de Bouddha dans le parinirvâna

Le parinirvâna, signifie l'entrée du Bouddha dans le nirvâna ; c'est-à-dire la mort de Bouddha. Le parinirvâna est identique au nirvâna, c'est la cessation des cinq agrégats✳ d'existence (voir l'article consacré à ce concept). On parlera cependant plus volontiers de parinirvâna (ou nirvâna complet) lorsqu'on désigne la mort de Bouddha ou d'un être saint (*arhat*). Le texte ci-après présente un intérêt double car il illustre parfaitement le mode littéraire des écrits bouddhiques, lequel est extrêmement redondant (on suppose que cela provient de ce qu'il s'agit de la transcription de textes oraux) et, d'autre part, il montre le cheminement de la pensée qui descend les étapes puis les remonte (un processus identique est appliqué dans la loi fondamentale du bouddhisme dite loi de la coproduction conditionnée✳ ; voir l'article consacré à ce sujet).

Pour la célébration des rites, la bougie est l'un des éléments les plus universels.

« Alors, le Bienheureux... entra dans la première méditation. Étant sorti de la première méditation, il entra dans la deuxième méditation. Étant sorti de la deuxième méditation, il entra dans la troisième méditation. Étant sorti de la troisième méditation, il entra dans la quatrième méditation. Étant sorti de la quatrième méditation, il entra dans le recueillement de l'infinité de l'espace. Étant sorti du recueillement de l'infinité de l'espace, il entra dans le recueillement de l'infinité de la conscience. Étant sorti du recueillement de l'infinité de la conscience, il entra dans le recueillement où il n'y a rien. Étant sorti du recueillement où il n'y a rien, il entra dans le recueillement où il n'y a ni conscience ni inconscience. Étant sorti du recueillement où il n'y a ni conscience ni inconscience, il entra dans le recueillement où toute conscience a cessé.

À ce moment, Ananda demanda à Anaruddha : « Le Bienheureux est-il entré dans le Parinirvâna ? » Anaruddha dit : « Pas encore, ô Ananda. Le Bienheureux se trouve maintenant dans le recueillement où toute conscience a cessé. Autrefois, j'ai appris directement du Bouddha qu'on atteint le Parinirvâna en sortant de la quatrième méditation. »

Alors, le Bienheureux sortit du recueillement où toute conscience a cessé et entra dans le recueillement où il n'y a ni conscience ni inconscience. Étant sorti du recueillement où il n'y a ni conscience ni inconscience, il entra dans le recueillement où il n'y a rien. Étant sorti du recueillement où il n'y a rien, il entra dans le recueillement de l'infinité de la conscience. Étant sorti du recueillement de l'infinité de la conscience, il entra dans le recueillement de l'infinité de l'es-pace. Étant sorti du recueillement de l'infinité de l'espace, il entra dans la quatrième méditation. Étant sorti de la quatrième méditation, il entra dans la troisième méditation. Étant sorti de la troisième méditation, il entra dans la deuxième méditation. Étant sorti de la deuxième méditation, il entra dans la première méditation. Étant sorti de la première méditation, il entra dans la deuxième méditation. Étant sorti de la deuxième médita-tion, il entra dans la troisième méditation. Étant sorti de la troisième méditation, il entra dans la quatrième méditation. Étant sorti de la quatrième méditation, le Bouddha s'éteignit complètement. » [139b]

Le nirvâna dans le Mahâyâna

Comme nous avons eu l'occasion de le préciser plusieurs fois dans cet ouvrage, la doctrine du Grand Véhicule se différen-cie du Petit Véhicule en ce qu'elle affirme une double vérité, une double réalité (la vérité conventionnelle et la vérité ultime), d'une part et, d'autre part, que tout est vacuité. Dès lors, « c'est le génie du Mahâyâna que d'avoir proclamé, à l'encontre du bouddhisme ancien de stricte observance, la parfaite congruence du nirvâna et du samsâra. » [139]

Le nirvâna dans l'hindouisme

Ce concept existait déjà dans l'hin-douisme bien avant l'apparition du bouddhisme. Dans l'hindouisme, le nirvâna est « l'état suprême de la non-existence, de la non-réincarnation et de l'absorption de l'être dans le Brahman. Ce n'est pas le Néant, mais l'état de pureté absolue de l'âme qui permet à celle-ci de s'intégrer au Cosmos ». [140] Le Brahman (l'« Absolu ») pouvant être assi-milé à l'énergie pure de l'univers, au Dieu suprême (en réalité, étant donné la diffi-culté de le définir par ce qu'il est, le Brahman est généralement défini par tout ce qu'il n'est pas). On voit donc que dans l'hindouisme le contenu du concept nirvâna est très différent de celui du bouddhisme, lequel considère qu'il n'y a pas d'âme. Pour le bouddhisme, rappe-lons-le, le nirvâna (qui peut être atteint déjà sur terre) est d'abord l'extinction des « trois passions » (désir, haine, erreur). Notons également que dans l'hindouisme on préférera utiliser le mot *moksha* (qui signifie libération du cycle des renaissances) à celui de nirvâna (qui signifie extinction du cycle des renais-sances). Les différences entre les deux concepts sont cependant assez minimes puisque le moksha peut être atteint (comme le nirvâna) dans cette vie ou seulement après la mort. La différence essentielle entre l'hindouisme et le bouddhisme ne réside pas dans les « techniques » utilisées pour atteindre le nirvâna (méditation, vie morale exemplaire, dévotion envers une divinité, yoga, etc.) mais dans sa définition : fusion de l'âme avec le Brahman, pour les hindouistes ; extinction des passions pour les bouddhistes (du moins pour le bouddhisme premier).

Monumentale construction d'un pied de Bouddha, à Leshan (Chine).

Sanscrit : ***Aryamarga***. Pâli : ***Ariyamagga***

« La voie de la délivrance scrute l'inconscient, les émotions refoulées, les racines de la peur et des actions, le désir et les douleurs qui en découlent. » [141]

L'Octuple noble sentier ou Voie octuple (*atthangika magga*) est la conséquence directe des quatre nobles vérités et tout principalement de la dernière : c'est, en effet, la voie (*magga*, en pâli ; *marga* en sanscrit) conduisant à l'extinction de la souffrance (*duhkha*), c'est le chemin de la libération, de la délivrance (*vimukti*). L'Octuple sentier est, en quelque sorte, le code de vie des bouddhistes, mais aussi leur morale, pour atteindre la délivrance.

Caractéristiques de l'Octuple noble sentier

Cette Voie octuple comprend :

- la compréhension juste ;
- la pensée juste ;
- la parole juste ;
- l'action juste ;
- les moyens d'existence justes ;
- l'effort juste ;
- l'attention juste ;
- la concentration juste.

Le code de vie des bouddhistes

Puisque l'Octuple sentier est, en quelque sorte, le code de vie des bouddhistes, il mérite que nous nous y attardions un peu. En effet, en présence d'un problème moral ou existentiel quelconque, la réaction d'un bouddhiste doit être en accord avec celle préconisée par la Voie octuple ; lui seul (puisqu'il n'existe pas d'instance supérieure pour lui dicter sa conduite) doit pouvoir prendre la meilleure décision.

C'est en se basant sur l'Octuple sentier qu'on a pu construire un code de conduite bouddhique valable tant pour les négociations commerciales que pour les conduites sexuelles. Bien entendu, cette « voie » n'est pas un chemin balisé qu'il faut suivre aveuglément, en fonction d'un mode d'emploi car, contrairement aux religions révélées (ce que n'est pas le bouddhisme), il n'existe pas, ici d'orthopraxie mais seulement une voie à découvrir personnellement pour atteindre le nirvâna❋, pour parvenir à l'extinction de la souffrance (duhkha❋). D'ailleurs, le Bouddha s'exprimait très clairement au sujet de l'orthopraxie en disant : « Il ne faut pas accepter mon enseignement (Dharma❋) par respect ; il faut d'abord l'éprouver comme on éprouve l'or par le feu ».

La compréhension juste

C'est comprendre le monde et ses événements en fonction de l'universalité de la souffrance (*duhkha*), c'est-à-dire des Quatre nobles vérités (universalité,

Précisions terminologiques

Le comportement juste

Le mot juste est une des traductions du mot pâli *sammâ* (*samyak* en sanscrit). D'autres traductions ont été proposées dont, par exemple, celle de parfait, d'équitable. En réalité, le sens de *sammâ* signifie ce qui est « correct », ni trop, ni trop peu ; ce qui se situe dans la voie du milieu, tant vantée par Bouddha. La Voie octuple est donc celle de la voie du milieu, celle qui n'engendre pas d'effets négatifs.

La voie du milieu (*Madhyama pratipad*)

Il s'agit d'un concept fondamental de la pensée de Bouddha. Pour Bouddha, il faut refuser les extrêmes. Dans son premier discours ne disait-il pas : « Évitez ces deux extrêmes : l'attachement aux plaisirs des sens, qui est bas et vulgaire, et le goût de la mortification, qui est douloureux — l'un et l'autre n'étant d'aucun profit ».

origine, extinction et voie conduisant à l'extinction de la souffrance).

La pensée juste

C'est la pensée libérée des divers désirs (sensualité, malveillance, cruauté).

La parole juste

La maîtrise de la parole est essentielle car certaines paroles même non malveillantes peuvent blesser indirectement. Dans le cadre de la Voie octuple, le bouddhiste doit donc s'abstenir non seulement des paroles volontairement blessantes ou injustes mais également de celles qui peuvent suite à une mauvaise interprétation apparaître comme humiliantes ou vexatoires. C'est ainsi que le Dalaï-Lama s'est excusé auprès de la communauté gay pour certaines paroles prononcées lors d'une interview et qui pouvaient paraître blessantes : personne n'est à l'abri de l'erreur, l'important est de pouvoir corriger ses erreurs pour revenir dans la conduite juste, c'est exactement ce qu'a fait le Dalaï-Lama. La parole juste est aussi une parole dépourvue de mensonge, de racontars, de grossièreté. C'est la parole juste qui rend la fréquentation des bouddhistes aussi agréable.

L'action juste

C'est l'application de l'action juste qui explique la non-violence des pays bouddhiques. Cette action juste interdit le vol, le crime, les rapports sexuels illicites. Comme on le sait, a part de rares exceptions, il n'y a jamais eu de guerre de religion chez les bouddhistes (les moines des différentes écoles cohabitaient parfois dans le même monastère) et la non-violence (*ahimsâ*) y est érigée en vertu capitale. [142] C'est l'action juste qui explique également que le bouddhiste est tolérant et n'est pas raciste alors qu'il est né dans une société de castes. Pour le Bouddha, il existe six types d'êtres humains mais ces types n'ont rien de fixe. Ce sont : le méchant qui reste méchant, le méchant qui devient bon, le méchant qui transcende le bien et le mal (et entre dans le nirvâna), le bon qui devient méchant, le bon qui reste bon et le bon qui transcende le bien et le mal (et entre dans le nirvâna).

Les réflexions sur l'action juste portent également sur la moralité de nombreuses actions humaines dont l'avortement (n'empêche-t-on pas une renaissance humaine ?), le suicide (interdit lorsqu'il est réalisé à des fins égoïstes mais autorisé lorsqu'il est pratiqué en vue du bien commun), la consommation de chair animale (l'animal entre dans le cycle des renaissances), etc. Vastes questions pratiques dont le développement n'est pas possible dans le cadre limité de cet ouvrage d'initiation.

Le bouddhisme face au racisme

Le roi de Kosala questionna un jour le Bouddha : « Seigneur, il existe quatre castes — les ksatriyas, les brahmanes, les vaisyas et les sudras. Supposons que tous leurs représentants s'efforcent d'obtenir leur salut par les cinq formes d'action, avec un zèle égal. Y aurait-il dans ce cas, Seigneur, une différence quelconque entre eux (en ce qui concerne la nature de leur salut) ? — Sire, répondit le Bouddha, je n'admets aucune différence entre eux en ce qui concerne la nature de leur salut. Si un homme allume un feu avec des herbes sèches, un autre avec du bois de santal sec, un autre avec du bois de manguier sec, un quatrième avec du bois de figuier sec, ces feux, allumés avec des bois divers, seraient-ils le moins du monde différents par la flamme, la couleur ou l'éclat ? — Ils ne le seraient nullement Seigneur. — Il en est de même, Sire, de l'illumination intérieure qui est allumée par l'effort et entretenue par le zèle inlassable. Ainsi, il n'y a aucune différence en ce qui concerne le salut. » [143]

Les moyens d'existence justes

C'est dans le choix de son métier que le bouddhiste applique cette règle. Il ne peut donc choisir certains métiers qui ne permettent une action juste comme, par exemple, le commerce des armes, des êtres vivants, des boissons enivrantes. Il devra également éviter certains métiers comme celui de soldat, de boucher, de devin, etc. Bien avant que l'Europe ne s'intéresse au sujet, le monde bouddhique prônait déjà le commerce équitable.

L'effort juste

Il consiste à faire l'effort nécessaire pour ne pas se rendre maître des choses mauvaises mais, au contraire, tout mettre en œuvre pour conserver et maintenir les choses bonnes.

Conversion au bouddhisme

En 1956, sous l'impulsion de Bhimrao Ramji (Ambedkar), un des pères de la constitution indienne, 500 000 « intouchables » se convertirent au bouddhisme. Par la suite des millions d'autres hindous se convertissent également au bouddhisme pour des raisons essentiellement politiques. Dans son ouvrage *The Buddha and his Dhamma*, Ambedkar, présente le bouddhisme comme une religion révolutionnaire du point de vue social.

L'attention juste

C'est porter un regard juste sur soi-même, les sensations et le monde. On entre ici dans le domaine de la méditation dont on sait qu'il est très important pour le monde bouddhiste.

La concentration juste

C'est la concentration de l'esprit associée à la conscience et à l'action. Elle fait appel aux techniques de méditation (ou extase, *dhyâna*) et à la compréhension parfaite des mécanismes de la production conditionnée (voir page 174). La concentration juste n'est possible que si l'individu a éliminé en lui les obstacles à cette concentration. Paul Magin, résume parfaitement l'état nécessaire à l'individu pour accéder à cette concentration juste : « Tout d'abord, il n'est plus la proie du doute, des idées multiples, de l'analyse méticuleuse, de la jubilation, de l'agitation et de l'inquiétude qui sont des facteurs de fluctuation. Il est délivré de tout raisonnement, de tout souci d'investigation et de délibération, sinon il serait soumis aux passions. Il ne se laisse plus aller à des actes erronés, à l'effort excessif et à la dispersion ; il ne cède plus à la peur, à la stupéfaction, aux désirs et à tout ce qui génère raideur et excitation. Enfin, il a secoué en lui tout ce qui s'apparente à la torpeur et à la négligence, obstacles à la claire conscience et à la vue pénétrante. » [144]

Les Quatre nobles vérités
ou le Sermon de Bénarès

Sanscrit : ***Catvâryâryasatyâni***. Pâli : ***Cattâriariyasaccâni***.

Ces Quatre nobles vérités furent enseignées par Bouddha lors de son premier discours (à Bénarès) devant les cinq ascètes avec lesquels il avait partagé une partie de sa vie, lesquels devinrent ses cinq premiers disciples. Ce discours, prononcé par le Bouddha 49 jours après son Éveil, est considéré comme le premier lancement de la roue de la Loi, c'est-à-dire du Dharma✾.

Le sermon de Bénarès

Ce sermon, auquel la littérature bouddhique fait régulièrement référence, a eu lieu au parc des Gazelles, situé près de Bénarès. Les sermons de Bouddha prononcés durant cette première mise en route de la Loi ont été rapportés par son disciple Ananda lors du premier concile bouddhique. Leur ensemble forme les Sûtras✾ de la première roue du Dharma, lesquels font partie du Canon✾ pâli et sont acceptés par tous les courants bouddhiques.

Ce sermon de Bénarès constitue la pierre angulaire de la Loi (Dharma✾ ou Dhamma). Les thèmes de ces quatre vérités concernent la souffrance (ou selon l'expression bouddhique la *duhkha*) :

- La vérité sur la souffrance.
- L'origine de la souffrance.
- La cessation de la souffrance.
- La vérité sur la voie qui mène à la cessation de la souffrance.

Le Chemin du Milieu

Le Bienheureux se trouvant au Parc des Gazelles à Sarnath, près de Bénarès, parla ainsi aux cinq moines.

Il est deux extrêmes, ô moines, qui doivent être évités par un moine. Quels sont-ils ? S'attacher aux plaisirs des sens, ce qui est bas, vulgaire, terrestre, ignoble et engendre de mauvaises conséquences, et s'adonner aux mortifications, ce qui est pénible, ignoble et engendre de mauvaises conséquences.

Évitant ces deux extrêmes, ô moines, le Tathâgata a découvert le Chemin du Milieu qui donne la vision, la connaissance, qui conduit à la paix, à la sagesse, à l'éveil et au Nirvâna.

La souffrance

Voici, ô moines, la Noble Vérité sur la souffrance (*duhkha*).

Bouddha thérapeute

On peut interpréter le discours de Bénarès comme le diagnostic et la thérapeutique de la vie : la maladie est constatée, la cause est reconnue, la guérison est définie et le remède est proposé.

Le Sermon de Bénarès, tel que la tradition le rapporte en différents textes, est assez long et didactique afin de le faire entrer en profondeur dans l'esprit des premiers auditeurs, les cinq ascètes. Il nous paraît cependant utile d'en citer quelques passages significatifs, le lecteur intéressé par le sujet pourra toujours se reporter aux différentes traductions de ce sermon initial. Bien entendu les principaux concepts bouddhiques évoqués dans ce texte sont explicités dans différents articles de cet ouvrage (le lecteur se reportera aux articles consacrés au Noble Sentier Octuple, à la *duhkha* (souffrance), au nirvâna, aux Cinq agrégats de l'attachement, etc.). On notera que l'essentiel de la sagesse bouddhique est déjà présent dans ce premier discours.

Gravure du XIXe siècle représentant les deux bouddhas géants de Bamyan (Afghanistan) sculptés dans la falaise. On sait qu'aujourd'hui ces deux bouddhas n'existent plus ayant été dynamités, en mars 2001, sur ordre du chef des talibans, le mollah Mohammed Omar. Les talibans souhaitaient, en effet, ne conserver en Afghanistan aucune trace des religions préislamiques.

La naissance est souffrance, la vieillesse est souffrance, la maladie est souffrance, la mort est souffrance, être uni à ce que l'on n'aime pas est souffrance, être séparé de ce que l'on aime est souffrance, ne pas avoir ce que l'on désire est souffrance, en résumé les cinq agrégats d'attachement sont souffrance.

Voici, ô moines, la Noble Vérité sur la cause de la souffrance.

C'est cette « soif » qui produit la ré-existence et le re-devenir, qui est liée à une avidité passionnée et qui trouve une nouvelle jouissance tantôt ici, tantôt là, c'est-à-dire la soif des plaisirs des sens, la soif de l'existence et du devenir, et la soif de la non-existence (auto-annihilation).

Voici, ô moines, la Noble Vérité sur la cessation de souffrance.

C'est la cessation complète de cette « soif », la délaisser, y renoncer, s'en libé-rer, s'en détacher.

Voici, ô moines, la Noble Vérité sur le Sentier qui conduit à la cessation de souffrance.

C'est le Noble Sentier Octuple, à savoir : la vue juste, la pensée juste, la parole juste, l'action juste, le moyen d'existence juste, l'effort juste, l'attention juste, la concentration juste.

Ô moines, quand cette connaissance réelle des Quatre Nobles Vérités me devint parfaitement claire, alors seule-ment j'ai proclamé à ce monde avec ses dieux, ses troupes d'ascètes et de brah-manes, ses êtres célestes et humains, que j'avais obtenu l'incomparable et suprême connaissance.

Et la connaissance profonde s'éleva en moi : inébranlable est la libération de mon esprit, ceci est ma dernière nais-sance et maintenant il n'y aura plus d'autre existence.

Ainsi parla le Bienheureux, et les cinq moines, contents, louèrent ses paroles. [145]

Les quatre nobles vérités et le Grand Véhicule

Le Grand Véhicule n'a rien innové concer-nant les Quatre Nobles vérités mais, en revanche, il a donné une nouvelle défini-tion de la vérité et donc une nouvelle interprétation sur « la vérité sur la souf-france » et sur « la vérité sur la voie qui mène à la cessation de la souffrance ». Les deux vérités (ou réalités) mise en avant par le Grand Véhicule sont la vérité conventionnelle (*samvrtisatya*) et la vérité ultime (*paramârthasatya*). La vérité conventionnelle est celle du sens commun, de la vie quotidienne faite d'actions, de désirs, de manifestations, de rites, etc. Elle fait partie de notre quotidien et elle seule permet d'arriver à la vérité ultime. La vérité absolue est la vérité ultime, celle à laquelle on ne parvient qu'après une longue discipline intellectuelle et méditative. Dans la

Tathâgata

Parlant de lui, Bouddha avait l'habitude d'utiliser cette épithète. Ce mot signifie celui qui est « venu ainsi », celui qui est allé dans l'ainsité (*tathatâ*). En d'autres mots, on pourrait dire que c'est celui qui est allé dans l'Éveil sans connaître les limites du samsâra✽ ou du nirvâna✽. D'autres traduisent également ce terme par « le Parfait » ou encore par l'« Absolu ». Ce terme est également utilisé dans le mahâyânisme pour indiquer la « vraie nature des choses », le contraire de ce qui est apparent, c'est-à-dire la vérité ultime par rapport à la vérité conventionnelle (voir page 234).

vérité conventionnelle, les choses ont une réalité alors qu'elles sont vides au sens de la réalité absolue. Bien entendu, cette notion de double réalité conduit à un certain nivellement des choses et, par exemple, confond (sans que pour autant cela soit identique) le samsâra✽ et le nirvâna✽.

Une kinnari, déesse mi-femme mi-oiseau. D'origine hindouiste, les déesses kinnaris ont été incorporées à l'ensemble des divinités du bouddhisme, mais sans y jouer aucun rôle. Photo réalisée dans le palais de Bangkok où elles sont très généreusement représentées. On notera la position des mains jointes (*anjalimudrâ*) en signe d'adoration.

« Même s'il récite beaucoup de textes sacrés, l'homme négligent qui n'agit pas conformément à leur enseignement est comme un vacher qui compte les vaches d'autrui : il n'a point de part aux avantages spirituels de la vie religieuse. » [146]

Dans la plupart des religions, les rites et cérémonies occupent une part importante de la vie du croyant. Dans certaines religions, l'orthopraxie (c'est-à-dire la bonne conduite selon la loi religieuse) est même plus importante que l'orthodoxie. Dans le cas du bouddhisme, comme il n'y a pas d'instance hiérarchique (qui dit ce qu'il faut faire) et pas de dogme, il n'existe, dès lors, aucune cérémonie ou rite auquel un laïc soit obligé de participer (il n'en est pas de même, bien entendu, pour les moines qui, eux, sont très surveillés et contraints à de nombreux rites dont ceux de l'ordination, de la purification/confession, etc.).

Les cérémonies sont présidées par les moines

Dans le bouddhisme du Theravâda, les cérémonies pour les laïcs sont quasi inexistantes. Cependant, comme nous le verrons, le bouddhisme tibétain, tout particulièrement, a développé des céré-monies rituelles. C'est également le cas pour le bouddhisme syncrétique chinois et japonais (voir les deux articles consa-crés à ces sujets). Comme il n'existe pas de clergé dans le bouddhisme, ce sont les moines qui se rendent dans les familles pour les différentes cérémonies. Inviter des moines chez soi à l'occasion de fêtes familiales est doublement méritoire. Par l'influence favorable sur celui qui bénéfi-cie de l'attention mais aussi par la retombée karmique favorable sur le laïc qui invite les moines (et, par la même occasion, leur facilite le quotidien en offrant des cadeaux, de la nourriture, etc.). Comme on le sait, tous les courants bouddhiques confirment qu'aider les moines est très méritoire.

Les trois objets de vénération

Dans tout monastère figurent générale-ment un stûpa❋ (dans lequel sont conservées des reliques de Bouddha ou de saints), un arbre Bodhi (en souvenir de celui sous lequel Bouddha atteignit l'Éveil) et une statue de Bouddha. Ces trois objets sont vénérés l'un après l'autre. D'après les traditions, de véri-tables reliques de Bouddha seraient conservées dans certains temples. Ainsi, une dent du Bouddha serait conservée au Sri Lanka (à Candy) et des cheveux de l'Éveillé se trouveraient dans une pagode de Birmanie. Enfin, le bol à aumône du saint homme serait, à en croire Marco Polo, en Chine.

La fréquentation des temples

Les bouddhistes vont au temple lors de la pleine lune, de la nouvelle lune et des quartiers de lune. Là, ils prennent refuge dans le Bouddha, le Dharma et le Sangha et récitent des textes canoniques agenouillés devant l'un des trois objets de vénération. Ensuite, comme dans toutes les cérémonies religieuses, ils allument des lampes, brûlent de l'encens et offrent des fleurs aux trois objets de vénération.

Le culte (*pujâ*) rendu à Bouddha

La cérémonie du culte (surtout pratiquée dans le Sud de l'Asie, dans le bastion du Petit Véhicule❋) est pratiquée tous les quinze jours, à chaque nouveau quartier de lune. Cette fête lunaire est appelée *Uposatha* et son but est d'appeler le laïc, par une discipline sévère et le jeûne, à une réflexion religieuse. Le culte consiste en une explication de la doctrine par un moine, des offrandes (mets, fleurs, encens, lumière, eau), la proclamation de la prise de refuge (« Je prends refuge dans le Bouddha❋, le Dharma❋, le Sangha❋ ») et une méditation❋.

Kûya Shônin

Les grandes fêtes bouddhiques

En principe, il ne devrait pas y avoir de fêtes bouddhiques car pour Bouddha il n'y avait rien à commémorer et personne à honorer. Mais l'on connaît les besoins des hommes et, dès le lendemain de sa mort, Bouddha était déjà commémoré ! Les fêtes bouddhiques varient selon les pays (ainsi, au Japon on se rendra en pèlerinage à l'endroit de la naissance d'un grand maître, tandis qu'au Tibet on fêtera la naissance d'un autre maître) aussi n'existe-t-il pas de calendrier bouddhique unique. Dans certaines contrées les fêtes sont rares dans d'autres elles sont nombreuses tout comme les pèlerinages dans les grands lieux bouddhiques (à Lumbinî où il est né, à Bodh-Gaya, où il connut l'Éveil, à Sarnath où il prononça son premier discours et à Kushinagara où il s'éteignit).

La seule fête qui soit réellement célébrée par les bouddhistes du monde entier, mais selon des rites différents, est la fête de Vesakh (ou Phat Dan). C'est une cérémonie majeure qui se déroule lors de la pleine lune du mois de vesakha (avril/mai). Durant cette fête, on célèbre à la fois la naissance de Bouddha, son éveil et sa mort (*parinirvâna*). Signalons que cette fête ne sera pas célébrée le même jour dans les différents pays ; ainsi elle sera célébrée le 8 avril au Japon, le 17 mai au Laos et le 7 juin au Tibet. Pour décrire cette fête, laissons la parole à Pascale Masson qui a publié *Le guide des religions et de leurs fêtes* : « Dans la plupart des pays bouddhistes, des céré-monies se succèdent devant la statue du Bouddha enfant qui le représente un bras dirigé vers le haut et l'autre vers le bas. Parfois un récipient contenant tantôt de l'eau, tantôt une infusion, est déposé auprès de la statue que les fidèles peuvent ainsi arroser à l'aide d'une louche prévue à cet effet. (...) Cette fête, illuminée par une multitude de lanternes de papier allumées dans chaque maison, témoigne de la foi vivante dans le boud-dhisme originel dont Ceylan est le berceau. (...) Au Japon, la fête des fleurs célèbre la naissance de Bouddha. Dans chaque temple, on élève un autel de fleurs avec la statue du Bouddha enfant sur laquelle les fidèles versent du thé sucré. À Kandy, au Sri Lanka, a lieu la procession de la dent du Bouddha avec des défilés d'éléphants couverts de draperies somptueusement décorées. C'est encore au Sri Lanka, au pic d'Adam, haut de 2500 mètres, qu'à lieu le pèleri-nage où les croyants font leurs dévotions devant une empreinte de pied attribuée au Bouddha. » [147]

Le bouddhisme de la naissance à la mort

Contrairement aux autres religions qui organisent des cérémonies spécifiques pour chaque moment important de la vie (naissance, entrée dans la religion, mariage, décès), le bouddhisme premier ne connaît rien de cela. Cependant, l'homme aimant marquer les événe-ments, le bouddhisme s'est adapté à ses désirs.

OM

La syllabe mystique OM est très ancienne et se retrouve dans les premières religions indiennes. Constituée de trois sons « A », « U » et « M », dans la religion brahmanique, elle appelait les trois divinités Brahma, Visnu et Shiva. Dans le bouddhisme tantrique (Véhicule du Diamant ou *Vajrayâna*), elle est censée réveiller les trois corps du Bouddha (voir page 71). Le mantra *Om Mani Padme Hum*, attribué au bodhisattva Avalokiteshvara est l'un des plus anciens du bouddhisme tibétain.

Autel domestique

Plusieurs écoles bouddhiques proposent au laïc de disposer dans sa demeure d'un petit autel dédié à Bouddha. Dans leur ouvrage consacré au bouddhisme en France, Bruno Étienne et Raphaël Lioger signalent que « l'enquête nous a confirmé que la plupart des pratiquants nouveaux convertis ont cet autel chez eux ». [148] Parmi les ouvrages consacrés au bouddhisme tibétain, on trouve même un petit manuel consacré à la manière de créer un autel chez soi (aux éditions Claire lumière, éditions dédiées exclusivement au bouddhisme tibétain). Sur l'autel, on placera une statue de Bouddha ou une peinture représentant Bouddha ou un bodhisattva✳. Cet autel servira essentiellement à recevoir des offrandes : de l'encens, des bougies (qui symbolisent la lumière de Bouddha), des fleurs, de la nourriture, etc.). Au sujet du Bouddha, signalons que les fidèles bouddhistes ne considèrent jamais une statue de Bouddha comme une simple œuvre d'art, elle est généralement considérée comme un stûpa✳ car elle est un substitut de Bouddha. C'est la raison pour laquelle la statue doit être traitée avec déférence : elle sera placée dans le meilleur endroit de la maison et toujours en hauteur (les pieds de la statue à hauteur du visage du fidèle). Si la statue est cassée, s'il lui manque un bras ou une jambe, elle sera déposée dans un monastère où elle sera enfermée dans un reliquaire.

Naissance

Les parents se rendent avec l'enfant au temple et le placent devant une statue de Bouddha. Pendant ce temps, un moine lit un texte canonique (voir l'article consacré à ce sujet).

Mariage

Quelques jours avant les fêtes civiles, des moines sont invités dans la famille pour s'adresser aux jeunes époux en les exhortant à pratiquer les cinq préceptes fondamentaux de la moralité et leur lire des textes canoniques.

Maladie

La famille invite un moine à venir lire des extraits des livres canoniques dans la chambre du malade.

« Les profanes imaginent, en général, que les bouddhistes croient en la réincarnation de l'âme, voire même à la métempsycose. C'est là une erreur. Ce que le bouddhisme enseigne, c'est que l'énergie produite par l'activité mentale et physique d'un être, cause l'apparition de nouveaux phénomènes mentaux et physiques après que cet être a été dissous par la mort. » [149]

La loi universelle de la transmigration

Le samsâra (transmigration perpétuelle), ou cycle des renaissances, désigne les phases de la vie qui consistent à naître, grandir, vieillir, mourir, renaître (sous différentes formes) et cela sans fin ; à moins que dans sa dernière naissance — sous la forme d'un humain mâle — l'être ne parvienne à l'Éveil et n'entre dans le nirvâna. Pour prendre une image, on pourrait considérer les différentes réincarnations comme appartenant à une seule vague de vie, tantôt homme, tantôt dieu, tantôt animal ou démon, il ne s'agit que de formes différentes d'une seule vie, laquelle prend fin à l'Éveil. Le samsâra (ou transmigration) oblige les êtres à renaître en changeant de destinée (*gati*) en fonction des actes passés (karma✳). La transmigration est un état instable, changeant perpétuellement. Lorsqu'on le quitte pour entrer dans le nirvâna, on entre dans un état stable et définitif.

Comment échapper au samsâra ?

Dans le cadre du samsâra, une vie humaine n'est qu'un instant d'une période de temps infinie. Ainsi, dans l'optique bouddhiste, une vie humaine ne doit être considérée que dans le cadre nettement plus large des renaissances successives. Le moteur des renaissances est le karma✳ en fonction duquel (ou, plus exactement en fonction des empreintes karmiques duquel) on peut renaître dans des conditions favorables (c'est-à-dire permettant d'accéder à l'Éveil — la seule condition favorable étant celle de mâle humain) ou défavorables (en enfer, sous forme animale, etc.). Dans des conditions agréables (riche, beau, puissant) ou désagréables (pauvre, laid, malade). Notons également, la renaissance sous forme de « revenant affamé », les *pretas*, qui sont condamnés à vivre sur terre au milieu des hommes, en subissant divers supplices (on n'est pas loin des dibouks de la religion juive). Le « but » ultime de la vie

Les six mondes

Lors de la renaissance, l'être peut renaître dans un des six mondes ci-après, lesquels font partie de la cosmologie bouddhique (on notera qu'aucune des destinées (*gati*) n'est définitive) :

• enfers où les êtres souffrent (il existe de nombreux enfers différents) ;

• domaine des esprits avides où les êtres sont sujets à d'importantes privations ;

• monde animal ;

• monde humain où il y a équilibre entre les douleurs et les souffrances et où la liberté est assez grande pour atteindre le nirnâva ;

• monde des asuras (titans) où les êtres luttent sans cesse et ne peuvent, dès lors, parvenir au nirvâna ;

• monde des dieux où les êtres sont orgueilleux et obnubilés par leurs passions (dès lors, pour retrouver le désir d'Éveil, ils doivent obligatoirement passer par la condition humaine).

étant donc d'échapper au samsâra, le cycle des renaissances, par la cessation des passions, par l'absence absolue de désir, dont celui de renaître. En d'autres termes, on pourrait dire qu'on quitte le samsâra lorsqu'on ne produit plus de karma (voir ce terme). D'ailleurs, les bodhisattvas — aux portes du nirvanâ mais refusant d'y entrer par compassion humaine — ne sont plus affectés par les actes karmiques. Atteindre l'Éveil, c'est s'affranchir de la Loi de l'acte (karma) et de la Loi de la coproduction conditionnée. Pour y parvenir, il faut supprimer tout désir et, par la connaissance, l'ignorance fondamentale. On y parvient par trois voies : en menant une vie morale, en s'instruisant avec les livres saints et par la méditation. Pour les bouddhistes, la vie d'homme est une chance, car elle seule permet d'entrer dans le nirvâna. Il faut donc en profiter d'autant plus que le nirvâna peut déjà être atteint sur terre mais ce n'est pas l'acquisition des richesses matérielles qui y contribue.

Le samsâra dans le Grand Véhicule

Le Grand Véhicule, nous le découvrons régulièrement dans cet ouvrage, a considérablement modifié certains concepts du bouddhisme originel (Petit Véhicule). Ainsi, pour les courants du Grand Véhicule, puisque tout est vacuité, il n'existe pas de différence fondamentale entre le samsâra et le nirvâna. Le nirvâna est, en effet, le samsâra évacué ; et le samsâra, le nirvâna occulté par le voile des apparences. Mais, comme le fait remarquer G. Bugault (...), samsâra et nirvâna « forment un couple en trompe-l'œil (...). Samsâra et nirvâna sont tous deux sans commencement (*anâdi*) : le bouddhisme fait l'économie des problèmes d'origine ; mais le samsâra est "pourvu de fin" (*anta-vant*), puisqu'on peut s'en délivrer. » [150]

Les passions latentes (anushaya/anusaya)

Le bouddhisme décrit sept passions latentes ou penchants. On parle de passions latentes parce qu'elles ont tendance à revenir constamment même lorsque l'homme croit en être définitivement guéri. Ces passions latentes impriment donc à l'homme (ou plus exactement à sa « série personnelle » d'incarnations) une orientation défavorable. Ces sept passions latentes sont :

- le désir sensuel ;
- l'aversion ;
- l'opinion ;
- le doute ;
- la prétention ;
- l'instinct de vie ;
- l'ignorance (*avidyâ*, voir page 47).

Les questions de Milinda

— Nâgasema, tu parles du Samsâra. Qu'est-ce que le Samsâra ?

— Un être naît sur cette terre et y meurt ; mort ici il renaît ailleurs et y meurt, etc. Voilà ce qu'est le Samsâra.

— Donne-moi une comparaison.

— Un homme mange une mangue et plante le noyau ; de ce noyau croît un grand manguier qui porte des fruits ; un homme mange un de ces fruits et plante le noyau, d'où croît le manguier, etc. Le point de départ de cet enchaînement est inconnaissable. Il en est de même du Samsâra. [151]

Un jeune moine, les mains jointes en *anjalimudrâ*, signe de l'adoration devant une divinité.

© Corel

Le Bardo

Rappelons que pour les bouddhistes tibétains, il existe un état intermédiaire entre les renaissances, ce qu'on appelle le Bardo, lequel est amplement décrit dans *Le livre des morts tibétain* (*Bardo Thödol*). Cet état intermédiaire commence à la dissolution des cinq agrégats❋ et dure quarante-neuf jours. Le mort y fait la connaissance de la « claire lumière », des déités, du dieu Yama. Pendant les quarante-neuf jours d'errance entre la vie et la mort, le mort peut être « guidé » et bénéficier des prières et attentions de ses proches.

Le Samsâra dans l'hindouisme

Le concept de samsâra était présent dans l'hindouisme bien avant la naissance de Bouddha. On notera, par ailleurs, que ce concept de renaissance (ou, plus exactement, de transmigration) est également présent dans la philosophie grecque. Néanmoins, il existe quelques différences entre le samsâra de l'hindouisme et celui du bouddhisme. Comme on le sait, pour le bouddhiste il n'existe pas de soi, pas d'âme, alors que dans l'hindouisme c'est une entité (que nous appellerons âme par commodité), « prisonnière du karma », qui se transmet au cours du cycle des renaissances. La quête de l'hindouiste étant que cette âme se libère (*moksha*) du samsâra pour rejoindre le Brahman (l'Absolu). Rappelons aussi que pour les bouddhistes, renaître dans la condition d'être humain est une grande chance (c'est la seule occasion pour parvenir au nirvâna) et qu'il faut donc en profiter pour gagner son salut. Le cycle des renaissances (samsâra) est régit par les lois du karma.

Bouddha en position couchée. Il existe plusieurs positions, dites canoniques, pour représenter Bouddha. La plus classique est la position assise en lotus (dont il existe plusieurs variantes), jambes croisées. Cependant, Bouddha peut également être représenté en position assise (à la chinoise), en position « à l'aise royale » ou en position couchée sur le côté droit (c'est la position adoptée pour le parinirvâna, c'est-à-dire pour les derniers moments de Bouddha avant d'entrer définitivement dans le nirvâna).

Le Sangha et la prise de Refuge

Pâli : *Samgha.*

« Soyez votre propre refuge »
(Bouddha).

Le Sangha, c'est-à-dire la communauté, est la congrégation des moines bouddhistes. En tant que telle, le Sangha est le troisième des trois joyaux (le Bouddha, le Dharma, le Sangha). Quiconque devient bouddhiste prend refuge dans les trois joyaux, c'est-à-dire qu'il accepte les valeurs de ces joyaux et accepte de mener une vie conforme à leurs principes.

Cette notion de communauté est assez restrictive dans le bouddhisme des origines car elle ne comprend effectivement que les moines (« ceux qui sont entrés dans le courant »), « ceux qui ne reviennent qu'une fois », « ceux qui ne reviennent pas » et les arhats (saints). Dans le bouddhisme plus tardif, celui du Grand Véhicule, la communauté comprend également les bodhisattvas❋ et, plus tard, même certains laïcs. Il convient de noter que la communauté bouddhique n'est aucunement identique aux communautés telles qu'on les rencontre dans les religions monothéistes, où ce mot a le sens de la communauté des croyants.

La prise de refuge dans le Sangha

Lors de la cérémonie du refuge, l'aspirant est agenouillé et récite trois fois le texte de la prise de refuge (voir plus bas), ensuite le représentant du Sangha monastique lui coupe une mèche de cheveux en signe de renoncement au samsâra (cycle des renaissances) et d'adhésion au Dharma (la Loi). Pour terminer, un nom du Dharma (un nom religieux) est donné à celui qui vient de prendre refuge.

Prendre refuge

Entrer dans le bouddhisme (comme moine ou comme laïc), c'est prendre refuge dans les trois joyaux. D'après Bouddha, c'est seulement la prise de refuge qui assure la protection contre la souffrance (*duhkha*). La prise de refuge est une action personnelle intérieure qui ne peut se réaliser qu'après une prise de conscience de la souffrance de toute vie (voir l'article consacré à la *duhkha*). Néanmoins, en pratique, cette prise de conscience est généralement symbolisée par une petite cérémonie. On peut prendre refuge pour soi-même mais aussi décider de prendre refuge pour aider les autres ainsi que le font les Bodhisattvas❋. La formule traditionnelle de prise de refuge, et donc d'entrée dans le bouddhisme, est :

« Je prends refuge dans le Bouddha, je prends refuge dans le Dharma, je prends refuge dans le Sangha ». Cette formule est répétée trois fois.

Signalons que dans le bouddhisme indo-tibétain (ou Véhicule du Diamant ou *Vajrayâna*), on prend également refuge dans les trois racines qui sont le gourou (le maître), le deva (déité de méditation)

Deva

Un deva est un être supérieur à l'homme, une divinité, qui vit un bonheur parfait ne connaissant aucune douleur ni physique, ni mentale. Si sa longévité est nettement supérieure à celle de l'homme d'aujourd'hui, elle n'est pas éternelle. Bien qu'il s'agisse d'une divinité, sur le plan de l'Éveil, elle est inférieure à l'homme car ne connaissant pas la douleur elle n'est pas intéressée à la vie spirituelle et continue à vivre dans l'ignorance, ce qui l'empêche de quitter le cycle des transmigrations (samsâra ✹). Pour entrer dans le nirvâna, elle doit d'abord revenir sur terre, sous condition humaine.

et les dâkinis (les déités de sagesse et d'enseignement). Les modestes dimensions de cet ouvrage ne nous permettent pas d'en dire davantage sur cet aspect très particulier du bouddhisme tibétain.

Conduite de vie du nouveau « réfugié »

Le bouddhisme est très tolérant mais la prise de refuge dans le Bouddha, dans le Dharma et dans le Sangha nécessite que l'on accepte un certain mode de vie, que l'on agisse en fonction de certains préceptes. Après la prise de refuge dans le Bouddha, il faut éviter certains refuges auprès d'êtres mondains mais, par contre, respecter toutes les représentations de Bouddha. La prise de refuge dans le Dharma nécessite une conduite de compassion à l'égard de tous les êtres vivants et, enfin, suite à la prise de refuge dans le Sangha, il ne faut plus fréquenter les personnes dont l'influence est négative mais, par contre, respecter tous les membres du Sangha.

En pratique

Le nouveau bouddhiste aura un comportement de grand respect pour le Bouddha et ses diverses représentations ainsi que pour les textes canoniques (voir l'article consacré aux canons du bouddhisme) qu'il placera toujours en position élevée de manière à éviter qu'on ne marche dessus, qu'ils ne soient enjambés, etc. Parfois aussi il construira un petit autel à domicile, mais c'est là plus particulièrement une pratique des bouddhistes tibétains. Enfin, il renouvellera chaque jour sa prise de refuge en récitant par trois fois la formule rituelle : « Je prends refuge dans le Bouddha, le Dharma et le Sangha ». Bien que cela ne soit ni ordonné, ni recommandé par les textes canoniques, il est de tradition pour les bouddhistes d'effectuer des offrandes aux trois joyaux (fleurs, fruits, etc.).

Comme nous l'avons déjà expliqué dans cet ouvrage (voir page 208), le bouddhisme propose des règles de vie différentes pour les moines et les dévots laïcs. Les règles communes aux laïcs et aux moines sont des règles universelles de vie en société (ne pas tuer, ne pas voler, ne pas mentir, etc.) mais il n'existe pas dans le bouddhisme, contrairement aux autres religions, d'interdits individuels excepté l'interdit concernant les boissons intoxicantes et l'interdit concernant les relations sexuelles illégitimes.

Excepté ces deux interdits majeurs, chacun est libre de faire ce qui lui semble le mieux pour atteindre l'Éveil. Rappelons que pour le bouddhisme, la seule instance capable de commander quelque chose à un individu, c'est l'individu lui-même. En principe, le bouddhisme n'intervient donc pas dans le champ de l'intime, exception faite de la sexualité.

Le péché

La notion de péché est assez subtile dans le bouddhisme : il n'y en a pas… mais il y en a quand même. Ainsi, contrairement à une opinion répandue, le bouddhisme possède la notion de péché lié à la sexualité. Le désir, qui entretien la soif de plaisir est mauvais. L'abstention de sexe fait d'ailleurs partie des obligations des moines mais même pour les laïcs le bouddhisme prêche une conduite sexuelle rigoureuse où le sexe « contre nature » est une faute grave (pour laquelle il existe même un enfer spécifique, voir page 123). On notera, à titre anecdotique, que le troisième concile bouddhique a longuement discuté de la faute pouvant être liée aux pollutions nocturnes des moines : une faute sans responsabilité !

Cependant, la réalité est souvent encore plus complexe que la théorie. De l'aphanisis totale (terme médical désignant la perte totale du désir sexuel, parfois décrite dans le bouddhisme sous le terme de « non-sexe » ou *pandaka*, mot qui désigne également les eunuques et tous ceux dont l'identité sexuelle est incertaine) à la sexualité tantrique, il n'existe pas plus de « norme sexuelle » chez les bouddhistes qu'il n'existe un bouddhisme « standard ».

Notons quand même que si les bouddhistes réprouvent certaines conduites sexuelles c'est surtout parce qu'elles sont source de désir, d'attachement et qu'elles éloignent donc le sujet de la libération du cycle des renaissances (samsâra). Les réponses que chacun doit pouvoir se donner face aux questions sexuelles sont à chercher dans les indications données par Bouddha dans l'Octuple sentier❋ : il faut pratiquer une sexualité juste. À chacun de trouver ce que cela signifie pour lui et son partenaire.

La sexualité des moines

La règle pour les moines est assez claire : pas de relations sexuelles. Comme dans la plupart des religions, les conduites sexuelles interdites sont détaillées jusque dans les associations les plus improbables (dans la trompe d'un éléphant, dans la bouche d'une grenouille, etc.). Assez curieusement, les relations homosexuelles sont assez peu évoquées dans les différents textes mais cela n'est qu'à moitié étonnant si l'on se souvient de l'effroi des premiers missionnaires chrétiens amenés au Japon par saint François-Xavier (XVIe siècle) qui y découvrent l'ambiance sodomite des monastères bouddhistes. Sans entrer dans les détails, rappelons simplement que les relations homosexuelles, considérées comme un raffinement culturel, étaient assez prisées dans le Japon ancien où elles étaient même placées sous la bienveillance du Bodhisattva de la sagesse (*Manjusri*). Signalons que les relations sexuelles avaient lieu entre moines et novices et non, semble-t-il entre les moines, ceci dans l'esprit grec de l'enseignement pédérastique.

La sexualité des laïcs

Pour les laïcs, les règles de vie sont moins sévères que pour les moines et se basent essentiellement sur le précepte (repris dans la plupart des religions), : « ne fais pas à autrui ce que tu ne souhaites pas qu'on te fasse » (ce précepte est un condensé du *Veludvareyya Sutta*, une partie du *Sutta Pitaka*, voir l'article consacré aux livres canoniques du bouddhisme). Ainsi que nous l'avons décrit, il existe cinq règles impératives. La troisième défend l'« inconduite sexuelle ». Ce terme assez ambigu a été explicité au IVe siècle dans un célèbre commentaire bouddhique indien (l'*Abhidharmakosa*) où il n'est, par ailleurs guère question d'homosexualité. Selon Éric Rommeluère : « l'inconduite sexuelle viserait en l'occurrence les relations avec une femme interdite (une jeune fille, une femme mariée), par une voie interdite (la fellation, la sodomie), dans des lieux interdits (comme un temple) et dans un moment interdit (à l'époque de la menstruation) ». [152] Nous ne sommes pas loin des règles de la religion juive, mieux encore codifiées (sans pour autant qu'une comparaison entre ces deux religions soit justifiée quant à ce qui concerne la sexualité ; rappelons que le célibat est considéré par les juifs non seulement comme contre-nature mais aussi comme un empêchement à la présence divine, la

Chekhina, alors qu'il est imposé aux moines et moniales).

L'homosexualité

La position du bouddhisme concernant l'homosexualité n'est donc pas parfaitement claire car (pour diverses raisons) ce problème est généralement occulté. En cherchant bien dans les nombreux textes bouddhiques, on finit par trouver un texte parlant d'un enfer réservé aux homosexuels où ils sont attirés par des êtres de feu qui les brûlent (voir page 123), mais sans être un hapax un tel texte est une exception. Tout récemment, répondant à une question concernant la sexualité, le Dalaï-Lama affirme qu'il « vaut mieux éviter l'avortement », et que

Ce qui est autorisé et ce qui ne l'est pas

DIVORCE (répudiation)	oui
FÉCONDATION IN VITRO	oui (au sein du couple)
MASTURBATION	oui
PILULE CONTRACEPTIVE	oui
POLYGAMIE	pas d'opinion
PRÉSERVATIFS	oui
SEXE ORAL	oui
ADULTÈRE	non
FORNICATION	nuancé
HOMOSEXUALITÉ	très nuancé
IVG	oui, en cas de nécessité
ZOOPHILIE	non
SODOMIE	nuancé

Remarque générale

Contrairement à ce qu'en pensent souvent les Européens, le Dalaï-Lama❋ n'est pas la plus haute autorité du bouddhisme, lequel n'est pas hiérarchisé. Le Dalaï-Lama est la plus haute autorité morale d'une secte du bouddhisme tibétain, laquelle, du fait de la diaspora du peuple tibétain et de la médiatisation de son chef spirituel, est la mieux représentée en Europe. Historiquement et religieusement, le bouddhisme tibétain est sans doute la branche du bouddhisme la plus éloignée du bouddhisme premier ou Hînayâna (voir l'article consacré à ce sujet).

l'homosexualité « fait partie de ce que, nous les bouddhistes, appelons "mauvaises conduites sexuelles" ». [153] Il convient d'ajouter à cette déclaration que la communauté gay américaine s'étant déclarée blessée, le Dalaï-Lama s'est excusé et a déclaré que, si l'amour est pratiqué dans le respect de l'autre, homosexualité et hétérosexualité sont tout autant respectables. Notons que la position des sociétés bouddhiques concernant l'homosexualité est souvent différente de ce qu'en dit la religion. Ainsi, en Chine (hier, et aussi aujourd'hui), l'homosexualité est mal tolérée car un enfant homosexuel n'offrira pas de descendance à sa famille et, dès lors, le culte des ancêtres risque de disparaître. Pour d'autres raisons, plus politiques cette fois, la Thaïlande bouddhiste, réprouve, elle aussi l'homosexualité mais il s'agit d'un problème de société, non d'un problème religieux.

POUR EN SAVOIR PLUS

Il n'existe pas beaucoup d'ouvrages récents consacrés au problème de la sexualité dans le monde bouddhique. Le plus connu est l'ouvrage de B. Fauré, *Sexualité et bouddhisme*, Flammarion, 1980. Signalons encore le site (en anglais) : www.religioustolerances.org.

Stûpa

Au départ, les stûpas (*thupa*, en pâli) étaient de petits monticules funéraires pareils à des mastabas égyptiens ou à des tumuli de la préhistoire. Ils étaient construits pour recevoir les restes de la crémation des rois et des personnages importants. À la mort de Bouddha, ses restes furent partagés entre plusieurs disciples et on éleva quelques stûpas pour les recueillir. Par la suite, surtout sous le règne d'Asoka❋, le stûpa se généralisa et devint pour tous les bouddhistes le symbole du nirvâna et un objet de culte autour duquel les fidèles avaient l'habitude d'organiser des processions.

L'architecture d'un stûpa

La construction d'un stûpa obéit à certaines règles. Bien que les formes varient selon les pays, il s'agit généralement d'une forme hémisphérique (parfois cylindrique) qui repose sur une haute base. Le sommet de la structure cylindrique est orné d'une sorte de boîte qui est surmontée par des parasols. Au Tibet, le dôme prend un aspect bulbeux et le stûpa prend le nom de *Chor-ten*. Autour des stûpas, on trouve assez souvent des constructions en pierre qui déterminent des chemins de circumambulation ; le fidèle pénètre dans ces chemins par des portes (*torana*) et tourne autour du stûpa dans le sens des aiguilles d'une montre. Certains stûpas sont ornés de bas-reliefs qui racontent les vies antérieures de Bouddha (Jâtaka❋). Certains stûpas, nous l'avons vu, contiennent des reliques (de Bouddha ou de saints), d'autres sont seulement des constructions symboliques qui commémorent la mort de Bouddha. Les stûpas peuvent prendre toutes les dimensions du gigantesque stûpa-mandala de Borobudur au minuscule stûpa votif (dans le bouddhisme birman chacun doit construire au moins un stûpa dans sa vie). Les stûpas ne sont pas toujours construits à l'air libre ; en effet, les sanctuaires bouddhiques construits dans le roc (*caitya*) contiennent généralement un stûpa contenant habituellement des textes sacrés.

Symbolique du stûpa

Le dôme représente le nirvâna, la base carrée la discipline et les parasols sont un emblème royal qui rappelle l'origine princière de Bouddha (ils symbolisent aussi, pour certaines écoles, le paradis)

Selon les pays le stûpa peut prendre des formes différentes ; certains ont des formes tout à fait aberrantes. La pagode est, en quelque sorte, une évolution d'un stûpa.

Prang

C'est, en Thaïlande, une tour sanctuaire qui contient, comme le stûpa, des reliques. Contrairement au stûpa qui est souvent de construction assez rudimentaire, le prang est de construction élaborée et contient souvent plusieurs *cella* (chambres) et parfois des étages fictifs en gradins (comme les pagodes). Souvent complété par une toiture hypertrophiée, il est parfois aussi flanqué de tours secondaires.

Pagode

Caractéristique de l'architecture chinoise et japonaise, la pagode est, au départ, un édifice conçu pour recevoir les reliques du Bouddha. Il s'agit donc d'un monument funéraire exactement comme le sont les stûpas indiens dont leur forme s'inspire. Comme chaque représentation de Bouddha émet une certaine énergie, les pagodes contenaient parfois de nombreuses petites statues de l'Éveillé, leur addition étant censée cumuler leur énergie.

Outre son rôle commémoratif, le stûpa est aussi un diagramme, une écriture, un mandala, pour communiquer avec les divinités. Selon Louis Frédéric, « tout temple ou stûpa est un mandala en lui-même, et les terrasses dont s'entourent les stûpas, en Inde comme ailleurs, sont les enceintes concentriques qui entourent la divinité centrale. » [155]

Stûpa-pagode en Birmanie. La pagode est une évolution naturelle du stûpa qui s'élève vers le ciel, vers la divinité. Elle est apparue avec le Grand Véhicule qui devait donner une image plus somptueuse de la divinité. Les stûpas peuvent se construire n'importe où. Ils doivent cependant obéir à certaines règles de construction. Signalons néanmoins, que pour des raisons pratiques, les règles ont été modifiées au cours des temps. Ainsi, lorsque les bouddhistes tibétains ont été contraints, pour se protéger, de construire les monastères (*gompas*) en hauteur, les stupas ont été construits en hauteur plutôt qu'en largeur.

Les Sûtras bouddhiques

Littéralement ce mot signifie « fil » du discours. Dans le bouddhisme, ce mot a un double sens : seul, il désigne tous les aphorismes ou textes qui sont réputés contenir la parole même de Bouddha, tel qu'il l'a exprimée ; accompagné d'un complément déterminatif (Sûtra du Lotus, Sûtra de l'Estrade, etc.), il désigne un discours particulier de Bouddha portant sur une doctrine ou une idée.

On réserve généralement un complément déterminatif (comme, par exemple, Le Sûtra du Cœur) aux discours du Bouddha, d'un accès plus difficile, qui se rapportent à la deuxième ou à la troisième mise en mouvement de la roue de la Loi (Dharma). Ces Sûtras particuliers ne sont pas acceptés par les adeptes du bouddhisme premier (Petit Véhicule) mais, par contre, sont abondamment utilisés par les bouddhistes tibétains, les adeptes du zen/chan, etc.

Les Sûtras « classiques »

La recension des Sûtras a commencé lors du premier concile bouddhique (un an après la mort de l'Éveillé), suite à l'intervention d'Ananda (cousin et disciple principal de Bouddha) qui récita de mémoire tout ce que Bouddha avait dit. Son intervention ayant eu lieu sous forme de question-réponse, chacune de ses interventions, commence ainsi par la phrase « Ainsi l'ai-je entendu » (ce qui donne en sanscrit : *evam maya srutam*), c'est cette phrase liminaire qui, canoniquement, signe un Sûtra émanant de Bouddha.

D'abord mémorisé et récité, les Sûtras n'ont été couchés sur papier que bien plus tard (aux environs du troisième concile) et on a tout lieu de penser que les Sûtras actuels sont bien différents des Sûtras récités par Ananta lors du premier concile. D'ailleurs, les bouddhistes chinois ont classé les Sûtras (un peu à la manière des musulmans qui classèrent les hadiths du prophète en fonction de la qualité de « la chaîne des transmetteurs ») en cinq catégories : les Sûtras recensés par le Canon, les Sûtras d'origine indéterminée, les Sûtras d'origine particulière, les Sûtras douteux, les Sûtras apocryphes.

Mise en route du Dharma

La classification la plus didactique des Sûtras est celle des « Trois roues du Dharma » qui se rapporte à la mise en route par Bouddha de la roue du Dharma (la Loi). La première mise en route eut lieu à Bénarès où Bouddha enseigna les Quatre Nobles Vérités. L'ensemble de cet enseignement figure dans le Canon pâli. Ce sont les seuls Sûtras qui sont acceptés par les adeptes des trois véhicules (Petit

Sûtrapitaka, Nikâya, Agama

Le Sûtrapitaka est la troisième corbeille de la « Triple Corbeille » (*tripitaka*) ; c'est la corbeille qui comprend les textes des Sûtras (pour en savoir plus, voir page 252). Certains textes du Sûtra (les théories de base) portent le nom de *Nikâya* (en pâli) et de *Agama* (en sanscrit). C'est ce dernier terme qui est généralement utilisé dans la littérature mahâyâniste (Grand Véhicule). Le lecteur attentif aura, sans doute, rencontré ces mots dans les références des citations.

Les chinois et l'imprimerie

On sait que de nombreux textes bouddhiques ne nous sont parvenus que dans leur traduction chinoise. Les Chinois ont, en effet, traduit et conservé la plupart des textes à tel point que le Canon chinois est, sans doute, numériquement le plus important des canons bouddhiques. On ne doit pas oublier, non plus, que les Chinois ont inventé l'imprimerie. Déjà au Xᵉ siècle, les Chinois imprimèrent en entier le Canon bouddhique mais ce n'est qu'en 1893, sur ordre du roi de Siam, Chulalongkorn, que fut imprimé intégralement, pour la première fois, le Canon pâli. À titre informatif, signalons que le plus ancien livre imprimé connu, que l'on peut admirer à la British Library, à Londres, est le Sûtra du Diamant, daté de 868.

Véhicule, Grand Véhicule, Véhicule du Diamant). La seconde mise en route eut lieu au pic des Vautours où Bouddha enseigna la vacuité des phénomènes. La troisième mise en mouvement de la roue eut lieu en plusieurs endroits (dont le mont Malaya) et Bouddha y enseigna, entre autres, la nature du bouddha en chacun de nous. Les Sûtras des deux dernières mises en mouvement de la roue ne sont acceptés que par les adeptes du Grand Véhicule (Mahâyâna) et ceux du véhicule du Diamant (Vajrayâna).

Les autres principaux Sûtras bouddhiques sont :

- Le Sûtra de l'Estrade.
- Le Sûtra du Cœur.
- Le Sûtra du Diamant.
- Le Sûtra du Lotus.
- Le Sûtra du Nirvâna.

Ainsi que nous l'avons dit, les Sûtras qui ne commencent pas par « Ainsi l'ai-je entendu » ne sont pas la parole de Bouddha mais celle d'un courant de pensée. Les Sûtras faisant également partie de l'univers de l'hindouisme (ainsi que beaucoup de mots, représentations et concepts du bouddhisme), nous avons jugé utile de préciser dans le titre de l'article qu'il s'agit des Sûtras bouddhiques.

Sans entrer dans les détails, qui dépasseraient très rapidement le cadre étroit de ce petit ouvrage d'initiation, signalons rapidement les particularités de ces divers Sûtras qui ne sont pas reconnus, rappelons-le, par les adeptes du Petit Véhicule mais n'en occupent pas moins une place très importante dans la littérature et la doctrine bouddhique.

Les Sûtras du Grand Véhicule

Le **Sûtra de l'Estrade (Tan jing)** est une suite de causeries doctrinales. Il s'agit d'un texte de l'école bouddhique chinoise (*chan*) qui aurait été composé au VIIIe siècle à la gloire de Huineng (ou Houei-neng), le sixième patriarche du Chan. Ce Sûtra est très lu par les bouddhistes chinois et les adeptes du zen. Huineng lui-même ayant reçu son illumination de manière instantanée, la théorie du subitisme (voir page 53) y est largement développée.

Le **Sûtra du Cœur** est un texte mahâyâniste (Grand Véhicule) qui consiste en un dialogue entre le bodhisattva❋ Avalokiteshvara et Shariputra (disciple de Bouddha, en charge de la discipline, décédé peu de temps avant lui). Ce Sûtra (dont il existe une version courte) est psalmodié en japonais tous les matins dans les monastères zen car sa lecture aurait la faculté de dissiper les difficultés d'ordre spirituel. La phrase clé du Sûtra du cœur dit : « La forme n'est que vide. Le vide n'est que forme ».

Le **Sûtra du Diamant** est également utilisé par les bouddhistes zen❋. Il s'agit également d'un Sûtra non reconnu par les adeptes du Petit Véhicule car il fait partie du prajnaparamitasûtra, c'est-à-dire un ensemble de textes qui se rapportent à l'enseignement du Bouddha lors de la seconde mise en mouvement de la Roue du Dharma.

Le **Sûtra du Nirvâna** est aussi d'inspiration mahâyâniste et expose la nature du Bouddha inhérente à chaque être, nature qu'il suffit de « réveiller » ou de « révéler ». On notera que cette vision de la nature transcendantale du Bouddha (nature de Bouddha en chacun de nous) est typique du mahâyânisme et n'est pas partagée par les bouddhistes du Petit Véhicule.

Le **Sûtra du Lotus** est certainement le Sûtra le plus important du bouddhisme du Grand Véhicule (Mahâyâna).

Le Sûtra du Lotus

Ce Sûtra est abondamment cité par les bouddhistes tibétains, chinois et japonais. Il en existe différentes versions dans plusieurs langues et il a donné lieu à de nombreux commentaires. Certains bouddhistes considèrent le Sûtra du Lotus comme l'enseignement définitif et parfait du Bouddha ; ils considèrent que les autres Sûtras ne sont qu'un enseignement provisoire décrivant une vérité conventionnelle alors que le Sûtra du Lotus décrit la vérité ultime. Selon les

Nichiren

Moine bouddhiste japonais né en 1222. En 1253, il abandonne son nom pour prendre celui de Nichiren qui signifie Lotus de Soleil et proclame sa foi dans le Sûtra❋ du Lotus. Personnage belliqueux il s'insurge contre les autres sectes bouddhistes (zen, nembutsu, etc.) et, en 1260, en opposition avec toute la dogmatique de tolérance des bouddhistes, il écrit au gouvernement pour l'adjurer d'interdire toutes les autres sectes en dehors de la sienne. L'action de Nichiren survient au moment où le Japon traverse une série de catastrophes naturelles (tremblement de terre, famine, épidémies) et politiques (invasion des Mongols). Dans sa vision apocalyptique du monde (il pense que son époque est la dernière de la Loi), le sentiment de Nichiren et qu'il faut sauver le Japon et que lui seul en est capable. L'intolérance et la violence de Nichiren ne se sont pas éteintes avec sa mort. Aujourd'hui encore, plusieurs sectes japonaises (Nichiren-shô-shû, Soka Gakaï, à visée politique, et à structure paramilitaire, se revendiquent de son enseignement (voir aussi page 93).

Précisions terminologiques

Certains recueils en langue pâlie composés de Sûtras portent le nom de Nikâya (on connaît ainsi, le Dîgha-Nikâya, le Majjhima-Nikâya, le Samyutta-Nikâya, l'Anguttara-Nikâya et le Khuddaka-Nikâya qui font partie du Sûtta-Pitaka). Les recueils en langue sanscrite portent le nom d'Âgama.

mahâyânistes, Bouddha aurait prononcé ce Sûtra au Pic du Vautour (ce serait le second lancement de la Roue du Dharma❋). Le Sûtra du Lotus est la pierre angulaire des écoles Tien-Taï (Chine) et Tendaï (Japon), deux écoles du bouddhisme mahâyâniste ayant développé une vision du monde extrêmement complexe avec, quelquefois, des visées politiques. Signalons que Nichiren (XIIIe siècle), considéré par certains bouddhistes japonais comme le Bouddha de l'époque *mappô* (voir page 91), se réclamait du Sûtra du Lotus. C'est le cas également pour le Soka Gakkaï, une secte religieuse devenue mouvement politique et troisième parti au Japon. Le Soka Gakkaï international est classé en France dans la liste des « sectes à dangerosité présumée » (Rapport Guyard).

À SAVOIR AUSSI

La plupart des Sûtras du bouddhisme mahâyâniste n'existent plus aujourd'hui que dans leurs traductions en chinois ou en tibétain, les versions en sanscrit ayant été détruites. Les Sûtras sont écrits en vers et en prose entremêlés et sont ainsi rédigés que les vers fournissent la théorie et la prose l'explique.

Les symboles du bouddhisme

Alors que le bouddhisme du Theravâda n'utilise que très peu de symboles, le bouddhisme tibétain les a multiplié abondamment. La liste ci-après ne reprend que les objets les plus utilisés et ceci dans leur symbolique la plus classique. À titre d'illustration, notons qu'il serait possible d'écrire un ouvrage très dense rien que sur la symbolique des différentes formes de foudres. Pour une connaissance du Tibet, il faut compléter l'étude des symboles physiques par celle des mandalas, des mudrâs, des divinités de méditation et des tantras. Dans l'introduction à un ouvrage consacré aux symboles tibétains, le Dalaï-Lama écrit, à propos des symboles, que ceux-ci représentent « des valeurs intérieures sous des formes physiques, ces symboles visent à montrer les nombreux niveaux et aspects différents du Dharma ».

Arbre de la Bodhi

Arbre sous lequel Bouddha atteint l'Illumination (il s'agit du *ficus religiosa*).

Cheval

C'est la référence au rite de l'*ashvamedha*, un rituel royal védique et brahmanique accompli par des souverains victorieux.

Clochette rituelle (drilbu)

Dans le bouddhisme tibétain, le drilbu est la cloche rituelle qui symbolise le principe féminin.

Conque

C'est le symbole de la victoire au combat.

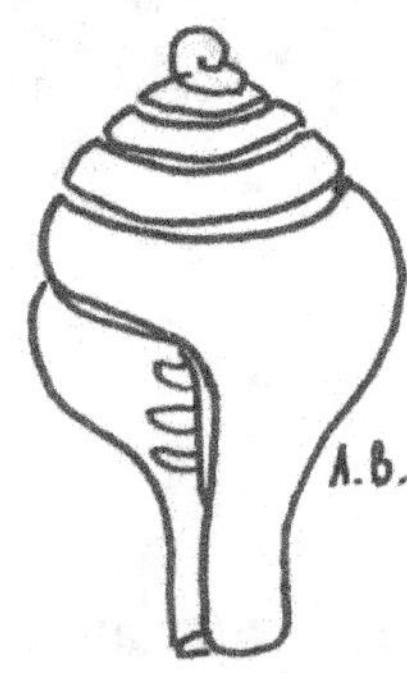

Drapeau bouddhique

Le drapeau du bouddhisme est composé de six bandes verticales : les cinq premières bandes sont successivement peintes en bleu (symbole de la méditation), en jaune (symbole de la pensée juste), en rouge (symbole de l'énergie spirituelle), en blanc (symbole de la foi dans le Dharma) et en orange (symbole de l'intelligence). La sixième bande est découpée verticalement en cinq bandes horizontales qui reprennent les couleurs des bandes horizontales (cette bande symbolise le caractère harmonieux de la religion bouddhique).

Drapeau roulé

C'est le symbole de la religion victorieuse.

Écharpe de félicité

L'écharpe de félicité (ou khata) est, au Tibet, symbole de courtoisie et de bénédiction. Elle est offerte à tout moment pour bénir une arrivée, comme un départ. On signalera que la formule magique (*Om mani padme hum*) est tissée dans la trame de l'écharpe. Plus l'écharpe est longue plus l'honneur est grand. Lors des échanges de civilités, parfois l'écharpe est rendue, parfois il y a échange de khatas. Au Tibet, tout un code réglemente l'échange des khatas selon les personnes.

Empreintes de pied

Elles symbolisent la domination de Bouddha sur le monde et rappellent qu'à sa naissance il fit sept pas dans les quatre directions.

Foudre

Dans le bouddhisme tibétain, cette arme en forme de foudre (vajrâ) symbolise le principe masculin. Au Tibet, le foudre (dorje) peut compter de une à neuf pointes et être simple ou double. Il existe autant d'interprétations symboliques que de foudres.

Lotus

Cette magnifique fleur s'épanouit dans les eaux fangeuses. Pour cette raison, elle symbolise, en Asie, l'esprit pur qui s'épanouit dans un corps impur. La fleur de lotus est souvent associée au bouddhisme et il n'est pas rare de voir une fleur de lotus dans une peinture bouddhique. Souvent même on peut remarquer un Bouddha assis sur une fleur de lotus bien épanouie. Ceci s'explique car les lotus sont des symboles de régénération spontanée et symbolisent ainsi la naissance divine. Plusieurs variétés de lotus sont représentées dans les œuvres d'art bouddhiques : à 3 ou à 5 fleurs, en blanc, en rouge, en rose, en pourpre ou en bleu. Il peut y avoir ou non des feuilles. La tige est simple, triple ou quintuple (avec une valeur symbolique pour chaque représentation). Si les fleurs de lotus sont présentées sur une coupe, c'est un signe d'hommage. Les différentes couleurs sont associées aux Bouddhas et aux bodhisattvas (le blanc à Bouddha ; le rouge à Avalokiteshvara ; le bleu à Manjusri). Le lotus pourpre est celui des sectes mystiques.

Lion

En Chine, il est appelé « chien de Bouddha ». Pour les bouddhistes, il représente le symbole de la force et son rugissement représente la « voix de la Loi ». Deux lions gardent souvent l'entrée des temples bouddhiques. Le premier (à droite de l'entrée) a la bouche ouverte (c'est le gardien des objets du culte) et le second (à gauche de l'entrée) a la bouche fermée (il symbolise les puissances latentes).

Moulin à prière

C'est un symbole tibétain. Le moulin à prière (ou *korten* ou *choskor*) représente la mise en route de la loi par Bouddha. À l'intérieur du moulin sont placés des extraits des textes sacrés ou encore des mantras (formules d'invocation).

Nœuds

Ils représentent la vie infinie.

Ombrelle ou parasol

C'est le symbole de la dignité royale. Elle est réputée protéger du malheur. Elle symbolise aussi le paradis ; c'est la raison pour laquelle elle figure généralement au sommet des stûpas.

Poissons

Les deux poissons sont le signe du maître indien de l'univers.

Pra Pim

Ce terme désigne les « saintes empreintes ». Aujourd'hui les « saintes empreintes » sont généralement des images pieuses, le plus souvent des amulettes, de dimension modeste et ainsi aisément transportables. Ces images sont habituellement des objets en terre cuite ou en bronze produits par moulage ou estampage. Les Pra Pim attestent souvent la visite des lieux saints et sont utilisées pour honorer de nouvelles constructions dans la maçonnerie desquelles elles sont enfouies.

Rakusu

C'est un petit carré d'étoffe formé de morceaux de toile cousus ensemble. Il symbolise la robe élimée de Bouddha. Dans le bouddhisme zen, il est remis au postulant avant qu'il ne prononce ses vœux.

Récipient d'eau lustrale

Il contient le nectar de l'immortalité.

Roue de la Loi

C'est le symbole du bouddhisme. Lancer la Roue de la Loi, cela signifie commencer la prédication. Nous avons vu que Bouddha lança trois fois la Roue de la Loi, ce qui correspond au message des trois véhicules (Petit Véhicule, Grand Véhicule, Véhicule du Diamant).

Rosaire (mâla)

Le chapelet bouddhique (*mâla*), surtout utilisé au Japon (juzu/tuzu) et au Tibet, est composé de 108 perles qui symbolisent la totalité des désirs terrestres. Le chapelet accompagne le pratiquant dans les prières car il permet de compter le nombre de fois où le nom de Bouddha est cité. Il sert également à compter le nombre de prosternations ou de récitations qui font partie du rite. Il sert aussi à poser l'attention et est un support à la vigilance. On l'utilisera donc spécialement dans la récitation du nom du Bouddha Amida❈ (nembutsu), lors de la récitation des mantras et des dhâranîs (formules magiques porteuses). Rappelons, qu'en Chine, les moines n'hésitaient pas à se faire tatouer un mâla complet sur le torse. Il est souvent terminé par trois grains plus gros qui symbolisent les Trois Joyaux. Au Tibet, sa couleur varie selon la divinité tutélaire du pratiquant. Dans les sectes tantriques, les grains représentent parfois des têtes de mort, ce qui signifie que le pratiquant a vaincu la peur.

Stûpa

Édifice qui contient soit les cendres d'un saint décédé, soit une relique quelconque. Dans tous les cas, il représente la présence de Bouddha. La construction d'un stûpa obéit à des règles de construction très strictes : la base carrée représente la terre, le dôme figure l'eau, les paliers — les étapes vers l'Éveil — représentent le feu et l'ombrelle est l'emblème du vent. Souvent aussi, le stûpa est terminé par un croissant de lune et un disque solaire. Selon les régions, le stûpa porte différents noms : *chorten* au Tibet, *dagoba* à Ceylan, *chedi* en Thaïlande.

Trône vide

Représentation du Bouddha durant les premiers siècles du bouddhisme, avant que l'image ne soit admise.

Turban

Il symbolise le renoncement de Bouddha au monde.

La vacuité

« Je ne suis pas cela, et cela n'est pas mien ».

Dans son sens habituel, ce mot signifie « vide » et désigne l'absence d'un contenu, c'est-à-dire un « manque » par rapport à un état « complet » ou encore le néant. Dans le cas du bouddhisme, ce mot a un sens plus profond puisqu'il ne désigne pas l'absence d'un contenu, le manque, mais désigne la véritable nature des choses qui sont vides, insubstantielles, et n'existent que de manière éphémère en interdépendance (c'est-à-dire qu'elles procèdent selon un ordre rigoureux en fonction d'un élément précédent et d'un élément suivant).

L'absence d'un moi

Selon les écoles bouddhiques, le mot *sunyata* (vacuité) peut revêtir différents sens mais jamais celui de néant. Dans le Petit Véhicule, la vacuité c'est essentiellement l'absence d'un moi. Dans le Grand Véhicule, la vacuité désigne, bien entendu, l'absence d'un moi mais aussi l'absence des phénomènes extérieurs (c'est ce qu'on appelle la double vacuité, laquelle débouche sur la double réalité, voir encadré). Dans la nomenclature des seize vacuités, les bouddhistes classent aussi le samsâra (le cycle des renaissances, lequel n'a pas de début), le nirvâna (vacuité des insubstantiels, qui n'a ni début, ni fin) et même la vacuité des vacuités, signifiant par là que la vacuité elle-même est vide d'existence en soi. Il faut cependant être attentif à ne pas confondre la vacuité avec le nihilisme.

Une notion très subtile

La vacuité est une des notions les plus subtiles du bouddhisme : la vacuité ne change rien aux choses, elle ne leur ajoute rien, elle ne transforme rien, elle dit seulement ce que sont les choses ; un peu comme le mot mirage qui se contente de dire le phénomène sans rien lui ajouter, ni l'expliquer. Vacuité et impermanence vont de pair pour expliquer le monde des choses substantielles et insubstantielles : tout change constamment, c'est sans doute ce qui explique la vacuité des choses. Les choses sont vides parce qu'elles sont composées, confectionnées, et impermanentes. Pour expliquer ce concept au roi Milinda, un moine a utilisé le concept du char, lequel ne se réduit pas à l'un de ses composants mais n'existe pas sans eux (voir dans cet ouvrage l'article consacré aux *Questions de Milinda*, page 206). Le concept de vacuité est présent dans

Impermanence (anityata)

Tout ce qui est composé est impermanent : c'est l'une des notions fondamentales du bouddhisme et cela dans toutes les écoles. Seul le nirvâna, parce qu'il est incomposé, échappe à l'impermanence. Héraclite, le philosophe grec avait résumé cela en une formule : « On ne se baigne jamais deux fois dans le même fleuve ». L'impermanence est l'un des trois caractères de l'homme ; en effet, les agrégats qui le composent sont impermanents (*anitya*), insubstanciels (*anâtman*) et douloureux (*duhkha*).

tous les bouddhismes mais c'est certainement le zen qui l'a illustré de la manière la plus symbolique dans son art.

Composé, confectionné (samskrta)

Tous les êtres vivants (le bouddhisme ne classe pas les plantes parmi les êtres vivants mais, outre les hommes et les animaux, il classe dans cette catégorie certains dieux et les « revenants affamés ») sont composés à partir de plusieurs éléments (les agrégats✳) qui varient au cours du temps. Ils sont donc soumis aux règles de l'impermanence et de l'absence de soi. Ils ont une apparition, une durée et une fin. Classiquement, seul le nirvâna, qui n'a ni début, ni fin, n'est pas confectionné mais incomposé. Plus tard, certains courants religieux ont insisté sur le fait que la doctrine du

Bouddha est, elle aussi, incomposée, c'est-à-dire sans début et sans fin. Un peu comme les musulmans qui ont déclaré que le Coran existe de toute éternité et inscrit, dans le ciel, sur une « table gardée » (à ce sujet, voir *Comprendre l'islam*, *mots-clés*, du même auteur ; chez le même éditeur).

Les pouvoirs magiques de la vacuité

Dans le bouddhisme tantrique, le concept de vacuité prend une nouvelle dimension : puisque tout est vacuité, tout est phénomène mental ; dès lors, l'imagination possède un pouvoir illimité et le recours aux pratiques rituelles et magiques est capable de changer le cours des choses. Le bouddhisme tantrique (Véhicule du Diamant) accorde ainsi une très large place aux rites magiques, bien que la magie ait été formellement rejetée par le Bouddha qui avait même vertement réprimandé un moine qui volait au-dessus d'une foule pour l'impressionner. Puisque tout est illusion, les miracles le sont également et le Grand Véhicule en usera généreusement sous forme de rites, de formules magiques, etc. On se rend compte que né sous la pression des laïcs (assez insatisfaits du sort qui était le leur dans le Petit Véhicule) — ayant adopté envers ceux-ci une doctrine nettement plus avantageuse (ils peuvent maintenant atteindre le nirvâna non plus par leur seuls mérites personnels mais du fait de l'intercession des bodhisattvas, et cela parfois même au cours d'une seule vie), leur proposant à la dévotion quantité de bouddhas, bodhisattvas et divinités, organisant un rituel et une ambiance sacrée — le Grand Véhicule répond encore à leurs attentes en proposant diverses conduites magiques et des « miracles », dont sont friands tous les peuples. Tout en organisant ces diverses actions (on ne peut plus concrètes), qui correspondent à la demande des laïcs, le bouddhisme du Grand Véhicule parvient cependant à affirmer sa doctrine de la vacuité universelle (on ne peut moins concrète). Il est donc tout à fait exact d'affirmer que le bouddhisme, au départ sagesse, est devenu religion lors de sa mutation, au IIe siècle, du Petit vers le Grand Véhicule.

La double réalité

Ce concept, très important, a été développé par le bouddhisme du Grand Véhicule pour répondre à certaines contradictions manifestes entre l'enseignement et la réalité quotidienne et aussi pour permettre aux laïcs de mieux participer à la Communauté, laquelle dans le Grand Véhicule n'est plus limitée aux moines mais est étendue aux laïcs. Ce concept de double réalité distingue la vérité absolue de la vérité conventionnelle. La vérité conventionnelle est celle du sens commun, de la vie quotidienne faite d'actions, de désirs, de manifestations, de rites, etc. Elle fait partie de notre quotidien et elle seule permet d'arriver à la vérité ultime. La vérité absolue est la vérité ultime, celle à laquelle on ne parvient qu'après une longue discipline intellectuelle et méditative. Dans la vérité conventionnelle, les choses ont une réalité (on pourrait dire qu'elles sont tangibles) alors qu'elles sont vides au sens de la réalité absolue. Dans le cas de la pensée bouddhique, on peut, comme en mathématiques, considérer la vérité conventionnelle comme une hypothèse de travail. La connaissance de la vérité absolue, n'étant fournie qu'après un long travail intellectuel et aussi, ceci est primordial pour les bouddhistes, après une expérimentation personnelle. Bien entendu, cette notion de double réalité conduit à un certain nivellement des choses et c'est ainsi que pour les bouddhistes du Grand Véhicule, il y a égalité entre le cycle des renaissances (samsâra) et le nirvâna ; alors que ces deux concepts étaient parfaitement opposés dans le bouddhisme premier.

La vacuité dans le Grand Véhicule

À la vacuité de la personne, le Grand Véhicule ajoute la vacuité des constituants de la réalité (*dharmas*). Ainsi, tout est vacuité, ce qui entraîne un nouveau regard sur le monde mais aussi sur certains concepts bouddhiques. Dès lors, ainsi que le résume J. May : « La nature propre des choses (*dharma*) est donc de n'avoir pas de nature propre. Cette nature propre consistant en l'absence de nature propre s'appelle *sunyata*, vacuité. » [156]

Le Vajrayâna est un prolongement du Grand Véhicule, aussi nommé Troisième Véhicule, Mantrayâna secret, Tantrayâna ou bouddhisme tantrique. Le but du Vajrayâna est d'arriver très vite, en une vie si possible, à l'Éveil. Pour cela, le Véhicule du Diamant se dote de méthodes et de moyens habiles (les « expédients salvifiques »). Le bouddhisme tantrique se caractérise donc par son mysticisme et son ritualisme complexe.

Un prolongement du Grand Véhicule

Le Véhicule du Diamant, apparu en Inde vers le VIIe siècle, nous l'avons dit, est un prolongement du Mahayâna et, dès lors, il requiert la connaissance et la pratique des éléments proposés par ce courant bouddhique majeur : la vacuité des choses, l'importance de la bodhicitta (aspiration à l'Illumination) et de la compassion, l'acceptation de la « nature de bouddha » (*tathâgatagarbha*) chez tous les êtres vivants.

Sans une bonne connaissance et compréhension des bases du bouddhisme mahâyâniste, l'utilisation des moyens et méthodes spécifiques du Véhicule du Diamant (lecture des tantras, formules votives, etc.) appliqués pour effectuer les exercices s'avérerait dangereuse. Notons, en passant, qu'il en est de même chaque fois qu'il est question d'ésotérisme religieux (c'est le cas, par exemple, chez les juifs, pour qui la pratique de la Kabbale est interdite avant l'âge de quarante ans). Contrairement à une conception assez générale, le tantrisme n'est pas exclusivement limité au Tibet. Né en Inde sous l'influence d'ascètes en opposition avec les règles de la société, le tantrisme s'est propagé dans d'autres pays et a certainement influencé le mahâyânisme (Grand Véhicule) pour ce qui concerne la notion d'embryon de bouddha en chaque être (*tathâgatagarbha*). Au VIIIe siècle, l'époque de la construction du vaste mandala de Borobudur (voir page 195), le tantrisme se déplace en Indonésie, en Birmanie, en Chine puis au Japon et, enfin, au Tibet. Actuellement, le bouddhisme tantrique est essentiellement pratiqué au Tibet.

Un bouddhisme ésotérique

Le Vajrayâna est un bouddhisme ésotérique duquel sont éloignés — comme dans les sociétés secrètes — les fidèles qui ne respectent pas les conditions d'entrée. Dans les tantras (textes ésotériques), les formules sont codées et les symboles sont généreusement utilisés. Autant dire qu'il est impossible de pratiquer le bouddhisme du Véhicule du Diamant sans une initiation rigoureuse confiée à un maître auquel on reste fidèle sa vie durant, jusqu'à l'Éveil.

Tantra

Ce mot désigne à la fois un type particulier de textes d'enseignement à vocation pratique et le contenu de ces textes révélés par Bouddha. Pour pouvoir être qualifié de *tantra*, un texte doit répondre à des critères spécifiques dont l'exposition pratique des 10 sujets des tantras (la vue, la méditation, l'action, le mandala, l'initiation, le moyen d'accomplissement, les offrandes, les activités éveillées, les mantras et les mudrâs❋). Les tantras sont appliqués, nous l'avons vu, uniquement par le Véhicule du Diamant (Vajrayâna). Une description complète des tantras figure dans le *Dictionnaire encyclopédique du bouddhisme* de P. Cornu (pages 563 à 575. Seuil. 2001.). Nous invitons le lecteur intéressé par le sujet à s'y reporter. Notons que la paternité de nombreux textes tantriques a été attribuée à des maîtres indiens du Mahayâna comme, par exemple, Nagarjuna (voir page 185).

L'engagement maître-disciple est d'ailleurs scellé par des vœux spécifiques (*samaya*) qui établissent un lien indéfectible. Si le lien est endommagé, cela donne lieu à une séance de confession puis de purification. Alors que le bouddhisme premier faisait tous les efforts possibles pour échapper au monde souillé ; à l'inverse, le bouddhisme ésotérique (comme d'ailleurs tous les mouvements religieux ésotériques) ne tente pas d'échapper aux désirs mondains car, dit-il, le monde est une manifestation du Bouddha cosmique. Au début de sa diffusion, le bouddhisme tantrique se pratiquait dans des lieux secrets, par petits groupes, sous la direction d'un maître et commençait par l'étude des tantras, c'est-à-dire de textes ésotériques transmis par Bouddha à ses disciples ou encore transmis par les grands bodhisattvas. Après lecture et décodage de ces textes, les fidèles les mettaient en pratique. Les « moyens habiles » ayant pour but de purifier la perception du corps et de l'environnement et de transformer les aspects impurs en aspects purs.

© Corel

Pour les bouddhistes, la montagne est le domaine terrestre des divinités. Il est donc naturel que le Palais du Dalaï-Lama, le chef spirituel et temporel des Tibétains, l'émanation d'Avalokiteshvara, soit construit sur le Potala, la montagne où était censé vivre ce dernier (appelé Chènrezi, en tibétain). Le palais, construit au VIIe siècle mais dont les agrandissements se sont déroulés tout au long des siècles suivants, porte tout naturellement le nom de la montagne sacrée. Rappelons que Chènrezi est la divinité tutélaire du Tibet et que son mantra (formule magique d'invocation) en six syllabes est *Om mani padme hum* (hommage à celui qui détient le joyau et le lotus).

Tantrisme

Le tantrisme n'est pas propre au bouddhisme mais à toutes les religions de l'Inde, c'est un courant « panindien » qui a influencé également l'hindouisme et le jaïnisme. C'est sans doute dans l'hindouisme qu'il est apparu en premier lieu, sous la forme de pratiques magiques visant à l'union avec la divinité pour devenir homme-dieu, récupérer une partie des pouvoirs de la divinité féminine et s'échapper du cycle des renaissances. Cependant, même si le bouddhisme a, en apparence, assimilé tous les dieux de l'Inde, ce n'est qu'une apparence car ces dieux ne sont présents qu'à titre d'acolytes et jamais comme divinités de refuge (ce qu'ils peuvent être dans l'hindouisme). L'interprétation des textes est donc fort différente dans l'hindouisme et le bouddhisme surtout si on tient compte que certains concepts de base (karma, samsâra, soi/non-soi) possèdent des valeurs différentes dans ces deux religions. Philippe Cornu a fort bien exprimé cette différence en signalant que « si le bouddhisme partage bien au niveau relatif la même vision culturelle que les autres religions indiennes, il se différencie d'elles par sa vue philosophique et sa compréhension de l'absolu et du relatif. » [158]

Un peu de doctrine

Du point de vue du tantrisme, chacun est un bouddha en puissance, un « bouddha-en-soi », un embryon de bouddha (un *tathâgatagarbha*). Puisque tout est vacuité, il n'y a pas de véritable différence entre le samsâra et le nirvâna, et ce que nous voyons du samsâra provient de notre vision impure et fragmentaire. Si, par contre, on ne considère pas l'aspect phénoménal mais la vraie nature du monde, on se rend compte que samsâra et nirvâna ne sont que des mots et qu'il n'existe pas de différence de nature entre eux. Pour accéder à la vision pure, la réalité absolue, nous devons comprendre la vacuité des phénomènes et leur mutuelle dépendance. Puisqu'il n'y a pas de différence réelle entre le physique et le mental, l'imagination possède un pouvoir extraordinaire et tout peut devenir possible à partir de l'évocation de « formules magiques ». Permettant d'agir aussi bien sur le physique que sur le mental, la parole prend une importance majeure dans toutes les pratiques tantriques. Ceci explique l'abondance des mandalas, formules magiques et autres dans les pratiques tantriques. Dans cette représentation du monde, le Bouddha, omniprésent, devient un corps cosmique dont la représentation se retrouve également dans le corps humain (*cakras*). D'ailleurs, le tantrisme ne se contente pas des Trois corps de Bouddha (voir page 71), il introduit un quatrième corps, une sorte d'énergie qui imprègne tous les êtres. Enfin, reprenant la célèbre formule chinoise qui dit que « l'homme est une antenne dressée entre le ciel et la terre », le tantrisme « fixe une correspondance entre chaque corps de Bouddha et les parties principales du corps humain. Par une sorte de subsumation, le fidèle devient donc une figuration aboutie de la plénitude du Bouddha. » [159] Ainsi que nous l'avons déjà

Les différentes pratiques du Yoga tantrique

Asanas : postures destinées à purifier le corps physique.

Bandhas : mise en mouvement de l'énergie.

Dhyâna : méditation.

Maithuna : union des sexes.

Mantras : sons qui se transmettent à tout le corps.

Mudrâs : mouvements destinés à activer les énergies du corps.

Pranayamas : techniques respiratoires favorisant le développement de la conscience.

Yantras : représentation visuelle des mantras.

Parèdre

Ce mot désigne une divinité associée à une autre divinité. Cette divinité est d'un rang subalterne. Dans le bouddhisme (et tout principalement dans le courant tibétain), la parèdre est souvent une divinité féminine avec laquelle le dieu est uni par des liens sexuels (voir yab-yum, pages 93 et 138).

dit, le tantrisme fait appel non seulement aux différents bouddhas et bodhisattvas mais il leur adjoint les jinas (ou bouddhas de méditation, voir page 72) et les isvaris (ou parèdres, c'est-à-dire les doubles féminins des jinas). Jinas et asvaris sont généralement accouplés (ceci même dans la statuaire).

Le tantrisme sexuel

Pour certains pratiquants du bouddhisme ésotérique, l'Éveil peut également être atteint grâce à l'union du masculin et du féminin. L'acte sexuel et l'orgasme pouvant mener à la découverte de la vérité. Les ganeshas enlacés, qui allient le brahmanisme et le bouddhisme, symbolisent cette idée du masculin-féminin, du pouvoir maléfique et bénéfique. C'est aussi le cas des nombreux dieux du bouddhisme tibétain généralement représentés avec leur parèdre féminin (voir yab-yum, pages 93 et 138). Signalons cependant, pour les Occidentaux tentés par le tantrisme sexuel pour assouvir leurs fantasmes, qu'en principe, selon les textes, « ce plaisir n'est pas fait pour qu'on y prenne du plaisir ».

Pratique

La pratique du tantrisme consiste d'abord à lire des textes des Tantras. Ensuite, lors de séances de méditation, le fidèle visualise sa déité d'élection (*yidam*, en tibétain) et son mandala❋. Il fait des offrandes, accomplit des gestes symboliques (*mudrâs*) et récite des mantras. En pratiquant ainsi, il atteint la fruition, c'est-à-dire l'état de Bouddha en trois corps. Précisons que « les yidams sont la racine des accomplissements, car c'est leur pratique qui permet d'actualiser les virtualités, c'est-à-dire d'obtenir un résultat. Autrement dit, le yidam est, dans les tantras, le vecteur de la croissance spirituelle. » [160] On notera que chaque adepte peut choisir n'importe quelle divinité comme support individuel pour la réalisation de ses pratiques spirituelles. Bien entendu, le choix d'un *yidam* n'est pas une décision personnelle mais le résultat d'une longue fréquentation d'un maître qui donne l'initiation, la bénédiction du texte, l'autorisation de l'utiliser, etc. « Par ailleurs, la pratique de certains *yidams* requiert des conditions extérieures particulières : demeurer en stricte retraite, se conformer à certaines observances concernant le corps, la nourriture, etc. En fait, se lancer seul dans la pratique d'un *yidam*, sans initiation et sans instruction serait regardé comme une fantaisie qui, au mieux, resterait stérile, au pire, risquerait de conduire à des perturbations psychiques. » [161] En résumé, la pratique du tantrisme se résumé donc dans le choix et la fidélité à un maître, dans le choix d'un yidam, dans le recours à la visualisation comme forme privilégiée de méditation, dans la récitation des formules sacrées liées à ce yidam, dans la pratique du mandala et, enfin, dans la pratique d'attitudes et gestuelles corporelles. Le yidam fait donc partie des « moyens habiles » qui servent de support, de référence pour leurs activités spirituelles.

© Corel

Ici, au Japon, moines et nonnes prient ensemble, les mains jointes (*en anjalimudrâ*) en signe d'adoration.

Târâ

Née des larmes Avalokiteshvara, Târâ, l'aspect féminin de la compassion, est une yidam très populaire dont il existe des manifestations pacifiques ou « insensées ». L'iconographie bouddhique distingue 21 formes différentes de Târâ. Les plus connues sont la Târâ verte et la Târâ blanche.

Gravure représentant un Bouddha dont les mains réalisent le mudrâ de la Mise en route de la Loi (*Dharmacakramudrâ*). Dans cette mudrâ les deux mains se touchent et l'une des mains est dirigée vers le haut, l'autre vers l'extérieur. Il en existe plusieurs variantes. Il faut savoir que seul le Bouddha historique et le Bouddha à venir (Maitreya) peuvent pratiquer ce mudrâ.

Le Véhicule (ou yâna)

Ce terme désigne le chemin proposé par le bouddhisme pour parvenir à l'Éveil. Étant donné qu'il existe différents bouddhismes, il existe également plusieurs chemins (ou voies ou moyens) pour parvenir à l'Éveil. On distingue essentiellement trois chemins, c'est-à-dire trois véhicules. Le bouddhisme premier (ou Hînayâna❋) se distingue du bouddhisme plus tardif (Mahâyâna❋) et aussi du bouddhisme ésotérique, encore plus tardif (ou Vajrayâna❋). Le premier porte le nom de « Petit Véhicule » alors que le second est désigné comme le « Grand Véhicule ». Le troisième chemin est celui du « Véhicule du Diamant ». Une autre distinction porte sur les moyens (ou véhicules) utilisés pour parvenir à l'Éveil. On distinguera ainsi le véhicule de la cause, le véhicule du fruit, etc.

Petit et Grand Véhicule

Par Petit Véhicule, on désigne le bouddhisme premier (*Hînayâna*) dont le but est la libération individuelle des arhats (saints). Le Petit Véhicule, le plus proche de l'enseignement de Bouddha, s'intéresse quasi exclusivement aux moines masculins, les seuls ayant les qualités nécessaires pour quitter le cycle des renaissances (*samsâra*) et atteindre le *nirvâna*. Ce terme était au départ quelque peu méprisant et polémique. Il était utilisé par les tenants d'un bouddhisme plus tardif (*Mahâyâna*) dont le but est la libération individuelle de tous les individus grâce à l'intervention et l'intercession d'êtres de compassion (les bodhisattvas❋). Ce but étant considéré comme plus parfait, plus complet que la seule libération des arhats, les adeptes parlaient donc du Grand Véhicule. Par la suite, cette distinction est restée et, aujourd'hui, l'ensemble des écoles bouddhistes se rattachent soit au Petit Véhicule, soit au Grand Véhicule (lequel comprend donc également, malgré les énormes différences entre ces écoles, le Véhicule du Diamant, le Zen et le bouddhisme tibétain).

La plupart des écoles du Petit Véhicule ont disparu et il ne reste plus que l'école du Theravâda (au Sri Lanka). Cette école est donc confondue avec le bouddhisme du Petit Véhicule et on parle indifféremment de Petit Véhicule, d'Hînayâna ou de Theravâda.

La première transformation du bouddhisme

Initialement, le bouddhisme, nous l'avons déjà dit, était élitiste et égoïste. Sapience (c'est-à-dire sagesse et connaissance) d'une petite minorité (les moines), il ne concernait guère la partie la plus importante de la population les laïcs et les femmes. Ceux-là, tout au plus, pouvaient espérer, en aidant les moines pour ce qui concerne le quotidien, une meilleure renaissance, laquelle leur ouvrirait dans une autre vie le chemin vers le nirvâna. C'est le bouddhisme du Theravâda (Petit Véhicule), proche de l'enseignement du Bouddha. On comprend qu'un tel programme ne pouvait satisfaire les foules. Le bouddhisme s'adapta donc. C'est ainsi qu'on vit apparaître les êtres de compassion (les bodhisattvas*) sensés aider les humains à parvenir au nirvâna le plus facilement et le plus rapidement possible. Le Grand Véhicule était né. Profitant de l'occasion d'une refonte plus adaptée au grand nombre, le bouddhisme modifia — sous la pression des laïcs — son culte. Jusque là, ce dernier était très dépouillé et ne concernait que le Bouddha, lequel était considéré exclusivement comme un homme. Le Grand Véhicule fit plus et mieux : il divinisa le Bouddha, lui adjoignit d'autres Bouddhas (des Bouddhas d'hier et de demain, ainsi que leurs multiples émanations) et créa une quantité de bodhisattvas ainsi que diverses déités. **De sapience, le bouddhisme devint religion.** C'est sa première transformation. Laquelle commença plus ou moins au début du premier millénaire. En même temps qu'il offrait au public de nombreuses occasions de dévotion, le bouddhisme affinait sa doctrine fondamentale du non-soi. Ce n'est plus seulement l'homme qui est dépourvu d'un soi véritable mais c'est l'univers tout entier qui est un non-soi. Ainsi naissait le concept de vacuité.

La seconde transformation du bouddhisme

Développant ce concept, plusieurs écoles du bouddhisme du Grand Véhicule en virent à penser que puisque tout est vacuité, il n'existe pas de différence, non plus, entre le mental et le physique. On ouvrait ainsi toute grande la porte à l'ésotérisme, aux pratiques magiques, à la fantasmagorie. Mieux, les bouddhistes du nouveau courant affirmèrent que les « consignes » magiques sont écrites dans des textes (tantras) qui proviennent de l'enseignement du Bouddha (c'est-à-dire de la troisième mise en route du Dharma, voir page 68). C'est la seconde transformation du bouddhisme qui déboucha sur le bouddhisme tantrique aussi appelé bouddhisme du Véhicule du Diamant.

La troisième transformation du bouddhisme

Une autre courant bouddhique, d'inspiration chinoise, se basant également sur la vacuité des choses, et sur l'enseignement de Bouddha (voir page 275), argumenta sur l'Illumination subite, laquelle survient essentiellement lors de la méditation en position zazen. C'est la troisième transformation importante du bouddhisme. Ici, nous sommes loin des textes (dont l'enseignement n'est pas indispensable), loin de la religion, loin de l'ésotérisme. Ni Hînayâna, ni Mahayâna, ni Vajrayâna, le bouddhisme zen est la quatrième voie de l'enseignement du Bouddha (après le Théravâda, le Mahâyâna et le bouddhisme tantrique).

Le bouddhisme tibétain, une voie particulière

Au sujet du bouddhisme tibétain, on pourrait parler de quatrième transformation sachant que ce bouddhisme tient du Petit Véhicule (pour la discipline), du Grand Véhicule (pour la doctrine), du Véhicule du Diamant (pour la pratique), de la religion Bön-po (pour les rites) et de ses propres ressources pour une infinité d'innovations parfois bien éloignées de la pensée bouddhique primitive (comme, par exemple, le parcours des morts avant la renaissance, les chaînes de réincarnations (tülkous), la théocratie, la peinture cosmique, les divinités malfaisantes, etc.).

Une rangée de moulins à prières. Ceux-ci sont caractéristiques du bouddhisme tibétain. Le moulin à prière (ou *kor-ten*, en tibétain, ce qui signifie « qui tourne la loi ») symbolise la mise en mouvement par Bouddha de la roue de la Loi. En passant devant les moulins, les pèlerins font tourner les cylindres mobiles montés sur un axe fixe.

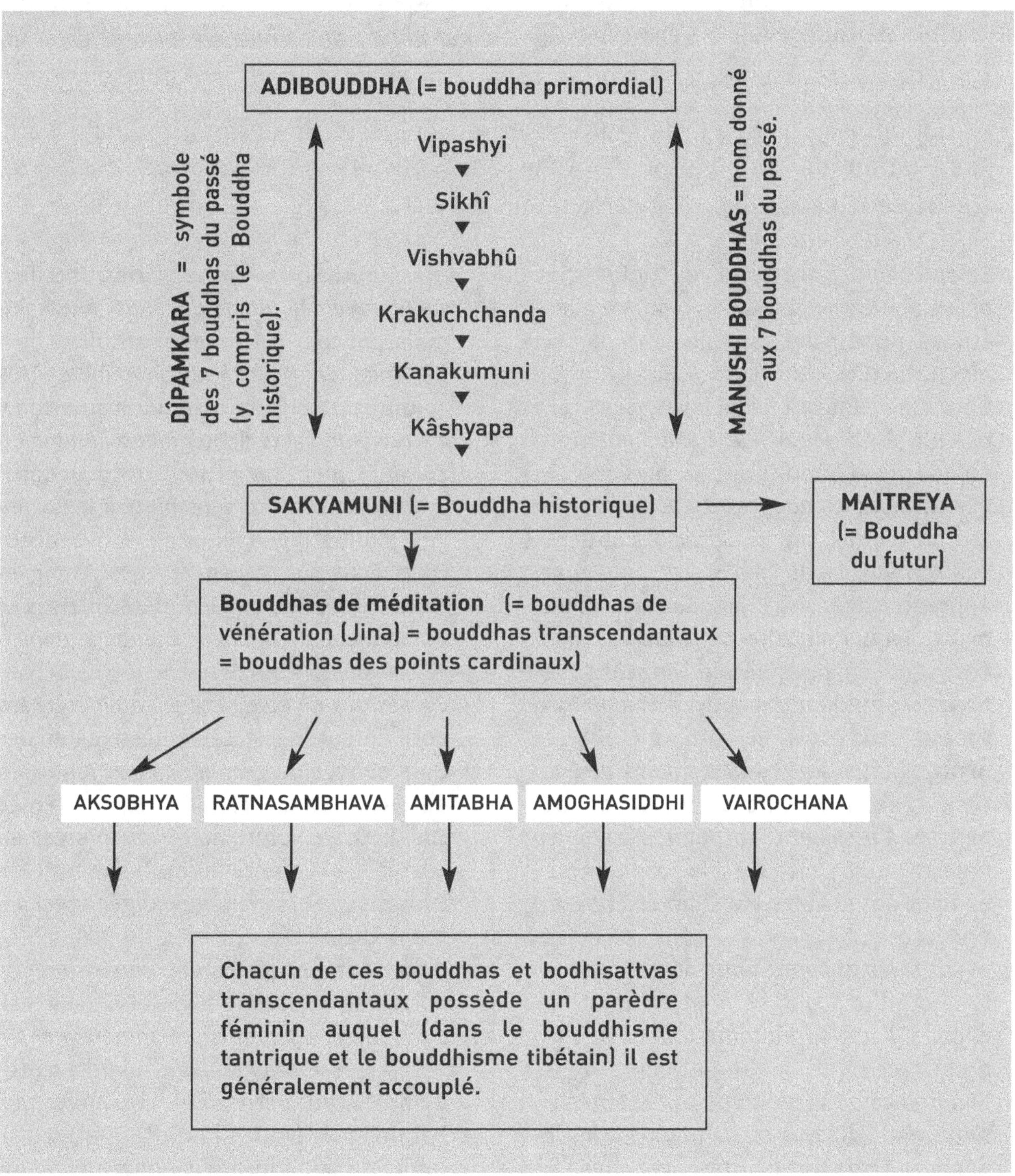

ADIBOUDDHA (= bouddha primordial)

DÎPAMKARA = symbole des 7 bouddhas du passé (y compris le Bouddha historique).

MANUSHI BOUDDHAS = nom donné aux 7 bouddhas du passé.

Vipashyi
Sikhî
Vishvabhû
Krakuchchanda
Kanakumuni
Kâshyapa

SAKYAMUNI (= Bouddha historique)

MAITREYA (= Bouddha du futur)

Bouddhas de méditation (= bouddhas de vénération (Jina) = bouddhas transcendantaux = bouddhas des points cardinaux)

AKSOBHYA
RATNASAMBHAVA
AMITABHA
AMOGHASIDDHI
VAIROCHANA

Chacun de ces bouddhas et bodhisattvas transcendantaux possède un parèdre féminin auquel (dans le bouddhisme tantrique et le bouddhisme tibétain) il est généralement accouplé.

Le zen et le zazen

« Le zen est à la religion ce qu'un jardin plat est à un jardin normal. Il ne connaît pas de Dieu, pas de vie dans l'au-delà, pas de bien ni de mal, de même que le jardin plat ne connaît ni fleurs, ni herbe, ni buisson. » [163b]

Le bouddhisme zen est apparu d'abord en Chine (sous le nom de chan) sous l'inspiration du moine Bodhidharma pour ensuite se développer (survivre, disent certains) au Japon sous le nom de zen.

Selon Bodhidharma, l'Éveil peut être obtenu autrement que par de longues études doctrinales, simplement par la méditation laquelle s'effectue en position *zazen* (position du lotus, assis en tailleur, jambes repliées ; c'est la position qu'adopta Bouddha pour parvenir à l'Éveil). Pour les adeptes du bouddhisme zen, l'Éveil (ici appelé *Satori*) s'obtient subitement mais nécessite un long apprentissage sous la conduite d'un maître lequel n'hésite pas à utiliser des koans ou énigmes (école Rinzaï) ou à frapper le méditant au moyen d'un bâton spécial (le *kyosaku* ou bâton d'éveil). Le maître utilise le *kyosaku* quand l'élève tient mal la posture ou que trop de pensées l'assaillent. Le point classiquement stimulé se trouve à la base du cou, en haut des épaules. Au sujet des koans, on notera, et ce ne sont pas les psychiatres qui vont nous démentir, que le choc d'une phrase peut faire surgir chez le disciple l'illumination en débloquant ce qui le maintenait dans l'ignorance de sa bouddhéité. Cette technique est d'ailleurs couramment utilisée dans les thérapies courtes, avec plus ou moins de succès (comme pour le zen !).

Un bouddhisme particulier

Le zen se distingue du bouddhisme traditionnel par plusieurs points : il estime les rites inutiles, la confrontation intellectuelle avec la doctrine sans nécessité mais, par contre il donne la priorité à l'expérience de l'Illumination subite. Très connu en Occident, le bouddhisme zen y a trouvé un vaste écho grâce à son art du dépouillement (peinture, art floral, décoration, etc.) et à sa sensibilité à la nature (les jardins japonais, etc.). On a beaucoup écrit sur le zen et, selon Jung et Arthur Koestler, beaucoup de sottises et de balivernes. Dans son ouvrage *Le lotus et le robot*, Koestler écrit : « ces balivernes ont dû être conçues délibérément pour dérouter le lecteur, puisque l'un des buts avoués du zen est de confondre et de désarçonner l'esprit rationnel. En ce cas, l'œuvre volumineuse du professeur Suzuki, qui compte au moins un million de mots et qui aurait été rédigée spécialement dans ce but, serait un canular de dimension véritablement héroïque et le ridicule serait du côté des intellectuels occidentaux qui s'y sont laissé prendre. » [163] On notera que le zen fait des emprunts considérables au Petit Véhicule alors que l'amidisme (voir Amida✱), une autre forme de bouddhisme japonais, est dans la tradition exclusive du Grand Véhicule✱. Enfin, signalons que le chan est aujourd'hui éteint en Chine. Le dernier grand maître (Xu Yun) étant décédé en 1959.

Bodhidharma

Bodhidharma est le premier patriarche de l'école Chan en Chine. L'école Chan chinoise a donné naissance, au Japon, au bouddhisme zen. Bodhidharma est ainsi un personnage très important pour de nombreux bouddhistes asiatiques.

Venu d'Inde, Bodhidharma débarqua en Chine aux environs de l'an 520. Sa vie est jalonnée d'événements significatifs pour quiconque s'intéresse au bouddhisme zen. Ainsi, à un roi qui lui demandait quels étaient ses mérites pour avoir édifié plusieurs monastères, Bodhidharma affirma : « Aucun ». À l'empereur chinois Wu-ti, qui lui demandait : « Quelle est l'essence du bouddhisme », la réponse de Bodhidharma mérite d'être retenue :

« Un vide insondable et rien de sacré. Un ciel immaculé où l'on ne distingue plus ni vérité ni illusion. Rien que le monde lui-même. » [162]

C'est Bodhidharma aussi qui médita en silence pendant des années face à un mur. Bodhidharma a laissé deux disciples Daoyu et Eka. Ce dernier n'hésita pas à se trancher le bras (était-ce bien « zen » ?) pour montrer sa détermination à son maître. Bodhidharma, malgré son « esprit zen », a laissé de nombreux ouvrages dont le plus connu est *Le Traité de Bodhidharma* (*Damolun*) dont il existe une traduction en français (B. Faure. *Le Traité de Bodhidharma*, éditions du Seuil. Points Sagesse. 1999).

La « doctrine muette »

Dans le zen, la parole est loin d'être nécessaire : un regard, un coup de bâton, un geste suffisent parfois à apporter l'Illumination. Les « théoriciens » du zen font remonter cette pratique au sermon de Bouddha sur le pic du Vautour. Alors qu'une assemblée importante s'était réunie autour de l'Éveillé pour entendre son discours, celui-ci se serait contenté de lever une fleur en l'air, sans dire un mot. Seul un disciple (Kâshyapa) aurait eu la brusque Illumination et, selon les adeptes du zen, le Bouddha le confirma — sous le nom de Mahâkâshyapa — en tant que premier patriarche indien de la ligne de transmission du zen.

Qu'est-ce que le zen ?

À cette question, posée par un disciple à son maître, la réponse du maître peut être « trois livres de lin », « une nouille qui pourrit », « un vase puant » ou n'importe quoi d'autre. Le maître zen n'apporte jamais des explications rationnelles mais a pour fonction de désarçonner son disciple afin qu'il parvienne à l'Éveil, ici appelé Satori. Si nous voulons savoir ce qu'est le zen, il vaut donc mieux interroger un savant occidental. Avant cela, notons, comme le fait Koestler, que « le zen était, et est encore dans une certaine mesure, une forme de psychothérapie pour une société trop figée, obsédée de son importance et tourmentée par la honte. » [164] Koestler parle naturellement de la société japonaise du XIIᵉ siècle mais son analyse de la fonction du zen peut encore s'appliquer de nos jours. La formule « soyez zen », n'est-elle pas déjà une invitation à une première démarche psychothérapeutique ? Le zen fut introduit au Japon, à partir de la Chine, vers le XIIᵉ siècle. Il s'introduit donc près de 500 ans après les premières écoles bouddhistes et il prend, paradoxalement, directement racine. Le Japon ne manque jamais de surprendre ; ainsi, pour ne donner qu'un exemple, la doctrine de non-violence de Bouddha devient le code d'honneur des sanglants samouraïs ! Le zen a également été introduit au Tibet mais, lors du Concile de Lhassa (au VIIIᵉ siècle), il a été éliminé au profit du bouddhisme indien. C'est la grande victoire du gradualisme sur le subitisme. La formule « magique » du zen est : soyez spontanés, éliminez la réflexion, privilégiez l'intuition. Cette formule peut être appliquée à tous les arts et à toutes les disciplines. Il n'est donc pas étonnant que le zen ait séduit aussi bien les peintres, que les jardiniers ou les lutteurs. Le tout, grandement inspiré, par la cérémonie du thé. Signalons également que les sectes zen ne connaissent pas les bodhisattvas❋ et, dès lors, lorsque l'Éveillé est représenté avec des acolytes, il s'agit d'Ananda (un cousin de Bouddha) et de Kâshyapa (un disciple de Bouddha devenu le premier patriarche du zen, voir page 275).

La fonction du zen

Le zen est apparu en Chine comme complément et antidote du confucianisme. C'est aussi comme antidote à la rigidité de la société japonaise qu'il doit sa diffusion dans ce dernier pays. Enfin, dans nos pays le zen (ainsi que toutes les disciplines qui en utilisent l'essence) est également une réponse à un certain mal-être (le sens profond du mot *duhkha*), à une trop grande rigidité, à un encadrement trop strict. Comme tel, malgré tous ses excès, le zen — comme le bouddhisme — peut être considéré comme une psychothérapie sans danger, laquelle — comme le bouddhisme dans ses rapports avec les autres religions — peut facilement être utilisé en « complément » d'une thérapie plus lourde. D'ailleurs, au

Caractéristiques du zen

Les quatre concepts doctrinaux du zen sont :

1. La transmission spéciale en dehors des écritures orthodoxes. C'est-à-dire surtout de maître à élève.

2. L'indépendance à l'égard des mots et des lettres. La transmission peut se faire à partir d'un geste, d'un cri, d'un sourire.

3. L'action directe vers le cœur de l'homme.

4. La contemplation de sa propre nature et la réalisation de l'état de bouddha.

© Corel

La nature participe pleinement à l'esprit zen. Le jardin zen, très harmonieux, se caractérise par un dépouillement très recherché (cependant très loin de la spontanéité « classique » du zen). Les bonzaïs (en japonais : arbres en pot), eux aussi, participent à l'esprit zen et donnent lieu à un véritable culte. Comme la plupart des éléments de la culture japonaise associés au bouddhisme, le bonzaï est d'origine chinoise et aurait été importé au Japon vers le XIIe siècle.

Japon, le zen a également influencé la psychiatrie sous le nom de thérapeutique Morita, laquelle est basée sur la prise de conscience progressive du corps et de son environnement.

Qu'est-ce que le Satori ?

Le Satori, c'est l'Éveil. Ce que le zen veut combattre à tout prix, c'est la pensée rationnelle, les opérations logiques, les opérations de classification en catégories. Le but des koans (ou énigmes) est de ramener tout cela à l'absurde de manière à permettre au disciple d'utiliser d'autres voies que la voie rationnelle (comme, par exemple, l'intuition) et ainsi de parvenir subitement à l'Éveil (Satori). Nous avons déjà parlé du subitisme (au sujet du Concile de Lhassa, voir page 53) lequel est un des piliers du zen. Dans le zen, l'Éveil porte le nom de Satori mais sa nature est différente de ce qu'elle est dans le bouddhisme traditionnel : ici, le Satori/Éveil est la découverte de la véritable vision des choses. Ainsi, on peut multiplier les Satoris ; certains distinguent même différentes catégories de Satoris (le grand, le petit, le final).

Le Satori final, celui qui permet de « vivre vivant comme si on était mort », c'est-à-dire détaché de toutes choses, n'est atteint qu'après des années de méditation mais, ainsi que le fait remarquer perfidement Koestler, « cette attitude à l'égard des vanités du monde semble comparable à celle de l'alcoolique qui se dit guéri et proclame qu'il ne boit plus par besoin mais seulement pour le plaisir ». [165]

La méditation

Perturbé par le doute, s'adressant à Ma-tsu, un autre grand maître, Huai-jang lui pose la question suivante :

— Votre Révérence, pourquoi rester ainsi en méditation ?

— C'est pour devenir un Bouddha.

Huai-jang prend alors un carreau de brique et se met à le polir sur une roche.

— Que faites-vous, demande alors Ma-tsu.

— Je polis le carreau pour en faire un miroir.

— Mais comment le fait de le polir pourrait-il en faire un miroir, demanda Ma-tsu ?

— Comment le fait d'être assis en méditation pourrait-il produire un Bouddha, demanda Hui-jang.

De la difficulté du zen

Être zen, c'est donc être intuitif, spontané, inattendu, en dehors des voies rationnelles. C'est aussi refuser la logique ambiante et les conventions. Au départ, cette idée est séduisante mais le risque de dérapage est énorme. En effet, si une réflexion spontanée et inattendue permet d'activer certains sens (et, peut-être d'atteindre le Satori), il est clair que le mécanisme des questions-réponses du zen risque de devenir un mode de réponse habituel, une pseudo-spontanéité, une sorte de réflexe conditionné. Si cela le devient, il perd alors tout son sens et le zen — qui était au départ une cure de déconditionnement — risque de devenir une cure de reconditionnement : l'adepte n'aurait alors rien à y gagner, pas plus que son entourage.

Écoles zen (Sôto et Rinzaï)

Les deux principales écoles zen sont l'école Sôto (qui base son enseignement sur la méditation zazen) et l'école Rinzaï (qui base son enseignement sur la méditation zazen, le mondo et les koans). L'école Rinzaï a été fondée par Ensaï, en 1191. L'école Sôto lui est postérieure. Elle a été fondée en 1227 par Eihei Dogen ; il s'agit, en quelque sorte, d'un retour aux sources indiennes : seule la méditation (*dhyâna*) permet de parvenir à l'éveil. Pour lui, s'il est possible de parvenir à l'éveil par les koans, « dans la poursuite de la voie, le plus important est d'être assis en zazen... ».

Christianisme et zazen

On notera que de nombreux chrétiens pratiquent le zen en tant que technique de méditation. D'ailleurs, c'est à un jésuite allemand, Hugo Lasalle, que l'on doit la propagation du zen dans les milieux chrétiens. Envoyé à Tokyo pour reprendre une petite paroisse chrétienne, il découvre le zen et s'y intéresse à ce point qu'il prend la nationalité japonaise, change de nom (il devient Enomiya-Lassalle) et parcourt le monde pour enseigner le zazen.

Faire zazen

Le moine bouddhiste Eihei Dogen, le fondateur du zen Soto, est l'un des plus grands philosophes de la pensée japo-

Le koan (ou kong-an)

Il s'agit d'un problème paradoxal, d'une énigme logiquement insoluble, qu'un élève est invité à résoudre à la demande de son maître. L'idée est de dépasser les modes habituels de la pensée pour atteindre l'Éveil. Pour ce faire, tous les codes de « bonne conduite » peuvent être transgressés, l'important est d'être spontané, inattendu de manière à réveiller l'homme non rationnel. La « résolution » des koans est censée permettre l'Éveil (Satori) de manière subite. Parmi les 1700 koans les plus connus, citons les deux ci-après :

Comment applaudir d'une main ?

Une jeune fille marche dans la rue. Est-elle la sœur aînée ou la sœur cadette ?

Une réponse « correcte » à cette dernière question serait de marcher comme une jeune fille. Cette attitude démontrerait l'importance qu'a l'expérience de la vie sur la description. On imagine les adeptes du bouddhisme zen assis pour de longues méditations en zazen ; or, le bouddhisme zen est très attaché à l'expérience, à l'action, au monde lui-même. À la question que lui posait l'empereur Wu-ti concernant l'essence du bouddhisme, la réponse de Bodhidharma fut brève mais lumineuse : « Un vide insondable et rien de sacré. Un ciel immaculé où l'on ne distingue plus ni vérité ni illusion. Rien que le monde lui-même ». [166]

naise. Son œuvre maîtresse est le Shobogenzo (*Trésor de l'œil de la Vraie Loi*), où il aborde tous les problèmes philosophiques et pratiques du bouddhisme zen. Il n'existe que peu de traductions de son œuvre en français (voir l'encadré pour en savoir plus). Le texte ci-après décrit la manière de faire zazen. La modernité du texte ne doit pas nous faire oublier qu'il a été écrit au XIIIe siècle.

« Étudier le zen signifie pratiquer zazen. Pour zazen, choisissez un endroit calme et abrité, troublé ni par le vent, ni par la fumée, ni par la pluie, ni par l'humidité. Placez-y une natte épaisse. C'est le siège de Diamant. Certains ont utilisé des pierres, d'autres des coussins d'herbes. La place de zazen doit être éclairée le jour comme la nuit. Elle doit être chaude en hiver et fraîche en été. Laissez de côté toute chose. Ne pensez ni au bien ni au mal. Arrêtez tous les mouvements de l'esprit. Ne pensez pas à devenir Bouddha et détachez-vous de l'idée d'être assis ou allongé. Mangez et buvez sobrement. Ne perdez pas votre temps. Pratiquez zazen fortement, comme si vous vouliez sauver votre tête du feu. Le cinquième patriarche ne faisait rien d'autre que zazen. Pour zazen on doit porter un *kesa* et utiliser un coussin rond. Seul l'arrière des jambes s'y assoit. Sous les jambes, la natte épaisse, sous la colonne, le coussin rond : c'est la posture transmise de Bouddha à Bouddha, de patriarche à patriarche.

Asseyez-vous dans la posture du lotus ou du demi-lotus. Dans la posture du lotus, on met le pied droit sur la cuisse gauche puis le pied gauche sur la cuisse droite. Dans la posture du demi-lotus, seule le pied gauche est posé sur la cuisse droite. Desserrez les vêtements et ajustez-les. Placez la main droite sur le pied gauche et la main gauche sur la main droite. Les pouces se touchent et les mains sont placées près du corps, les pouces à la hauteur du nombril. Asseyez-vous droit, sans pencher ni à gauche, ni à droite, ni en avant, ni en arrière. Les oreilles sont dans l'alignement des épaules, comme le nez avec le nombril. La langue est placée contre le palais et on respire par le nez. Les dents et les lèvres se touchent. Les yeux sont ouverts, ni trop, ni trop peu.

Au début, après avoir ainsi disposé son corps et son esprit, respirez profondément, puis asseyez-vous aussi fermement qu'une montagne. Pensez à la non-pensée. Comment ? Par *hishiryo* [la conscience absolue, l'état de non-pensée]. C'est l'art essentiel du zazen. Zazen n'a pas d'étapes. C'est la pratique pure et tranquille du Bouddha, son Éveil.

Ce fut prononcé devant les moines à Kippo-ji, en novembre 1243 ». [167]

Remarquons, pour terminer, qu'il y a unanimité des écoles pour affirmer que s'asseoir et méditer sont deux choses différentes : ce n'est que dans des conditions très précises qu'elles n'en font qu'une. « S'il suffisait, dit-on, de s'asseoir les jambes repliées pour connaître l'éveil, toutes les grenouilles depuis le fond des âges seraient Bouddha. » [168]

Enfin, notons qu'actuellement le coussin pour zazen (ou *zabuton*) est plutôt carré que rond, qu'il est rempli de kapok et recouvert d'une étoffe de couleur bleue. Mais ce sont des détails...

POUR EN SAVOIR PLUS

Il existe des milliers de livres consacrés au zen, dont les trois tomes classiques de Suzuki dont il a été question dans cet article et d'autres qui sont repris dans la bibliographie de cet ouvrage. Mais pour bien comprendre, le mieux n'est-il pas de se plonger dans les textes historiques ? Aussi nous recommandons au lecteur la lecture des textes de maître Dogen (1200-1253, un religieux japonais, fondateur de la secte bouddhiste zen soto). Une compilation intelligente de ces textes (commentés par Taisen Deshimaru) figure dans l'ouvrage *Le Trésor du zen* (Spiritualités vivantes n°203, Albin Michel. 2003). Le lecteur vraiment motivé lira également l'ouvrage de Seung Sahn, *Cendres sur le Bouddha* (Collection Sagesses n°171, Seuil 2002). L'auteur, âgé de 77 ans, d'origine chrétienne, atteint l'éveil à 22 ans et dirige aujourd'hui, depuis les États-Unis, un réseau mondial de centres zen. Cet ouvrage contient une centaine de textes courts qui rapportent la conduite d'un maître zen avec ses élèves. Le titre de cet ouvrage provient d'un koan que le maître zen propose, comme exercice, à ses étudiants. Le voici, peut-être vous donnera-t-il l'envie d'en savoir plus :

« Quelqu'un entre au Centre zen avec une cigarette allumée, se dirige vers la statue de Bouddha, lui souffle de la fumée sur le visage et laisse tomber des cendres dans son giron. Vous vous trouvez là. Que pouvez-vous faire ? »

Les trois barrières de Hung-Lun

Il s'agit d'un des plus anciens koans, dialogué par Hung-Lun, un maître zen du XIe siècle, c'est-à-dire, dans les premières années de l'introduction du chan au Japon.

Q : Chacun a un lieu de naissance. Quel est votre lieu de naissance ?

R : Tôt ce matin, j'ai mangé de la bouillie de riz. Maintenant j'ai encore faim.

Q : Comment ma main est-elle comme celle du Bouddha ?

R : On joue du luth sous la lune.

Q : Comment mon pied est-il comme un pied d'âne ?

R : Quand le héron blanc se tient dans la neige il a une couleur différente.

Eno

Le jeune Eno était pauvre et ne savait ni lire ni écrire. Entendant, un jour, une personne réciter *Le Sûtra du Diamant*, il fut bouleversé et s'éveilla. Il décida alors de devenir moine et devint le sixième patriarche du Chan. Bien avant de devenir patriarche, alors qu'il n'était encore qu'un jeune moine on lui lut un poème considéré comme excellent :

Notre corps est comme l'arbre de la Bodhi

L'esprit est comme le miroir précieux.

Aussi devons-nous chaque jour l'épousseter

Afin que la poussière ne s'y dépose pas.

Eno fut scandalisé par ce poème qui, d'après lui, ne reflétait absolument pas l'essence du zen et il le modifia :

Il n'y a pas d'arbre de la Bodhi

Ni de miroir précieux

Tout est vacuité

Où donc la poussière pourrait-elle se déposer ?

Toute l'essence du zen (et même du mahayânisme) n'est-elle pas exprimée dans ce court poème ? [169]

Les lieux importants du bouddhisme

Ajanta (Inde) : temples rupestres sculptés pendant neuf siècles (du IIe siècle avant l'é.c. au VIIIe siècle après l'é.c.).

Angkor (Cambodge) : Temple Bayon.

Bangkok (Thaïlande) : le Temple du Bouddha d'émeraude (Wat Phrae Kaeo).

Bodh (Inde) : lieu de l'Éveil du Bouddha.

Bodnath (Népal) : le plus grand stûpa du Népal, devenu emblème national.

Borobudur (Indonésie) : gigantesque stûpa organisé comme un mandala (72 Stûpas de plus petite taille et 3000 scènes sculptées en bas relief).

Dharamsala (Inde) : lieu de refuge, depuis 1959, du Dalaï-Lama et de 100 000 Tibétains ayant fui l'invasion du Tibet par les Chinois.

Lhassa (Tibet) : Potala (palais du Dalaï-lama) construit en VIIe siècle.

Lumbinî (Inde) : lieu de naissance du Bouddha.

Rangoon (Birmanie) : la ville aux 1000 bouddhas.

Conclusion

La vérité fondamentale : tout est duhkha (douloureux), anitya (impermanent) et anâtman (sans substance).

Bouddha s'est imposé une mission : montrer aux hommes comment gagner leur salut. Ce salut est-il dans un au-delà ? Personne ne peut rien en dire et Bouddha ne s'est jamais prononcé. Ce salut est-il sur terre, dans la vie de tous les jours ? Bouddha a dit qu'on pouvait parvenir au nirvâna déjà sur terre... Il n'a pas hésité, non plus a décrire les choses qui conduisent au bonheur dans ce monde, même si tout est impermanence. D'ailleurs le bouddhisme zen ne dit-il pas que le salut est sur terre ?

Pour que l'homme atteigne le bonheur sur terre, dit Bouddha, il faut qu'il possède quatre choses : « Premièrement : il doit être habile et efficace, consciencieux et énergique dans sa profession quelle qu'elle soit et il doit en avoir une connaissance complète. Deuxièmement, il doit garder son gain ainsi obtenu justement à la sueur de son front. Troisièmement, il doit avoir de bons amis, fidèles, instruits, vertueux, libéraux et intelligents, qui l'aident à se maintenir dans le droit chemin et à se garder du mal. Quatrièmement, il doit dépenser raisonnablement, selon son revenu, ni trop, ni trop peu, c'est-à-dire qu'il ne doit pas accumuler avec avarice, ni se livrer à des extravagances — autrement dit, il doit vivre selon ses moyens. » [170]

Dans les sectes ésotériques, la transmission de savoir se fait de maître à l'élève et la direction de l'enseignement de Patriarche à Patriarche. Pour le tantrisme, le premier Patriarche fut Bouddha, le second et le troisième sont légendaires mais à partir du quatrième (Nagâbodhi) la transmission s'effectue réellement de Patriarche à Patriarche. Le huitième Patriarche, Kukaï (voir page 89) est, comme la plupart des Patriarches, représenté assis sur une chaise. Il tient en main un vajra (foudre) — symbole du Véhicule du Diamant — dans la main droite et un chapelet dans la main gauche. Kukaï, qui introduisit l'ésotérisme bouddhique au Japon, et Dongen (voir page 278) qui y introduisit le zen, ont eu, tous les deux, une influence prépondérante sur la culture religieuse du Japon.

Annexes

Dictionnaire

« Meilleur que mille mots sans utilité est un seul mot bénéfique, qui pacifie celui qui l'entend. » [171]

A

Abhidharma : la troisième partie, la plus théorique, du Canon bouddhique (tripitaka).

Âchârya : dans le bouddhisme, il existe deux maîtres spirituels : l'un pour la guidance spirituelle et l'autre pour l'observation des règles monastiques. L'âchârya est le maître spirituel.

Adibouddha : le « bouddha primordial » du Mahâyâna (Grand Véhicule). Il est à l'origine des cinq Bouddhas de méditation (Dhyâni-Bouddha) lesquels ont pour émanation cinq bodhisattvas et cinq bouddhas terrestres. Adibouddha est toujours représenté comme un « Bouddha paré ».

Agama : c'est le nom donné, dans le Grand Véhicule, aux recueils reprenant les textes de base (Sûtras) du bouddhisme lesquels sont contenus dans les livres canoniques. Le mot équivalent, en pâli, est Nikâya. C'est ce dernier terme qui est généralement utilisé dans la littérature du Petit Véhicule.

Ahimsâ : la non-violence, une des bases de la morale bouddhiste.

Ahosi karma : c'est le nom donné aux karmas inefficaces.

Akshobhya : bouddha de sagesse (dhyâni-bouddha).

Akusala : se dit d'un acte s'il produit automatiquement des effets néfastes sur le karma de l'individu. L'acte akusala est un acte qui s'oppose à la morale bouddhique ; la simple volonté d'effectuer un acte nuisible est déjà akusala : il n'est donc pas nécessaire que l'acte soit réalisé pour qu'il entraîne des effets nuisibles sur celui qui l'a pensé ou organisé.

Amida : c'est, au Japon, le nom du bouddha Amitâbha ; il y est l'objet d'un culte particulier. Quiconque invoque son nom sera assuré de renaître au paradis Tusita de la Terre Pure.

Amidisme : bouddhisme de la foi surtout pratiqué au Japon ; il vénère le Bouddha Amitâbha lequel, lorsqu'il était bodhisattva a promis que, lorsqu'il serait bouddha, toute personne ayant fait appel à lui renaîtra dans la Terre Pure et qu'aucun obstacle n'existerait à son Éveil.

Amitâbha : voir Amida.

Amituofo : nom du Bouddha Amida dans le bouddhisme chinois.

Amoghasiddhi : bouddha de sagesse (dhyâna-bouddha).

Ananda : disciple préféré de Bouddha et aussi son cousin. Doué d'une mémoire prodigieuse, il connaissait de mémoire toutes les interventions de Bouddha. On se servit de son talent pour rédiger, lors du premier concile, les textes des Sûtras authentiques.

Anâtman : le non-soi (la doctrine de la non-substance), le concept de base du bouddhisme. C'est ce concept qui oppose bouddhisme et hindouisme (ces derniers croient en l'existence d'une âme qui transmigre lors de la mort).

Aniconisme : on désigne sous ce terme l'absence de représentation figurée dans l'art. Dans le bouddhisme des premiers siècles, la représentation humaine de Bouddha apparaissait comme une « fausse note » (selon l'expression de Mario Bussagli) car elle se révélait impuissante à montrer l'essence de Bouddha, son Éveil. Pour les premiers bouddhistes, il pouvait y avoir une contradiction entre la représentation du Bouddha et son enseignement qui insistait sur la nécessité de se libérer du monde des illusions, donc des images.

Anitya : c'est l'impermanence l'une des trois caractéristiques de l'existence (les deux autres sont le non-soi, anâtma ou insubstantialité et la souffrance ou duhkha).

Arhat (« celui qui a vaincu l'ennemi ») : état de sainteté obtenu en accomplissant tout ce qu'il est possible de faire pour supprimer le désir.

Asana : pour le spécialiste des statues bouddhiques, c'est une attitude corporelle, laquelle est riche en informations sur l'origine de l'œuvre. Dans le yoga, c'est une posture corporelle.

Asoka : empereur indien (-291/-232 de l'è.c.). Après une période de grande cruauté, il adopta le bouddhisme pour sa non-violence et l'établit comme religion officielle de son empire ; il construisit de nombreux monastères et Stûpas, grava des édits traitant du bouddhisme sur des rocs et des colonnes (édit du Bhrada, rescrit de Kausambi, inscription de Rummindei), envoya des missionnaires dans de nombreux pays et convoqua le troisième concile bouddhique (concile de Pataliputra). C'est certainement à lui que l'on doit l'extraordinaire expansion du bouddhisme par rapport à celle du jaïnisme, religion très proche du bouddhisme et née plus ou moins à la même époque et dans les mêmes conditions.

Asanga : frère de Vasubandhu et fondateur d'une école du bouddhisme mahâyâna .

Asura : demi-dieu ou être hostile aux dieux (étymologiquement, signifie ce qui n'est pas un dieu).

Atman : c'est la « vitalité immortelle », un « soi », qui continue à exister après la mort et se transmet lors de la transmigration.

Auditeur : dans la terminologie bouddhique, un Auditeur est un saint, celui qui connaît la vérité grâce à l'enseignement du Bouddha ou de l'un de ses disciples. Comme figure emblématique d'Auditeur, on peut citer Ananda, le cousin et disciple de Bouddha.

Avalokiteshvara : bodhisattva de la Grande Compassion. C'est le protecteur du Tibet où il porte le nom de Chènrezi. Les Dalaï-Lamas sont ses émanations dans le monde. En Chine, il porte le nom de Guanyin et au Japon celui de Kannon. Tantôt homme, tantôt femme, il est le complice d'Amida.

Avidya : c'est l'ignorance fondamentale, la nescience. Elle est la source de notre attachement au monde et à la perpétuation du cycle du samsâra.

B

Bardo : dans le bouddhisme tibétain, c'est la période de transition entre la mort et la « renaissance » dans un autre corps. Cette période dure, en principe, quarante-neuf jours (voir le *Livre des morts tibétains*). Pour les bouddhistes du Petit Véhicule, cette période n'existe pas et la transmigration s'effectue immédiatement d'un corps à l'autre.

Bardo Thödol : le Livre des morts tibétains. C'est un « trésor caché » (un *terma*) qui décrit le chemin de la transmigration.

Bénarès : endroit où Bouddha a prononcé son premier sermon (lequel était limité à cinq disciples).

Bhakti bouddhique : c'est le bouddhisme de la foi où une dévotion particulière ainsi que des cultes sont organisés envers des divinités particulières (bouddhas, bodhisattvas, déités).

Bhiksu : moine mendiant.

Bhiksuni : nonne mendiante.

Bodh : lieu où le Bouddha a fait l'expérience de l'Éveil.

Bodh Gayâ : lieu où Bouddha reçut l'illumination après avoir médité pendant 49 jours.

Bodhi : c'est l'« expérience » de l'Éveil, lequel mène au Nirvâna.

Bodhicitta : c'est l'esprit d'éveil, l'engagement vers la recherche de l'Illumination.

Bodhisattva (« être destiné à l'Éveil ») : on désigne ainsi, dans le Grand Véhicule, les êtres quasi divins qui, en quête de l'Éveil suprême et sur le point d'y arriver, décident par compassion infinie de consacrer leur vie à sauver tous les êtres vivants.

Bön-po (ou Bön) : religion pré-bouddhique du Tibet. Cette religion animiste, spécialisée dans la magie est encore mal connue mais de nombreux éléments en teintent le bouddhisme tibétain. La plus haute autorité de cette religion, toujours pratiquée au Tibet, est le 23e menri trezin, Lungtag Tempei Nyima. Contrairement à se qui se pratique dans la plupart des religions, lors des rites de circumambulation, les böns tournent dans le sens contraire des aiguilles d'une montre. Ceci fait dire au peuple qu'ils sont antibouddhistes !

Bonze : ce mot, d'origine japonaise (*bonzo*) désigne les religieux de certains pays d'Extrême-Orient : Chine, Japon et Viêt-nam. Aujourd'hui, ce mot est utilisé pour désigner tous les religieux bouddhistes d'Asie.

Bouddhas (succession des -) : dans le Grand Véhicule (Mahâyâna), la succession des bouddhas annonçant la naissance du Bouddha historique est la suivante : Vajradhra (le bouddha original), suivi par les cinq « Vainqueurs des illusions » (Jina) : Amitabha, Vairochana, Ratnasambhava, Amogasiddhi et Akshobya.

Bouddha Amitabha : le bouddha de Lumière. Bouddha vénéré spécialement au Japon où il prend le nom d'Amida (voir amidisme).

Bouddha Dipankara : un des bouddhas dans la succession vers le Bouddha.

Bouddha de sagesse : voir Jina.

Bouddha Kâshyapa : un des premiers bouddhas dans la succession vers le Bouddha.

Bouddha Konagamana : l'avant-dernier des bouddhas dans la succession vers le Bouddha.

Bouddha-pour-soi : le bouddha-pour-soi (ou Bouddha-par-soi ou encore « illuminé solitaire », pratyekabuddha) est un saint solitaire qui obtient l'Éveil par lui-même bien qu'il ait sans doute rencontré Bouddha ou un de ses disciples et écouté l'enseignement de la Loi dans une vie antérieure. Solitaire dans l'accès à l'Éveil, il est également solitaire dans ses contacts sociaux : il ne prêche pas et ne vit pas en communauté. Pour devenir bouddha-pour-soi, il est nécessaire d'accumuler des mérites dans ses nombreuses vies antérieures et de pénétrer le sens de la loi de coproduction conditionnée. Cet Éveillé solitaire a souvent été comparé à un rhinocéros. Dans la métaphore bouddhique, le bouddhisme ancien (Petit Véhicule) est comparé au chevreuil blessé qui ne s'occupe que de lui, le bouddha-pour-soi à un rhinocéros qui s'occupe encore de ses enfants et le Grand Véhicule à un éléphant qui veille sur son troupeau tout en tenant à l'œil le chasseur dangereux.

Bouddha Sâkyamuni : un des premiers bouddhas dans la succession vers le Bouddha. ou le dernier bouddha ? Pour les bouddhistes tibétains, ce serait le septième et dernier manushi-bouddha.

Bouddhisme du Hînayâna : bouddhisme du Petit Véhicule.

Bouddhisme du Mahâyâna : bouddhisme du Grand Véhicule.

Bouddhisme premier : c'est le bouddhisme du Petit Véhicule (Hînayâna ou Theravâda).

Bouddhisme tantrique : c'est le courant mystique ou ésotérique du bouddhisme. On le désigne également comme le Véhicule du Diamant ou Vajrayâna. Ce courant mystique invite le pratiquant à des rites mystérieux où interviennent des paroles, des gestes (mudrâs), des formules (mantras), des représentations symboliques du cosmos (mandalas) et des expériences sexuelles.

Bouddhisme tibétain : c'est, comme le tantrisme, un bouddhisme ésotérique. Du fait du rayonnement international du Dalaï-Lama, ce bouddhisme connaît une grande expansion à l'étranger et notamment en France où toute participation du Dalaï-Lama à une conférence fait salle comble. En France, il existe actuellement plus de soixante centres de bouddhisme tibétain. Le bouddhisme tibétain se divise essentiellement en quatre écoles ou sectes. Les quatre sectes tibétaines sont le Nyingmapa (la plus ancienne), le Ka(r)gyupa, le Sakyapa et le Gelukpas. D'après la légende, la secte Nyingmapa fut fondée par un roi et Padmasambhava, un saint bouddhiste indien, qui visita le Tibet au VIIIe siècle. Les Tibétains le désignent comme le « Second Bouddha » étant donné son rôle primordial dans l'introduction du bouddhisme au Tibet. La secte mystique Kagyupa fut fondée par un bouddhiste tantriste, Tilopa. Parmi ses membres les plus célèbres on retiendra les noms de Naropa, Marpa et Milarepa (le plus grand poète tibétain). Les membres de ces deux sectes peuvent se marier, contrairement aux membres des deux sectes « réformées » que sont les Sakyapas et les Gelukpas. Au sujet des Nyingmapas, retenons la coutume curieuse qui était de tirer la langue pour saluer les visiteurs. La secte Sakyapa insiste sur le retour des écritures originales et met l'accent sur la discipline et le célibat. Les textes canoniques de cette secte portent le nom de *Lamdre*, ils intègrent les Sûtras et les Tantras. Une curiosité : le titre d'abbé se transmet d'oncle à neveu. La dernière secte, aujourd'hui la plus connue car c'est celle qui a eu le pouvoir au Tibet, a pour chef le Dalaï-Lama. Elle a été fondée, au XVe siècle, par Tsongkhapa. Cette secte, comme la précédente, tient du Petit Véhicule (pour la discipline), du Grand Véhicule (pour la doctrine) et du Véhicule du Diamant (pour les rites).

Brahma : dieu de l'hindouisme représentant la personnification de l'Absolu. Dans le bouddhisme, il demande conseil à Bouddha.

Brahman : c'est l'Absolu, de quoi tout procède et à quoi tout retourne.

Brahmana : texte sacré de l'hindouisme (il fait partie des Vedas).

Buddhaghosa : un des principaux maîtres du Theravâda, auteur du principal commentaire du Canon pâli.

C

Cham : danses sacrées des moines du bouddhisme tibétain.

Chan : c'est l'école bouddhiste chinoise, basée sur la méditation, qui se développe en Chine au VIIe siècle. Il en existe deux courants : celui qui prétend que l'Éveil est immédiat (école subitiste) et celui qui considère que l'Éveil est progressif (école gradualiste). Le chan est surtout connu depuis qu'il s'est introduit au Japon (vers 700) sous le nom de zen.

Chemin du milieu : c'est le chemin, ni trop à gauche, ni trop à droite, ni trop ascétique, ni sybarite, qui conduit à la paix, à la sagesse, à l'Éveil et, enfin, au Nirvâna.

Chènrezi : voir Avalokiteshvara.

Chitipati : dans l'art tibétain, ce sont les deux acolytes de Yamarâja , un roi des enfers. Il s'agit des squelettes d'un homme et d'une femme, ayant les jambes et les bras entrelacés et dansant sur des cadavres.

Chorten : mot tibétain pour désigner un stûpa (monument commémoratif ou votif).

Choses conditionnées : les choses conditionnées (*trilaksana*) se caractérisent par trois signes : elles sont éphémères (*anitya*), douloureuses (*duhkha*) et impersonnelles (*anâtman*).

Cinq agrégats d'attachement (les -) : ce sont les cinq éléments qui engendrent la souffrance : la naissance, la vieillesse, la maladie, la mort, ne pas avoir ce qu'on désire (être uni à ce qu'on n'aime pas et être séparé de ce que l'on aime). On parle également des agrégats (*skandhas*) ci-après : matière, sensations, perceptions, volitions, conscience.

Cinq empêchements à la méditation (les -) : les désirs sensuels, la malveillance et la haine, la torpeur, l'agitation et le remords, le doute sceptique.

Cinq facultés ou vertus : elles aident l'homme dans la voie de la sainteté. Ce sont : la foi, l'effort, l'attention, la concentration et la sagesse.

Compassion (karuna) : dans le bouddhisme, ce mot possède un sens particulier. Ce n'est pas l'action stérile de plaindre quelqu'un mais la volonté de libérer tous les êtres de la souffrance et des causes de la souffrance.

Confucianisme : il s'agit du système de pensée basé sur l'enseignement de Confucius, philosophe chinois contemporain de Bouddha. Ce système de pensée est basé sur l'éthique, la sagesse, les relations sociales, l'art de gouverner. Le culte des ancêtres, typique de la société chinoise, ne fait pas partie du confucianisme même si, en Chine, il est impossible de l'en dissocier.

Cosmologie bouddhique : représentation bouddhique du ciel, de la terre et des enfers. Le mont Meru (ou Sumeru), axe central, y joue un rôle important. La cosmologie bouddhique explique l'architecture et l'organisation des divers mondes. Elle donne également des précisions sur les êtres qui y vivent (hommes, démons, prétas, dieux, esprits affamés, etc.).

Corps de Bouddha (Bouddha kâya) : Le mahâyânisme (Grand Véhicule) ne pouvait se contenter de la seule represdentation du Bouddha historique. Pour stimuler la piété des laïcs, il était nécessaire que Bouddha ne fût pas seulement un homme. Pour cela, ils créèrent le concept des Trois corps de Bouddha. Il s'agit du corps absolu (*dharmakâya*) et des deux corps formels au service des êtres (*sambhogakâya* et *nirmanakâya*). Le corps terrestre est celui du Bouddha historique, Gautama, c'est le corps de métamorphose ou nirmanakâya. Mais au-delà de ce corps terreste, Bouddha est pourvu d'un corps absolu, le *Dharmakâya* qui est ineffable, inconcevable et n'est perceptible qu'aux Bouddhas.

Enfin, entre les deux se situe le corps de fruition, ou de jouissance (ou *sambhoga-kâya*), qui est imperceptible pour les êtres ordinaires mais est perceptible par certains bodhisattvas. On notera que la syllabe « magique » OM est réputée permettre aux Trois corps d'apparaître. À ces trois corps, les bouddhistes tibétains ont encore ajouté un quatrième corps, un corps d'énergie qui imprègne tous les êtres.

D

Dainichi : c'est le nom japonais de l'Adibuddha (aussi appelé Mahâvairochana), le bouddha universel source de toute chose, de toute énergie et de tous les bouddhas et bodhisattva. Dainichi signifie le « Grand Soleil ».

Dâkini : dans le bouddhisme tibétain, les Dâkinis représente les forces inspiratrices. Elles sont généralement représentées sous la forme d'une déesse nue. Rappelons que le bouddhisme tibétain a étendu le nombre de refuges, qui de trois est passé à six. Aux Trois Joyaux (Dharma, Bouddha, Sangha), il a ajouté les Trois Racines (Lama, Yidam ou divinité personnelle et Dâniki).

Dalaï-Lama (« océan de sagesse ») : c'est le chef temporel et spirituel du Tibet. Il est considéré comme l'émanation du bodhisattva de la compassion, protecteur du Tibet (Avalokiteshvara connu, au Tibet sous le nom de Chènrezi). Lorsqu'un Dalaï-Lama meurt, les moines se mettent à la recherche de sa réincarnation (laquelle est supposée reconnaître des objets lui ayant appartenu). L'actuel Dalaï-Lama, Tenzin Gyatso, né en 1935, est le quatorzième Dalaï-Lama. Il s'exila en Inde, à Dharamsala, en 1959, lors de l'invasion du Tibet par la Chine. Il a reçu le prix Nobel de la paix en 1989 pour sa résistance non-violente au gouvernement chinois.

Damarû : dans le bouddhisme tibétain, petit tambour rituel.

Demeures de Brahma : les « Demeures de Brahma », ce sont les « quatre illimités », (aussi parfois appelés les « Quatre sentiments incommensurables »), c'est-à-dire l'amour illimité, la compassion illimitée, la joie illimitée et l'équanimité ou impartialité illimitée, auxquels le futur bodhisattva doit s'exercer.

Devas : ce sont des divinités mineures provenant de l'hindouisme. Le bouddhisme n'avait pas voulu abandonner les divinités brahmaniques et les a donc, dès l'origine, incorporées dans sa sphère en tant que divinités mineures au service du bouddhisme. Les douze devas (que l'on rencontre également dans la religion brahmanique) sont : Agni, Brahma, Chandra, Indra, Îshâna, Nirrîti Prithivî, Sûrya, Vaisravana, Varuna, Vâyu, Yamarâja.

Devadatta : cousin de Bouddha, jaloux et méchant, il a essayé d'assassiner l'Éveillé.

Devanagari : l'écriture des dieux : forme d'écriture du sanscrit, la plus utilisée aujourd'hui.

Dhammapada : il s'agit de l'un des livres canoniques du Bouddhisme (dhammapada signifie les versets de la Loi). Cet ouvrage est composé de 423 versets dont on pense qu'ils ont pu être dits par le Bouddha historique.

Dhâranîs : ce sont des formules magiques (mantras) constituées de courts passages des Sûtras utilisées comme moyen pour parvenir à la méditation.

Dharma : c'est la doctrine du Bouddha, la « Loi universelle ». En tibétain, on parle de Chos. Écrit sans majuscule, il désigne également un phénomène, un élément (dans ce cas il est souvent aussi au pluriel : les dharmas).

Dharmacakra (« roue de la loi ») : c'est la roue qui symbolise l'enseignement du Bouddha, la loi de la causalité (*karma*) et le cycle des réincarnations (*samsâra*). Le lancement de la roue de la Loi, signifie l'enseignement de Bouddha. Il y eut trois lancements de la roue de la Loi. Lors du premier (Bénarès), Bouddha lança le bouddhisme du Petit Véhicule. Lors du second (pic du Vautour), Bouddha lança le Grand Véhicule. Lors du troisième (en divers lieux), Bouddha lança le bouddhisme ésotérique (Véhicule du Diamant).

Dharmakaya : dans le bouddhisme du Mahâyâna (Grand Véhicule), c'est le corps d'essence du Bouddha, le corps ineffable.

Dipankara : voir Bouddha.

Dix liens d'attachement (les -) : ce sont les liens qui lient l'homme au cycle de la vie (*samsâra*). Ce sont : l'ignorance, l'illusion de la personnalité, l'attachement aux rites et aux règles, le désir des sens, la rancune, le désir de non-corporéité, l'orgueil, l'agitation, le doute, la rancune.

Dix terres : ce sont les dix stades (appelés les « Dix Terres ») qui séparent l'état de bodhisattva de celui de Bouddha. Durant ces stades, le bodhisattva acquiert des qualités et des pouvoirs particuliers parfois même miraculeux.

Dogen (1200-1253) : fondateur, au Japon, de la tradition zen soto.

Dojos (« endroit de la Voie ») : salles de pratique pour la méditation (*zazen*) ou (dans une acception plus récente) pour les sports martiaux.

Dorje : mot tibétain pour foudre (*vajra*). On notera que les moines tibétains tiennent le foudre de la main droite et la cloche de la main gauche.

Dosa : haine (mot figurant au centre de la roue de la vie).

Drapeau bouddhique : le drapeau du bouddhisme est composé de six bandes verticales : les cinq premières bandes sont successivement peintes en bleu (symbole de la méditation), en jaune (symbole de la pensée juste), en rouge (symbole de l'énergie spirituelle), en blanc (symbole de la foi dans le Dharma) et en orange (symbole de l'intelligence). La sixième bande est découpée verticalement en cinq bandes.

Duhkha : souffrance, douleur. Mais, selon le contexte, le mot peut aussi avoir d'autres sens comme, par exemple, impermanence.

Dvarapala : déité placée comme gardien à l'entrée des temples bouddhistes.

E

Éon : voir Kalpa.

Éveil : voir Bodhi.

G

Ganesha : divinité mineure de l'hindouisme ; elle est représentée avec un corps d'éléphant. Elle fait également partie du panthéon du bouddhisme tibétain. Ganesha est le dieu du travail intellectuel, invoqué avant d'écrire un livre.

Gautama : non patronymique du Bouddha.

Gandhâra : région du nord-ouest de l'Inde, d'une partie du Pakistan et de l'Afghanistan connue essentiellement pour son art gréco-bouddhique. C'est en effet au Gandhâra que la pensée bouddhique rencontre la pensée grecque (voir *Milindapañha*) et que les écoles de sculpture sont influencées par l'anthropomorphisme des divinités grecques. Il en résulte un art nouveau et surtout la création d'une représentation humaine du Bouddha, lequel n'était jusqu'alors représenté que par des symboles.

Garuda : oiseau mythique.

Guéloupgpa : une des écoles du bouddhisme tibétain (aussi écrit Geloug-pa).

Gompa : monastère tibétain.

Grand Véhicule : courant bouddhique très important, apparu vers le début du premier millénaire, faisant suite au Petit Véhicule. Il s'agit d'une évolution naturelle du bouddhisme vers une plus grande participation des laïcs et des femmes au salut, une divinisation de Bouddha, l'apparition de nombreux saints (boddhisattvas), la multiplication des rites, etc. Avec le Grand Véhicule, le bouddhisme devient une religion. Par ailleurs, à côté d'une plus grande participation du peuple à la religion, le Grand Véhicule a produit énormément de textes philosophiques (basés sur le concept de la vacuité, sur la double vérité, sur la logique du tétralemme, etc.) d'une grande profondeur intellectuelle. Le Grand Véhicule est également à la source de l'art bouddhique en général (statues des bouddhas, bodhisattvas, divinités, gardiens, rois, démons, etc.) et de l'art tibétain (thangkas) en particulier. Développant la notion clé du bouddhisme, le « non-soi » (anatman), le Grand Véhicule en vient à considérer que rien n'a de soi ; que la vacuité est universelle. Le Grand Véhicule a donné naissance à de nombreuses écoles et courants dont les deux plus importants sont le zen et le bouddhisme ésotérique (tantrisme).

Guanyin : c'est le nom chinois du bodhisattva Avalokiteshvara.

Gupta : c'est une période très féconde de l'art bouddhique. Elle s'étend de 330 à 470 après l'è.c. et succède donc à l'art du Gandhâra. La principale école est celle de Sarnath. Une des caractéristiques des

Bouddha de la période Gupta est d'avoir les cheveux lisses. Si le grès des statues est rose moucheté, il s'agit d'une statue de l'école de Mathura ; s'il est beige, il s'agit d'une statue de l'école de Sarnath.

Guru : guide spirituel, maître.

H

Hatha yoga : « yoga de l'effort » fait de postures et d'exercices physiques. C'est la voie préliminaire avant le véritable yoga de la méditation.

Hînayâna : voir bouddhisme du Hînayâna.

Honji : dans le bouddhisme japonais, ce sont les divinités bouddhiques originelles (*honji*) qui se manifestèrent dans des kami spécifiques (*suijaku*). Cette synthèse *honji-suijaku*, caractéristique essentielle de la religion japonaise, se manifesta dans la pensée, la littérature et les arts.

I

Interdépendance : notion fondamentale du bouddhisme : les existences sont toutes en étroite relation et dépendent les unes des autres (voir l'article consacré à la coproduction conditionnée).

Isvaris : ce sont les parèdres, les doubles féminins des Jinas). Dans l'art tibétain, surtout, les Jinas et asvaris sont généralement accouplés (*yab-yum*).

Jaïnisme : religion fondée par Mahavira, un contemporain de Bouddha. Cette reli-

gion, parfois très proche du bouddhisme, n'a guère rencontré de succès et on en estime aujourd'hui le nombre de pratiquants à moins de quatre millions. Pour asseoir sa diffusion, il a manqué à Mahavira un propagandiste (doublé d'un politique) de la stature d'Asoka.

Jambudvipa : dans la cosmologie bouddhique, c'est le nom de la terre sur laquelle nous vivons.

Jâtaka (« naissances ») : histoires des vies antérieures du Bouddha, présentées comme racontées par lui-même.

Jina (« vainqueur ») : autre qualification pour désigner les « dhyâni-buddha (ou bouddhas de sagesse). Lesquels sont : Akshobhya, Amitâbha, Amoghasiddhi, Mahâvairochana (Vairochana), Ratnasambhava.

Jodo-shrî : c'est, au Japon, le nom d'une des sectes de l'amidisme. Une autre secte est celle de la « Terre Pure » ou Jôdo-shû.

K

Kagyupa : une des écoles du bouddhisme tibétain, dont Milarepa est un des représentants les plus connus.

Kalacakra : roue du temps.

Kalpa : période cosmique très importante qui dépasse notre entendement.

Kami : dans le shintoïsme japonais, c'est une des divinités. Par un effet de syncrétisme, elles ont été incorporées dans le bouddhisme japonais.

Kangyur : partie du Canon tibétain. Le Kangyur ou Kanjur est la traduction de l'enseignement du Bouddha. Il s'agit de textes reprenant les paroles du Bouddha (Sûtras❋, Vinayas, Tantras, etc.). Voir aussi Tengyur.

Kannon : c'est le nom japonais du bodhisattva Avalokiteshvara.

Kapilavastu : c'est la ville natale du Bouddha, au pied de l'Himâlaya, dans l'actuel Népal.

Karma : c'est l'acte avec toutes les conséquences qui en découlent.

Karmapa : une école du bouddhisme tibétain (Kagyupa). Ce mot désigne également le personnage principal de cette école.

Kasâya : vêtement monastique porté comme une toge par les moines bouddhistes.

Kâshyapa : voir Bouddha.

Khata(g) : c'est, dans le bouddhisme tibétain, l'écharpe blanche offerte à un hôte de marque.

Klesa : les passions négatives (convoitise, colère, ignorance, arrogance, doute, etc.) ; elles sont responsables des passions secondaires.

Koan : énigme qui échappe complètement à l'intelligence humaine (comme, par exemple, « Qui étais-je avant ma naissance ? » Ce type d'énigme est utilisé par le bouddhisme zen pour permettre l'entrée en méditation et parvenir au Satori (Éveil).

Konagamana : voir Bouddha.

Kor-ten : dans le bouddhisme tibétain, moulin à prières.

Ksana : c'est le temps le plus court qu'il soit possible d'imaginer.

Kukai : de son vrai nom Saeki Mao, Kukai ou Koko Daishi (774-835), est un religieux japonais, fondateur de la secte Shingon (secte de la « Vraie Parole »). On lui doit le traité, Sangôshiki (*Traité des trois doctrines*), dans lequel il démontre que le bouddhisme englobe et dépasse le confucianisme et le taoïsme.

Kusala : se dit d'un acte s'il produit automatiquement des effets positifs sur le karma de l'individu.

Kushinâgara : c'est la ville où Bouddha s'éteignit, c'est-à-dire entra dans le parinirvâna.

Kûya Shônin : c'est « le saint des rues » qui circulait au Japon en récitant la formule de gloire au Bouddha Amida (*nembutsu*).

Kyosaku : nom du « bâton d'éveil » utilisé pour la méditation zen. Le maître utilise le *kyosaku* quand l'élève tient mal la posture ou que trop de pensées l'assaillent. Le point classiquement stimulé se trouve à la base du cou, en haut des épaules.

L

Lama (« supérieur ») : dans le bouddhisme tibétain, c'est le maître en sagesse et en compassion, c'est donc un enseignant qui est souvent un moine, mais cela n'est pas obligatoire.

Lamaïsme : nom donné au bouddhisme tibétain du fait du grand nombre de lamas dans cette religion.

Lo-han : c'est le nom donné, en Chine, aux arhats (saints).

Loi de la coproduction conditionnée : première tentative de systémation de la perpétuation de la vie et de l'interdépendance des phénomènes. Cette loi explique aussi bien l'origine et le processus de la transmigration (samsâra) que celle de l'entrée dans le nirvâna.

Lotus : cette magnifique fleur s'épanouit dans les eaux fangeuses. Pour cette raison, elle symbolise, en Asie, l'esprit pur qui s'épanouit dans un corps impur.

Lumbinî : c'est la bourgade de Kapilavastu où naquit le Bouddha. À Lumbinî, figure une colonne érigée par l'empereur Asoka. Sur cette colonne, on peut lire le texte suivant : « Vingt ans après son couronnement, le roi Devânapiya Piyadasi [Asoka] vint ici témoigner de sa dévotion, car c'est ici que naquit le Bouddha. Il fit ériger une colonne de pierre et un bas-relief afin de montrer l'endroit où naquit le Sublime. Il exempta le village de Lumbinî d'impôts... ».

M

Madhyamika (« Voie du Milieu ») : une des écoles du bouddhisme du Mahâyâna. On dit aussi madhyamaka.

Mahasanghika (« membres de la grande assemblée ») : les partisans du Grand Véhicule.

Mahâvira : fondateur du jaïnisme, une religion très proche du bouddhisme fondée par un contemporain de Bouddha. Le jaïnisme n'a pas bénéficié de la protection d'un empereur (comme ce fut le cas d'Asoka pour le bouddhisme), d'où sa faible diffusion.

Mahâyâna : voir bouddhisme du Mahâyâna.

Mahâvairochana : bouddha de sagesse (dhyâni-bouddha).

Maitreya : bouddha du futur. Il se matérialisera sur terre lorsque le Dharma (Loi) actuel sera perdu. Successeur du Bouddha historique (Gautama), il vit actuellement dans le paradis Tusita. Maitreya est également un des plus importants bodhisattvas (en compagnie d'Avalokiteshvara et de Manjusri).

Mâlâ : rosaire.

Mandala : représentations symboliques du cosmos utilisées pour la méditation dans le cadre du bouddhisme ésotérique (bouddhisme tantrique).

Manjusri : un des principaux bodhisattvas. C'est le bodhisattva de la Sagesse ;

il est généralement représenté tenant dans une main l'épée de la sagesse et dans l'autre le prajnaparamitasûtra (le *Sûtra de la grande sagesse*).

Mantra : formule sacrée énoncée dans le cadre du bouddhisme ésotérique (bouddhisme tantrique). Le mantra a pour pouvoir de matérialiser la divinité : chaque divinité ayant ses mantras personnels. Le mantra de base est la syllabe « OM », spécialement utilisée dans la formule « Om Mani Padme Hum » (qui signifie, en sanscrit, Ô toi qui portes le joyau et le lotus). Ce mantra est celui d'Avalokiteshvara, le bodhisattva de la compassion, protecteur du Tibet dont les Dalaï-Lamas sont les émanations.

Manushibuddhas : ce sont les sept bouddhas historiques du lamaïsme.

Mappô : c'est, au Japon, la période considérée comme celle de la dégénérescence du Dharma. Cette période était supposée annoncer une sorte d'apocalypse de longue durée pendant laquelle les individus seraient incapables d'être guidés par leurs propres forces. Elle vit donc apparaître de nombreux prédicateurs ayant des visées politiques.

Mathura : école de sculpture de style Gupta. Les statues de Bouddha ont des cheveux lisses et un corps enveloppé dans un drapé asymétrique et transparent.

Milarepa : un des principaux théoriciens du bouddhisme tibétain (sur les statues et les dessins, on le reconnaît à ce qu'étant à l'écoute de la vérité du monde, il tient toujours sa main sur son oreille).

Milindapañha : Les questions de Milinda. Ouvrage reprenant un dialogue, tenu un siècle avant l'ère courante, entre un moine bouddhiste (Nagasena) et le roi grec Milinda (aussi appelé Ménandre).

Moha : erreur (mot figurant au centre de la roue de la vie).

Moksha : c'est la libération du samsâra.

Monde d'absence de forme : un des trois étages cosmiques (*tridhatu*). C'est dans ce « monde d'absence de forme » que vivent les dieux purs esprits.

Monde du désir : un des trois étages cosmiques (*tridhatu*). Le « monde du désir » comprend la terre et les cieux inférieurs.

Monde de forme : un des trois étages cosmiques (*tridhatu*). Dans le « monde de forme » vivent les dieux demeurant dans les quatre méditations.

Mondo : dans le bouddhisme zen, c'est la pratique des questions-réponses entre le maître et l'élève. Ces questions sont sensées aider à la découverte de l'Éveil.

Mudrâs (« sceaux ») : gestes pratiqués dans le cadre du bouddhisme ésotérique (bouddhisme tantrique) et du Yoga. Pour en savoir plus, voir une liste de mudrâs à la page 222 (dont le abhayamudrâ, le dharmacakramudrâ, etc.).

N

Nagârjuna : fondateur de l'école du « juste milieu ». l'un des principaux philosophe du bouddhisme indien. Le principal théoricien du concept de vacuité (sunyatâ).

Nagasena : le nom du moine qui répond au roi grec Ménandre (Milinda) dans le Milinda-Pañha (Questions au roi Milinda).

Nembutsu : dans le bouddhisme japonais, c'est la formule d'invocation d'Amida (*Namu Amida Butsu* ou Honneur au Bouddha Amida), qui donne accès au paradis. La pratique de l'« école de la Terre Pure » (Jôdo-shû) consiste uniquement à répéter cette formule rituelle, ce qui constitue une « voie facile » (contrairement à la « voie sainte difficile » de la discipline et de l'effort) pour entrer dans le paradis d'Amida puis parvenir à l'Éveil.

Nichiren : moine bouddhiste japonais (1222-1282) ayant créé une école basée sur le Sûtra du Lotus. Cette école est encore active aujourd'hui (voir Sokka Gakaï).

Nikâya : c'est le nom donné aux recueils reprenant les textes de base (Sûtras) du bouddhisme contenu dans les livres canoniques. Le mot nikâya est pâli ; son équivalent, en sanscrit, est Agama. C'est ce dernier terme qui est généralement utilisé dans la littérature mahâyâniste (Grand Véhicule).

Nirmanakaya : dans le bouddhisme du Mahâyâna (Grand Véhicule), c'est le corps de métamorphose du bouddha, c'est-à-dire son corps humain.

Nirvâna (« extinction ») : c'est l'extinction de tout désir lequel aboutit à l'arrêt de la roue de la vie et à la libération du cycle du samsâra. On notera qu'il est possible d'éteindre tout désir (comme le fit le Bouddha) durant sa vie et donc d'atteindre le nirvâna dès son vivant. Le nirvâna est sans fin et sans commencement. Contrairement à la plupart des phénomènes, il est incomposé.

Noble chemin octuple : c'est le chemin qui permet de parvenir au nirvâna. Il comprend la compréhension juste, la pensée juste, la parole juste, l'action juste, le moyen d'existence juste, l'effort juste, l'attention juste et la concentration juste.

Non-dualité : c'est l'état de « ni pensée ni non-pensée », qui est l'état le plus élevé. Cet état de non-dualité (« neti, neti » : « pas ceci, pas ceci ») est au cœur de la notion d'Éveil. Il peut s'exprimer de différentes manières : « ni pensée ni non-pensée », « non né, non détruit », « non souillé, non pur », etc. Cette non-dualité nie toute idée de relativité ou d'opposition : c'est la philosophie de l'Absolu, celle du bouddhisme pour lequel tout ce qui est relatif n'est que temporaire, une illusion des sens.

Nyingmapa : école du bouddhisme tibétain.

O

Octuple sentier : voir Noble chemin octuple.

Œil de la Loi : c'est la faculté de voir clairement, « avec ses propres yeux », les vérités enseignées par Bouddha. On parle aussi de « l'œil de Bouddha ».

OM : la syllabe mystique OM est très ancienne et se retrouve dans les premières religions indiennes. Constituée de trois sons « A », « U » et « M », dans la religion brahmanique, elle appelait les trois divinités Brahma, Visnu et Shiva. Dans le bouddhisme tantrique (Véhicule du Diamant ou *Vajrayâna*), elle est censée réveiller les trois corps du Bouddha. Le mantra *Om Mani Padme Hum*, attribué au bodhisattva Avalokiteshvara est l'un des plus anciens du bouddhisme tibétain.

Om Mani Padme Hum : ce mantra tibétain signifie « hommage à celui qui tient le joyau et le lotus ».

Ordination majeure : c'est l'état de moine (à comparer à celui de novice, lequel reçoit l'ordination mineure).

Ordination mineure : c'est l'état de novice (à comparer à celui de moine, lequel reçoit l'ordination majeure).

Orthopraxie : type de comportement religieux où tous les actes quotidiens laïcs ou religieux sont exécutés conformément aux commandements de la religion. Le fidèle orthopraxe refusera, par exemple, de manger certains aliments interdits par la religion. Pour l'orthopraxe, c'est l'observance des obligations de vie qui est le fait déterminant de l'appartenance religieuse. Le bouddhisme, contrairement au judaïsme ou à l'islam, n'impose, ni ne conseille, aucune orthopraxie.

Orthodoxie : c'est la croyance et l'application de la doctrine officielle d'une religion. Comme le bouddhisme (à l'exception du courant tibétain) ne possède pas de clergé, ni d'instance supérieure, l'orthodoxie se résume à l'enseignement de base du Bouddha dont l'élément fédérateur est l'inexistence d'un soi personnel (anâtman). Aucune école aucun courant bouddhique ne s'est écarté de ce « dogme » (alors que les concepts de samsâra, nirvâna, karma, loi de coproduction conditionnée, etc., sont interprétés de diverses manières selon les courants religieux).

P

Pachen-Lama : le Pachen-Lama (Joyau de sagesse) est l'incarnation du Bouddha Amitabha (Amida❋). Dans le bouddhisme tibétain, il est l'autorité spirituelle (le Dalaï-Lama étant l'autorité temporelle et spirituelle suprême). La troisième autorité est le Karmapa (« celui qui répand l'activité des bouddhas ») dont les réincarnations sont plus anciennes que celles du Dalaï-lama (elles débutent en 1184).

Pâli : langue sacrée du bouddhisme du Theravâda. C'est la langue dans laquelle fut rédigé le Canôn pâli et son commentaire (Visuddhimagga ou *Chemin de la complète purification*) par Buddhaghosa.

Patañjali : auteur des Aphorismes du Yoga.

Paramita : vertu, perfection. Les paramitas sont au nombre de six (mais ce nombre a été étendu à dix par la suite). Les dix perfections sont : la charité, la moralité, la patience, l'énergie, la méditation, la sagesse et aussi l'action correcte, les vœux pieux, la résolution et la connaissance de la juste définition de tous les dharmas.

Parc des Gazelles : c'est, près de Bénarès, l'endroit où Bouddha prononça son premier discours et mit ainsi en route, pour la première fois, la roue de la Loi.

Parinirvâna : c'est le nirvanâ complet. On utilise ce terme pour désigner la mort de Bouddha, sa complète extinction.

Passions latentes : le bouddhisme décrit sept passions latentes ou penchants (*anushaya*). On parle de passions latentes parce qu'elles ont tendance à revenir constamment même lorsque l'homme croit en être définitivement guéri. Ces passions latentes impriment donc à l'homme (ou plus exactement à sa « série personnelle » d'incarnations) une orientation défavorable. Ces sept passions latentes sont : le désir sensuel, l'aversion, l'opinion, le doute, la prétention, l'instinct de vie et l'ignorance (*avidyâ*, voir page 47).

Pataliputra (concile de -) : troisième concile organisé en -340, à Pataliputra (Patna, aujourd'hui), à l'initiative de l'empereur Asoka. Ce concile a été contrait de constater la rupture au sein de la communauté entre le Petit Véhicule (bouddhisme originel) et le Grand Véhicule (courant « moderniste » ou bouddhisme des sectes).

Patimokkha : règles monastiques à usage des moines (227) et des nonnes (311).

Petit Véhicule : On désigne ainsi le bouddhisme des origines. Ce bouddhisme est encore vivant aujourd'hui dans de nombreux pays du sud de l'Asie. Ce bouddhisme est resté très « pur », très proche de l'enseignement de Bouddha. Il refuse aussi bien les « innovations » du Grand Véhicule (nature du Bouddha en chacun de nous, participation des êtres de compassion — les bodhisattvas — au salut des faibles, rites, sûtras non canoniques, ésotérisme, magie, etc.) que celles de l'évolution des mœurs (place de la femme dans la société, pratiques sexuelles élargies, etc.). Plus philosophique que religieux, il présente, paradoxalement un visage très religieux car étant donné que seuls les moines peuvent accéder au nirvâna, ceux-ci sont omniprésents dans les pays où le bouddhisme theravadin (c'est-à-dire des anciens) est quasi une religion d'État (Sri-Lanka, Thaïlande, Birmanie, etc.).

Pic du Vautour : c'est l'endroit où Bouddha prononça son second discours et mit ainsi en route, pour la seconde fois, la roue de la Loi. Cette seconde mise en route, où Bouddha dévoila un enseignement plus ésotérique, correspond à la doctrine du Grand Véhicule.

Posadha : réunion se produisant à la pleine et à la nouvelle lune. Tous les religieux assistent à cette réunion au cours de laquelle ils se confessent.

Potala : palais des Dalaï-Lamas (au Tibet, Lhassa).

Prajna : la sagesse immédiate.

Pratimoksa : c'est le recueil des règles à respecter par les moines et les moniales.

Pratityasamutpada : loi de coproduction conditionnée. Loi fondamentale du bouddhisme. Elle explique comment, à partir de l'ignorance, en douze chaînons, les phénomènes s'engendrent et se conditionnent mutuellement de la naissance à la mort. Dans le sens descendant, elle suit le cycle de la transmigration (samsâra) ; dans le sens inverse, le sens qu'a suivi Bouddha, elle permet d'atteindre l'Illumination.

Profession de foi bouddhiste : voir triple refuge.

Puja : rite religieux quotidien.

Pu-taï : moine très représenté en Chine. Il serait une incarnation de Maitreya, le Bouddha du futur.

Q

Quatre attentions (les -) : attention au corps, attention aux sensations et aux émotions, attention aux activités de l'esprit, attention aux phénomènes.

Quatre nobles vérités (les -) : ce sont les vérités du chemin du Milieu qui mènent à l'Éveil. Ce sont : la vie est souffrance, le désir est la cause de cette souffrance, en supprimant le désir on supprime la souffrance. Le désir peut être supprimé par le noble chemin octuple.

R

Raga : passion (mot figurant au centre de la roue de la vie).

Rahula Asura : c'est le plus célèbre des asuras (anti-dieux). Il règne sur un immense territoire sur les rives du grand océan. Il combat les dieux et monte parfois sur le mont Sumeru pour voir les vierges célestes. Cependant, en raison de la luminosité du soleil, il est incapable de les voir : il couvre alors le soleil avec sa main droite, ce qui provoque une éclipse de soleil.

Rajagrha (concile de -) : premier concile, peu après la mort de Bouddha. C'est là qu'ont été fixés, d'après les récits d'Ananda (le disciple préféré de Bouddha), les enseignements directs de Bouddha (les Sûtras), c'est-à-dire les livres canoniques.

Ratnasambhava : bouddha de sagesse (dhyâni-bouddha).

Révélation : ce sont les découvertes par le Bouddha des vérités menant à l'Éveil.

Riddhi : pouvoirs magiques dont disposent les arhats.

Rinpoché (« précieux ») : titre des grands maîtres des monastères bouddhiques tibétains.

Rois célestes : les quatre Grands Rois Célestes vivent à la base du mont Sumeru et gardent les quatre directions géographiques. Ils sont souvent représentés dans la statuaire chinoise (ce sont Dhrtarastra, Virudhaka, Virupaksa et Vaisravana).

Rois de science magique : ils correspondent aux Cinq Jina et à divers bodhisattvas dont ils sont les émanations terribles. Leurs représentations sont, elles aussi, terribles (dans les flammes, entourées de glaives, de dizaines de bras, etc.). Ils sont parfois représentés avec leur parèdre féminine, en yab-yum (c'est-à-dire en union sexuelle, en « père-mère »). Les principaux sont : Achalanâtha, Kundalî, Râgavidyârâja, Trailokyavijaya, Vajraya-ksha et Yamântaka.

Roue de la loi : voir dharmacakra.

Route de la soie : c'est l'ensemble des routes caravanières (et aussi maritimes) qui, pendant près de 2000 ans, ont relié la Chine à l'Occident (l'Inde, la Perse et Rome). Établissant ainsi un gigantesque pont entre l'Orient et l'Occident. La route terrestre de la soie s'étend sur une distance de quelque 14 000 km aller et retour. Le point de départ de la route terrestre de la soie est Chang'an (la Sera Metropolis des Romains, aujourd'hui Xi'an), la capitale impériale de l'Empire chinois. Les principales villes et lieux traversés sont Lanzhou (sur les rives du Fleuve Jaune), l'oasis de Dunhuang (en bordure du désert de Gobi) le désert du Taklamakan, les montagnes du Haut Pamir (" le Toit du Monde "), Samarkand, Tachkent, Boukhara, le Gandhâra, Palmyre, Damas, Constantinople, Alexandrie et Rome. Le bouddhisme n'est pas la seule religion à profiter de cette fabuleuse route, les missionnaires nestoriens

l'utilisent également pour rejoindre la Chine et y prêcher la parole de Nestorius, patriarche de Constantinople, et hérétique pour l'église catholique. Constituée lors de la dynastie des Han (à partir de 200 avant l'è.c.), la route de la soie a vu son déclin commencer au milieu du XIVe siècle, alors que s'effondre l'Empire mongol et que l'islam progresse en Asie centrale mais, pour la propagation du bouddhisme, le déclin était déjà bien plus ancien. Dès le VIe siècle, de nombreux moines préféraient la voie maritime à la voie terrestre et au IXe siècle, le bouddhisme étant interdit en Chine, les relations entre la Chine et l'Inde et la Chine et l'Asie centrale se distendent et plus aucun moine n'emprunte cette route.

Rinzaï : une des deux écoles du bouddhisme zen (l'autre étant le *soto*). Le but étant de parvenir au Satori (l'Eveil) par le *zazen* et la pratique des *koans* (voir ces mots).

S

Sahâ : dans la cosmologie bouddhique (Grand Véhicule), c'est le nom de la terre sur laquelle nous vivons.

Sâkyamuni : voir Bouddha.

Samâdhi : discipline mentale de concentration (méditation).

Sambhogakaya : dans le bouddhisme du Mahâyâna (Grand Véhicule), c'est le corps lumineux du Bouddha (ou corps de rétribution) présentant les diverses marques de la sainteté.

Samsâra (« écoulement circulaire ») : c'est le cycle infini de naissances et de morts (transmigration).

Sangha (« communauté ») : c'est l'ensemble de la communauté bouddhique. Ce terme a évolué au cours des temps. Dans le Petit Véhicule, il désignait uniquement les moines et les saints (arhats). À partir du Grand Véhicule, il désigne également les laïcs (puisque ceux-ci peuvent parvenir au nirvanâ, ce qui leur était impossible auparavant).

Sanscrit : langue indo-européenne utilisée par le bouddhisme du Grand Véhicule pour consigner les textes sacrés. Le Petit Véhicule, lui, consignait les textes en langue pâlie. Il s'agit d'une langue artificielle forgée vers le quatrième siècle avant l'è.c. pour donner une langue commune aux intellectuels de toutes les régions de l'Inde. Le Bouddha parlait un dialecte du nord de l'Inde proche du sanscrit vernaculaire. Les Védas ont été rédigés en sanscrit (en « sanscrit archaïque) ainsi qu'un nombre important de textes bouddhiques (en « sanscrit hybride »). Une toute petite population de l'Inde possède encore le sanscrit comme langue maternelle mais, même aujourd'hui, cette langue est encore considérée comme la langue des intellectuels et enseignée dans les écoles.

Sastras : on désigne ainsi un traité qui n'est pas la parole de Bouddha (Sûtra) et qui possède, dès lors, un auteur. C'est le cas, par exemple, du Traité de la grande vertu de Sagesse de Nagarjuna dont le titre en sanscrit est Mahâprajnaparamitasastra. Le lecteur qui a été attentif décompose facilement ce titre en mahâ

(grand), prajna (sagesse), paramita (vertu) et sastra (traité).

Satori : c'est le mot japonais pour désigner l'expérience de l'Éveil (on y arrive en pratiquant, par exemple, le *zazen*, ou méditation assise, et les *koans*, ou énigmes stimulant la méditation). Contrairement à l'Eveil « classique », le Satori est instantané.

Shaktisme : il s'agit du culte des divinités féminines. Le bouddhisme tantrique dote tous les bouddhas et bodhisattvas d'un pendant féminin (le pôle énergétique, actif d'une divinité, son énergie (shakti), est féminin). Beaucoup de divinités sont donc représentées avec leur complément énergétique féminin, la Shakti. L'union sacrée ouvrant le chemin de l'Éveil et du salut. La représentation d'un bodhisattva accouplé à sa shakti est habituelle au Tibet (ce qu'on appelle le yab-yum).

Shinbutsu shugo : c'est l'union divine entre un kami et un bouddha. Dans la statuaire bouddhique japonaise, certains bouddhas furent accouplés à une divinité protectrice (kami) spécifique dans une union divine.

Shingon : école ésotérique du bouddhisme japonais, fondée par Kukaï.

Shintô : religion traditionnelle du Japon. Cette religion a précédé le bouddhisme au Japon. Pendant des siècles, il y eut un syncrétisme certain entre les deux religions. En 1868, les deux religions furent séparées et le shintô devint la religion officielle du Japon.

Siddhartha Gautama : le nom personnel du Bouddha.

Sila : la conduite éthique (la morale). Elle est différente pour les moines et pour les laïcs. Elle comprend des vertus négatives (ne pas faire ceci...) et des vertus positives (faire cela...).

Six mondes de renaissance : lors de la renaissance, l'être peut renaître dans un des six mondes ci-après, lesquels font partie de la cosmologie bouddhique (on notera qu'aucune des destinées (gati) n'est définitive) : les enfers où les êtres souffrent, le domaine des esprits avides où les êtres sont sujets à d'importantes privations, le monde animal, le monde humain où il y a équilibre entre les douleurs et les souffrances et où la liberté est assez grande pour atteindre le nirnâva, le monde des asuras (anti-dieux, titans) où les êtres luttent sans cesse et ne peuvent, dès lors, parvenir au nirvâna, le monde des dieux où les êtres sont orgueilleux et obnubilés par leurs passions. Le seul monde permettant de parvenir au nirvâna est donc celui des hommes. L'idéal, pour le Petit Véhicule, est de naître homme dans le monde des hommes (les femmes devant renaître sous condition d'homme pour accéder au nirvâna).

Skandha : agrégat. Les agrégats se combinent pour donner naissance aux phénomènes de l'univers. L'homme est composé de cinq skandhas.

Soka Gakkaï : organisation nationale laïque japonaise devenue internationale. Elle est issue de l'école bouddhique nichi-ren shoshu. Organisation politique, elle est aussi, selon certains, une secte.

Soto : une des deux écoles du bouddhisme zen (l'autre étant le *rinzaï*). Le but étant de parvenir au satori (l'Éveil) par le *zazen*, ou méditation assise. Contrairement à l'Éveil « classique », le Satori est instantané. Le fondateur de cette école est le moine bouddhiste Eihei Dogen, qui a vécu au treizième siècle.

Souffrance (duhkha) : la souffrance est le trait le plus important du monde soumis au cycle de la vie (samsâra).

Sraddha : la foi.

Sravaka : nom donné à celui qui aspire à l'état de sainteté (arhat).

Srota-apanna (« entrée dans le courant ») : c'est l'entrée définitive, sans possibilité de retour, sur le chemin qui mène à l'Éveil.

Sthavira : les anciens (les partisans du Petit Véhicule).

Stûpa : monument commémoratif.

Sumeru : c'est le point central de la cosmologie bouddhique. Le Stûpa symbolise, d'une certaine manière, ce mot Sumeru. Le mont Sumeru repose au centre de la couche terrestre en or ; il est entouré par les chaînes montagneuses qui empêchent l'eau de tomber dans le vide. Il est constitué de quatre joyaux (l'or sur le flanc nord, l'argent sur le flanc est, le lapis-lazuli pour le flanc sud et le cristal pour le flanc ouest). La hauteur du mont Sumeru est de 160 000 yojanas (soit plus d'un million de km de hauteur, dont une partie seulement est sous l'eau !).

Sûnyatâ : terme sanscrit pour désigner la vacuité.

Sûtras (« fil ») : enseignement du Bouddha selon ses propres mots.

Sûtra du Lotus : un des textes principaux du Grand Véhicule. Ce texte n'est pas reconnu par le Petit Véhicule.

Syncrétisme : absorption par une religion des éléments en provenance d'une autre. Dans le cas du bouddhisme, le syncrétisme a été la règle dans tous les pays. Il y a syncrétisme entre bouddhisme et hindouisme (Inde), shintoïsme (Japon), confucianisme (Chine), taoïsme (Chine), religion bön-po (Tibet) et même avec des religions monothéistes comme le judaïsme (les « jubus », les juifs bouddhistes). Il semblerait, mais le sujet est peu connu, qu'il n'y ait pas eu de syncrétisme avec l'islam, sans doute suite à l'attitude très guerrière des combattants musulmans. C'est ainsi, par syncrétisme, que le mahâyânisme a incorporé de très nombreuses divinités locales dans son panthéon (dont toutes les divinités de l'hindouisme).

T

Taishô Issaikyo : c'est le nom japonais du Canon chinois des textes bouddhiques.

Tantra : texte ésotérique du bouddhisme tantrique (Véhicule du Diamant).

Tantrayâna : autre désignation du bouddhisme appartenant au Véhicule du Diamant (Vajrayana).

Tantrique : voir bouddhisme.

Târâ : c'est une yidam (divinité d'élection), très populaire, née des larmes Avalokiteshvara. C'est donc l'aspect féminin de la compassion. Il en existe des manifestations pacifiques ou « insensées ». L'iconographie bouddhique distingue 21 formes différentes de Târâ. Les plus connues sont la Târâ verte et la Târâ blanche. Elle serait le pendant féminin de Chènrezi (Avalokiteshvara, le bouddhisatva de la compassion).

Tathâgata (« celui qui est arrivé à la réalité telle qu'elle est ») : un des noms du Bouddha.

Tathâgatagharba : « la nature du bouddha », c'est l'embryon de Bouddha qui est en chacun de nous et n'attend qu'à être éveillé. Cette théorie mahayâniste n'est pas acceptée par les fidèles du Petit Véhicule.

Tchenrezi : autre orthographe pour Chènrezi, le nom tibétain d'Avalokiteshvara, le boddhisattva de la compassion, gardien du Tibet et dont le Dalaï-Lama est une émanation. Son mantra est *Om Mani Padme Hum*.

Tendaï : une des écoles du bouddhisme japonais issue de l'école chinoise Tian-Taï. Aujourd'hui, cette école est peu représentée.

Tengyur : le Tengyur ou Tenjur est la traduction de la doctrine du Bouddha. Le

Tengyur représente les exégèses indiennes des textes reprenant les paroles de Bouddha (Kangyur). Le Tenguyr comprend également des traités de poésie, de médecine, etc.

Terma (« trésor caché ») : reprenant une tradition indienne, les bouddhistes tibétains ont imaginé de cacher certains textes religieux (essentiellement tantriques) car, selon eux, l'heure n'est pas encore venue pour leur interprétation. Ces textes cachés puis redécouverts portent le nom de *terma* (trésor). De nombreux textes ont été ainsi cachés au VIIIe siècle et redécouverts (souvent à la suite d'un rêve), par des *terteun*, bien plus tard. Certains ont même été cachés une seconde fois ; ces textes sont alors connus sous le nom de « Trésors cachés deux fois ».

Terre Pure : c'est le nom du paradis du Bouddha Amida.

Thangka : peinture bouddhique sur étoffe en rouleau (elle représente des mandalas ou encore des « saints » du bouddhisme tibétain). Les deux autres systèmes de peintures religieuses sont la peinture murale et l'illustration des manuscrits. La réalisation d'un thangka (du moins dans les premiers temps) obéit à des règles assez précises comme, par exemple, la division de l'espace sacré de l'espace profane. Cette division est symbolisée par plusieurs couleurs qui entourent le dessin central. Comme pour les icônes orthodoxes, le choix des sujets et leur disposition n'est pas laissée au hasard mais obéit à des canons précis. Il

en est de même pour la taille (plus le thangka est grand meilleur sera son pouvoir) et sa consécration. Nous avons déjà expliqué, dans le cours de cet ouvrage, que la plupart des divinités et bodhisattvas possèdent une couleur emblématique ; cette couleur est toujours respectée dans les thangkas. En règle générale, les bodhisattvas sont peints avec des couleurs pastels ; les couleurs plus vives sont réservées aux divinités tutélaires alors que les déités terrifiantes sont représentées avec des couleurs sévères comme le bleu ou le noir. Puisque tout doit répondre à un code, la liberté du dessinateur est surtout utilisée pour l'arrière fond.

Theravâda (« école des anciens ») : c'est aujourd'hui, à côté du Mahâyâna (Grand Véhicule), une des deux grandes écoles du bouddhisme. Le Theravâda est l'héritier du bouddhisme original ou Hînayâna (Petit Véhicule).

Thorma : dans le bouddhisme tibétain, offrande de farine et de beurre.

Tsok : mot tibétain pour dire offrande.

Transmigration : voir samsâra.

Trente deux marques du Bouddha (les -) : ce sont les marques extérieures (comme, par exemple, la touffe de poils blancs entre les sourcils) ou « médailles » qui témoignent que le Bouddha a accompli des actes méritoires dans des vies antérieures.

Trichiliolocosme : dans la terminologie bouddhique, ce mot désigne un univers considérable constitué de milliards de mondes, chaque monde étant l'équivalent de notre système solaire. Cet univers est soumis, comme les êtres vivants, au cycle de la renaissance (disparition/réapparition). Il faut cependant noter, et c'est très important pour comprendre les concepts bouddhiques, que les mondes de la méditation (dhyâna), c'est-à-dire les trois « mondes des formes » et le « monde d'absence de formes » ne font pas partie de l'univers car ils ne sont pas soumis au cycle des renaissances.

Tripitaka (« trois corbeilles ») : ce sont les trois parties du Canon bouddhique. La corbeille des textes (Sûtrapitaka) comprend tous les enseignements du Bouddha, la corbeille de la discipline (Vinayapitaka) comprend les règles monastiques et la corbeille de la doctrine suprême (Abhidharmapitaka) comprend la systématisation de l'enseignement de Bouddha, des gloses et des œuvres érudites traitant de nombreux sujets en rapport avec l'enseignement de Bouddha.

Triple refuge : c'est la formule rituelle de prise de refuge dans le bouddhisme, c'est-à-dire l'adhésion à la sagesse et à la morale bouddhique. « Je vais au Bouddha comme refuge. Je vais au Dharma comme refuge. Je vais au Sangha comme refuge. » (ou, selon une autre formulation : « Je prends refuge dans le Bouddha. Je prends refuge dans le Dharma. Je prends refuge dans le Sangha. »). Cette formule est répétée trois fois.

Triple science : la Triple science (vidya) est l'illumination qu'a connue le Bouddha au moment de l'Éveil. Elle comprend la connaissance des existences antérieures, la connaissance de la Loi de coproduction conditionnée (la nature impermanente et conditionnée de tous les phénomènes), la connaissance de la vie et de la mort (c'est-à-dire la vision du karma de tous les êtres et la ronde des renaissances). Cette Triple science permet l'élimination totale des désirs, sources des renaissances. Au lieu de Triple science, on parle parfois aussi de Connaissances supramondaines.

Trois connaissances supramondaines : voir Triple science.

Trois « corps » du Bouddha (les-) : c'est la base du bouddhisme du Mahâyâna (Grand Véhicule). Les trois « corps » sont le corps d'essence (dharmakaya) ou corps ineffable, le corps de métamorphose (nirmanakaya) ou corps humain et le corps de rétribution (sambhogakaya) ou corps lumineux.

Trois corbeilles : voir tripitaka.

Trois joyaux du bouddhisme (les -) : ce sont le Bouddha, le Dharma (la Loi) et le Sangha (la communauté bouddhique). Tous les bouddhistes prennent refuge en prononçant la formule : « Je vais au Bouddha comme refuge. Je vais au Dharma comme refuge. Je vais au Sangha comme refuge. »

Trois racines du mal (les -) : tant que ces trois racines continuent à exister la roue de la vie continue à tourner. Les trois racines du mal sont le désir de jouissance (*kâma*), la haine (*dvesa*) et l'erreur (*moha*).

Tülkous : ce sont les êtres de réincarnation. Selon le bouddhisme tibétain, les saints lamas donnent avant leur mort des indications concernant leur renaissance. Cette réincarnation, connue à l'avance, a ainsi permis de conserver pendant des siècles des lignées qui ont contribué à la stabilité politique du Tibet. La plupart des écoles religieuses possèdent leurs tülkous : Dalaï-Lama (émanation d'Avalokiteshvara), Pachen-Lama (émanation du bouddha Amida), Karmapa, etc.

U

Upâdhyâya : dans le bouddhisme, il existe deux maîtres spirituels : l'un pour la guidance spirituelle, et l'autre pour l'observation des règles monastiques. L'upâdhyâya est le maître de la discipline.

Upali : un des principaux disciples de Bouddha, célèbre pour sa connaissance des règles monastiques.

Upanishads : textes religieux de l'hindouisme, rédigés vers le VIᵉ siècle avant l'è.c. Ils forment une partie de la littérature védique.

Upasaka : frères laïcs.

Upasika : sœurs laïques.

Uposatha : il s'agit d'une fête lunaire pratiquée tous les quinze jours, à chaque nouveau quartier de lune. Le but de cette fête est d'appeler le laïc, par une discipline sévère et le jeûne, à une réflexion religieuse. Le culte consiste en une explication de la doctrine par un moine, des offrandes (mets, fleurs, encens, lumière, eau), la proclamation de la prise de refuge (« Je prends refuge dans le Bouddha, le Dharma, le Sangha ») et une méditation.

Ûrnâ : c'est une touffe de poils blancs d'où émane une lumière, généralement symbolisée par une tache. Cette ûrnâ orne le front des bouddhas.

Usnisa (« ce qui est au sommet ») : protubérance crânienne du Bouddha, elle symbolise sa connaissance supramondaine. Au départ, ce n'était qu'un chignon, une manière de se peigner...

V

Vacuité : voir anâtman.

Vajra : il est censé représenter la dureté du Diamant et l'énergie du foudre. Il symbolise ainsi les forces spirituelles, le caractère indestructible de la Vérité, la fermeté de l'esprit et surtout la Connaissance. Il représente aussi la puissance ainsi que l'organe mâle (linga). Il a donné son nom au Troisième Véhicule.

Vajrapani : c'est le nom du bodhisattva d'énergie.

Vajrayâna : le Véhicule du Diamant. C'est le troisième courant bouddhique, après l'Hînahâya (Petit Véhicule) et le Mahanâya (Grand Véhicule). C'est un courant essentiellement ésotérique qui trouve sa source (et sa justification) dans le troisième lancement de la Roue du Dharma par Bouddha. Les principaux ouvrages de ce bouddhisme (aussi appelé tantrique) sont les Tantras, lesquels sont souvent des livres « redé-couverts » après une longue disparition volontaire (« livres trésors » ou *termas*).

Vairochana : bouddha de sagesse (dhyâni-bouddha).

Vajrayâna : Véhicule du Diamant. C'est un des noms du bouddhisme tantrique.

Vasubandhu : le frère d'Asanga. Fondateur de l'école mahâyâniste Yogâcâra (aussi appelée Vijnanavada).

Veda : en sanscrit, veda signifie « connais-sance ». Ce sont les écrits sacrés les plus anciens de l'hindouisme, composés en sanscrit archaïque. Les écrits védiques dateraient de -1800 è.c. à -300 è.c. On utilise ce mot comme nom générique de la littérature brahmanique. Les Vedas sont composés de quatre recueils de textes (hymnes, formules rituelles, etc.).

Véhicule du Diamant : autre nom du bouddhisme tantrique.

Vesakh : c'est une cérémonie majeure qui se déroule lors de la pleine lune du mois de vesakha (avril/mai). Durant cette fête, on célèbre à la fois la naissance de Bouddha, son éveil et sa mort (*parinir-vâna*).

Viharas : pendant la saison des pluies, le moine ne pouvait quitter des frontières prescrites (le *vassavanas*). Le lieu de repos était nommé *aramas* et lorsqu'il fut organisé de manière permanente, il prit le nom de *viharas*. Plus tard, les viha-ras furent groupés de manière à former des monastères (*gomas*, en tibétain).

Vijnanavada : le Vijnanavada (ou doctrine de la conscience) est aussi appelée Cittamatra, « doctrine du rien que pensée », « doctrine de la pensée sans plus » ou, si on insiste sur son aspect pratique, Yogacara (école des pratiquants du yoga). Pour cette école la variété du monde est la manifestation de germes (*bija*) qui ont été déposés dans une « conscience réceptacle » (*alaya-vijnana*) et s'actualisent par la suite. Les princi-paux penseurs du Vijnanavada sont Asanga, Vasubandhu, Dharmapâma et le pèlerin chinois Hiuan-Tsang (602-664) qui a introduit cette philosophie en Chine.

Vinaya : code de discipline bouddhique.

Vinayapitaka : dans le Tripitaka (Canon bouddhique), c'est la Corbeille de la discipline.

Visnu (ou Vishnu) : c'est une des princi-pales divinités de l'hindouisme. Pour les hindouistes, Bouddha est un avatar de Visnu.

Voie du milieu (*Madhyama pratipad*) : pour Bouddha c'est ne jamais choisir la voie extrême (ni ascèce, ni abondance). Pour l'école de Nagarjuna (« école de la Voie du Milieu » ou Mâdhyamika), la voie du milieu c'est englober tous les aspects aussi bien le oui, que le non, que le non-oui, le non-non, la vérité absolue et la vérité relative.

W

Wakamiya Hachiman : il s'agit d'un kami (divinités de la religion japonaise, le shintô), identifié au légendaire empereur Ojin. Ce kami est considéré par les bouddhistes japonais comme une incarnation du bouddha Amida.

Y

Yâna : mot sanscrit pour désigner le « Véhicule ».

Yab-yum : c'est l'union mystique « père-mère » qui consiste en la représentation d'un bodhisattva accouplé à sa shakti (son énergie féminine représentée par une déesse).

Yidam : déité d'élection (comme, par exemple, Târâ). Dans le bouddhisme tibétain, elle est aussi un Refuge (le nombre de Refuges y est passé de trois à six). La divinité d'élection est choisie avec soin car elle est le vecteur de la croissance spirituelle.

Yoga : technique permettant de parvenir à la méditation. Le yoga enseigné en Europe est seulement la phase préliminaire à la méditation, celle permettant de se mettre dans les meilleurs conditions physiques pour commencer à méditer.

Yogâcâra : une des écoles du bouddhisme fondée par Asanga et son frère Vasubandhu. Elle est aussi appelée école Vijnanavada. Le Madhyamaka (ou « École de la voie moyenne ») reproche au Vijnanavada d'introduire dans sa philosophie un absolu positif, un soi, un atman ; le Vijnanavada, lui, reproche au Madhyamaka d'être nihiliste.

Yogasûtra : les aphorismes du Yoga. Texte attribué à Patañjali, lequel constitue le premier traité de base du yoga.

Z

Zafu : coussin rond sur lequel on s'assied pour pratiquer le zazen (méditation assise).

Zazen : c'est la méditation en position assise.

Zen : mot japonais pour dire méditation. C'est un courant de pensée très puissant qui privilégie l'instantanéité par rapport à l'exégèse des textes.

Liste des mots étrangers utilisés dans cet ouvrage

En cas de doute sur la signification d'un mot, cette liste devrait vous aider à y voir clair. Pour permettre au lecteur de saisir immédiatement la signification d'un mot, les définitions ont été réduites au minimum. Cette liste comprend des mots en sanscrit (la majorité) mais aussi quelques mots en pâli, en tibétain, en japonais et en chinois. Elle contient également les noms des personnages et des lieux rencontrés dans le texte de cet ouvrage.

A

Abhi-	Préfixe indiquant ce qui est supérieur.
Abhidharma	Ensemble des ouvrages appartenant à la Troisième Corbeille.
Abhidharmakosa	Le trésor de la doctrine approfondie (commentaire de l'Abhidharmapitaka par Vasubandhu).
Abhidharmapitaka	La corbeille des connaissances supérieures.
Abhidharmasamuccaya	Une division du Canon pâli.
Abhirati	Paradis du Bouddha Aksobhya (à l'est de l'univers).
Achalanâtha (Fudô Myô)	Un des rois de science magique.
Âchârya	Pour un moine, c'est son maître spirituel.
Agama	Textes de base du Sûtra (mot sanscrit).
Agni	Divinité mineure (une des douze devas).
Ahimsâ	La non-violence.
Ahosi karma	Un karma inefficace.
Aksobhya	L'inébranlable (le bouddha de l'Est).
Akusala	Une action défavorable pour le karma.
Alara Kamala	Le maître yoga de Bouddha.
Alaya-vijnana	La conscience réceptacle.
Alo-ratra	Une unité de mesure.
Amida	Le bouddha de la Terre Pure.
Amitâbha	Nom indien du bouddha Amida, la lumière infinie (le bouddha de l'Ouest).
Amoghasiddhi	Un bouddha transcendantal.
Anâdi	Ce qui est sans commencement.
Anagamin	Celui qui ne revient pas.
Ananda	Cousin de Bouddha et l'un de ses dix premiers disciples.
Ânantarya	Le péché de damnation-immédiate.
Anâtman	L'inexistence de soi (le concept de base du bouddhisme).
Anattavadi	Un des noms de Bouddha (le Maître de la non-personnalité).

Anguttaranikaya	Un des livres canoniques du bouddhisme.
Anicca	L'impermanence.
Aniruddha	Un des dix premiers disciples de Bouddha.
Anitya(ta)	Ce qui est impermanent.
Anjalimudrâ	Le mudrâ de l'offrande.
Anoma	Un nom du Bouddha historique (l'insondable).
Anuloma	La descente de la chaîne de la coproduction conditionnée (vers le samsâra).
Anumâna	L'inférence.
Anushaya	Une passion latente.
Apratishthitanirvâna	L'extinction active non figée (extinction des boddhisattvas qui continuent à œuvrer tant qu'il y a des âmes à sauver mais ne sont plus atteints par les effets karmiques).
Arhat	Un saint.
Arya	Un noble.
Aryamarga	L'Octuple Noble Sentier.
Aryâvalokiteshvara	La forme féminine du bodhisattva de la compassion.
Asana	Une position du corps.
Asanga	Un docteur mahâyaniste.
Ashvamedha	Le rituel accompli, à cheval, par les souverains victorieux.
Asoka	L'empereur indien auquel le bouddhisme doit sa propagation (IIIe siècle avant l'è.c.).
Asta	Le chiffre huit.
Astaaryapudgala	Les huit nobles personnes.
Astadhyayi	Grammaire sanscrite (sous forme algébrique et en vers) de Pânini (Ve siècle avant l'è.c.).
Astaksana	Les huit libertés.
Astalokadharma	Les huit dharmas mondains.
Ati	Il y a.
Atman	Le soi.
Atta	La personnalité.
Atthakathâ	Textes sacrés rédigés en cingalais et traduits par Buddhaghosa.
Atthangika magga	La Voie octuple.
Asura	Un anti-dieu (titan). Ce qui n'est pas un dieu.
Avalokiteshvara	Le principal bodhisattva, le bodhisattva de la compassion (protecteur du Tibet).
Avidya	L'ignorance (nescience).

B

Baghavat	Un des noms du Bouddha historique (le bienheureux).
Bandhas	La mise en mouvement de l'énergie dans le yoga tantrique.
Bardo Thödol	Le livre des morts tibétains (il donne les conseils pour se diriger intelligemment durant les 49 jours qui séparent la mort de la renaissance).
Berechit	Au commencement (mot hébreu).
Bhaisajyagurubuddha	Un bouddha de médecine. C'est aussi un bouddha de vénération (un bouddha terrestre antérieur au Bouddha historique).
Bharata-nâtyam	Un danse religieuse en l'honneur de Shiva.
Bhavacakra	La roue de l'existence.
Bhâvanâ	La création mentale par la concentration intense.
Bhûmishparshamudrâ	Mudrâ de la prise à témoin de la terre.
Bija	Un germe.
Bikhsu	Un moine.
Bodh-Gayâ	Lieu où Bouddha reçut l'Illumination.
Bodhi	Éveil (esprit).
Bodhicitta	L'esprit (la pensée) de l'Éveil.
Bodhidharma	Le fondateur (premier patriarche) de l'école chan (en Chine).
Bodhidharma	L'esprit du Dharma.
Bodhisattva	L'être d'Éveil.
Bofo	Chien de Bouddha (en réalité, un lion).
Bön-po	La religion primitive du Tibet.
Borobudur	Le plus grand mandala du monde. Temple situé sur l'île de Java (Indonésie).
Bouddhalocana	Une shakti qui accompagne (et complète) les bouddhas de méditation.
Brahma	L'Absolu (dans l'hindouisme).
Brahmâ	Une divinité mineure (un des douze devas).
Brahmadanda	Le châtiment qui consiste à ignorer un moine en faute.
Buddhaghosa	Le principal commentateur du Canon pâli.
Buddhapâda	Les empreintes des pieds de Bouddha.

C

Caitya	Un sanctuaire construit dans le roc.
Cakra	La roue.
Cakrasamsâra	La roue de la félicité.
Cakravartin	La roue du souverain. Un nom du Bouddha historique (celui qui fait tourner la roue de la Loi).

Candrakirti	Un moine et philosophe indien (VIe siècle).
Carita	Le tempérament.
Catuskoti	Le tétralemme.
Catvâryâryasatyâni	Les Quatre Nobles Vérités.
Chan	La méditation (mot chinois).
Chandra	Une divinité mineure (un des douze devas).
Chedi	Mot thaï pour désigner un stûpa.
Chènrezi	Le nom tibétain d'Avalokiteshvara (le bodhisattva de la compassion).
Chiken-in	Nom japonais du mudrâ du Point de la Sagesse.
Chintâmani	Le joyau qui exerce tous les désirs.
Chitipati	Les deux squelettes acolytes de Yamarâha (un roi des enfers).

D

Dagoba	Mot cingalais pour désigner un stûpa.
Dainichi Nyorai	Le Grand Soleil, nom japonais pour Vairochana.
Dâkini	Dans le bouddhisme tibétain, force inspiratrice (représentée sous la forme d'une déesse nue).
Dalaï-Lama	Le Maître Océan (de Sagesse).
Damolun	Le nom chinois du Traité de Bodhidharma.
Darmashoka	Le nom bouddhique de l'empereur Asoka.
Daruma	Nom sous lequel Bodhidharma est connu au Japon.
Devadatta	Un cousin de Bouddha (qui essaya de l'assassiner).
Devamampîya	Un des noms de l'empereur Asoka (" Aimé des dieux ").
Devas	Demi-dieux.
Dhammacakkapavattanasutta	Le nom du texte fondateur de la communauté bouddhique.
Dhammapada	Les sentences de la Loi (titre d'un ouvrage canonique).
Dhâranâ	La concentration.
Dhâranis	Formule rituelle courte.
Dharma	La Loi, la Vérité.
Dharmakâya	Le corps du Dharma (un des trois corps du Bouddha dans la doctrine du Grand Véhicule).
Dharmacakramudrâ	Mudrâ de la rotation de la roue de la Loi.
Dharmapada	Les sentences de la Loi.
Dharmasamuccaya	Le Compendium de la Loi.
Dhrtarastra	Un des quatre Rois célestes.
Dhûta	L'ascèse.

Dhyâna	La Méditation.
Dhyânibuddha	Le bouddha transcendantal.
Dighanikaya	Corpus reprenant les Dialogues du Bouddha.
Dipankara	Un bouddha légendaire qui symbolise l'ensemble des bouddhas du passé.
Dojo	Le lieu de la Voie (mot japonais).
Drilbu	Des clochette (mot tibétain).
Drsti	Une fausse opinion.
Duhkha	La souffrance, le mal-être.
Dunhuang	Dernière étape de la route de la soie. On y a découvert dans les grottes de Mogao des milliers de thangkas et de documents bouddhiques datant du Ve siècle.
Dvadasa	Le chiffre douze.
Dvadasabuddhakarya	Les Douze actes de Bouddha.
Dvadasadharmapravacama	Collection de douze textes de la loi.
Dvesa	La haine.

E - F

Ehi-passika	Une invitation à venir voir.
Eihei Dogen	Le fondateur de l'école zen Sôto (basée sur la méditation).
Ensaï	Le fondateur de l'école zen Rinzaï (basée sur le zazen, le mondo, les koans).
Eon	Une unité de mesure.
Evam	Ainsi.
Fa-Hsien (Faxian)	Un pèlerin chinois en Inde (399-414).
Fudô Myô	Nom japonais de Achalanâtha, un des cinq rois de science magique.

G

Gandhâra	Une région de l'Inde où sont apparues les premières statues de Bouddha (art gréco-bouddhique).
Gandharvas	Demi-dieux (chanteurs et musiciens).
Garudas	Demi-dieux (aigles).
Gati	La destinée.
Gautama	Le nom du Bouddha historique.
Gelupka	Une des écoles du bouddhisme tibétain.
Gharba	Embryon de..., ce qui est à l'intérieur.
Gompa	Monastère (mot tibétain).

Guanyin	Le nom chinois d'Avalokiteshvara (le bodhisattva de la compassion).
Guendün Droup	Le « premier » des Dalaï-Lama (1391-1474).
Gupta	Région de l'Inde ayant donné son nom à une période de l'art bouddhique qui succède à l'art du Gandhâra.

H - J

Hîna	Préfixe indiquant petit.
Hînayâna	Le bouddhisme du Petit Véhicule.
Hiuan-Tsang (Xuanzang)	Un pèlerin chinois en Inde (629-645).
Hui Neng	Le sixième Patriarche du chan.
Iaksana	Les marques majeures sur le corps d'un Éveillé.
Indra	Une divinité mineure (un des douze devas).
Îshâna	Une divinité mineure (un des douze devas).
Jambudvipa	Dans la cosmologie bouddhique, le monde où l'on vit.
Jâtaka	Un récit des vies antérieures du Bouddha.
Jinas	Les Victorieux (les bouddhas des points cardinaux).
Jiriki	La force personnelle.
Jôdo-shû	Le nom japonais de la secte de la Terre Pure.
Jôdo-shû	La rratique de l'école de la Terre Pure.
Jô-in	Un des mudrâs d'accueil du Bouddha Amida.

K

Kagyupa	Une des écoles du bouddhisme tibétain.
Kala-	Préfixe indiquant la petite partie d'un tout.
Kalacakra	La roue du temps.
Kalou Rimpoché	Le lama tibétain qui introduisit le bouddhisme tibétain en Occident.
Kalpa	Une unité de mesure (identique à l'éon).
Kalyânamitra	Un noble ami.
Kâma	La jouissance, le désir.
Kamalaçila	Le moine vainqueur au concile de Lhassa contre la thèse chinoise du subitisme.
Kamis	Les divinités locales du Japon.
Kanakamuni	Un bouddha de vénération (bouddha terrestre ayant précédé le Bouddha historique).
Kangi-ten	Le dieu hindou Ganesha à tête d'éléphant.

Kanjur	Un des livres du Canon tibétain.
Kannon	Le nom japonais d'Avalokiteshvara (le bodhisattva de la compassion).
Kapilavastu	La ville natale de Bouddha.
Karma	L'acte qui laisse des traces actives lors des transmigrations.
Karmapa	Personnage principal de la première lignée des réincarnés ou tulkous (Tibet).
Karuna	La compassion.
Karya	L'acte.
Kâshyapa	Un bouddha de vénération (un bouddha terrestre ayant précédé le Bouddha historique).
Katyâyana	Un des dix premiers disciples de Bouddha.
Kayâ	Le corps.
Khata	L'Écharpe de félicité (mot et coutume tibétains).
Kinnaras/Kinnaris	Demi-dieux (oiseaux).
Klesa	La passion.
Koan	Un problème paradoxal dont le but est de déstabiliser le disciple de manière à induire le Satori.
Konagâmana	Un bouddha terrestre ayant précédé le Bouddha historique (bouddha de vénération).
Korten	Un moulin à prières (mot tibétain).
Krakuchchanda	Un des bouddhas terrestre ayant précédé le Bouddha historique (bouddha de vénération).
Ksana	Une unité de mesure, les instants indivisibles, une seconde, un instant.
Kuisinara	Le lieu du décès de Bouddha.
Kukaï	Le fondateur de la secte Shingon.
Kundali	Un roi de science magique.
Kusala	Une action favorable pour le karma.
Kushinâgara	La ville où Bouddha s'éteignit.
Kûya Shônin	Le « saint des rues » (903-972). Il appartient au culte d'Amida.
Kyosaku	Le bâton d'éveil (bouddhisme zen).

L

Lama	Dans le bouddhisme tibétain, un maître.
Lava	Une unité de mesure.
Lo-han	Le nom donné à l'arhat dans le bouddhisme chinois.

Loka	Le monde.
Lokadhata	L'univers mondain.
Lokaprajnapati	La cosmologie.
Lumbinî	La ville de la naissance de Bouddha.

M

Madhyama pratipad	La voie du milieu.
Madhyamâ	Ce qui est médian.
Madhyamakavatara	Introduction à la voie médiane (ouvrage clé de Candrakirti, moine du VIe siècle).
Madhya/mika (maka)	École philosophique de la Voie du milieu. (Elle est basée sur l'enseignement de Nagarjuna).
Mahâ	Ce qui est grand.
Mahâkâshyapa	Un des dix premiers disciples de Bouddha.
Mahâmudra	Le grand Sceau.
Mahânâman	Le grand nom.
Mahânidanasutta	Une division du Canon pâli.
Mahaprajapati	La tante de Bouddha (et la première moniale).
Mahâprajnaparamitasastra	Traité de la grande vertu de Sagesse (ouvrage majeur de Nagarjuna).
Mahâsiddha	Le grand accompli.
Mahâsthâmaprapta	Un assistant d'Amida.
Mahâvairocana	Un des noms du bouddha primordial.
Mahâyâna	Le bouddhisme du Grand Véhicule.
Mahoragas	Demi-dieux (boas).
Mahurta	Une unité de mesure.
Maithuna	L'union des sexes dans le yoga tantrique.
Maitreya	Le bouddha du futur.
Mâlâ	Un rosaire.
Mamaki	Une shakti qui accompagne les bouddhas de méditation.
Man	Le nom.
Mandala	Un diagrammes rituel.
Mandalay	La ville du cinquième concile bouddhique.
Manjusri	Un boddhisattva de sagesse.
Mantra	Une formule sacrée.
Mânushibuddha	Le nom générique de tous les bouddhas terrestres.

Mappô	La période finale du Dharma, la dégénérescence du bouddhisme (mot japonais).
Mâra	Le démon tentateur.
Marana	La mort.
Masa	Une unité de mesure.
Mathura	Une région de l'Inde où sont apparues les premières statues de Bouddha (art gréco-bouddhique).
Maudgalyâyâna	Un des dix premiers disciples de Bouddha.
Mâyâ	L'illusion, les pouvoirs magiques.
Melinda	Le nom bouddhique du roi grec Ménandre.
Ménandre	Le roi grec qui dialogua avec le moine Nâgasena.
Milam	Le yoga du rêve.
Milarepa	Moine et poète tibétain, fondateur d'une école de pensée.
Milinda-Pañha	*Les Questions de Milinda* (un célèbre ouvrage composé à partir d'un dialogue entre le roi Ménandre et le moine Nâgasena).
Moha	L'erreur.
Mudrâ	Un geste symbolique des mains.

N

Nagarjuna	Le plus grand philosophe bouddhiste (né vers l'an 150).
Nâgas	Demi-dieux (serpents).
Nama-rûpa	Le concept « Nom-et-forme ».
Nats	Des divinité locales de Birmanie.
Nembutsu	L'cronyme pour *Namu Amida Butsu* (Honneur au Bouddha Amida).
Neti	Il n'y a pas.
Neti, neti	Pas ceci, pas ceci.
Nicca	La permanence.
Nichiren	Le Lotus du soleil (1222-1282). Moine japonais fondateur d'une secte basée sur le Sûtra du Lotus.
Nidana	Les liens d'interdépendance.
Nidana Samuytta	Une division du Canon pâli.
Nikâya	Un recueil des textes de base du Sûtra (mot pâli).
Nirmanakâya	Le corps de métamorphose (un des trois corps du Bouddha dans la doctrine du Grand Véhicule).
Nirvâna	L'extinction du désir.

Nitya	Ce qui est permanent.
Niyata	La certitude.
Nyingmapa	Une des écoles du bouddhisme tibétain.

P

Pachen-Lama	Le chef spirituel d'une école bouddhique tibétaine.
Pada	Un verset.
Padmâ	Le lotus.
Padmâsana	La position du lotus.
Padmasambhava	Le moine indien fondateur de l'école Nyingmapa (bouddhisme tibétain).
Panca niyata	Les Cinq certitudes.
Panca skandha	Les Cinq agrégats.
Panca	Le chiffre cinq.
Pandaka	L'absence de sexe.
Pandaravasini	Une shakti qui accompagne les bouddhas de méditation.
Pânini	Le premier grammairien du sanscrit (Ve siècle avant l'è.c.).
Patañjali	L'auteur des Aphorismes sur le Yoga.
Pâpa	Le mal.
Parakkamabâhu	Le roi du Sri Lanka qui imposa le Petit Véhicule.
Paramanu	Atome.
Paramârthasatya	La Vérité réelle (ultime).
Paramita	La perfection.
Parinirvâna	Le moment de mourir, la mort de Bouddha.
Pâtaliputra	La ville du troisième concile bouddhique.
Pâtra	Un bol à aumône.
Phala	Le fruit d'une action karmique.
Pindola Bharadvâja	Un des seize arhats à qui Bouddha aurait confié la garde de la Loi. C'est aussi un médecin.
Potala	Le palais du Dalaï-Lama.
Pra Pim	Les saintes empreintes (images pieuses).
Prabhûtaratna	Un bouddha de vénération (un bouddha terrestre ayant précédé le Bouddha historique).
Prajnaparamita	La connaissance transcendante.
Prajnapati	La voie de la connaissance supérieure.
Pranayamas	Les techniques respiratoires dans le yoga tantrique.

Prang	Une tour sanctuaire (en Thaïlande).
Pratiloma	La montée de la chaîne de la coproduction conditionnée (vers le nirvâna).
Pratimoksa	Le recueil des règles à observer par les moines.
Pratityasamutpada	La coproduction conditionnée.
Pratyaksa	La perception.
Pratyaya	La causalité.
Pratyekabuddha	Le bouddha-pour-soi (illuminé solitaire). Saint qui arrive à l'Éveil par lui-même.
Preta	Un esprit-affamé.
Priyadarshin	Un des noms de l'empereur Asoka (« Soucieux du bien-être de ses sujets »).
Pudgala	L'individu, la personne, « ce qui transmigre ».
Pujâ	Le culte.
Purnâ	Un des dix premiers disciples de Bouddha.
Pu-Tai	Le moine chinois qui serait une incarnation de Maitreya (le bouddha du futur). Très présent dans la statuaire chinoise, assis, le ventre rond, c'est souvent lui qui, dans la représentation populaire, est assimilé au bouddha.

R

Râgavidyârâja	Un roi de science magique.
Rahula Asura	Le roi de l'océan.
Râhula	Le fils de Bouddha et l'un de ses dix premiers disciples.
Râjagrha	La ville du premier concile bouddhique.
Raksacakra	Un cercle de protection.
Rakusu	Un petit morceau d'étoffe remis au moine postulant lors de sa prise des vœux.
Ratnapâni	Un bodhisattva transcendantal.
Ratnasambhava	Un bouddha transcendantal.
Ratnasambhava	Le bouddha du Sud (« l'origine des Joyaux »).
Riddhi	Un pouvoir particulier (se multiplier, marcher sur l'eau, se rendre invisible) que détient l'arhat.
Rinpoché	Très précieux.
Rukino Nyorai	Un bouddha de médecine (nom japonais).
Rupa	La forme.
Rupaskandha	L'agrégat des formes.

S

Saccanama	Un nom du Bouddha historique (« celui dont le nom est vérité »).
Saeki Mao	Le véritable nom de Kukaï (un autre nom : Kôbô Daishi).
Sahâ	Dans la cosmologie bouddhique, terre émergée du Sud, le monde où l'on vit (mot mahâyâniste).
Saicho	Le fondateur de la secte Tendaï au Japon.
Sâkshin	La conscience de témoin (une étape ultime de la méditation).
Sâkyamuni	Le nom du Bouddha historique.
Sâkyapa	Une des écoles du bouddhisme tibétain.
Samâdhi	La méditation profonde.
Samantabhadra	Un bodhisattva transcendantal.
Samapattis	Des exercices de méditation (contemplation) avec un but programmé.
Samaya	Les vœux spécifiques entre maître et disciple (Véhicule du Diamant).
Samayatara	Une shakti qui accompagne (et complète) les bouddhas de méditation.
Sambhogakâya	Le corps de fruition ou de jouissance (un des trois corps du Bouddha dans la doctrine du Grand Véhicule).
Samdhabhasya	Le langage intentionnel.
Samsâra	Le cycle de la vie.
Samskrta	Ce qui est composé, confectionné.
Samvatsara	Une unité de mesure.
Samvrtisatya	La vérité apparente, conventionnelle.
Samyak	Ce qui est juste.
Samyaksambuddha	Le bouddha de l'Éveil parfait.
Samyuttanikaya	Le *Livre des discours mêlés* (une division du Canon pâli).
Sangha	La communauté.
Sangôshiki	Le *Traité des Trois doctrines* (un ouvrage fondamental de Kukaï).
Sâstra	Un texte dont l'auteur est identifié (ce n'est donc pas un Sûtra, texte dont l'auteur est anonyme car il s'agit de la parole de Bouddha).
Sastra	Un traité ayant un auteur (les sûtras sont la parole de Bouddha et n'ont donc pas d'auteur).
Satipatthânasutta	Le Sûtra de l'établissement de l'attention rapprochée.

Satori	L'Éveil (bouddhisme zen).
Sattva	L'Être.
Shariputra	Un des dix premiers disciples de Bouddha.
Shikin	Un bouddha terrestre ayant précédé le Bouddha historique (bouddha de vénération).
Shintô	La religion officielle des Japonais.
Shobogenzo	Le *Trésor de l'œil de la Vraie Loi*. L'œuvre maîtresse de Eihei Dongen.
Shôtoku	Le prince japonais qui fut assimilé au Bouddha (572-622).
Siddharta	Le prénom du Bouddha historique.
Sikhin	Un des bouddhas terrestre ayant précédé le Bouddha historique (bouddha de vénération).
Sila	La morale.
Skanda	Une divinité mineure (un des douze devas).
Skandha	Un agrégat.
Smrtyupasthna	Les quatre attentions rapprochées.
Smrtyupasthana	L'établissement de l'attention rapprochée.
Soga-no-Iname	Iname de la famille Soga : un influent protecteur du bouddhisme (VIe siècle, Japon).
Sounyamourti	Un des noms du Bouddha historique (la forme du Vide).
Sravakayâna	Le Véhicule des Auditeurs.
Subbhuti	Un des dix premiers disciples de Bouddha.
Suci	Ce qui est pur.
Sukha	Le bonheur.
Sukhâvati	Le paradis du Bouddha Amida.
Sumeru	Dans la cosmologie bouddhiste, c'est le mont principal autour duquel tout s'organise (aussi appelé mont Meru).
Sunyata	La vacuité.
Sûrya	Une divinité mineure (une des douze devas).
Sûtra	Le fil du discours (un texte sacré car réputé être la parole de Bouddha).
Sûtrapitaka	La Corbeille des Sûtras (les discours de Bouddha).

T

Taisen Dishimaru	Principal propagateur du bouddhisme zen en Occident.
Taishô Issaikyô	Le nom japonais du canon bouddhique chinois.
Tantra	Un livre de rites (dans le Véhicule du Diamant).
Tantrayâna	Le bouddhisme du Tantra (Véhicule du Diamant).

Târâ	Une Yidam (déesse d'élection) née des larmes d'Avalokiteshvara.
Tariki	Une force extérieure.
Tathâgata	Celui qui est venu ainsi (le Bouddha).
Tathâgatagharba	L'essence du Tathâgata.
Tathâta	L'ainsité.
Tenjur	Un des livres du Canon tibétain.
Tenzin Gyatso	Le quatorizième et actuel Dalaï-Lama.
Terma	Un trésor caché (dans le bouddhisme tibétain, les livres cachés et qui réapparaissent maintenant).
Thangka	Une image enroulée et montée sur soie (bouddhisme tibétain).
Theravâda	Le bouddhisme « des anciens » (Petit Véhicule).
Trailokyavijaya	Un roi de science magique.
Traya	Ce qui est protégé.
Tri	Le chiffre trois.
Tridharmacakrasutra	Le Sûtra des trois roues du Dharma.
Tridhâtu	Les trois domaines.
Tridhatu	Les trois étages.
Tridvara	Les trois portes (les trois unités de l'être animé).
Trikâya	Les trois corps de Bouddha (dans la doctrine du Grand Véhicule).
Triksana	Les trois natures.
Trilaksana	Les trois signes distinctifs des choses conditionnées.
Tripikata	Les trois corbeilles (de la Loi).
Trsna	La soif (le désir).
Tsongkhapa	Le fondateur de l'école Gelupka (bouddhisme tibétain).
Tülkou	Un être de réincarnation (bouddhisme tibétain).
Tusita	Le paradis du Bouddha Maitreya (à l'ouest de l'univers).

U

Udana	Une partie du Sûtrapitaka.
Upa	Préposition signifiant près de, vers.
Upâdhyâya	Pour un moine, son maître de la discipline.
Upak	Ce qui est secondaire.
Upakiesa	Une passion secondaire.
Upâli	Un des dix premiers disciples de Bouddha.
Ûrnâ	Chez les bouddhas, la petite excroissance entre les sourcils (signe de clairvoyance psychique).

V

Vairocana (Vairochana)	Le Tout rayonnant (le bouddha du Centre).
Vaisâlî	La ville du second concile bouddhique.
Vaisravana	Un des quatre Rois célestes.
Vajra	Le foudre, le diamant.
Vajradhara	Un des noms du bouddha primordial.
Vajradhatvesvari	Une shakti qui accompagne (et complète) les bouddhas de méditation.
Vajrapani	Le boddhisattva d'énergie.
Vajrayaksha	Un roi de science magique.
Vajrayâna	Le bouddhisme du Véhicule du Diamant.
Varuna	Une divinité mineure (une des douze devas).
Vasubandhu	L'auteur de l'Abdhidharmakosa.
Vâyu	Une divinité mineure (une des douze devas).
Veludvareyya Sutta	Une partie du Suttapitaka.
Vesakh	La fête anniversaire de la naissance de Bouddha.
Vidya	La Triple science (connaissance des existences antérieures, de la loi de coproduction conditionnée, de la vie et de la mort).
Vihâra	Le lieu de vie (le monastère).
Vijnanavada	L'école philosophique « Rien que Conscience ».
Vimukti	La délivrance.
Vinaya	La discipline.
Vinâyaka (Ganesh)	Une divinité mineure (une des douze devas).
Vinayapitaka des Dharmaguptaka	Le livre de la discipline des moines chinois et japonais.
Vinayapitaka	La corbeille du vinaya (la discipline).
Viparyaya	La méprise.
Vipashyin	Un bouddha terrestre ayant précédé le Bouddha historique (bouddha de vénération).
Vipassana	Une forme de méditation qui analyse la nature des choses.
Vipasyin	Un des bouddhas terrestre ayant précédé le Bouddha historique (bouddha de vénération).
Virudhaka	Un des quatre rois célestes.
Virupaksa	Un des quatre rois célestes.
Visabhu	Un des bouddhas terrestres.
Vishvabhû	Un des bouddhas terrestres ayant précédé le Bouddha historique (bouddha de vénération).

Vishvapâni	Un bodhisattva transcendantal.
Visuddhimagga	Le *Chemin de la complète purification* (ouvrage clé de Buddhaghosa, moine du Ve siècle, le plus célèbre traité du Petit Véhicule).

W - X - Y -Z

Wakamiya Hachiman	Un célèbre Kami au Japon.
Xuanzang	Un pèlerin chinois en Inde (629-645).
Yab-yum	L'union sexuelle.
Yaksas	Des demi-dieux (sauvages et farouches).
Yamântaka	Un roi de science magique.
Yamarâha	Un roi des enfers.
Yâna	Le Véhicule (Hînayâna, Mahâyâna, Vajrayâna).
Yatras	Une position symbolique de contrainte du souffle.
Yidam	Une divinité personnelle (bouddhisme tibétain).
Zen	La méditation (mot japonais).

Notes

[1] André Bareau. *La voix du Bouddha.* Philippe Lebaud. Collection Les intemporels. 2001. Page 76.

[1b] Paul Magin. *Bouddhisme unité et diversité.* Expérience de libération. Cerf. Collection Patrimoines bouddhisme. 2003. Page 9.

[2] Walpola Rahula. *L'enseignement du Bouddha d'après les textes les plus anciens.* Seuil. Collection Sagesses, n° 131. 1978. Page 19.

[3] Bruno Étienne et Raphaël Liogier. *Être bouddhiste en France aujourd'hui.* Hachette littératures. Collection Pluriel. 2004. Page 42.

[4] Dighanikaya cité par Walpola Rahula. *L'enseignement du Bouddha d'après les textes les plus anciens.* Seuil. Collection Sagesses, n° 131. 1978. Page 87.

[5] J. May. *Encyclopédie de philosophie universelle* (sous la direction d'André Jacob). P.U.F. 1998. Article Sandha-bhasia. Tome 2, page 2898.

[5b] Au sujet de la disparition du bouddhisme en Inde, les savants se sont posé de nombreuses questions car aucun élément extérieur (si ce n'est l'invasion, mais bien plus tardive, des hordes musulmanes) ne peut l'expliquer. La théorie la plus solide se base sur les rapports qu'entretenaient les moines avec les laïcs. Nous savons que dans le bouddhisme du Theravâda (le bouddhisme premier, le bouddhisme indien) la participation des laïcs est extrêmement faible au Sangha (la Communauté) et se limite généralement à l'entretien des moines. Ce lien s'est sans doute révélé insuffisant pour assurer la pérennité du bouddhisme du Petit Véhicule en Inde. Par contre, dans les autres pays, où le bouddhisme avait assimilé totalement les laïcs dans le Sangha, le lien entre moines et laïcs (hommes et femmes) était assez fort pour résister à toutes les influences extérieures.

[6] Claude Lévi-Strauss. *Tristes tropiques.* Plon. Collection Terre Humaine. 1980. Page 475.

[7] Louis Frédéric. *Dictionnaire de la civilisation indienne.* Robert Laffont. Collection Bouquins. 1994. Page 10.

[8] *Hôbôgirin.* Dictionnaire encyclopédique du bouddhisme d'après les sources chinoises et japonaises. Maison Franco-japonaise. Tokyo et Librairie d'Amérique et d'Orient Maisonneuve. 1930- ? Article Amida.

[9] *Hôbôgirin.* Dictionnaire encyclopédique du bouddhisme d'après les sources chinoises et japonaises. Maison Franco-japonaise. Tokyo et Librairie d'Amérique et d'Orient Maisonneuve. 1930- ? Article Amida.

[10] Paul Magin. *Bouddhisme unité et diversité.* Expérience de libération. Cerf. Collection Patrimoines bouddhisme. 2003. Page 193.

[11] Cité, dans *Les fleurs du Bouddha*, anthologie du bouddhisme par P. Crépon. Spiritualités vivantes. Albin Michel. 1998. Page 239.

[12] *Taishô Issaikyô, Canon bouddhique de langue chinoise*, cité dans *Hôbôgirin.* Dictionnaire encyclopédique du bouddhisme d'après les sources chinoises et japonaises. Maison Franco-japonaise. Tokyo et Librairie d'Amérique et d'Orient Maisonneuve. 1930- ? Article Amida.

[13] Pour chacun des termes bouddhiques de base, nous donnons, outre sa translittération du sanscrit, son équivalent en pâli ainsi que l'acception la plus utilisée en français. Il nous arrivera également, mais c'est plus rare, de préférer le japonais ou le chinois au sanscrit, car c'est

ainsi que le concept est le plus connu en Occident (c'est le cas, par exemple pour le mot zen (chan, en chinois) ou le mot satori (mot japonais signifiant l'Éveil). Cette accumulation de termes n'est pas inutile car le lecteur qui souhaitera approfondir les nombreux concepts qui ne sont qu'esquissés dans cet ouvrage, risque d'être confronté à ces différents termes lors de ses lectures et cela selon la sensibilité de l'auteur ou la langue à partir de laquelle l'ouvrage est traduit. Ainsi, pour donner un exemple, l'enseignement du Bouddha est habituellement connu sous l'appellation de Dharma (mot sanscrit) mais certains ouvrages préfèrent utiliser le mot pâli Dhamma. Le lecteur non informé pourrait croire qu'il s'agit de deux notions différentes. Le lecteur qui souhaiterait connaître les traductions des différents termes en pâli, en chinois, en japonais ou en tibétain, consultera avec beaucoup d'intérêt *le Dictionnaire Encyclopédique du Bouddhisme* (Philippe Cornu, Seuil, 2001) ainsi que *le Vocabulaire Pâli-français des termes bouddhiques* (Nyanatiloka, Adyar-Paris, 1961). Enfin, pour ce qui concerne la traduction des concepts en langue française, nous avons opté pour les acceptions les plus utilisées mais nous devons signaler au lecteur qu'il s'agit le plus souvent d'une approximation. Les traductions proposées sont longuement discutées dans de nombreux ouvrages savants sans, pour autant, qu'on arrive à un véritable consensus linguistique.

[14] L'auteur utilise, ici, le terme pâli.

[15] Nyanatiloka. *Vocabulaire pâli-français des termes bouddhiques*. Adyar-Paris. 1961. Page 73.

[16] Candrakirti est aussi connu pour avoir soutenu ce qui est sans doute le plus long débat de l'histoire : durant sept ans, lui et Candragomin, débattirent devant un public de moines sans que l'un l'emportât sur l'autre.

[16b] Il existe une traduction de cet ouvrage en langue française : *Introduction au Traité du milieu* (L. de La Vallée Poussin, Muséon Louvain, 1907).

[17] *Dictionnaire de la sagesse orientale*. Collection Bouquins. Robert Laffont. 1989. Page 18.

[18] *Anguttara-Nikaya*, IX, 20 cité dans le *Vocabulaire pâli-français des termes bouddhiques*. Adyar-Paris. 1961. Page 20.

[19] *Les Enseignements du Bouddha*. Traduction de l'ancien chinois par Jean Eracle. Librio 2004. Page 29.

[19b] *Vinayapitaka des Dharmaguptaka*, cité par André Bareau. *La voix du Bouddha*. Philippe Lebaud. Collection Les intemporels. 2001. Page 80.

[20] Cité par Richard Brahimi et Guylaine Grison dans *Le Guide pratique du bouddhisme*. J'ai lu, n° 4593. Collection Aventure secrète. 1997. Page 95.

[21] Le mot secte, appliqué au différents courants religieux du bouddhisme (ou d'une autre religion), n'a pas le sens péjoratif qu'il prend aujourd'hui lorsqu'il est question d'un mouvement religieux contemporain. Cette désignation est donc non seulement courante mais tout aussi justifiée qu'il s'agisse du judaïsme, de l'islam ou du bouddhisme. Pour ce qui concerne ce dernier, dans ce volume, il est très peu question des différentes sectes, non parce qu'elles sont rares (on estime qu'il y a aujourd'hui plus de 600 sectes bouddhiques différentes rien qu'au Japon) mais parce que cela n'a en

fait qu'assez peu d'intérêt et nécessiterait de très longs développements. Rappelons qu'au second concile (Pataliputra), la communauté se scinde en deux sectes sur la question essentielle de la pollution nocturne des arhats séduits en rêve par des déesses. Plus tard, elle se scinde en d'autres sectes encore au sujet des différents commentaires sur l'abhidharma et sur le rôle des pudgalas (entités, personnes, qui transmigrent, voir à ce sujet l'article sur le karma) . Ne pas connaître les doctrines des différentes sectes n'est donc pas rédhibitoire pour comprendre les bouddhismes. Notons cependant l'inscription logique des sectes dans le système des religions. Après avoir fait remarque que la religion est un système, Mircea Eliade ajoute, très justement, que l'histoire des religions ne peut se superposer à l'histoire des peuples, car dans l'histoire des religions il est facile de prédire l'apparition, à l'un ou l'autre moment de son évolution, des différentes possibilités du système (ce qu'on appelle des sectes). Il écrit ainsi, en prenant exemple sur la religion chrétienne : « Il est impossible de savoir (empiriquement) si Jésus-Christ est du même rang que Dieu le Père ou s'il lui est inférieur, et s'il n'est ni l'un ni l'autre, quel est le rapport hiérarchique exact des deux. Mais il est parfaitement possible de *prédire*, si l'on connaît les données du système (dans ce cas, qu'il y a une Trinité divine composée de « trois personnes » ou tout au moins de trois membres qui ont des noms individuels), *toutes* les solutions possibles du problème, qui en réalité ne sont pas du tout « historiques » (bien qu'elles aient été énoncées par des personnages divers à des époques différentes), puisqu'elles sont synchroniquement présentes dans le système. Autrement dit, avant qu'il y ait un Arius, ou un Nestorius, je *sais* qu'il y aura un Arius ou un Nestorius, car leurs solutions font partie du système, et c'est ce système qui pense Arius, qui pense Nestorius, au moment ou Arius et Nestorius croient à leur tour penser le système ». (*Dictionnaire des religions*, Agora, Pocket, n° 122, 1994, page 20). Si on en revient aux sectes du bouddhisme, l'auteur écrit que l'on « peut imaginer que le tableau historique des sectes se superpose à une partie de l'exploration logique de tous ces "paquets de relations" contenus dans l'histoire du Bouddha, de la communauté originelle et de la théologie primaire provenant de son enseignement ». (ib. page 79) Ce « paquet de relations » étant très important, tout particulièrement dans le système de pensée du mahâyânisme, on comprend fort bien la prolifération des nombreuses écoles de pensées, courants religieux ou sectes dans le bouddhisme à partir du IIe siècle (c'est-à-dire à partir de la montée en puissance du Grand Véhicule).

[21b] Cité par Paul Magin dans *Bouddhisme unité et diversité*. Expérience de libération. Cerf. Collection Patrimoines bouddhisme. 2003. Page 319.

[22] Heinz Bechert et Richard Gombrich. *Le monde du bouddhisme*. Thames et Hudson. 1999. Page 80.

[23] Stéphane Arguillère. *Le vocabulaire du bouddhisme*. Collection Vocabulaire de … Ellipses. 2002. Page 67.

[24] Cité par Bruno Étienne et Raphaël Liogier. *Être bouddhiste en France aujourd'hui*. Hachette littératures. Collection Pluriel. 2004. Page 53.

[25] Cité par Henri Arvon. *Le bouddhisme*. PUF. Collection « Que sais-je ? ». 1991. Page 66.

25b Le lecteur curieux trouvera dans le *Dictionnaire Encyclopédique du Bouddhisme* (Philippe Cornu, Seuil, 2001) les 58 règles que doit respecter un bodhisattva (page 84). Dans le Sûtra du Lotus (voir à Sûtra), il est ainsi énuméré les fréquentations que ne peut entretenir un bodhisattva. On verra ainsi que rien n'est négligé dans les règles qui s'adressent aux moines et aux bodhisattvas terrestres. Pour le comportement du bodhisattva, il est distingué trois stades principaux : « dans un premier stade, il est demandé au bodhisattva de ne pas fréquenter les rois, les princes, les ministres et les haut mandarins ; il doit éviter les hétérodoxes, les aspirants brahmanes, les gymnosophistes, les littérateurs, les matérialistes ou les anti-matérialistes. Il ne doit pas non plus frayer avec les bateleurs pernicieux, les pugilistes, les lutteurs, les danseurs et autres faiseurs d'illusions. Il ne doit ni se livrer à l'élevage des porcs, des moutons, de la volaille ou des chiens, ni s'adonner à la chasse, à la pêche et aux activités illicites. Il n'aura aucun lien avec les bouchers, les équarrisseurs et tous ceux qui font commerce de la viande par lucre ou pour leur subsistance. Il ne peut devenir l'intime des femmes et courtiser. Dans une deuxième sphère de comportement, il est rappelé que le bodhisattva ne se complaît pas à dénoncer les fautes des hommes ou des Écritures, ni à traiter à la légère les autres maîtres de la Loi. (...) Dans une troisième sphère (...) il ne se livre à aucune discussion oiseuse, à aucun débat futile ; il s'en tient au contenu de la Loi, sans rien y retrancher ou ajouter. » (Paul Magin. *Bouddhisme unité et diversité. Expérience de libération.* Cerf. Collection Patrimoines bouddhisme. 2003. Page 344).

26 Paul Magin. *Bouddhisme unité et diversité.* Expérience de libération. Cerf. Collection Patrimoines bouddhisme. 2003. Page 326.

27 André Bareau. *La voix du Bouddha.* Philippe Lebaud. Collection Les intemporels. 2001. Page 36.

27b Jorge Luis Borges et Alicia Jurado. *Qu'est-ce que le bouddhisme ?* Folio. Collection essais n° 293. 1996. Page 28.

27c Gautama ne serait pas le seul Bouddha a être descendu sur terre. Selon le Hînayâna (Petit Véhicule), Gautama serait le septième Bouddha à être apparu sur notre planète. Il sera suivi par Maitreya (« Celui qui est amour ») qui se manifestera sur terre lorsque le Dharma de Gautama sera parvenu à son extinction complète (3 000 ans ? 3 milliards d'années ? Les chiffres sont discordants selon les écoles. En attendant, il coule des jours heureux dans le paradis Tusita).

28 Cité par Vicki Mackenzie. *Un ermitage dans la neige.* Récit. J'ai lu n° 6767. 2003. Page 48.

28b André Bareau. *La voix du Bouddha.* Philippe Lebaud. Collection Les intemporels. 2001. Page 18.

29 Jean-Luc Toula-Breysse. *Bouddha, bouddhisme.* Picquier poche n° 110. 2002. Page 16.

30 Article Bouddha, tome 1, page 931.

31 *Dictionnaire de théologie catholique,* T.2, col. 411, cité dans J. Bricout. *Dictionnaire pratique des connaissances religieuses.* Librarie Letouzey et Ané. 1925. Article Bouddha.

32 Philippe Cornu. *Dictionnaire encyclopédique du bouddhisme.* Seuil. 2001. Page 92.

33 René Grousset. *Histoire de la Chine.* Librairie Arthème Fayard. 1942. Page 100.

34 Roger-Pol Droit. *Le culte du néant*. Les philosophes et le bouddha. Seuil. 1997. Page 16.

35 Paul Magin. *Bouddhisme unité et diversité*. *Expérience de libération*. Cerf. Collection Patrimoines bouddhisme. 2003. Page 27.

36 Paul Magin. *Bouddhisme unité et diversité*. Expérience de libération. Cerf. Collection Patrimoines bouddhisme. 2003. Page 27.

37 Paul Magin. *Bouddhisme unité et diversité*. Expérience de libération. Cerf. Collection Patrimoines bouddhisme. 2003. Page 37.

38 Arthur Koestler. *Le lotus et le robot*. Calmann-Lévy. 1961. Page 349.

39 Cité par Roger-Pol Droit. *Le culte du néant*. Les philosophes et le bouddha. Seuil. 1997. Page 35.

40 Roger-Pol Droit. *Le culte du néant*. Les philosophes et le bouddha. Seuil. 1997. Page 29.

41 Roger-Pol Droit. *Le culte du néant*. Les philosophes et le bouddha. Seuil. 1997. Page 31.

42 Roger-Pol Droit. *Le culte du néant*. Les philosophes et le bouddha. Seuil. 1997. Page 12.

43 Roger-Pol Droit. *Le culte du néant*. Les philosophes et le bouddha. Seuil. 1997. Page 113.

44 Page 109, cité par Roger-Pol Droit. *Le culte du néant*. Les philosophes et le bouddha. Seuil. 1997. Page 117.

45 E. Renan. *Premiers travaux sur le bouddhisme*, repris in Nouvelles Études d'histoire religieuse (1888). Coll. Tel. Gallimard. 1992. Page 384.

45b Cette coexistence des principales écoles et courants ne s'était encore jamais rencontrée dans l'histoire du bouddhisme : c'est une première dont le creuset est la France. En effet, jusqu'alors, chaque courant important dominait en un lieu précis ou à une époque déterminée (même si certaines écoles de pensées partageaient un même monastère, cela n'était possible qu'au sein d'un même courant religieux, comme, par exemple celui du bouddhisme tibétain). Les différentes écoles représentant le bouddhisme en France sont :

— Le bouddhisme ancien (Theravâda) qui fait partie du Petit Véhicule.

— Le bouddhisme du Grand Véhicule :

- le Zen ;
- le Nichiren shoshu ;
- la Soka Gakkaï.

— Le bouddhisme tibétain (lamaïsme), lequel fait partie du Véhicule du Diamant.

Ainsi, les trois Véhicules du bouddhisme sont représentés en France et le Grand Véhicule l'est dans ses différentes écoles (zen, tantrisme, lamaïsme, etc.). Signalons que pour beaucoup de Français adeptes du zen ou d'autres pratiques « pseudo-religieuses », il y a « croyance sans appartenance » (*believing without belonging*). Ils pratiquent le zen, les arts martiaux et construisent parfois même de petits autels à domicile mais ne se définissent pas pour autant comme bouddhistes. Nous sommes à l'opposé de ce qui se passe chez les Juifs chez lesquels il y souvent « appartenance sans croyance ». Le Juif, même profondément athée, fait partie de la Communauté juive et revendique son appartenance à une certaine culture et à une tradition.

Rappelons que l'expression *believing*

without belonging a été forgée par la sociologue britannique Grace Davie. Celle-ci entend ainsi montrer qu'en Europe le « croire » persiste (selon une enquête, il n'y a que 4% de la population britannique qui se dit athée) mais que l'appartenance à une religion (ou du moins à l'orthopraxie d'une religion) est en diminution constante. Ainsi, en dehors des enterrements, le conformisme n'intervient que très peu. Par contre, il y a encore une grande demande pour le sacré, les gestes religieux, la prière, la méditation. Dans la plupart des cas, cela se manifeste par ce que les sociologues appellent le « bricolage religieux », le syncrétisme religieux, ou encore l'éclectisme religieux commode.

46 Bruno Étienne et Raphaël Liogier. *Être bouddhiste en France aujourd'hui.* Hachette littératures. Collection Pluriel. 2004. Page 64.

47 Bruno Étienne et Raphaël Liogier. *Être bouddhiste en France aujourd'hui.* Hachette littératures. Collection Pluriel. 2004. Page 71.

48 Bruno Étienne et Raphaël Liogier. *Être bouddhiste en France aujourd'hui.* Hachette littératures. Collection Pluriel. 2004. Page 254.

49 Bruno Étienne et Raphaël Liogier. *Être bouddhiste en France aujourd'hui.* Hachette littératures. Collection Pluriel. 2004. Page 269.

50 Bruno Étienne et Raphaël Liogier. *Être bouddhiste en France aujourd'hui.* Hachette littératures. Collection Pluriel. 2004. Page 199.

51 L'Histoire. N° 250. Dossier : *Le triomphe du bouddhisme.* Janvier 2001. Page 37.

52 Henri Arvon. *Le bouddhisme.* PUF. Collection « Que sais-je ? ». 1991. Page 83.

53 Évariste Huc et Gabet ont traduits du tibétain en français un ouvrage capital de la littérature bouddhique : *Les quarante-deux Points d'enseignement, proférés par Bouddha.* L'ouvrage est paru dans les Annales de philosophie chrétienne, n°4, 1850, p. 279-293, et n°5, 1850, p. 325-335.

53b Jacqueline Thevenet. *Un lama du ciel d'Occident.* Petite Bibliothèque Payot. 2004. Page 92.

54 Philippe Cornu. *Dictionnaire encyclopédique du bouddhisme.* Seuil. 2001. Page 638.

55 Alexandra David-Neel. *Mystiques et magiciens du Tibet.* Pocket n° 1921. 1980 (réédition de 1929). Pages 21-22.

56 Dom Robert Le Gall et Lama Jigmé Rinpoché. *Le Moine et le Lama.* Entretiens avec Frédéric Lenoir. Livre de Poche n° 15512. 2003. Page 17.

57 Dom Robert Le Gall et Lama Jigmé Rinpoché. *Le Moine et le Lama.* Entretiens avec Frédéric Lenoir. Livre de Poche n° 15512. 2003. Page 293.

58 Jacqueline Thevenet. *Un lama du ciel d'Occident.* Petite Bibliothèque Payot. 2004. Page 122.

59 Alexandra David-Neel. *Mystiques et magiciens du Tibet.* Pocket n° 1921. 1980 (réédition de 1929). Pages 35-36.

60 Walpola Rahula. *L'enseignement du Bouddha d'après les textes les plus anciens.* Seuil. Collection Sagesses, n° 131. 1978. Page 96.

61 Walpola Rahula. *L'enseignement du Bouddha d'après les textes les plus anciens.* Seuil. Collection Sagesses, n° 131. 1978. Pages 135-147.

61b Walpola Rahula. *L'enseignement du Bouddha d'après les textes les plus anciens.* Seuil. Collection Sagesses, n° 131. 1978. Page 145.

62 André Bareau. *La voix du Bouddha*. Philippe Lebaud. Collection Les intemporels. 2001. Page 68.

63 *Samyuttanikaya*, XXII, 95, cité dans Nyanatiloka. *Vocabulaire bouddhique de termes et doctrines du Canon pâli*. Adyar-Paris. 1961. Page 109.

64 *Samyuttanikaya*, XXII, 56 cité dans Nyanatiloka. *Vocabulaire bouddhique de termes et doctrines du Canon pâli*. Adyar-Paris. 1961. Page 109.

65 *Traité de Nagarjuna* cité par Paul Magin. *Bouddhisme unité et diversité*. Expérience de libération. Cerf. Collection Patrimoines bouddhisme. 2003. Page 255.

66 Bien que cela dépasse très largement les limites de cet ouvrage, il paraît intéressant de signaler à l'attention des lecteurs intéressés par le « fond commun », le « système », des religions qu'il existe de nombreuses ressemblances entre le bouddhisme ésotérique (c'est-à-dire surtout le bouddhisme tibétain) et la kabbale. Nous nous contentons de signaler ci-après quelques pistes pour les lecteurs curieux. Pour une information correcte au sujet de la kabbale, on lira avec intérêt les nombreux ouvrages consacrés à ce sujet par Gershom Scholem et, tout particulièrement, bien que le sujet traité dépasse la seule kabbale, le gros ouvrage qu'il a consacré à *Sabattaï Tsevi, le messie mystique* (Verdier, 1983, 970 pages).

Similitudes entre kabbale et bouddhisme :

• La métempsychose et la transmigration des « âmes ».

• Le « dogme » de l'inutilité d'apprendre des choses sans objet pour le salut.

• La redécouverte de vieux textes « cachés » (*termas*).

• La primauté de la méditation.

• Les longues retraites dans une chambre de solitude.

• L'existence d'une vérité double (conventionnelle/réelle).

• L'illusion du monde.

• La fin du monde avec la disparition programmée des vies et l'apparition d'une nouvelle Loi (un nouveau Dharma pour les bouddhistes, une nouvelle Torah pour les kabbalistes).

• Le cycle des mondes (*chemitot* pour les kabbalistes, périodisation du Dharma pour les bouddhistes).

• La fusion finale des « âmes » dans le corps du messie (pour les kabbalistes), dans le corps du Bouddha pour les bouddhistes du Grand Véhicule (théorie des Trois corps de Bouddha, *trikayâ*).

Bien entendu, de très nombreux concepts (dont celui de l'âme, inexistante chez les bouddhistes) séparent ces deux religions mais les similitudes des systèmes méritaient d'être signalées.

66b G. Scholem. *Le Messianisme juif*. Pocket. 1992. Page 158. Pour en savoir plus sur la kabbale, voyez dans la même collection, Eyrolles pratique, *Comprendre le judaïsme*. 2004.

67 Philippe Cornu. *Dictionnaire encyclopédique du bouddhisme*. Seuil. 2001. Page 80.

68 Philippe Cornu. *Dictionnaire encyclopédique du bouddhisme*. Seuil. 2001. Page 80.

69 Cité par Richard Brahimi et Guylaine Grison dans *Le Guide pratique du bouddhisme*. J'ai lu, n° 4593. Collection Aventure secrète. 1997. Page 73 (pratique de la voie tibétaine).

70 Paul Magin. *Bouddhisme unité et diversité*. Expérience de libération. Cerf.

Collection Patrimoines bouddhisme. 2003. Page 263.

[71] *Dictionnaire du Bouddhisme*. Encyclopaedia Universalis. Albin Michel. 1999. Page 111.

[72] Richard Brahimi et Guylaine Grison. *Le Guide pratique du bouddhisme*. J'ai lu, n° 4593. Collection Aventure secrète. 1997. Page 129.

[73a] *Abhidarma-mahavibhasa-shatra*, cité par Akira Sadakata. *Cosmologie bouddhique*. Origine et philosophie. Sully. 2002. Page 39.

[73] Akira Sadakata. *Cosmologie bouddhique*. Origine et philosophie. Sully. 2002. Page 39.

[74] Genshin, *Principes essentiels de la salvation* (Ojo yoshu), cité par Akira Sadakata. *Cosmologie bouddhique*. Origine et philosophie. Sully. 2002. Page 55.

[75] *P'u-kuang. Chü-she-lun kuang-chi*, cité par Akira Sadakata. *Cosmologie bouddhique*. Origine et philosophie. Sully. 2002. Page 55.

[76] Akira Sadakata. *Cosmologie bouddhique*. Origine et philosophie. Sully. 2002. Page 108.

[77] Akira Sadakata. *Cosmologie bouddhique*. Origine et philosophie. Sully. 2002. Page 68.

[78] Walpola Rahula. *L'enseignement du Bouddha d'après les textes les plus anciens*. Seuil. Collection Sagesses, n° 131. 1978. Page 83.

[78b] Milinda est le roi grec Ménandre qui discuta longuement avec un moine bouddhiste des questions ayant trait à la religion bouddhiste. Les questions de Milinda et les réponses du moine ont fait l'objet d'un ouvrage considéré comme un des grands classiques du bouddhisme. Les Tibétains rangent même cet ouvrage parmi les livres canoniques.

[78c] *Milinda-Pañha. Les questions de Milinda* (traduit du pâli, présenté et annoté par Louis Finot). Gallimard. Connaissance de l'Orient. 1992. Page 134.

[79] Cité par André Bareau. *La voix du Bouddha*. Philippe Lebaud. Collection Les intemporels. 2001. Page 40.

[80] Louis-Frédéric. *Les dieux du bouddhisme*. Guide iconographique. Flammarion. Collection Tout l'art. 2001. Page 93.

[81] *Le trésor du Zen*. Textes de Maître Dogen commentés par Taisen Deshimaru. Albin Michel. Collection Spiritualités vivantes, n° 203. 2003. Page 17.

[81b] Paul Magin. *Bouddhisme unité et diversité*. Expérience de libération. Cerf. Collection Patrimoines bouddhisme. 2003. Page 160.

[81c] Louis-Frédéric. *Les dieux du bouddhisme*. Guide iconographique. Flammarion. Collection Tout l'art. 2001. Page 146.

[81d] Louis-Frédéric. *Les dieux du bouddhisme*. Guide iconographique. Flammarion. Collection Tout l'art. 2001. Page 254.

[82] Jacques Van Goidsenhoven. *Art lamaïque. Art des dieux*. Éditions Laconti. Bruxelles. 1970. Page 11.

[82b] Mario Bussagli. *L'art du Gandhâra*. La pochothèque. 1996. Page 378.

[83] Mario Bussagli. *L'art du Gandhâra*. La pochothèque. 1996. Page 358.

[83b] Germain Bazin. *Dictionnaire des styles*. Somogy. 1987. Page 159.

[84] Dans les versions birmanes, lao et thaï, l'ordre des 547 contes peu varier mais les textes sont toujours en pâli. On distingue 22 groupes différents dont certains ne mettent en scène que des animaux et dans lesquels le futur Bouddha est incarné sous la forme d'un animal (ils seraient à l'origine des contes d'Ésope et de La Fontaine) d'autres mettent en scène des animaux et des hommes (le futur Bouddha est parfois un homme, parfois un animal). Enfin, il existe d'autres contes où le futur Bouddha est confronté aux femmes (ces récits sont assez mysogines) et d'autres, encore, où il est lui-même femme. Certains contes sont entremêlés de chants (*gâthâs*).

[85] Après avoir décrit ce qui distingue les différentes espèces des animaux, Bouddha dit « chez ces espèces, les signes distinctifs de l'espèce abondent ; mais il n'y a pas de signes qui distinguent les espèces chez les hommes. Ni dans la chevelure, la tête, les oreilles, les yeux, la bouche, le nez, les lèvres ou le front. Ni dans le cou, les épaules, le ventre, les dos, les hanches, la poitrine, les organes génitaux féminins ou les relations sexuelles. Ni dans les mains, les pieds, les paumes, les ongles, les mollets, les cuisses, la couleur ou la voix, il n'existe de signes qui permettent de distinguer parmi les hommes des espèces. (…) L'homme qui gagne sa vie en gardant les troupeaux — sache-le Ô Vasettha — est un berger, et non un brahmane. Et l'homme qui gagne sa vie en tirant de l'arc — sache-le Ô Vasettha — est un guerrier, et non un brahmane. Je n'appelle pas quelqu'un brahmane en raison de sa naissance ou parce qu'il est né d'une certaine mère. (*Sutta Nipada*, cité par G.P. Malalasekera et K. N. Jayatilleke (K. N.) dans *Le bouddhisme et la question raciale*. Unesco. 1958. Page 35).

[85b] Bien que cela soit moins connu, à côté des Jâtakas héroïques (vies antérieures du Bouddha compatissant), il existe également des récits où Bouddha commet des péchés dans ses vies antérieures, allant même jusqu'à tuer des membres de sa famille. Le récit ci-après (extrait du *Congrès du Lac Anavapta, Buddhâvanâda* — dans la traduction de Marcel Hofinger, mais sans les nombreuses notes de l'auteur) mérite d'être cité *in extenso*. Il ne s'agit pas, comme certains pourraient le croire, d'un hapax montrant que Bouddha, lui-aussi peut succomber « une fois » à la tentation, mais bien d'un des nombreux récits répertoriés par la tradition. Rappelons qu'au moment de son Éveil, Bouddha a retrouvé la mémoire de toutes ses vies passées. En effet, au cours des veilles de la nuit, il développa les trois connaissances supramondaines : il se rappela toutes ses vies antérieures, il vit le karma des êtres et la ronde de leur renaissance (samsâra), il réalisa la nature impermanente et conditionnée de tous les phénomènes. Le récit du Lac Anavapta, racontant une perfidie de Bouddha a pour titre : *Meurtre d'un frère pour son héritage.*

« Vénérable, quel acte le Bienheureux a-t-il commis, pour lequel, bien qu'il soit le Buddha parfaitement accompli (*abhisambuddha*), le gros orteil de son pied a été blessé par un petit éclat de pierre ?

Le Bienheureux répondit : ô moines, le

Tathâgata lui-même, au cours de ses existences antérieures, a posé des actes et les a accumulés [et] comme il est dit précédemment depuis le gain de l'accumulation jusqu'à la maturation en fruits.

Dans le passé, ô moines, un maître de maison résidait sur une colline. Il prit une épouse dans une lignée de même rang. Les époux se divertirent ensemble, se cajolèrent [et la suite] comme il est dit auparavant depuis ils consommèrent leur union jusqu'à quand ils eurent mis au monde un fils, ils l'élevèrent et il grandit. La mère de ce fils étant morte, le maître de maison prit une autre épouse [et la suite] depuis les époux se divertirent ensemble jusqu'au passage d'où aussi, ils mirent au monde un fils. Ensuite, [né] de ce maître de maison l'aîné des deux frères ayant pris femme, les époux se divertirent, se cajolèrent et après qu'ils eurent consommé leur union ils mirent au monde des fils et des filles en grand nombre.

Lorsque, quelque temps plus tard, le maître de maison et sa femme furent tous deux décédés, s'étant approchée du fils aîné, son épouse lui demanda :

— Ô fils du maître, ce jeune garçon qui est de ta famille, où va-t-il ?

— Il vient chez son frère, répondit-il.

— Fils du maître, quelle est en outre la part [du bien] du maître de maison qui lui revient ?

— Une moitié est à lui et, à nous aussi une moitié.

— Ô fils du maître, tout comme la moitié lui revient, à lui qui est un homme seul, c'est une moitié aussi qui nous revient, à nous qui sommes nombreux !

— Ma chère, telle est la loi universelle.

— Fils du maître, s'il en est ainsi, tue-le !

— Ma chère, en quoi serait-il licite de tuer mon jeune frère pour un héritage ?

Comme elle ne cessait pas de lui dire que du point de vue de l'amour, il ne commettrait aucune mauvaise action il donna son accord.

Il se dit : puisque si le meurtre est commis en ville, une foule de gens viendra à le savoir, l'action aura lieu dans un endroit isolé. Quand il eut fait cette réflexion, élevant la voix, il dit :

— Mon jeune frère, allons dans la forêt chercher des fleurs et du bois à brûler.

Lorsqu'ils s'en furent allés ensemble dans la forêt, dans une grotte de montagne, il le perça avec une pierre et le tua.

Que pensez-vous, ô moines ? En ce temps, en cette circonstance, ce fils de maître de maison qui, recourant à une machination, a, dans la forêt, tué d'un coup de pierre le fils cadet de la maison, c'était moi-même. C'est moi qui, par machination, pour des biens matériels, ai dans la forêt, percé avec une pierre le jeune fils de la maison et qui l'ai tué. En rétribution de cet acte, durant de nombreuses années, de nombreuses centaines d'années, de nombreux milliers d'années, de nombreuses centaines de milliers d'années, j'ai brûlé dans les enfers. De par le résidu même de cet acte, bien que je sois le Tathâgata en possession de la suprême et complète Illumination, le gros orteil de mon pied a été blessé par un petit éclat de pierre » page 87.

86 *Abhidharmakosa de Vasubandhu*, cité dans *Encyclopédie de philosophie universelle* (sous la direction d'André Jacob). P.U.F. 1998. Tome 2, page 2845.

87 Paul Magin. *Bouddhisme unité et diversité*. Expérience de libération. Cerf.

Collection Patrimoines bouddhisme. 2003. Page 332.

[87b] Le fruit du karma persiste de vie en vie et, ainsi que le montre la confession ci-après, on peut être arhat (saint) et souffrir encore de ses actions anté-rieures. Pindola, qui est l'un des seizes arhats auxquels Bouddha avait confié le Dharma (voir page 139), se confessa de la manière suivante : « Je fus autrefois le fils d'un maître marchand et j'avais tout pouvoir dans la maison paternelle. Chargé de veiller sur mon père, j'étais dans de mauvaises dispositions. Je rassasiais de nourriture et de boisson mon père, mes sœurs et mes frères, les servantes et les domestiques ; cependant, je les morigénais. [Un jour,] en proie à l'avarice, je ne donnai pas à manger à ma mère mais, en colère, je lui dis : "Mangez des cailloux pour vous nourrir." En rétribution de cet acte, je fus précipité dans l'enfer Très Brûlant et dans celui de la Corde Noire, où j'endurai de grandes souffrances. Sorti des enfers, j'obtins une existence humaine, mais pour fruit de mon acte, je me mis à manger des pierres. Et au cours de toutes ces renaissances, tout en ayant absorbé une grande quantité de cailloux, je mourais tourmenté par la faim et la soif. J'en suis à ma dernière renaissance et j'ai obtenu une existence humaine. J'ai servi le guide, le parfait Buddha sans supérieur. Et j'ai pu sortir de la famille dans la religion du Lion des Sâkya ; j'ai quitté les afflictions, trouvé la fraîcheur et atteint la qualité d'arhat. L'Omniscient m'a désigné comme le premier de ceux qui ont le rugissement du lion [c'est-à-dire la prédication de la Loi victorieuse]. Toutes mes passions sont rejetées ; mes passions sont détruites ; je suis sans vice.

Vénérables, maintenant encore, bien que je sois doué de pouvoir magique, je me nourris de pierres dans une caverne. Tel est, Vénérables, le péché que j'ai commis et dont je garde le souvenir. Les actes ne périssent pas et j'ai reçu le fruit de celui-ci. » (*Le congrès du Lac Anavatapta, légendes des anciens, Sthavirâvadâna*, page 213 — traduction Marcel Hofinger ; les notes ont été omises).

[88] André Bareau. *La voix du Bouddha*. Philippe Lebaud. Collection Les intempo-rels. 2001. Page 77.

[89] Richard Brahimi et Guylaine Grison. *Le Guide pratique du bouddhisme*. J'ai lu, n° 4593. Collection Aventure secrète. 1997. Page 132.

[90] Majjhima Nikaya cité par Nyanatiloka. *Vocabulaire pâli-français des termes bouddhiques*. Adyar-Paris. 1961. Page 95.

[91] Philippe Cornu. *Dictionnaire encyclopédique du bouddhisme*. Seuil. 2001. Page 11.

[92] Maurice Olender. *Les langues du Paradis*. Collection Essais. Point n° 294. 1989. Page 25.

[93] Maurice Olender. *Les langues du Paradis*. Collection Essais. Point n° 294. 1989. Page 27.

[94] Paolo Albani et Berlinghiero Buonarroti. *Dictionnaire des langues imaginaires*. Les Belles Lettres. 2001. Page 439.

[95] *Encyclopédie de philosophie universelle* (sous la direction d'André Jacob). P.U.F. 1998. Tome 2, page 3946.

[96] Courrier international. Hors série culture. *Cause toujours ! À la découverte des 6700 langues de la planète*. Mars-avril-mai 2003. Page 76.

[97] Henri Arvon. *Le bouddhisme*. PUF. Collection « Que sais-je ? ». 1991. Page 64.

[98] Burnouff (E) et Lassen (C). *Essai sur le pâli ou Langue sacrée de la presqu'île au-delà du Gange*. Librairie orientale de Dondey-Dupré Père et fils. Page 2.

[99] L'un des éléments clé de la logique bouddhique est le tétralemme (*catuskoti*). Il est important de préciser en quoi il consiste car trop d'auteurs (parfois même d'excellents) utilisent faussement ce terme. C'est le cas, pour ne donner qu'un exemple, de B. Faure qui, dans son ouvrage sur les *Sexualités bouddhiques* parle de tétralemme pour désigner les Quatre Nobles vérités, bases de la doctrine bouddhique. Pour qu'il y ait tétralemme, il ne suffit pas qu'il y ait quatre propositions, il faut aussi que :

- la première soit une affirmation ;
- la deuxième soit la contradiction de la première ;
- que la troisième soit l'addition des deux premières ;
- que la quatrième soit l'annulation des deux premières.

Dans ce cas, et dans ce cas seulement, il s'agit d'un tétralemme. Ainsi que nous l'avons déjà dit, Aristote et Platon connaissent parfaitement le tétralemme et celui-ci n'est pas apparu avec Nagarjuna mais bien dans un des premiers discours de Bouddha. En effet, dans l'entretien entre Bouddha et Vacchagotta, le religieux errant, il est débattu de plusieurs questions posées sous forme de tétralemme, comme, par exemple : « peut-on dire que le monde est éternel, non éternel, les deux à la fois, ni l'un ni l'autre ? » Pour Bouddha, ces questions ne méritent que le silence (voir page 13) car elle sont sans intérêt pour le salut. Aujourd'hui, un logicien demanderait : Où est le référent ? Montrez-moi le monde ! Si le tétralemme irritait les Grecs c'est parce qu'il porte en lui l'essence de la non-décision, de la non-volonté de conclure, de la non-contradiction ; dans ce cas de figure, les Grecs ne voyaient pas la nécessite de discuter puisqu'il était, de toute façon, impossible de conclure définitivement. Mais ce n'est point exactement le but poursuivi par les mahâyânistes ? Si Aristote utilisait le tétralemme, c'est pour mettre ses contradicteurs en face d'un choix et les obliger à prendre une décision. Certains se dérobaient, ce qui irritait Aristote. Dans sa *Métaphysique*, il écrit : « En outre, il est clair que la discussion avec cet adversaire est sans objet. Car il ne dit rien. Il ne dit ni ainsi ni non ainsi, mais il dit ainsi et non ainsi. Et, derechef, ces deux propositions conjointes sont niées, et il dit ni ainsi ni non ainsi. Car autrement, il y aurait déjà quelque chose de défini. » (cité par G. Bugault, article Catuskoti, *Encyclopédie de philosophie universelle*). Nagarjuna, lui, utilisait le tétralemme dans un tout autre but : montrer le chemin du milieu, celui de Bouddha.

Pour reprendre une terminologie classique, terminons en notant que la logique bouddhique (que l'on retrouve d'une certaine manière dans les rêves, chez les peuples primitifs, dans la logique affective) n'est pas la logique de la reconnaissance du « tiers exclu » mais celle du « tiers possible » ou, en d'autres mots, de l'abandon du « tiers exclu ». Les difficultés liées à ce mode de raisonnement s'évanouissent pourtant si on remarque que les objets étudiés peuvent ne pas exister ou si la donnée de départ est fausse (problèmes qui ne se pose pas pour les mahâyânistes car il existe, nous l'avons montré deux vérités opposées mais parfaitement conciliables (voir page 234). Ainsi, la contradiction ci-après : « le fils d'Arthur sait le russe, le fils d'Arthur ne sait pas le russe » s'estompe si Arthur n'a pas de fils !

99b Eward Conze. *Le bouddhisme*. Petite Bibliothèque Payot. 2002. page 216.

99c Sutta 72 du *Majjhima Nikâya*.

99d Paul Magin. *Bouddhisme unité et diversité*. Expérience de libération. Cerf. Collection Patrimoines bouddhisme. 2003. Page 133.

99e Nagarjuna. *Conseils au roi*. Seuil. Collection Sagesses n° 155. Page 28.

99f Nagarjuna. *Conseils au roi*. Seuil. Collection Sagesses n° 155. Page 32.

99g Bernard Faure. *Sexualités bouddhiques*. Entre désirs et réalités. Le Mail. 1994. Page 83.

99h *Samyutta Nikaya*, II-28.

100 Paul Magin. *Bouddhisme unité et diversité*. Expérience de libération. Cerf. Collection Patrimoines bouddhisme. 2003. Page 139.

101 *Encyclopédie de philosophie universelle* (sous la direction d'André Jacob). P.U.F. 1998. Tome 2, page 2815.

102 Philippe Cornu. *Dictionnaire encyclopédique du bouddhisme*. Seuil. 2001. Page 260.

103 Samyutta-nikaya, t. V, p. 420 cité par Paul Magin. *Bouddhisme unité et diversité*. Expérience de libération. Cerf. Collection Patrimoines bouddhisme. 2003. Page 160.

104 Paul Magin. *Bouddhisme unité et diversité*. Expérience de libération. Cerf. Collection Patrimoines bouddhisme. 2003. Page 163.

105 Louis-Frédéric. *Les dieux du bouddhisme*. Guide iconographique. Flammarion. Collection Tout l'art. 2001. Page 16.

106 *Dictionnaire du Bouddhisme*. Encyclopaedia Universalis. Albin Michel. 1999. Page 407.

107 Dom Robert Le Gall et Lama Jigmé Rinpoché. *Le Moine et le Lama*. Entretiens avec Frédéric Lenoir. Livre de Poche n° 15512. 2003. Page 104.

108 J. May. *Encyclopédie de philosophie universelle* (sous la direction d'André Jacob). P.U.F. 1998. Tome 2, page 2926.

109 J. May. *Encyclopédie de philosophie universelle* (sous la direction d'André Jacob). P.U.F. 1998. Tome 2, page 2856.

110 Concernant Nagarjuna voir page 185.

111 Dhammapada. *La voie du Bouddha*. Seuil. Collection Sagesses, n° 177. 2002. Vers 183.

112 André Bareau. *La voix du Bouddha*. Philippe Lebaud. Collection Les intemporels. 2001. Page 97.

113 *Hôbôgirin*. Dictionnaire encyclopédique du bouddhisme d'après les sources chinoises et japonaises. Maison Franco-japonaise. Tokyo et Librairie d'Amérique et d'Orient Maisonneuve. 1930- ? Article Aku.

114 *Hôbôgirin*. Dictionnaire encyclopédique du bouddhisme d'après les sources chinoises et japonaises. Maison Franco-japonaise. Tokyo et Librairie d'Amérique et d'Orient Maisonneuve. 1930- ? Fascicule I, page 22.

115 Isaïe 45,7.

116 *Hârita-samhita*, cité dans *Encyclopédie de philosophie universelle* (sous la direction d'André Jacob). P.U.F. 1998. Tome 2, page 2824.

117 Louis-Frédéric. *Les dieux du bouddhisme*. Guide iconographique. Flammarion. Collection Tout l'art. 2001. Page 30.

118 *Dictionnaire de la sagesse orientale*. Collection Bouquins. Robert Laffont. 1989. Page 355.

119 *Vinayapitaka des Dharmaguptaka*, cité par André Bareau. *La voix du Bouddha*. Philippe Lebaud. Collection Les intemporels. 2001. Page 32.

120 Ernest E. Wood. *La pratique du Yoga*. Les aphorismes du yoga de Patañjali. Petite Bibliothèque Payot, n° 2. 1978. Page 6.

121 Préface de P. Brunton à l'ouvrage de Ernest E. Wood *La pratique du Yoga*. Les aphorismes du yoga de Patañjali. Petite Bibliothèque Payot, n° 2. 1978. Page 14.

122 *Milinda-Pañha. Les questions de Milinda* (traduit du pâli, présenté et annoté par Louis Finot). Gallimard. Connaissance de l'Orient. 1992. Pages 34-35.

123 *Le Milinda-Pañha* (*Les questions de Milinda*) est un ouvrage célèbre écrit en pâli. Il met en scène un moine bouddhiste (Nâgasena) et le roi Milinda (le roi grec Ménandre de Plutarque). Le moine apporte les réponses bouddhistes aux diverses questions du roi. Ce dialogue (dont il existe plusieurs versions) aurait été écrit vers le IIe siècle par un auteur inconnu. Il en existe également une version en singalais (le *Milindaprasnaya* ou *Miroir de la vraie Loi selon Milinda*) qui aurait été composée au XVIIIe siècle.

124 Henri Arvon. *Le bouddhisme*. PUF. Collection « Que sais-je ? ». 1991. Page 52.

125 Philippe Cornu. *Dictionnaire encyclopédique du bouddhisme*. Seuil. 2001. Page 438.

126 Vinayapitaka, I, 301-302 cité par Heinz Bechert et Richard Gombrich. *Le monde du bouddhisme*. Thames et Hudson. 1999. Page 54.

127 Cité par André Bareau. *La voix du Bouddha*. Philippe Lebaud. Collection Les intemporels. 2001. Page 57.

128 Vicki Mackenzie. *Un ermitage dans la neige*. Récit. J'ai lu n° 6767. 2003. Page 82.

129 Vicki Mackenzie. *Un ermitage dans la neige*. Récit. J'ai lu n° 6767. 2003. Page 83.

130 Vicki Mackenzie. *Un ermitage dans la neige*. Récit. J'ai lu n° 6767. 2003. Page 181.

131 Stéphane Arguillère. *Le vocabulaire du bouddhisme*. Collection Vocabulaire de … Ellipses. 2002. Page 11.

131b Cité par F. Lenoir dans Dom Robert Le Gall et Lama Jigmé Rinpoché. *Le Moine et le Lama*. Entretiens avec Frédéric Lenoir. Livre de Poche n° 15512. 2003. Page 11.

132 On notera que ces réflexions papales suscitèrent l'indignation des communautés bouddhiques du Sri Lanka, lesquelles menacèrent de boycotter le voyage que la pape devait effectuer dans ce pays.

133 Pierre Quillet. *Histoire des mœurs* II, volume 2 (sous la direction de Jean Poirier). Folio histoire n° 112. 2002. Page 1012.

134 *Encyclopédie de philosophie universelle* (sous la direction d'André Jacob). P.U.F. 1998. Tome 2, page 2798.

135 Eugen Drewermann. *De l'immortalité des animaux*. Cerf 1992. Page 72.

136 Eugen Drewermann. *De l'immortalité des animaux*. Cerf 1992. Page 58.

137 *Itivuttaka*, 37 cité par Heinz Bechert et Richard Gombrich. *Le monde du bouddhisme*. Thames et Hudson. 1999. Page 49.

138 *Udana*, 80 cité par Heinz Bechert et Richard Gombrich. *Le monde du bouddhisme*. Thames et Hudson. 1999. Page 23.

138b Ce texte est extrait de l'ouvrage *L'Irréligion de l'avenir* par J.-M. Guyau. Librairie Félix Alcan, 1887, pages 417-419. Cité par R-P. Droit. *Le culte du néant.* Seuil. 1997. Page 220.

138c Etienne Lamotte. *Histoire du bouddhisme indien.* Des origines à l'ère Saka. Bibliothèque du Muséon. Volume 43. Institut orientaliste. 1958. Page 44.

138d Suttanipata, v. 1074 sq. Cité par Etienne Lamotte. *Histoire du bouddhisme indien.* Des origines à l'ère Saka. Bibliothèque du Muséon. Volume 43. Institut orientaliste. 1958. Page 44.

139 *Dictionnaire du Bouddhisme.* Encyclopaedia Universalis. Albin Michel. 1999. Page 147.

139b André Bareau. *La voix du Bouddha.* Philippe Lebaud. Collection Les intemporels. 2001. Page 60.

140 Louis-Frédéric. *Dictionnaire de la civilisation indienne.* Robert Laffont. Collection Bouquins. 1994.

141 Jean-Luc Toula-Breysse. *Bouddha, bouddhisme.* Picquier poche n° 110. 2002. Page 66.

142 Il est difficile en quelques lignes de donner exactement la position du bouddhisme pour ce qui concerne la non-violence. Que l'on sache cependant que le bouddhisme a eu ses moines combattants et qu'au Japon certains bouddhistes n'ont pas hésité à légitimer l'alliance entre le sabre et le zen (c'est le cas, par exemple, du grand maître D. T. Suzuki dont les ouvrages font autorité pour ce qui concerne le bouddhisme zen).

143 *Majjhima Nikaya* II, 129, 130. Cité par G.P. Malalasekera et K.N. Jayatilleke dans *Le bouddhisme et la question raciale* (Unesco 1958), page 49.

144 Paul Magin. *Bouddhisme unité et diversité.* Expérience de libération. Cerf. Collection Patrimoines bouddhisme. 2003. Page 238.

145 Adapté du Premier discours de Bouddha dans Walpola Rahula. *L'enseignement du Bouddha d'après les textes les plus anciens.* Seuil. Collection Sagesses, n° 131. 1978. Pages 122-124.

146 *Dhammapada. La voie du Bouddha.* Seuil. Collection Sagesses, n° 177. 2002.

147 Pascale Marson. *Le guide des religions et de leurs fêtes.* Pocket n° 11081. 2001. Pages 213-214.

148 Bruno Étienne et Raphaël Liogier. *Être bouddhiste en France aujourd'hui.* Hachette littératures. Collection Pluriel. 2004. Page 165.

149 Alexandra David-Neel. *Mystiques et magiciens du Tibet.* Pocket n° 1921. 1980 (réédition de 1929). Page 33.

150 J. May dans *Encyclopédie de philosophie universelle* (sous la direction d'André Jacob). P.U.F. 1998. Tome 2, page 2900.

151 *Milinda-Pañha. Les questions de Milinda* (traduit du pâli, présenté et annoté par Louis Finot). Gallimard. Connaissance de l'Orient. 1992. Page 124.

152 *Dictionnaire de l'homophobie* (sous la direction de Louis-Georges Tin). PUF. 2003. Article bouddhisme.

153 Source : AFT, 31 décembre 2000.

154 Jigmela Rinpoché. *Les mots-clés du bouddhisme.* Michel Lafon. 2003. Page 191.

155 Louis-Frédéric. *Les dieux du bouddhisme.* Guide iconographique. Flammarion. Collection Tout l'art. 2001. Page 32.

156 J. May dans *Encyclopédie de philosophie universelle* (sous la direction d'André Jacob). P.U.F. 1998. Tome 2, page 2913.

157 *Visuddhimagga*, XXI, 55 cité par Nyanatiloka. *Vocabulaire pâli-français des termes bouddhiques*. Adyar-Paris. 1961.

158 Philippe Cornu. *Dictionnaire encyclopédique du bouddhisme*. Seuil. 2001. Page 655.

159 Paul Magin. *Bouddhisme unité et diversité*. Expérience de libération. Cerf. Collection Patrimoines bouddhisme. 2003. Page 521.

160 Tcheuky Sèngué. *Petite encyclopédie des divinités et symboles du bouddhisme tibétain*. Claire Lumière. 2002. Page 199.

161 Tcheuky Sèngué. *Petite encyclopédie des divinités et symboles du bouddhisme tibétain*. Claire Lumière. 2002. Page 201.

162 *Le trésor du Zen*. Textes de Maître Dogen commentés par Taisen Deshimaru. Albin Michel. Collection Spiritualités vivantes, n° 203. 2003. Page 17.

163 Arthur Koestler. *Le lotus et le robot*. Calmann-Lévy. 1961. Page 307. Cette diatribe contre Suzuli n'empêchera pas Koestler de préfacer l'un de ses ouvrages.

163b Arthur Koestler. *Le lotus et le robot*. Calmann-Lévy. 1961. Page 280.

164 Arthur Koestler. *Le lotus et le robot*. Calmann-Lévy. 1961. Page 281.

165 Arthur Koestler. *Le lotus et le robot*. Calmann-Lévy. 1961. Page 308.

166 *Le trésor du Zen*. Textes de Maître Dogen commentés par Taisen Deshimaru. Albin Michel. Collection Spiritualités vivantes, n° 203. 2003. Page 17.

167 Pierre Crépon. *Les fleurs de Bouddha*. Anthologie du bouddhisme. Albin Michel. Spiritualités vivantes, n° 88. 1998. Page 281.

168 *Dictionnaire du Bouddhisme*. Encyclopaedia Universalis. Albin Michel. 1999. Page 136.

169 *Le trésor du Zen*. Textes de Maître Dogen commentés par Taisen Deshimaru. Albin Michel. Collection Spiritualités vivantes, n° 203. 2003. Page 19.

170 *Anguttaranikaya*, cité par Walpola Rahula. *L'enseignement du Bouddha d'après les textes les plus anciens*. Seuil. Collection Sagesses, n° 131. 1978. Page 115.

171 Dhammapada. *La voie du Bouddha*. *Seuil*. Collection Sagesses, n° 177. 2002.

Bibliographie

Un jour quelques étudiants vinrent trouver le philosophe américain Ralph Waldo Emerson pour lui demander comment ils pouvaient s'instruire. Il leur conseilla de lire cinq heures par jour. « Quels livres », demandèrent-ils. « Tous les bons livres que vous voudrez », leur répondit-il, mais en ajoutant : « N'oubliez pas les livres hindous ».

A. Dictionnaires, anthologies et encyclopédies

Albani (Paolo) et Buonarroti (Berlinghiero). *Dictionnaire des langues imaginaires*. Les Belles Lettres. 2001. 576 pages.

Arguillère (Stéphane). *Le vocabulaire du bouddhisme*. Collection Vocabulaire de … Ellipses. 2002. 126 pages.

Bazin (Germain). *Dictionnaire des styles*. Somogy. 1987. 400 pages.

Brahimi (Richard) et Grison (Guylaine). *Guide pratique du bouddhisme*. J'ai lu, n° 4593. Collection Aventure secrète. 1997. 254 pages.

Bricout (J.). *Dictionnaire pratique des connaissances religieuses*. Librairie Letouzey et Ané. 1925. 6 tomes + suppléments. Près de 10 000 pages.

Cornu (Philippe). *Dictionnaire encyclopédique du bouddhisme*. Seuil. 2001. 842 pages.

Crépon (Pierre). *Le bouddhisme et la spiritualité orientale*. Pocket n°4784. Collection L'âge d'être. 1994. 224 pages.

Crépon (Pierre). *Les fleurs de Bouddha*. Anthologie du bouddhisme. Albin Michel. Spiritualités vivantes, n° 88. 1998. 312 pages.

di Nola (Alfonso M.) *Le Livre d'Or de la Prière de tous les peuples et de tous les temps*. Marabout université. N° 37. S.d. 380 pages.

Dictionnaire critique de théologie (sous la direction de Jean-Yves Lacoste). Collection Quadrige. P.U.F. 2002. 1314 pages.

Dictionnaire d'éthique et de philosophie morale (sous la direction de Monique Canto-Sperber). PUF. 2001. 1810 pages. L'ouvrage a été repris en collection Quadrige P.U.F. en 2004.

Dictionnaire de l'homophobie (sous la direction de Louis-Georges Tin). P.U.F. 2003. 452 pages.

Dictionnaire de la sagesse orientale. Collection Bouquins. Robert Laffont. 1989. 752 pages.

Dictionnaire du Bouddhisme. Encyclopaedia Universalis. Albin Michel. 1999. 658 pages.

Dictionnaire historique du Japon. Maison franco-japonaise. Maisonneuve & Larose. 2002. 2 tomes. 2994 pages.

Encyclopédie de philosophie universelle (sous la direction d'André Jacob). P.U.F. 1998. 4 tomes.

Frédéric (Louis). *Dictionnaire de la civilisation indienne*. Robert Laffont. Collection Bouquins. 1994. 1276 pages.

Frédéric (Louis). *Les dieux du bouddhisme*. Guide iconographique. Flammarion. Collection Tout l'art. 2001. 358 pages.

Histoire des mœurs (sous la direction de Jean Poirier). Folio histoire n° 109 à 114. 6 volumes. 2002. 5152 pages.

Hôbôgirin. Dictionnaire encyclopédique du bouddhisme d'après les sources chinoises et japonaises. Maison Franco-japonaise. Tokyo et Librairie d'Amérique et d'Orient Maisonneuve. 1930- ?. L'ouvrage contient plusieurs fascicules et est loin d'être terminé.

Huet (Gérard). *Lexique sanscrit-français à l'usage de glossaire indianiste*. Ce lexique sanscrit-français, de plus de 350 pages, régulièrement mis à jour, comprenant également la transcription dans l'alphabet phonétique devanagari, est disponible en téléchargement gratuit (format PDF) à l'adresse suivante : http://sanskrit.inria.fr

Le trésor du Zen. Textes de Maître Dogen commentés par Taisen Deshimaru. Albin Michel. Collection Spiritualités vivantes, n° 203. 2003. 374 pages.

Les danses sacrées. Anthologie. Seuil. Collection Sources orientales. 1963. 496 pages.

Nyanatiloka. *Vocabulaire bouddhique de termes et doctrines du Canon pâli*. Adyar-Paris. 1961. 336 pages.

Paroles du Bouddha tirées de la tradition primitive. Textes choisis, présentés et traduits du chinois par Jean Eracle. Collection Sagesses n° 40. Seuil. 1991. 246 pages.

Sèngué (Tcheuky). *Petite encyclopédie des divinités et symboles du bouddhisme tibétain*. Claire Lumière. 2002. 536 pages.

Vernette (Jean) et Moncelon (Claire). *Dictionnaire des groupes religieux aujourd'hui*. PUF. Collection Quadrige. 2001. 252 pages.

B. Ouvrages généraux

Arvon (Henri). *Le bouddhisme*. PUF. Collection « Que sais-je ? ». 1991. 128 pages.

Bareau (André). *La voix du Bouddha*. Philippe Lebaud. Collection Les intemporels. 2001. 192 pages.

Bareau (André). *Les premiers conciles bouddhiques*. Annales du Musée Guimet. PUF. 1955. 150 pages.

Bechert (Heinz) et Gombrich (Richard). *Le monde du bouddhisme*. Thames et Hudson. 1999. 294 pages.

Bercholz (S.) et Chödzin Kohn (S.). *Pour comprendre le bouddhisme*. Pocket n° 4794. 1995. 428 pages.

Blondeau (Anne-Marie) et Buffetrille (Katia). *Le Tibet est-il chinois ?* Albin Michel. Sciences des religions. 2002. 476 pages.

Bokar Rimpotché. *Chènrézi*. Nature de la divinité. Principes et méthodes de la médiation. Claire Lumière. 1994. 102 pages.

Boisselier (Jean). *La sagesse du Bouddha*. Gallimard. Collection Découvertes, n° 194. 2001. 192 pages.

Borges (Jorge Luis) et Jurado (Alicia). *Qu'est-ce que le bouddhisme ?* Folio. Collection essais n° 293. 1996. 124 pages.

Brosse (Jacques). *L'univers du Zen*. Albin Michel. 2003. 284 pages.

Bugault (Guy). *L'Inde pense-t-elle ?*. PUF. 1994. 352 pages.

Burnouff (E) et Lassen (C). *Essai sur le pâli ou Langue sacrée de la presqu'île au-delà du Gange*. Librairie orientale de Dondey-Dupré Père et fils. 1826. 222 pages + annexes.

Bussagli (Mario). *L'art du Gandhâra*. La pochothèque. 1996. 544 pages.

Chan (Victor). Tibet. *Le guide du pèlerin*. Édition Olizane. Les guides du voyageur. 1994. 1211 pages

Choisy (Maryse). *Exercices de Yoga*. Collection Action et Pensée. Éditions du Mont-Blanc. 1968. 140 pages.

Commaille (J.) *Guide aux ruines d'Angkor*. Hachette et Cie. 1912. 242 pages.

Conze (Edward). *Le bouddhisme*. Petite Bibliothèque Payot, n° 223. 2002. 306 pages.

Cornu (Philippe). *Padmasambhava. La magie de l'Éveil*. Seuil. Collection Sagesses, n° 116. 1997. 278 pages.

Dalaï-Lama. *Cent éléphants sur un brin d'herbe*. Enseignement de sagesse. Seuil. Collection Sagesses, n° 120. 1997. 252 pages.

Dalaï-Lama. *Terre des Dieux, malheur des hommes*. Livre de poche n° 14044. 1996. 186 pages.

Das (Lama Surya). *Éveillez le Bouddha qui est en vous*. Pocket n° 10736. 1999. 492 pages.

David-Neel (Alexandra). *Mystiques et magiciens du Tibet*. Pocket n° 1921. 1980 (réédition de 1929). 310 pages.

David-Neel (Alexandra). *Le Bouddhisme de Bouddha*. Pocket n° 2927. Plon. 1994. 318 pages.

David-Neel (Alexandra). *Voyage d'une parisienne à Lhassa*. À pied et en mendiant de la Chine à l'Inde à travers le Tibet. Plon. 1951. 332 pages.

Dhammapada. La voie du Bouddha. Seuil. Collection Sagesses, n° 177. 2002. 184 pages.

Droit (Roger-Pol). *Le culte du néant*. Les philosophes et le bouddha. Seuil. 1997. 370 pages.

Droit (Roger-Pol). *L'oubli de l'Inde*. Une amnésie philosophique. Seuil. Essais, n° 527. 2004. 254 pages.

Drewermann. *L'immortalité des animaux*. Cerf. 1992. 82 pages.

Dufour (Jean-François). *Le bouddhisme*. Les essentiels Milan. 1997. 64 pages.

Edou (Jérôme). *Machik Labdrön femme et dakîni du Tibet.* Seuil. Collection Sagesses, n° 188. 2003. 234 pages.

Elia (Mircea). *Techniques du yoga.* Gallimard. Collection idées. 1975. 314 pages.

Étienne (Bruno) et Liogier (Raphaël). *Être bouddhiste en France aujourd'hui.* Hachette littératures. Collection Pluriel. 2004. 288 pages.

Faure (Bernard). *Sexualités bouddhiques.* Entre désirs et réalités. Le Mail 1994. 236 pages.

Fisher (Robert). *L'art bouddhique.* Thames & Hudson. 1995. 216 pages.

Gira (Dennis). *Comprendre le bouddhisme.* Livre de poche n° 14366. 2002. 222 pages.

Grigorieff (Vladimir). *Religions du monde entier.* Eyrolles Pratique. 2004. 256 pages.

Grousset (René). *Histoire de la Chine.* Librairie Arthème Fayard. 1942. 428 pages.

Grousset (René). *Sur les traces du Bouddha.* Plon. 1929. 328 pages.

Guillon (Emmanuel). *Les philosophies bouddhistes.* PUF. Collection « Que sais-je ? ». 1997. 128 pages.

Head (J.) et Cranston (S.L.). *Le livre de la réincarnation.* Livre de Poche n° 14414. 1998. 766 pages.

Hofinger (Marcel). *Le congrès du lac Anavatapta* (Vie des saints bouddhiques). Extraits du Vinaya des Mûlasarvastivadin Bhaisajyavastu. Tome 1 : *Légendes des anciens* (Sthavirâvadâna). Publications de l'Institut Orientaliste de Louvain (n° 28). 1982. 348 pages.

Hofinger (Marcel). *Le congrès du lac Anavatapta* (Vie des saints bouddhiques). Extraits du Vinaya des Mûlasarvastivadin Bhaisajyavastu. Tome 1 : *Légendes du Bouddha* (Buddhâvadâna). Publications de l'Institut Orientaliste de Louvain (n° 38). 1990. 158 pages.

Hopkirk (Peter). *Bouddhas et rôdeurs sur la route de la soie.* Picquier poche. 1995. 348 pages.

Humphrey (Caroline) et Vitebsky (Piers). *L'architecture sacrée.* Evergreen. Collection Sagesses du Monde. 1997. 184 pages.

Hutin (Serge). *Les secrets du tantrisme. Magie ou technique de l'amour ?* Marabout. 1973. 254 pages.

Jigmela Rinpoche. *Les mots-clés du bouddhisme.* Michel Lafon. 2003. 238 pages.

Kamenetz (Rodger). *Le juif dans le lotus.* Des rabbins chez les lamas. Calmann-Lévy. 1997. 302 pages.

Koestler (Arthur). *Le lotus et le robot.* Calmann-Lévy. 1961. 362 pages.

Kolm (Serge-Christophe). *Le bonheur-liberté.* Bouddhisme profond et modernité. P.U.F. Collection Libre échange. 1982. 638 pages

Lamotte (Étienne). *Le traité de la grande vertu de sagesse de Nagarjuna* (Mahâprajnâpâramitâsâstra). Publications de l'Institut orientaliste de Louvain. 1981. tomes. 2451 pages.

Lamotte (Étienne). *Histoire du bouddhisme indien. Des origines à l'ère Saka. Bibliothèque du Muséon (volume 43). Institut orientaliste. Louvain. 1958. 862 pages + cartes.*

Lêdi Sayadaw. *L'enseignement de Lêdi Sayadaw (bouddhisme du Theravâda).* Traduction du birman par Charles Andrieu. Spiritualités vivantes. Albin Michel. 1961. 188 pages.

Le Gall (Dom Robert) et Jigmé Rinpoché (Lama). *Le Moine et le Lama.* Entretiens avec Frédéric Lenoir. Livre de Poche n° 15512. 2003. 416 pages.

Lenoir (Frédéric). *La rencontre du bouddhisme et de l'Occident.* Albin Michel. Collection Spiritualités vivantes, n° 184. 2001. 394 pages.

Levenson (Claude B.). *Les symboles du bouddhisme tibétain.* Assouline. 1995. 128 pages.

Lévi-Strauss (Claude). *Tristes tropiques.* Plon. Collection Terre Humaine. 1980. 504 pages.

Lévy (Isabelle). *Croyances et laïcité.* Guide pratique des cultures et des religions. Estem. 2002. 496 pages.

Lévy (Isabelle). *La religion à l'hôpital.* Presses de la Renaissance. 2004. 332 pages.

Liogier (Raphaël). *Jésus, Bouddha d'Occident.* Calmann-Lévy. 1999. 300 pages.

Longchenpa. *La liberté naturelle de l'esprit.* Seuil. Collection Sagesses, n° 66. 1994. 288 pages.

Lowenstein (Tom). *L'éveil du Bouddha.* Evergreen. Collection Sagesse du Monde. 1997. 184 pages.

Mackenzie (Vicki). *Un ermitage dans la neige.* Récit. J'ai lu n° 6767. 2003. 256 pages.

Magin (Paul). *Bouddhisme unité et diversité.* Expérience de libération. Cerf. Collection Patrimoines bouddhisme. 2003. 764 pages.

Malalasekera (G. P.) et Jayatilleke (K. N.) *Le bouddhisme et la question raciale.* Unesco. 1958. 72 pages.

Mandel Khan (Gabrielle). *Bouddha. L'Éveillé.* Acropole. 2001. 142 pages.

Marson (Pascale). *Le guide des religions et de leurs fêtes.* Pocket n° 11081. 2001. 218 pages.

Migot (André). *Le Bouddha.* Éditions Complexe. 1990. 302 pages.

Milarepa. *Les cent mille chants* (traduit du tibétain par Marie-José Lamothe). Fayard. 1993. 352 pages.

Milarepa. *Ses méfaits. Ses épreuves. Son illumination* (traduit du tibétain par Jacques Bacot). Fayard. 1971. 274 pages.

Milinda-Pañha. Les questions de Milinda (traduit du pâli, présenté et annoté par Louis Finot). Gallimard. Connaissance de l'Orient. 1992. 146 pages.

Molyneaux (Brian Leigh). *La terre et le sacré. Evergreen.* Collection Sagesse du Monde. 1995. 184 pages.

Nagarjuna. *Conseils au roi.* Seuil. Collection Sagesses, n° 155. 2000. 152 pages.

Olender (Maurice). *Les langues du Paradis.* Collection Essais. Point n° 294. 1989. 293 pages.

Pernot (François). *Les routes de la soie.* Artémis. 2003. 200 pages.

Rajesh (M. N.) et Kelly (T. L.). *Le Monastère bouddhique.* MLP. 1998. 98 pages.

Rachet (Guy). *Vie du Bouddha. Extraits du Latitâvistara.* Librio. 2004. 94 pages.

Rahula (Walpola). *L'enseignement du Bouddha d'après les textes les plus anciens.* Seuil. Collection Sagesses, n° 131. 1978. 192 pages.

Revel (Jean-François) et Ricard (Matthieu). *Le moine et le philosophe.* Le bouddhisme aujourd'hui. Nil éditions. 1997. 406 pages.

Sadakata (Akira). *Cosmologie bouddhique.* Origine et philosophie. Sully. 2002. 244 pages.

Sahn (Seung). *Cendres sur le Bouddha.* Seuil. Collection Sagesses, n° 171. 2002. 296 pages.

Schuon (Frithjof). *Trésors du bouddhisme.* Éditions Nataraj. Collection Sophia. 1997. 180 pages.

Silburn (Lilian). *Aux sources du bouddhisme.* Fayard. 1997. 538 pages.

Sogyal Rinpoché. *Le livre tibétain de la vie et de la mort.* Éditions de la Table Ronde. 2003. 588 pages.

Thevenet (Jacqueline). *Un lama du ciel d'Occident.* Petite Bibliothèque Payot. 2004. 228 pages.

Thich (Nhat Hanh). *La respiration essentielle.* Notre rendez-vous avec la vie. Albin Michel. Collection Spiritualités vivantes. n° 139. 2001. 184 pages.

Thich (Nhat Hanh). *Le cœur des enseignements du Bouddha.* Pocket n° 11621. 2003. 354 pages.

Thurston (Herbert, s.j.). *Les phénomènes physiques du mysticisme.* Gallimard. 1961. 508 pages.

Toula-Breysse (Jean-Luc). *Bouddha, bouddhisme.* Picquier poche n° 110. 2002. 126 pages.

Toula-Breysse (Jean-Luc). *Les chemins du Bouddha.* Hachette. Collection Phare. 2000. 128 pages.

Vallet (Odon). *Petit lexique des idées fausses sur les religions.* Livre de poche. n° 30183. 2004. 248 pages.

Van Baaren (Th.). *Les religions d'Asie de l'islam au bouddhisme zen.* Marabout université, n° 12. 1962. 188 pages.

Van Goidsenhoven (Jacques). *Héros et divinités de la Chine.* Éditions de Tijdstroom Lochen-Pays Bas. 1971. 194 pages + cahier photos.

Van Goidsenhoven (Jacques). *Art lamaïque. Art des dieux.* Éditions Laconti. Bruxelles. 1970. 286 pages.

Van Grasdorff (Gilles). *Le Dalaï-Lama. La biographie non autorisée.* Plon. 2003. 506 pages.

Wijayaratna (Môhan). *Les entretiens du Bouddha.* La traduction intégrale de 21 textes du canon bouddhique. Seuil. Collection Sagesses, n° 168. 2000. 266 pages.

Wood (Ernest E.). *La pratique du Yoga.* Les aphorismes du yoga de Patañjali. Petite Bibliothèque Payot, n° 2. 1978. 212 pages.

C. Revues et articles de journaux

Courrier international. Hors série culture. *Cause toujours ! À la découverte des 6700 langues de la planète.* Mars-avril-mai 2003.

Dossiers d'archéologie. N° 254. *Au Berceau du bouddhisme.* Les grandes découvertes archéologiques. Juin 2000. 86 pages.

Géo. N° 236. Dossier Bouddhisme. Les routes de la paix. Octobre 1998.

Géo. N° 298. Philippe Flandrin. *L'art du Gandhâra.* Les trésors d'une vallée oubliée du Pakistan. Décembre 2003. Pages 44 à 58.

Grands reportages. N° 168. *Dossier Birmanie.* Un pays vous révèle enfin ses trésors. Janvier 1996.

Guide pratique des religions et des convictions. Communauté française de Belgique. Éditions Ousia. 2004. 52 pages.

Histoire antique. Hors série. *Alexandre conquérant du monde.* Décembre 2003-janvier 2004. 82 pages.

Histoire et science des religions. N° 1. *Les grands maîtres du Zen.* Septembre-octobre 2003. Pages 70 à 75.

Historia N° 640. Tibet. *La véritable histoire d'un peuple menacé.* Avril 2000. Pages 42 à 68.

L'Histoire. N° 250. Dossier : *Le triomphe du bouddhisme.* Janvier 2001. Pages 33 à 55.

Le Monde des religions. Hors série N° 1. *Religions d'Asie.* Septembre 2003. 82 pages.

Le Monde des religions. N° 4. Mars-avril 2004. 82 pages.

Samsâra. N° 35. *Peut-on encore être tibétain ?* Août-septembre 2003. 64 pages.

Sciences et Avenir. Décembre 2004. *Pour que Bouddha retrouve le sourire.* Pages 96 à 103 (un article richement illustré sur les manuscrits de Dunhuang et les grottes de Mogao).

D. CD-ROM

Tout au cours de la rédaction de cet ouvrage, l'encyclopédie *Encarta* de Microsoft nous a été d'une grande aide surtout pour visualiser parfaitement l'emplacement des villes et pour les vérifications biographiques des personnages cités.

Il existe également, en langue anglaise, un CD-Rom consacré au bouddhisme (*Living Buddhism*). Richement illustré, il peut servir pour un parcours rapide de la religion dans les divers pays.

Deux revues tiennent leurs lecteurs au courant de l'activité bouddhique en France et dans le monde : *Samsâra* et *Bouddhisme actualités* (www.bouddhisme-actu.net).

Ce dessin inspiré d'une estampe chinoise du VIIe siècle, représente le moine Hiuan-Tsang (Xuanzang ou encore Siun-Tsang) parti aux Indes en 629 à la recherche des sources authentiques. Il y restera quinze ans et rapportera de nombreux manuscrits. On le voit ici chargé de manuscrits tenant dans une main un rouleau et dans l'autre l'attribut du moine (le *khakkhara*). À son retour, il entreprend de traduire tous ces textes en chinois. Outre les manuscrits, Xuanzang rapporte un savoir énorme car il aurait fréquenté l'université bouddhique de Nalanda (dans l'État de Bihar, en Inde). Cette université existait déjà à l'époque de Bouddha et se développa jusqu'à sa destruction par les Turcs au XIIe siècle. À son apogée, elle accueillait plus de 10 000 étudiants et son corps enseignant atteignait 2000 professeurs.

Index

Cet index ne renvoie pas aux racines du sanscrit (pages 29 à 32), ni aux mots du dictionnaire (pages 291 à 316), ni à la liste des mots étrangers (pages 317 à 332). Nous invitons le lecteur à consulter également ces pages.